Beat Meier

Zu Tode verwahrt

Beat Meier

Zu Tode verwahrt

Wer
nicht
gesteht,
kommt
nie
mehr
raus

R. G. Fischer Verlag

Bibliografische Information der Deutschen Nationalbibliothek:
Die Deutsche Nationalbibliothek verzeichnet diese Publikation in der Deutschen Nationalbibliografie; detaillierte bibliografische Daten sind im Internet über http://dnb.dnb.de abrufbar.

Orber Str. 30, D-60386 Frankfurt/Main

Schriftart: Times New Roman
Herstellung: rgf/bf/1A
ISBN 978-3-8301-1916-6

Allen – auf welche Art auch immer – misshandelten Kindern.
Allen zu Unrecht Verfolgten und Verwahrten.
Und – ganz besonders – Allen, die diesen Hilfe leisten.

Einschränkungen

Beim Schreiben bin ich fast ausschließlich auf meine Erinnerungen angewiesen. Ich habe hier keinen Zugang zu den Akten, es dürften sich da und dort Ungenauigkeiten einschleichen, und das eine und andere mag auch in Vergessenheit geraten sein. Dieses tangiert den Kern der Geschichte indes wohl kaum.

Aus Persönlichkeits- bzw. Datenschutzgründen habe ich einige Orte, Personen und Geschehnisse nicht näher bezeichnet bzw. unwesentlich verändert dargestellt.

Die Namen von Personen wurden geändert (Namensähnlichkeiten mit lebenden Personen wären rein zufällig). Ausnahmen: Mein eigener; der des Reporters der »Blick«-Zeitung, der mich in seinen Artikeln schon unzählige Male ohne Erlaubnis mit vollem Namen nannte, vorverurteilte, diffamierte und verleumdete; die Autoren des Buches »Grünkram«; Hinweise auf die beiden Verstorbenen, Pasteur Doucé sowie Dr. Frits Bernard.

Am Ende meiner Geschichte finden Sie einige Anhänge:

- Die Frage nach den Ursachen der Pädophilie
- Mein Dank
- Die Namen der Personen
- Einige Eckdaten

Inhalt

Vorwort

Ich erzähle Ihnen, geehrte Leserschaft, hier eine Geschichte, die in mancher Hinsicht derart unwirklich klingt, als würden Sie sich in einem Roman voller Intrigen, Brutalität und Ohnmacht befinden.

In derlei Romanen gibt es einen Protagonisten, den Helden sozusagen, dann gibt es den Gegner, Antagonist genannt, dazu kommen die dem Protagonisten wohlgesinnten Freunde, die als Side-Kick bezeichnet werden. Und irgendwann siegt der Protagonist heldenhaft. Tja.

Nur ist diese Geschichte keine Fiktion. Sie ist wahr. Es ist meine Geschichte. Und ich, der »Held«, sitze heute noch im Gefängnis.

Ein Anruf setzte sie in Gang, die tragische Wende zu meinem zukünftigen Leben. Er kam aus Deutschland und erreichte mich Ende März 1990 in der kleinen Mansardenwohnung meines Vaters.

Zu ihr hinauf führte eine uralte enge Treppe; das dreistöckige Holzhaus war eines der ältesten in dem kleinen Dorf am Fuße des Pilatus, dem Wahrzeichen der Zentralschweizer Stadt Luzern.

Viele Jahre lang hatte mein Vater die roten Triebwagen der Bergbahn mit wohl Hunderttausenden Touristen sicher zu der auf gut 2.100 Meter gelegenen Kulmstation hoch- und wieder runtergefahren. Die Zahnradbahn mit dem einzigartigen, von zwei Seiten greifenden »Locher«-Zahnsystem ist mit bis zu 48 Prozent Steigung die steilste der Welt.

Nun war mein Vater längst pensioniert. Seit er alleine lebte –

seine Haushälterin war vor ein paar Jahren gestorben – ließ er sich gehen. Als ich bei einem Besuch den Eindruck bekam, dass er vielleicht an beginnendem Alzheimer leiden könnte, zog ich vorübergehend bei ihm ein, um für ihn da zu sein und seinen Haushalt auf Vordermann zu bringen. Vorläufig wollte ich bleiben, bis sich sein Zustand entweder besserte, oder aber entsprechende professionelle Hilfe nötig sein würde. Das nur kurz zu meinem Vater.

Ich kannte den Anrufer seit Jahren. Es war höchst ungewöhnlich, dass er anrief, denn sonst verlief unser Kontakt fast nur schriftlich. Wie viele andere war auch er von mir über meinen vorübergehend geänderten Aufenthaltsort inklusive der Telefonnummer meines Vaters informiert worden. Und nun teilte mir Hubertus Horn[1], so hieß der Deutsche, in wenigen Worten den Grund seines Anrufes mit. Er wollte seine neue Bekanntschaft, eine Frau Bachwiese in der DDR, nach bisherigem Austausch feuriger Liebesbriefe erstmals besuchen und bat mich, ihn zu fahren. Aufgrund meines früheren Berufes als Fernfahrer wusste er, dass ich spontane lange Fahrten gewohnt war. Zudem konnte er sich als Rentner nicht so leicht eine Fahrkarte leisten. Doch es ging ihm um mehr. Er hatte Angst vor dem ersten Treffen. Fürchtete, die Frau könnte, wenn sie ihn erst mal in natura sähe, enttäuscht sein. Von seinem nicht unbedingt anmutigen Äußeren, seinem Bierbauch, der gedrungenen Figur, dem watschelnden Gang, der Glatze.

Welche Ziele er in Wahrheit verfolgte, werde ich im Laufe der Geschichte erzählen.

Hubertus hatte mich in einer schweren Zeit, wie ich es empfand, beispiellos edelmütig unterstützt, mir Mut zugesprochen, es mir so viel erträglicher gemacht und dafür war ich ihm sehr dankbar, versprach, wann immer er mich brauche, werde ich

1 Alle Namen geändert (Ausnahmen siehe Anhang).

für ihn da sein. Was ich dabei noch nicht ahnte: Genau das war der verhängnisvollste Fehler meines Lebens …

Das Ganze passierte im August 1984, ich war damals achtunddreißig Jahre alt. Der vierzehnjährige David aus England hatte mit seinem jüngeren Bruder schon mehrmals seine Sommerferien bei mir verbracht. Wir waren seit Jahren befreundet. Ich empfand es damals, an jenem drückend heißen Sommerabend wie Spielereien. Gegenseitige Zärtlichkeiten, Streicheleien. Reizungen schließlich, die bald auch den Intimbereich mit einbezogen und dann wohl meine anfängliche Scham besiegten. Was darüber hinausging, war tatsächlich ein »So tun, als ob«, in einer Stimmung schalkhaften Übermutes, ohne weitergehende echte sexuelle Kontakte. Davids jüngerer Bruder war bei alledem nicht mit einbezogen worden. Dennoch, es waren Grenzüberschreitungen, von mir allein zu verantworten, ohne Wenn und Aber. Und ich bereute mein Tun direkt im Anschluss in höchstem Maße und verwünschte mich für meine Übergriffe. Als es zu spät war. Es war zwar keine Spur von Gewalt im Spiel gewesen, nicht einmal Aufforderungen von mir zu irgendwas. Die Laissez-faire-Stimmung hatte mein Schamgefühl verdrängt. David schien doch durchweg ausgelassen, übermütig, sichtlich begeistert. Dennoch war es verboten, gesetzeswidrig, ohne Rücksicht auf mögliche Folgen, und das hatte ich doch, verflixt noch mal, gewusst.

Dieser Abend im Sommer 1984 war das erste Mal, dass ich mich an einem Minderjährigen verging. Ausgerechnet ich hatte mich in verbotene Handlungen mit einem Minderjährigen eingelassen ... und ich wusste augenblicklich, dass es gleichzeitig das letzte Mal sein würde. So sehr war ich damals ob meiner Unbekümmertheit, meiner Dummheit erschrocken. Hinterher.

Ich bat David am darauffolgenden Morgen um Entschuldigung. Sagte, wir hätten nie … weißt du, das, was wir getan haben gestern Abend. Er war verwundert, meinte: »Wieso? Wir haben doch nur rumgealbert …«

Ich erklärte ihm dann kleinlaut, dass so was für mich verboten sei und ich das nie wieder tun dürfe. Er wollte das nicht so recht verstehen, oder vielmehr den Ernst meiner Worte nicht akzeptieren. Ich beließ es dabei und bereitete unser Frühstück zu. Unsere Freundschaft blieb bestehen, David verbrachte zwei weitere Urlaube bei mir. Und ich besuchte ihn und seine Familie noch das eine und andere Mal in England, wenn ich ohnehin im Norden unterwegs war. Alles ohne weitere solche Vorkommnisse.

Erst im Februar 1987 wurde ich vor einem Gericht in England schließlich doch noch verurteilt. Zu genau der Zeitspanne, die ich davor dort schon in Untersuchungshaft verbracht hatte: Ein Jahr. Daraufhin konnte ich unverzüglich in die Schweiz zurückkehren. Das war meine erste und einzige einschlägige Vorstrafe gewesen, für das erste und einzige Mal, bei dem ich meine Scham und meine Selbstachtung aufgab und dabei gegen das Gesetz verstieß, welches Minderjährige vor solchen Angriffen auf ihre sexuelle Integrität schützen soll.

Die Anschuldigungen, die mir dann in England über meinen Pflichtverteidiger nach Monaten Untersuchungshaft schließlich dargelegt wurden, hatten mit meinem verbotenen Tun seinerzeit in Zürich überhaupt nichts zu tun, dennoch spielten die früheren Zürcher Strafuntersuchungen, ungeachtet deren ergebnislosem Abschluss, selbstverständlich eine Rolle[2]. Stattdessen sollte ich nun bei einem damals etwa ein Jahr zurückliegenden Besuch bei Davids Familie übergriffig gegen ihn und seinen jüngeren Bruder

2 Als ich die Beratungsstelle »S.Rg.« gegründet hatte, waren in den Medien diverse unhaltbare Vorwürfe gegen mich wegen angeblicher sexueller Übergriffe breitgetreten worden – siehe Kapitel 7 – »Die Beratungsstelle«.

geworden sein. Mein Pflichtverteidiger klärte mich auf: Nach (damaligem) englischen Strafrecht durfte niemand auf britischem Gebiet für in einem Drittland begangene Straftaten verurteilt werden; gegebenenfalls könnte auf Verlangen des Drittstaates jemand an diesen zwecks dortiger Strafverfolgung ausgeliefert werden. An einem solchen Gesuch aber mangelte es den englischen Behörden in meinem Falle. Also mussten wohl Straftaten her, die ich angeblich in England begangen hatte, wofür mein Besuch im Jahr zuvor nun scheinbar die Gelegenheit bot.

Bei einer Hotelübernachtung im Jahr vor meiner Festnahme sollen die behaupteten Übergriffe stattgefunden haben. David und dessen Schulfreund hatten mir damals den Weg zu einem günstigen Hotel gezeigt. Dessen Mutter hatte es mir empfohlen, nachdem ich beschlossen hatte, erst am nächsten Morgen wieder abzureisen. In diesem Hotel nun, so die irgendwie zurechtgelegte Geschichte der Strafverfolger, hätte ich die Übergriffe an den Buben verübt. Rücksichtslos. Bis in den späten Abend hinein.

Doch ich hatte Glück und das gleich in verschiedener Hinsicht: Mein Pflichtverteidiger, der sich endlich anhörte, was an besagtem Abend in jenem Hotel tatsächlich geschah, zeigte sich plötzlich hochinteressiert. David und sein Schulfreund hatten mich zwar tatsächlich in meinem Auto zu jenem Hotel geführt, blieben jedoch nur so lange dort, bis ich an der Rezeption im Eingangsbereich eingecheckt hatte. Daraufhin brachte ich sie vereinbarungsgemäß unverzüglich wieder nachhause, wo das Abendessen auf sie wartete.

Dabei soll ich laut Anklage in jener Nacht im Hotel stundenlang David und seinen jüngeren Bruder sexuell ausgebeutet haben. Einige Wochen vor der Gerichtsverhandlung suchte der Anwalt mich im Gefängnis auf und brachte mir gute Nachrichten: Sowohl die beiden Hotel-Aushilfen jenes Abends als auch einen der damals anwesenden Stammgäste habe er über den Hotelbesitzer ausfindig machen können und sie alle hätten meinen Bericht bestätigt und sich an jene Nacht und auch an mich, ohne Begleitung noch bis spät in der Hotelbar, erinnert. Ebenso an die Tatsache, dass die beiden mich damals zum Hotel begleitenden Buben nur am frühen Abend für wenige Momente während meines Eincheckens anwesend waren.

»Dann kann ich also doch wohl auf einen Freispruch zählen!«, freute ich mich erleichtert.

Auf den ersten Blick schon, ja, meinte er daraufhin. Allerdings sei es schwierig, wenn die Anklage erst einmal geschrieben sei, noch mit neuen Beweisanträgen durchzukommen. Ich dachte daran, vor wie langer Zeit ich dem Verteidiger schon meine Darlegungen über jene Nacht mitgeteilt hatte, sagte aber nichts.

Dann kam der letzte Besuch meines Verteidigers vor dem Gerichtstermin. Der Staatsanwalt hätte einem Deal zugestimmt: Ich sollte mich teilweise schuldig bekennen und dafür unmittelbar nach der Verhandlung aus der Haft entlassen und in meine Heimat zurückkehren dürfen. Sollte ich stattdessen auf einer Beweisführung vor Gericht bestehen, könnte ich dies nur vor dem Geschworenengericht tun. Dort einen Termin zu bekommen, würde sehr lange, bis zu zwei oder gar drei Jahre dauern. Zudem müssten die Buben sich vor jenem Gericht dem Kreuzverhör stellen, was für sie eine ziemliche Belastung darstellen würde.

Nun hatte ich eine schwere Entscheidung zu treffen: Ich glaubte einerseits, angesichts der mich doch entscheidend entlastenden Zeugen aus jener Nacht, nun sicher mit einem Freispruch rechnen zu können. Andererseits hatten die Sensationsblätter mich über das vergangene Jahr hinweg zu einer regelrechten »Sexbestie« verschrien. Plötzlich beschlichen mich Zweifel, ob zum einen die neuen Zeugen auch drei Jahre später noch zu ihren bislang lediglich meinem Verteidiger gegenüber gemachten

Aussagen stehen würden. Und zum anderen, ob die Staatsanwaltschaft wirklich bereit sein würde, diese neu aufgetauchten Beweise ernsthaft zu prüfen. Ich war in der Haftanstalt aufgrund der wüsten medialen Verunglimpfungen, der mannigfachen Spekulationen und unverschämter Lügengeschichten über mich in der Öffentlichkeit von gewissen Mithäftlingen, die mich persönlich gar nicht kannten, auf dem Gang in den Spazierhof zusammengeschlagen worden. Und als ich aufgrund solcher Vorfälle auch mal in den Bunker gebracht wurde – das blüht in Haftanstalten stets sowohl Angreifern wie auch deren Opfern – ließen dort unten in der Abgeschiedenheit auch zwei Wärter, unprovoziert, ihrer sadistischen Prügellust an mir hemmungslos freien Lauf. Dabei brach nebst anderen äußerlichen Verletzungen mein Kiefer und ich konnte über Wochen nichts mehr kauen. Ich weichte daher geeignete Teile meiner Essensration soweit möglich in der täglichen Kachel Tee auf und schluckte sie jeweils so runter. Ein von mir geschlossen abgegebener Brief an die Schweizer Botschaft in England wurde mir Wochen später vom Abteilungschef offen mit der Anweisung entgegengehalten, den Brief in Englisch zu verfassen, sonst ginge er nicht raus. Das tat ich dann, ließ jedoch meine Beschwerde wegen der brutalen Misshandlungen durch die bewussten Wärter im Bunker weg und bat stattdessen um einen dringenden Besuch. Dabei verwies ich auf das Schreiben der Botschaft nach meiner Inhaftierung, worin sie nach meinem gesundheitlichen Zustand fragten.

Der Besuch fand dann statt und ich konnte dem Vertreter der Botschaft genau schildern, wie ich unter dem Befehl, in meiner Bunkerzelle in der Mitte mit auf dem Rücken verschränkten Händen stillzustehen hatte, worauf ich mehrmals mit äußerster Härte mit der Faust von einem der beiden Wärter ins Gesicht geschlagen wurde, während sein Kollege dabeistand, um einzugreifen, falls ich so verrückt gewesen wäre, mich dagegen auch nur im Geringsten zu wehren. Der Botschaftsvertreter hatte sich Notizen gemacht und am Schluss beiläufig gesagt, es werde eine entsprechende Meldung nach Bundes-Bern geschickt. Danach hörte ich nie mehr etwas darüber.

Nein, mein Entschluss war dann doch bald gefasst. Ich würde dem Deal zustimmen. Zumindest würde ich so David und seinem Schulfreund ein Kreuzverhör vor Gericht ersparen. Und weitere Jahre in dieser berüchtigten nordenglischen Untersuchungshaftanstalt waren zudem für mich schier unvorstellbar.

Erst gut zwei Jahrzehnte später sollten die damals in Zürich gegen mich laufenden, unfundierten Strafuntersuchungen eingestellt werden. Sie waren seit deren ergebnislosem Abschluss (im Sommer 1998) bis dahin stillschweigend schubladisiert worden.

David und ich sind übrigens heute noch befreundet. Wir waren über lange Zeit ohne Kontakt zueinander. Er war es, der irgendwann wieder damit begonnen hatte, meinen Aufenthaltsort in Erfahrung zu bringen, nachdem der Riesenwirbel um den Prozess allmählich in Vergessenheit geriet. Zunächst war damals in der Schweizer »Blick«-Zeitung eine massiv übertriebene Story darüber erschienen und dann, geradezu irrwitzig potenziert, in Englands Boulevardmedien eine regelrechte Verteufelung meiner Person. Eines Tages erhielt ich von David jedenfalls einen herzerwärmenden Brief, worin er schrieb, dass er über die Homepage von einem meiner Freunde auf meine Adresse, damals in der Zürcher JVA Pöschwies, gestoßen sei. Dass es sich dabei um eine Strafanstalt handelte, habe ihn erschreckt und er glaubte, ich wäre immer noch, nach all den Jahren, seinetwegen im Gefängnis. Natürlich klärte ich ihn auf; das habe mit ihm und mit jenem Abend im Sommer 1984 nichts zu tun. Bis heute schreiben wir uns und telefonieren. Er weiß inzwischen längst um die mediale Manipulierbarkeit der Öffentlichkeit bei solchen Strafverfahren.

Er hat mir verziehen. Er nennt mich wieder, wie früher auch schon, seinen »Best friend ever«.[3]

Zurück zu Hubertus Horn. Er war einer von vielen, mit denen ich mehrere Jahre eine Briefbekanntschaft unterhielt. Einige darunter kannte ich persönlich von Aufenthalten im jeweiligen Land wie Deutschland, den Niederlanden, England; andere, wie auch Horn, waren ursprünglich aufgrund meiner damals breit versendeten Schriften in Kontakt zu mir getreten. Horn, der Mann aus Bayern, argumentierte und diskutierte auch gerne philosophisch und gesellschaftspolitisch über die Themen, welche uns damals verbanden. Seit einiger Zeit führte ich in Zürich eine Beratungsstelle für Menschen mit der auch mir eigenen Veranlagung. Ich wollte dadurch meine in den Niederlanden gesammelten Erfahrungen in meiner Heimat verbreiten, wo es noch nichts Derartiges gab.[4.]

Es fiel mir aus damaliger Sicht eigentlich kein spezieller Unterschied auf zwischen seinen Schreiben und jenen der Mehrzahl anderer solcher Korrespondenten. Eines war vielleicht anders: Er schrieb meist längere Briefe und von ihm folgte jeweils rascher wieder eine Antwort. Zudem waren sie persönlicher im Schreibstil. So bot Horn rascher das »Du« an als die meisten meiner Briefpartner.

Nach allem, was ich heute über den Mann aus Bayern namens Hubertus Horn weiß, war ich damals schrecklich naiv. Aber davon mehr im Laufe der Geschichte meines Lebens.

Derweil bin ich heute noch im Gefängnis; bald drei Jahrzehnte

3 Vorgesehen ist (ohne Gewähr), diese ganze Geschichte, insbesondere auch den wahren Beginn und Verlauf der Ereignisse an jenem Abend im August 1984, in einem separaten Buch aufzuarbeiten.

4 Siehe dazu auch Anhang: Die Frage nach den Ursachen der Pädophilie.

nach den ersten öffentlichen Beschuldigungen durch diesen Mann aus Bayern. Ein alter Mann bin ich inzwischen. Aber einer, der nie aufhören wird, für seine Freiheit und für seine und seinesgleichen Gerechtigkeit zu kämpfen. Nun danke ich Ihnen, geschätzte Leserin, geschätzter Leser, für Ihr Interesse und wünsche interessante Lektüre. Wagen Sie einen Blick in meine Seele, hinter die Kulissen unserer Justiz und die Mauern der größten und strengsten Schweizer Strafanstalt.

P. S: Die Haftkosten eines Insassen belaufen sich auf zwischen 14.000 und über 30.000 Schweizer Franken pro Monat (je nach Institution und Abteilung).

Ihr Beat Meier

2022, aktuell aus der JVA Lenzburg, Abt. »60plus«

Teil I

Die Hetzjagd beginnt

1 – Fatal gestellte Weichen

1. April bis Herbst 1990

Am 1. April 1990 besuchte ich erstmals Dresden in der damaligen Noch-DDR. Wie eingangs erwähnt, betrat ich im Schlepptau des Deutschen Hubertus Horn, die Wohnung einer Frau namens Manuela Bachwiese und ihrer fünf Söhne. Zwei von ihnen waren schon erwachsen; Johann, damals zwanzig, lebte noch zu Hause bei der Mutter und seinen jüngeren Brüdern. Der achtzehnjährige Silvio war abwesend, er absolvierte gerade seine Rekrutenschule in der Volksarmee – es war wohl die letzte dieser Schulen in der DDR. Piet, der Drittälteste war dreizehn Jahre alt, Ulf zehn und Ben sieben. Er besuchte noch den Kindergarten.

Hubertus Horn verstand es, wie gesagt, meisterhaft, in Briefen seine Adressaten zu fesseln und sich als Mann von gehobenem Niveau darzustellen, der anscheinend die Seriosität in persona verkörperte. Er gab sich zwar gesellschaftskritisch, aber nicht etwa schulmeisterlich oder gar überheblich, eher im Gegenteil. Im Übrigen schien er ein friedliebender Mensch zu sein, der niemandem ein Härchen krümmen würde. Allem Anschein nach war er einer jener intellektuellen, ihre Veranlagung nie auslebenden Pädophilen, mit denen ich durch meinen Verein mittlerweile schriftliche Kontakte pflegte. Wenn überhaupt, dann hatten diese ausschließlich rein freundschaftliche, für alle Beteiligten und für ihr Umfeld transparente Beziehungen zu Kindern.

Als ich 1987 ein Jahr lang in England unter schlimmen Bedingungen in Haft saß, da war es eben Hubertus gewesen, der als Erster davon erfuhr und mir immer wieder lange ermutigende und anspruchsvolle Briefe ins Gefängnis schrieb. Mit Durchhalteparolen und allen Anzeichen von großer Menschlichkeit und Empathie.

Daher fuhr ich mit ihm zu dieser Frau, die er über eine Annonce in einer damals neu in der DDR verbreiteten westdeutschen Frauenzeitschrift kennengelernt hatte. Gemäß seiner Briefe und Angaben mir gegenüber im Frühjahr 1990 wollte er um ihre Hand anhalten. Weil er sich einsam fühle nach der Scheidung von seiner früheren Frau, wie er sagte. Verantwortung für eine neue Familie würde seinem Leben wieder Sinn und Inhalt geben. Ich war tatsächlich gerührt.

Hubertus war tatsächlich alles andere als ein Adonis. Schon einiges über sechzig und zudem ziemlich übergewichtig. Ich sah damals in ihm, etwas klischeeartig, einen gemütlichen, schalkhaften Bayern mit typischem Bierbauch. Optisch überhaupt nicht der intellektuelle Typ, aber was sagen schon Äußerlichkeiten. Wenn ich nicht gewusst hätte, dass die reichliche Korrespondenz über die Jahre wirklich von ihm war, all diese Briefe voller eindrücklicher Weisheiten, so hätte ich ihm solches Niveau wohl kaum zugetraut, als ich ihn erstmals leibhaftig zu Gesicht bekam. So aber empfand ich Bewunderung für diesen Mann. Aber ob das gutgehen konnte, er mit einer mindestens zwanzig Jahre jüngeren Frau, mit mehreren Söhnen im Kindesalter?

Das weckte bei mir, trotz Hubertus' hohem Intellekt, doch einen Anflug von Zweifel. Er bekannte sich als Kinderfreund. Aber eben als einer, der dabei kein Wässerchen trüben könnte. Ging es ihm nicht vielleicht doch nur um die Kinder der Frau? Als er während der Fahrt nach Dresden auf meine vorsichtige Frage diesbezüglich mit höflichem Lachen nur die Vorstellung davon weit von sich wies, schämte ich mich etwas für meinen Mangel an Vertrauen. Als er dann aber von sich aus vorschlug, mir seine eigenen erwachsenen Söhne vorzustellen, lehnte ich dann doch nicht etwa ab, sondern lachte jetzt meinerseits. Verlegen und beschämt, denn sein Vorschlag kam nicht ganz ohne einen leicht spöttischen Unterton. Aber ich stimmte zu. Eine Bedingung stellte ich aber doch: Wenn er wolle, dass ich mitkäme, müsse er mir versprechen, dass er der Frau aus Dresden gegenüber hinsichtlich seiner pädophilen Veranlagung offen sei. Es würde auf Dauer nichts Gutes herauskommen, wenn er ihr etwas vorspiele, das er nicht sei. Oder etwas verberge, was mit seinen Gefühlen Kindern gegenüber zu tun habe. Er wusste, dass dies kommen würde, ich hatte ihm damals in meinen Briefen aus der Haft viel über den Umgang mit diesem Thema in den Niederlanden geschrieben. Eben auch darüber, welch offener Umgang dort herrsche und dass man damit beste Erfahrungen gemacht habe. Auch dazu ein höfliches Lächeln von ihm. Ganz wie jemand, bei dem man mit einer Weisheit offene Türen einrennt.

Tatsächlich suchten wir unterwegs nach Berlin noch seine beiden erwachsenen Söhne auf. Der eine wohnte in einem Dorf unweit von Hubertus' Wohnort, war verheiratet mit Kleinkind. Der andere lebte in Berlin – beide Strecken lagen bequem auf unserer Reiseroute. Es schien offensichtlich, dass sie und ihr Vater in einem sehr guten Verhältnis zueinanderstanden. Er schien eben doch ein Mensch zu sein, der seine Veranlagung schon früh in einer Heirat und der Gründung einer Familie sublimiert hatte. Die Tatsache, dass er seit einigen Jahren von seiner Frau geschieden war, bestätigte zwar die These, wonach ein Leben unter dem Deckmantel einer anderen als der tatsächlich eigenen Veranlagung auf Dauer schwerlich Bestand haben könne. Demgegenüber räumte schon das erkennbar offenherzige Verhältnis mit den längst erwachsenen Söhnen jeden Verdacht auf ein früheres (oder auch derzeitiges) heimliches, problematisches Doppelleben aus.

Wieso sollte ich dem Mann seine Darstellungen also nicht glauben? Sehr gerne wollte ich ihm beistehen, wenn er für sich ein neues Familienleben wünschte, was ich sehr gut nachfühlen konnte.

So lernte ich die Familie Bachwiese kennen. Dieser Besuch schien besser zu verlaufen als befürchtet. Hubertus ließ anfänglich zwar mehrheitlich mich reden, um die Frau über seine Veranlagung aufzuklären. Doch er bekam noch reichlich Gelegenheit, sich ihr unter vier Augen zu öffnen und ihr sein Innerstes zu offenbaren (von dessen gutem Herz ich damals noch überzeugt war). Denn ich musste nach der langen Autofahrt dringend Schlaf nachholen. Hubertus hatte auf dem Liegesitz ja fast die ganze Strecke geschlafen.

Zufrieden reiste ich am späten Abend des nächsten Tages nach Hause zurück, nachdem ich Hubertus an seinem Wohnort in Bayern abgeladen hatte.

Bald jedoch zeichnete sich ab, dass sich die Frau mehr und mehr zu mir, statt zu Hubertus Horn hingezogen fühlte. Dies wurde allerdings mit der Zeit sehr verständlich. Denn nicht nur ließ sich beim näheren Kennenlernen Hubertus eine starke Alkoholabhängigkeit wahrnehmen, sondern auch ein bisher ungeahntes düsteres Gewaltpotenzial. Anlässlich eines späteren gemeinsamen Urlaubs in den Schweizer Bergen wurde das klar.

Es sollte ein wunderbarer dreiwöchiger Urlaub sein, Manuela Bachwiese mit ihren drei Buben, Hubertus und ich. Dass ich dabei sein müsse, das war Bedingung meines wohlhabenden Freundes in den Bergen, da das Ferienhäuschen nicht ihm, sondern seinem Neffen gehörte. Mein alter Freund war ein pensionierter Heilpädagoge aus traditionsreichem Hause, der auf eine hochgerühmte Berufslaufbahn zurückblickte. Er war derjenige, den Horn dazu brachte, uns diesen Bergurlaub zu ermöglichen.

Unser Feriendomizil war in wunderschöner Bergwelt an einer Passstraße gelegen, mit einem kleinen Bach, der nahe am Häuschen vorbeisprudelte und weiter unten in einen kleinen Bergsee mündete. Für die Familie Bachwiese aus der verschmutzten Dresdner Luft ein Traum. Fließendes Wasser kam direkt von einer oberhalb am Hang gefassten Quelle und war kristallklar. Es gab vier Zimmer: eine Wohnküche und drei Schlafzimmer, davon zwei kleine mit Kajüten-Betten.

Mein Freund und ich kannten uns schon seit vielen Jahren sehr gut. Er aber hatte Familie Bachwiese erstmals kurz vor diesem Sommerurlaub kennengelernt. Meinen Bekannten aus Bayern dagegen, Hubertus, hatte er früher schon mal kurz gesehen.

Doch schon in der ersten Woche im gemütlichen Ferienhäuschen entpuppte sich Hubertus mehr und mehr als völlig anderer Mensch, als er durch seine Briefe in intellektuell gehobenem Stil vermuten ließ. Das fand auch Manuela Bachwiese. Sie sollte seine künftige Frau werden und stand, unabhängig von mir, schon seit Jahresbeginn in Briefkontakt mit Hubertus. In Liebesbriefkontakt.

Und jetzt, nach kurzer Zeit des Zusammenlebens hier in den Bergen, passte ihm nichts mehr in den Kram von dem, was wir unternahmen. Er verlangte vermehrt nach Bier und wurde zuweilen richtig rüpelhaft.

Ich schrieb das seinem zunehmenden Alkoholpegel zu. Manuela sah dies auch so. Sie blickte auf schlimme Erfahrungen mit einem früheren Mann zurück, der ebenfalls trank und dann öfter gegen sie und ihre Kinder gewalttätig geworden war. Sie hatte bald genug von Hubertus ausfälligem Verhalten und dachte schon laut darüber nach, den Urlaub abzubrechen und mit ihren Kindern heimzufahren. Hubertus Verhalten passte immer weniger zu dem, was sie anfangs noch in ihm gesehen hatte.

Mir ging es ähnlich. Waren seine Witze zunächst noch einigermaßen erheiternd gewesen, so wurden sie plötzlich derber und provokativer. Wenn Manuela sich dann mal dagegen verwahrte, hatte er nur Spott für sie übrig. Sie war froh, dass Hubertus für Ausflüge und Bergwanderungen wenig bis gar kein Interesse zeigte und lieber bei meinem Freund im Haus blieb. Auch die Buben mochten ihn immer weniger und machten demonstrativ einen Bogen um ihn.

Ich fühlte mich in meiner Haut auch nicht mehr wohl, betrachtete ich ihn doch als Freund. Er war jemand, von dem ich glaubte, ihm viel zu verdanken aus früherer Zeit. Und ich wollte ihn eigentlich unterstützen in seinem Wunsch, sich mit Manuela Bachwiese zu vermählen.

Er brauche wieder neuen Inhalt in seinem einsamen Rentnerleben. Das hatte er mir damals am Telefon erklärt und von seiner neuen Flamme geschwärmt, dieser Frau aus Dresden und ihren Kindern, die er über ein Inserat kennengelernt habe. Ein Kontaktinserat, durch das sie im Westen einen neuen Mann für sich und Vater für ihre Kinder gesucht habe. Die Mauer war gerade gefallen und damals sagten sich viele: jetzt oder nie. Wer weiß, wie lange der Westen greifbar bleibt.

Ich versuchte, zu beschwichtigen, wenn die Stimmung sich auflud. Mal Manuela, mal Hubertus, mal beide gleichzeitig.

Eines späteren Abends dann kam es schließlich zum Eklat. Wir waren für eine Nacht zu Gast in meines Freundes großem Haus unten im Dorf. Dort konnte Manuela unsere Wäsche waschen. Eine Weile half ich ihr noch dabei. Es war wieder spät geworden und Hubertus genoss einmal mehr, uns mit seinem abstoßenden Gerede zu brüskieren. Bis Manuela einfach aufstand und die Stube verließ.

Die halbe Nacht lang, während alle anderen längst schliefen, saß ich mit Hubertus auf dem Balkon. Wir redeten über alles kultiviert, rauchten dabei und Hubertus trank friedlich seine Gerstensäfte. Er gab sich einsichtig, ja überzeugend reumütig, akzeptierte, dass er derjenige sein müsse, der sich zurückzöge und nicht

»die Bachwiese« mit ihren Kindern. Die sollten ruhig ihren Urlaub weiter bis zur vorgesehenen Rückkehr genießen dürfen. Er sei halt manchmal etwas zu redselig und nehme kein Blatt vor den Mund. Andererseits sei »die Bachwiese« aber schon auch etwas dünnhäutig. Seit Manuela ihn nicht mehr aushielt, nannte er sie mir gegenüber nur »die Bachwiese«.

Ich sagte dazu nichts, dachte an seine Prahlereien gegenüber Manuela früher an diesem Abend. Im Krieg, so hatte er da geschwärmt, sei er mit den Partisanen in Jugoslawien als Kämpfer dabei gewesen. Mit Verrätern hätten die kurzen Prozess gemacht, da sei es richtig zur Sache gegangen, brüstete sich Hubertus. Man hätte ihnen kurzerhand den Kopf abgeschnitten. Das sei bei den Partisanen so gewesen; einem Verräter schneide man den Kopf ab.

Manuela war sichtlich schockiert, getraute sich entweder nicht offen gegen solch makabres Geschwätz zu protestieren oder war einfach sprachlos. Ich war es jedenfalls, blickte aber Hubertus vorwurfsvoll an und schüttelte den Kopf. Es war nicht der Erste solcher Abende am Küchentisch, während die Kinder schon schliefen, dass Hubertus Manuela und mich bei einem Bier nach dem anderen mit derartigem Gerede zu imponieren versuchte. Wie ich auch hatte sie nichts davon geglaubt, es vielmehr als Machogehabe unter dem Einfluss des Alkohols eingestuft. Erschrocken und zunehmend verunsichert war sie aber allemal.

Doch an diesem Abend in der Waschküche, da sagte sie zu mir: »Entweder der geht oder ich reise mit den Buben ab! Tut mir leid, aber den ertrage ich nicht länger!«

Später im Gespräch mit mir auf dem Balkon beklagte sich Hubertus dann, er habe darauf gezählt, die ganzen drei Urlaubswochen von der Einladung meines wohlhabenden Freundes leben zu können. Er beziehe ja nur eine Rente und diese werde ihm erst in gut zwei Wochen wieder ausgezahlt. Sein Geld habe er schon fast ganz ausgegeben, da er ja glaubte, als Gast mit Vollpension bis dahin keines mehr zu benötigen. Es mache ihm ja nichts aus, nach Hause zu fahren, und überhaupt seien ihm unsere Bergwanderungen und Ausflüge und alles ohnehin zu anstrengend. Aber wovon solle er denn seine Fahrkarte kaufen und wovon dann leben, wenn er daheim auf seine nächste Rente warten müsse?

Natürlich kauften wir ihm das Ticket bis zu seinem Wohnort in Bayern und gaben ihm die dreihundert DM, welche er nach seinen Worten mindestens noch benötige bis ans Monatsende. Der Abschied dann am nächsten Tag bei der Station der Bergbahn, wohin ich ihn mit meinem Auto fuhr, schien nun unbeschwert und Hubertus wieder bester Laune. Er riss wieder den einen und anderen seiner Witze, lachte und genoss unterwegs sein inzwischen längst unvermeidliches Bier. Nichts deutete darauf hin, dass er mir gegenüber, meinem Freund oder Manuela noch irgendeinen Groll hegte. Weshalb auch, schließlich hatte er es doch nur seiner Rüpelhaftigkeit und seinem beleidigenden, bisweilen gar erniedrigendem Verhalten gegenüber Manuela zu verdanken, dass sie ihm die kalte Schulter zeigte.

Persönlich begegnete ich Hubertus Horn vor diesem Urlaub im Sommer 1990 ja nur zweimal, zuletzt in Dresden bei den Bachwieses, und vorher einmal kurz nach meiner Entlassung nach dem Verfahren in England, als er mich spontan in Zürich besuchte.

Er hatte mich damals in Begleitung eines jungen Mannes aus Hamburg aufgesucht. Hubertus besaß kein Auto. Der junge Mann, den Hubertus mir als »Arthur« vorstellte, sei bei ihm in Bayern zu Besuch gewesen und habe ihn freundlicherweise mit seinem Wagen in die Schweiz gefahren. Arthur lud ihn jedoch nur bei mir ab und holte ihn zwei Tage später wieder.

Ich hatte Hubertus dann fürs Wochenende zu einer Fahrt in die Berge eingeladen. Dort schauten wir bei meinem schon erwähnten Freund vorbei, in seinem großen Haus in einem kleinen Bergdorf. Ihm stellte ich damals Hubertus als eine langjährige Brieffreundschaft vor, auf die ich damals noch große Stücke hielt. Bei den zwei, drei Mahlzeiten, die wir während Hubertus' Aufenthalt in der Schweiz gemeinsam einnahmen, trank er zwar auch das ein oder andere Bierchen, aber als Alkoholiker sah ich ihn überhaupt nicht und er benahm sich auch nie daneben. Im Gegenteil gab er mir und meinem Freund gegenüber den Gentleman, jemanden, der den Umgang mit Leuten gehobenen Standes gewohnt war. Wie erwähnt, sah ich ihn das nächste Mal in Dresden, um Manuela kennenzulernen.

Zudem ließ mich dieser erste längere direkte Kontakt zu Hubertus Horn bald erkennen: Dieser Mann konnte in Wahrheit unmöglich pädophil veranlagt sein. Schriftlich konnte er einen überzeugen. Wie sich später herausstellen würde, lag das wohl daran, dass er auch intensiv mit anderen vergleichbaren Gruppierungen und auch sehr vielen Einzelpersonen in diversen Ländern korrespondiert hatte. Und das schon lange. Sowohl mit hoch angesehenen Akademikern wie auch mit pädophilen intellektuellen »Einzelkämpfern«. Aber auch mit ganz anders veranlagten Menschen mit völlig anderen Interessen. Noch wusste ich nicht, was ihn dazu gebracht haben mochte, sich über Jahre hinweg als Pädophiler auszugeben. Aber sein zu beobachtender Umgang mit den Kindern von Manuela Bachwiese und auch mit ihr selbst brachte es für mich unweigerlich an den Tag: Hubertus Horn war in Wahrheit durch und durch heterosexuell. Und er schien bislang eine obskure, eine dunkle Seite verborgen zu haben.

Nachdem aus einer Verbindung zwischen Hubertus und Manuela nichts geworden war, überhäufte sie mich in der Folge mit Liebesbriefen. Ich versuchte anfangs, die Avancen der Frau zu bremsen, und antwortete ihr auch entsprechend. Schon aufgrund meiner

Veranlagung, aber auch wegen meines damals noch sehr aktiven Engagements für hilfesuchende Gleichveranlagte. Sie benötigten weiterhin den Halt der Beratungsstelle. Ein Familienleben erschien mir parallel dazu nicht vorstellbar.

Doch ich merkte irgendwann selber, dass es nicht viel mehr als ein anfängliches Zaudern war. In meinem Innersten war ich schon bald nach Hubertus' Abgang dem in mir wiederauftauchenden Wunsch nach der Geborgenheit einer Familie verfallen. Etwas, das ich mein Leben lang schmerzlich vermisst hatte. Ich bewunderte Manuela, gewann sie auch richtig lieb. Und ich fühlte mich inzwischen auch ein Stück weit zu ihrem und ihrer Kinder Wohl verpflichtet. Wäre ich im Frühjahr nicht dabei gewesen und hätte Hubertus den Rücken gestärkt, vielleicht hätte sie ihm ja tatsächlich gleich wieder den Laufpass gegeben. Ich fühlte mich mitschuldig an seinen die kleine Familie belastenden, ja verletzenden Äußerungen und seinem so enttäuschenden asozialen Verhalten.

Ich ließ für die Frau aber keine Zweifel daran, was meine Veranlagung betrifft, und hatte ihr von Anfang an reinen Wein eingeschenkt. Ich weihte sie auch gleich in meine ganze Vorgeschichte ein. Inklusive der heimlichen Verfolgung durch die Zürcher Justiz in den frühen 80er-Jahren und der Verurteilung in England 1987.

Nach ihrem ersten Liebesbrief ließ ich sie schonend, aber unmissverständlich wissen, dass sie mit mir keinen eigentlichen Sexualpartner gewinnen könne. Manuela versicherte mir postwendend, ihre Gefühle der Zuneigung mir gegenüber seien in Wahrheit ja auch rein platonischer Natur und sie akzeptiere mich so, wie ich sei. Nach ihren schlechten Erfahrungen mit früheren Männern wolle sie sich ja gar nicht mehr in sexuelle Beziehungen einlassen. Und da sie ohnehin keine weiteren Kinder mehr haben wolle, sehe sie in mir den unter diesen Umständen idealen künftigen Lebenspartner. Außerdem merke sie doch, welch positive Wirkung der Umgang ihrer Kinder mit mir auf diese habe. Die seien seither wie umgekehrte Handschuhe und wünschten sich so sehr wie sie jemanden wie mich als Mann in der Familie. Diese Beteuerungen wurden mit der Zeit nur allzu nachvollziehbar, je mehr ich von ihr darüber erfuhr, wie sie und auch ihre Kinder durch einen ihrer gewalttätigen früheren Lebenspartner zu leiden hatten.

In ihren Briefen und auch später wurde Manuela nicht müde, den guten Einfluss auf ihre Kinder zu loben, den ich bisher, besonders während des längeren Zusammenseins in den Sommerferien bewiesen hätte. Schon deshalb sei sie überzeugt, dass sie sich bezüglich meiner Veranlagung keine Sorgen machen müsse. Ohnehin glaube sie, dass das ganze öffentliche Gerede gegen die Pädophilie zumindest bei mir so gar nicht zuträfe. Auch wenn ich früher mal gegen das Gesetz verstoßen habe, so sähe sie doch, dass ich daraus gelernt hätte, und überdies sei das doch schon so lange her. Letztlich ginge es ihr in erster Linie darum, einen liebevollen Papi für ihre Kinder, einen treuen Freund für sich und damit auch eine gewisse materielle Sicherheit für ihre Familie zu gewinnen.

So geschah es, dass Manuela Bachwiese im Spätsommer 1990 samt ihrer drei jüngeren Kinder zu mir in die Schweiz zog (anfangs war zudem auch ihr zweitältester Sohn Silvio bei uns). Die Mauern zwischen der DDR und Westdeutschland waren schon weitgehend gefallen, gleichzeitig aber herrschte bei vielen, auch bei Manuela, noch eine gewisse Unsicherheit hinsichtlich einer befürchteten eventuellen Gefahr durch die Sowjets. Das könnte alles zunichtemachen, sagten manche.

Das hatte Manuelas Wunsch nach Ausreise aus der ehemaligen DDR jedenfalls beschleunigt und verstärkt. Hinzu kam, dass hierzulande damals ab dem folgenden Jahr das neue Schweizer Bürgerrechtsgesetz in Kraft treten sollte, nach welchem Ausländerinnen durch eine Heirat mit einem Schweizer Bürger nicht mehr automatisch zu heimatberechtigten Schweizerinnen wurden. Insofern war diese Familien-Neugründung einigermaßen überstürzt. Für mich wenige Monate zuvor noch völlig unvorstellbar. Die Hochzeit war geplant und alles organisiert – für den kommenden siebten Dezember. Manuela wollte mir künftig bei der Leitung meiner Beratungsstelle tatkräftig behilflich sein. Bisher hatten wir provisorisch noch bei einem meiner Freunde gehaust, der alleine über eine sehr geräumige Wohnung verfügte. Am 15. Oktober konnten wir endlich unsere eigene Mietwohnung beziehen.

2 – Die Rache des Intriganten

16. Oktober 1990

Wir waren noch nicht mal fertig in die neue Wohnung eingezogen, eine geräumige, schön renovierte und doch einigermaßen preisgünstige Dachwohnung im Kern der Altstadt von Mellingen im Kanton Aargau, als eine uns betreffende Titelstory im Boulevardblatt »Blick« erschien.

Der damals vierzehnjährige Piet war schon auf, als es an der Tür unserer Wohnung klopfte. Ich war noch im Tiefschlaf und hatte es gar nicht gehört. Zusammen mit einem Helfer war ich bis in die frühen Morgenstunden beschäftigt gewesen, unser aller Hab und Gut einzuräumen. Das Kinderzimmer hatten wir als Erstes eingerichtet und uns danach in der provisorisch ausgestatteten Küche noch etwas zu Essen zubereitet. Später verabschiedete sich mein Helfer. Als die Kinder längst schliefen, arbeitete ich noch weiter an der Wohnungseinrichtung und legte mich, irgendwann in den frühen Morgenstunden, auf einer Matratze auf dem Fußboden meines provisorischen Büros schlafen.

Piet öffnete die Wohnungstür, fand im Treppenhaus aber niemanden vor. Dafür lag am Boden eine »Blick«-Zeitung. Darauf lachte ihm auf der Titelseite groß ein Bild von mir entgegen, versehen mit meinem vollen Namen. Ganz aufgeregt stürmte er damit in mein Büro, schüttelte mich wach und hielt mir die Zeitung direkt unter die Augen.

In großen Lettern stand da geschrieben: SCHWEIZER KAUFT DDR-BUBEN FÜR PORNOS. Unter meinem Konterfei prangte auch ein kleineres Foto von Hubertus Horn. Mit schwarzem Balken über den Augen. Darauf grinst er hämisch. Im Inneren fanden sich sogar Fotos aller drei Buben, versehen mit ihren richtigen Vornamen. Der dreizehnjährige Piet entrüstete sich, »die spinnen doch!«.

Ich konnte nicht verhindern, dass er sofort seine jüngeren Brüder weckte, um die unglaublichen Neuigkeiten mit ihnen zu teilen. Im Artikel war u. a. zu lesen, dass ich laut dem Zeugen (Hubertus Horn) dabei sei, die Kinder der Dresdnerin an zahlende Sex-Kunden in halb Europa zu vermieten. Meine Empörung wuchs ins Grenzenlose.

Die Mutter war zusammen mit dem erwachsenen Sohn Silvio just in jenen Tagen in Dresden bei Johann, ihrem Ältesten. Der bewohnte jetzt zusammen mit seiner Freundin die frühere gemeinsame Familienwohnung. Einerseits wollte Manuela noch dieses und jenes dort erledigen und andererseits konnte sie sich so vom Stress des Umzugs fernhalten, denn sie war mittlerweile im vierten Monat schwanger. Sie hatte mir die Schwangerschaft verschwiegen, bis kurz bevor wir in die neue Wohnung eingezogen waren. Es war nicht zu übersehen, was sie für sich und ihr ungeborenes Kind von mir erhoffte: Ich sollte als dessen Vater auftreten, damit es meinen Namen tragen könne. Der leibliche Vater habe ihr klargemacht, dass er von dem Kind nichts wissen wolle. »Der hat sich aus dem Staub gemacht und ich weiß nicht einmal, wo er jetzt wohnt!« Ich hatte ihre tränenreichen Klagen geglaubt und zugesagt.[5]

5 Das Kind kam am 13. Februar 1991 als Frühchen zur Welt. Es war ein Mädchen und wurde auf den Namen Tina getauft. Es wird zunächst während eines Jahres in unserer bis dahin noch kompletten Familie heranwachsen. Nach meinem schließlich unvermeidlichen Wegzug sah ich Tina noch zwei- oder dreimal bei kurzen Besuchen. Sie wuchs praktisch ohne Vater auf und soll, laut dem, was mir gesagt wird, über mich fast nur das zu hören bzw. lesen bekommen haben, was über die Jahre in den Medien stand. Ihre Mutter unterband ab meiner Inhaftierung am 13. Februar 1993 jeglichen Kontakt.

So rasch ich konnte, versuchte ich sie in Dresden telefonisch zu erreichen, was allerdings nicht so einfach war. Sie hatten in der Wohnung dort noch nie einen eigenen Telefonanschluss gehabt. Über den Apparat eines befreundeten Ehepaares in der Nachbarschaft konnte ich sie schließlich kontaktieren. So erfuhr ich auch von ähnlichen Artikeln über uns in der deutschen Zeitschrift »Neue Revue«, die seit dem Mauerfall auch in Ostdeutschland erhältlich war.

Meine zukünftige Frau hatte also noch vor uns von der Kampagne erfahren. Wir kamen überein, dass wir sofort handeln mussten. Vordringlich, indem wir die Kinder durch kompetente Fachleute befragen lassen wollten, um die absurden Anschuldigungen zu widerlegen. So geschah es dann auch.

Noch am Tag der ersten »Blick«-Story[6]. Die Buben wurden einzeln befragt. Es war nicht die einzige Zeitungsstory über uns. Schon am folgenden Tag kam in der nächsten »Blick«-Ausgabe wieder eine Titelstory: »Nach Enthüllungen im Blick: Kinderschänder mit den gekauften DDR-Buben auf der Flucht.« Dies lasen wir wiederum am frühen Morgen. Nicht irgendwo, sondern immer noch in der neuen Wohnung in Mellingen. Wie schon tags zuvor hatte auch diesmal ein am selben Ort lebender Freund die Zeitung auf unsere Türmatte gelegt und kurz angeklopft. Frühmorgens auf seinem eiligen Weg zur Arbeit. Gemäß dem Inhalt des neuerlichen Artikels soll der verantwortliche Reporter, Viktor Dammann, uns an unserer alten Adresse gesucht haben, im Haus

6 Meine Frau und ich wandten uns an die Redaktion und verlangten Recht auf Gegendarstellung. Dies wurde uns verweigert. Mit der Zeit werden wir vor Gericht gegen »Blick« obsiegen. Um dies zu erreichen, mussten wir quasi die Unwahrheit der Story beweisen. Die Gegendarstellung musste veröffentlicht werden. Das änderte aber nichts daran, dass derselbe »Blick«-Reporter weitere Hetzartikel folgen ließ. Für länger andauernde juristische Nebenschauplätze wird uns schlicht das Geld fehlen.

jenes Freundes, der uns vorübergehend seine Wohnung zur Verfügung gestellt hatte. Laut Nachbarn dort seien wir gerade erst umgezogen, wurde ihm gesagt.

Daraus konstruierte der Reporter – offenbar ohne sich näher zu erkundigen – unsere »Flucht«, während wir uns in Wahrheit schon seit dem Abend vor den ersten Schlagzeilen in der neu bezogenen Wohnung befanden. Und keineswegs auf einer Flucht.

Meine Frau kam kurz darauf wieder aus Dresden zurück. Wir waren nun alle wieder vereint in der neuen Wohnung. Es herrschte eine seltsam durchmischte Stimmung. Empörung überwog, schwappte zuweilen über in blanke Wut. Aber auch Bedrückung schlich sich ein. Ich dachte an das ungeborene Kind und daran, dass die Bachwiese-Familie eigentlich glaubte, im Land »der Freiheit, des Friedens und der Sicherheit« angekommen zu sein. Ich wagte nicht, mir vorzustellen, wie Manuela und ihren erwachsenen Söhnen in Dresden zumute gewesen sein musste, als sie dort die »Neue Revue« mit den entsetzlichen Verleumdungen von Hubertus Horn zu Gesicht bekamen.

Piet und Ulf überboten sich mit Voraussagen darüber, wie gnadenlos wir die »Blick«-Zeitung vor Gericht schleppen und wie viel Geld sie diese Lügengeschichten kosten würde. Und auf den Hinweis ihrer Mutti, dass »einzig und allein dieser Horn« an allem schuld sei, verlagerten beide ihre Wut wieder auf ihn, den sie schon in den Tagen vor Manuelas Rückkehr oft lautstark verbal verwünscht hatten.

Auch der kleine Ben gab sich empört: »Ja! Der Horn, der ist ein Lügner! Der kommt jetzt aber dran, stimmt's, Papi? Das ist ja alles überhaupt nicht wahr, was der da dem Blick erzählt hat!«

»Der ›Neue Revue‹ hat er das alles auch zum Besten gegeben. Das lassen wir uns doch von dem nicht gefallen, was glaubt der denn? Wir verklagen ihn«, versicherte Mutti.

»Das werden wir wohl. Doch der lebt in Deutschland und wir sind in der Schweiz«, gab ich zu bedenken. »Da müssen wir ihn wohl in Deutschland anzeigen. Wegen Verleumdung.«

»Und wegen dem, was er bei mir im Sommerurlaub probiert hat«, sagte da unvermittelt Piet.

»Was hat er …, was meinst du mit ›probiert hat‹? Der hat doch nicht etwa …«

»Nein, nein! Nur probiert hat er. Er wollte mir an die Wäsche gehen. Ich sollte mich neben ihn auf die Bettkante setzen und er wollte, na ja, er langte mir zwischen die Beine, ich meine, er wollte, aber ich habe seine Hand gleich weggewischt. Er hat dann gesagt, er habe nur schauen wollen, wie ich reagiere.«

Manuela schäumte vor Zorn, als sie das hörte. »Siehst du«, wandte sie sich an mich, »der wollte nämlich selber genau das, was er dir jetzt andichtet. Genau das! Schon damals in Dresden, nachdem wir uns kennenlernten …« Manuela unterbrach sich und schickte die jüngeren Buben auf ihre Zimmer, es sei sowieso Zeit fürs Bett. Piet sollte ebenfalls gehen, doch der wollte partout nicht.

So wurde auch er Zeuge, was seine Mutti nun berichtete: Hubertus Horn, der in den Zeitungen jetzt, wie sie sich erzürnte, »als Zeuge für seine eigenen unverschämten Pläne« auftrat, hätte sie damals bei unserem ersten Treffen im April unter vier Augen angesprochen. Dabei habe er ihr »lukrative Geschäfte« mit ihren Kindern angeboten. Sie, die Mutter, solle sie ihm »einfach hin und wieder zur Verfügung stellen«, vor allem in den Schulferien und vielleicht auch mal an einem Wochenende. Er kenne in Deutschland und der Schweiz viele wohlhabende Männer in wichtigen Positionen – Oberstudienräte, Magistratsbeamte, reiche Geschäftsleute und was noch mehr. Die würden nämlich alle viel Geld dafür zahlen, um mit den Jungen Zeit verbringen zu dürfen. Einfach, um Spaß mit ihnen zu haben. Und auch für Fotos und kleinere Filme. »Ja, ja! Von wegen!«, stoppte Manuela hier ihren eigenen Redefluss. Und den Erlös würde er mit ihr »fifty-fifty« teilen. So könne sie dann ganz leicht »das große Geld machen«, meinte der, und habe auf Nachfrage dann auch geradeheraus gesagt, um was für Fotos und Filme es dabei ginge, aber das habe sie ohnehin sofort vermutet. Sie gebe doch ihre Kinder nicht für so was her, habe sie ihm empört gesagt. Nein, was er denn denke! Natürlich habe sie da sofort deutlich abgelehnt.

Das war jetzt wirklich eine verrückte Enthüllung. Ich fiel aus allen Wolken und war einen Moment sprachlos. Meine erste Frage war dann, weshalb, um Himmels willen, sie mir denn nicht schon damals etwas davon gesagt habe?

Weil sie doch geglaubt habe, der Mann und ich seien befreundet. Sie habe darauf Rücksicht nehmen wollen. Sie habe ihn dann ja auch nicht mehr um sich haben wollen, im Sommer während der Ferien. Und sie sei zu mir gezogen, weil sie gemerkt habe, dass ich mit Horns unfassbaren Plänen weder zu tun noch davon gewusst habe.

Eine von meiner Frau und mir daraufhin bei der Schweizer Polizei eingereichte Strafanzeige gegen Hubertus Horn wurde gar nicht erst entgegengenommen. Der versuchte Menschenhandel sei ja in Dresden erfolgt und zudem halte sich der Beschuldigte auch nicht in der Schweiz auf. Dasselbe treffe auch auf die Anzeige wegen Verleumdung zu. Wir müssten diese Anzeigen in Deutschland stellen.

Den versuchten Übergriff auf den damals noch nicht 14-jährigen Piet sollten wir in jenem Kanton zur Anzeige bringen, in dem er geschehen sei. Zunächst riefen wir bei der Kantonspolizei im Hauptort des betreffenden Kantons an. Erneute Absage. Da der Mann offenbar in Deutschland wohne, müssten wir dort eine entsprechende Anzeige erstatten.

Also fuhren wir hierzu über den Rhein ins deutsche Singen. Dort schickte man uns »zuständigkeitshalber« in das nahegelegene

Waldshut. Nichts wie hin. Nachdem man uns dort erst eine Weile warten ließ, blitzten wir erneut ab. Erst als wir daraufhin – zurück in Singen – unserem Unmut Luft machten, und der dortige Polizeichef sich dann hörbar erbost am Telefon mit seinem Kollegen in Waldshut deswegen stritt, erklärte sich Letzterer nun doch zur Aufnahme der Anzeige bereit. Also erneut ins Auto und ab nach Waldshut.

Es war dann doch nicht so einfach, wie wir dachten. Dem, ob der telefonischen Standpauke seines Kollegen, sichtlich verärgerten Singener Beamten mussten wir erst Rede und Antwort stehen zu den Skandalpresse-Schlagzeilen über uns. Immerhin aber wurden die einzelnen Anzeige-Punkte schließlich schwarz auf weiß protokolliert.

Ein paar Wochen später bekam ich an einem Samstag Besuch. Ich kannte den Mann flüchtig. Es war der junge Hamburger, mit Namen Arthur Schönmann, der seinerzeit Hubertus für ein überraschendes erstes persönliches Treffen zu mir nach Zürich gefahren und ihn nach dem Wochenende wieder abgeholt hatte. Seinen Nachnamen nannte mir der freundliche Mann diesmal auch, doch wir duzten uns gleich.

Arthur wusste nun eine eigene empörende Geschichte über Horn zu erzählen. Auch er war dem Intriganten auf den Leim gegangen. Bei ihm ging es um eine ähnliche Geschichte wie bei uns. Dass wir offenbar nicht die Einzigen waren, die sich von dem Typen aus Bayern Sand in die Augen hatten streuen lassen, war uns kein Trost.

Es war aber eine turbulente Zeit, sodass dieser »Nebenschauplatz« für uns einstweilen wieder in den Hintergrund rückte.[7]

7 Siehe weiter oben Kapitel 1 – Fatal gestellte Weichen und weiter unten Kapitel 17 – Der Mann aus Hamburg.

3 – Leben mit der Hetzkampagne

Ab Herbst 1990

Die gerade bezogene Wohnung wurde uns vom Vermieter schon am Tag des zweiten »Blick«-Artikels fristlos gekündigt.

Dagegen reichten wir Beschwerde beim Mietgericht ein und gewannen sie nach einigem Kampf, mussten aber wegen andauernder Schikanen des Vermieters dennoch bald eine neue Wohnung suchen. Die Telefongesellschaft (PTT) verweigerte uns unter Hinweis auf die Zeitungsmeldungen von Anfang an einen Anschluss. Das erschwerte natürlich den Prozess des Einlebens am soeben bezogenen Ort.

Genauso wie die Suche nach einer neuen Wohnung, ganz zu schweigen von meiner Arbeit. Einen künftigen Büroraum, den ich noch vor dem Bezug der neuen Wohnung in einer stillgelegten Tenne in einem Nachbardorf, mit Einwilligung der dortigen Vermieter, in wochenlanger Nachtarbeit gezimmert hatte, wurde nach dem Artikel kurzerhand eingerissen und alles kurz und klein geschlagen. Anschließend kündigten auch sie den Mietvertrag fristlos.

Eine neue Wohnung zu finden war mit drei Kindern – bald würden es vier sein – bei unseren mageren finanziellen Verhältnissen ohnehin schon schwierig. Unter diesen Umständen aber, mit derartigen Schlagzeilen in der Sensationspresse, war es ein schier unmögliches Unterfangen. Obwohl wir auf Anzeigen aus der halben Schweiz reagierten und an unzähligen Orten vorstellig wurden. So waren wir einmal Richtung Welschland unterwegs, weil sich nahe des »Röstigrabens«[8] eine Möglichkeit abzeichnete.

Kurz waren wir guter Dinge, ohne das ständige flaue Gefühl im Magen: Werden die Wohnungsvermieter uns nicht schon zu Beginn mit fadenscheinigen Begründungen wieder abweisen? Sind ihnen die jüngsten »Blick«-Geschichten aufgefallen und erinnern sie sich daran? Nein, dort, so hofften wir, würde der »Blick« kaum gelesen.

Unweit unseres Ziels legten wir an einer Raststätte an der Autobahn Richtung Freiburg eine Pause zum Mittagessen ein. Schon in der Nähe des Eingangs starrte uns von einem Zeitungsständer die welsche »Blick«-Variante, das Blatt »Le Matin« entgegen, vielmehr die aktuelle Schlagzeile auf der Titelseite. Es war in etwa die gleiche bebilderte Story über uns wie unlängst im »Blick«, nur in französischer Sprache. Uns verging der Appetit. Und die Lust auf die ausgeschriebene Wohnung.

Die Kinder mussten dennoch eingeschult werden. Wir machten uns Sorgen darüber, wie sie wohl angesichts der veröffentlichten Fotos unter Nennung ihrer echten Namen von ihrer Umgebung und ihren neuen Schulkameraden aufgenommen würden. Ich ging daher in die Offensive und informierte unsere neuen Nachbarn und alle künftigen Gesprächspartner, Lehrer, Schulpflege etc. über die wahren Hintergründe der Schlagzeilen. Dies half zwar bei vielen Mitbürgern, aber nicht bei allen. Der Ort im Kanton Aargau hatte immerhin ein paar Tausend Einwohner und wir konnten uns ja nicht allen näher vorstellen.

Die Kinder litten also nicht nur unter der erneuten Ungewissheit und dem bevorstehenden Wechsel, sondern zuweilen auch

8 Sprachgrenze in der Schweiz zwischen den deutsch- und französischsprachigen Teilen.

unter anzüglichen Bemerkungen im Dorf sowie in und um die Schule. Das legte sich aber mit der Zeit, wohl auch dank unserer Offenheit und, wann immer möglich, der Teilnahme am Gemeindeleben.

Ulf benötigte Nachhilfe im Schreiben und Lesen wegen seiner Legasthenie (entsprechende Anzeichen ergaben sich schon aus den Schulberichten von seiner Dresdner Schule aus der Zeit, bevor ich zu der Familie stieß). Es gelang mir, hierfür eine Fachkraft von auswärts zu engagieren.

Von allen dreien hing Ulf besonders an mir. Während Ben noch sehr Muttersöhnchen war, wollte Ulf mich überallhin begleiten (was dann aber öfters auch den kleinen Ben zum Mitkommen reizte). Ulf sprühte ständig vor Energie und Tatendrang. Ich fragte ihn in den Tagen nach seiner Einschulung, ob er sich für eine der diversen im Schulhaus ausgeschriebenen Aktivitäten interessiere.

Sofort kam da von ihm: »Klar! Was gibt es denn alles?« Wir gingen hin; es waren nur knapp fünfzehn Minuten zu Fuß. Zu meiner Überraschung wählte er dann nicht etwa Fußball, eine der anderen Sportarten oder eine der weiteren Aktivitäten aus dem Angebot. Er wählte rhythmisches Tanzen.

Wir besuchten den nächsten Abendkurs als Zuschauer. Es waren zumeist Mädchen in seinem Alter in diesem Kurs. Er schaute eine Weile zu, guckte mich dann an und fragte: »Darf ich jetzt gleich mitmachen?« Natürlich dürfe er, sehr gern, sagte die Kursleiterin und schon reihte sich Ulf zwischen den Mädchen ein und wirbelte mit ihnen im Kreis herum. Bis zu unserem Umzug im Sommer des folgenden Jahres ging er fast jede Woche in diesen Kurs.

Nach langem Hin und Her mussten wir uns damit abfinden, dass Ben, der bis zum nächsten ordentlichen Schulanfang noch den

Kindergarten besuchen musste, nicht den in unserer unmittelbaren Nähe, sondern einen weiter entfernten zugeteilt bekam. Was verkehrsbedingt mit größeren Gefahren verbunden war, da er hierfür eine Hauptstraße überqueren musste. So mussten meine Frau oder ich ihn in den ersten Wochen auf beiden Wegen begleiten.

4 – Befragungen der Kinder: »Nein« gilt nicht

Ab Herbst 1990 bis 17. Februar 1993

Längst liefen Ermittlungen gegen mich. Manuelas drei schulpflichtige Söhne wurden in der Zeit vom 16. Oktober 1990 bis zum 13. Februar 1993 viele Male befragt. Stets beteuerten sie auf entsprechende Fragen, dass nichts von alledem wahr sei, was in der Zeitung stand und was der genannte Deutsche behauptete.

Nie hätten sie für »Nacktfotos oder -filme« posiert. Ihr neuer Papi hätte sie nie »sexuell belästigt« oder ihnen sonst etwas angetan. Ich sei ihnen ein guter Vater und sie hätten mich sehr gern. Und meist auch ergänzten sie: »Der Hubertus Horn ist ein Lügner!« Sie sagten einfach immer nur die Wahrheit – solche Ansinnen waren für mich schlicht nie ein Thema.

Mehrmals wurden sie am frühesten Morgen durch plötzlich in die Wohnung einfallende bewaffnete Polizisten direkt aus dem Schlaf und aus ihren Betten geholt. Mal an Ort und Stelle abgesondert und befragt, mal gleich, ohne die Mutter, zu Befragungen auf den Polizeiposten abgeführt. Dies geschah sowohl in unserer ersten Wohnung als auch in der nächsten.

Die allererste Befragung war noch am Tage des ersten »Blick«-Artikels erfolgt, durchgeführt von einer Sozialarbeiterin der Justizdirektion Zürich. Dies geschah auf meine Veranlassung, mit dem telefonischen Einverständnis der Mutter aus Dresden, und dank der Vermittlung eines hierzu konsultierten Anwalts des Zürcher Anwaltsverbandes.

Ein »Nein« der Kinder wurde und wird scheinbar nie zur Kenntnis genommen. In den folgenden Monaten waren sie diverse Male teils intensiven Verhören durch Polizeibeamte ausgesetzt. Einmal während eines Besuchs am Wohnort meines betagten Vaters, den wir regelmäßig an jeweils einem Wochenende besuchten, um ihm bei seinem Haushalt zu helfen. Dann, anlässlich einer Reise an den alten Wohnort der Familie in Dresden, erneute Befragungen der Kinder durch die dortige Kripo. Ein paar Monate danach wieder durch die Polizei in der Schweiz. Einmal wurden sie einer Jugendanwältin zur Befragung vorgeführt.

Vor Gericht im süddeutschen Ulm, wo wir später als Zeugen anlässlich der Verhandlung gegen den deutschen Hubertus Horn vorgeladen wurden, verhörte der Richter persönlich die Jungs über lange Stunden. Seine Fragen aber betrafen, statt der Vorwürfe gegen den dort angeklagten Hubertus Horn, hauptsächlich die von Horn gegen mich gerichteten Anschuldigungen.

Und schließlich – auf Veranlassung der zuständigen Schweizer Untersuchungsrichterin – wurden sie in Paris, während eines gemeinsamen Besuchs bei einer dort lebenden Schweizerin, unmittelbar nach meiner dortigen Verhaftung innerhalb von vier Tagen gleich mehrmals durch eine Spezialabteilung der Pariser Polizei verhört.

Bei der vorerst letzten Befragung in Paris am 17. Februar 1993 erzielte die Polizei erstmals ein mich belastendes Ergebnis von den beiden jüngeren Buben. Das geschah unter haarsträubenden Begleitumständen, wie sich aber erst viele Jahre später zeigte, nachdem mich zwei Instanzen schon verurteilt hatten. Als die inzwischen erwachsenen Jungs wieder den Mut zur Wahrheit fanden und über die niederträchtigen Verhörmethoden berichteten.

Meine Ehefrau Manuela und Mutter der Kinder wurde in der gleichen Zeitspanne zwischen jenem 16. Oktober 1990 und dem 17. Februar 1993 ebenfalls viele Male durch Polizisten in der

Schweiz, in Dresden, vor Gericht in Ulm und schließlich durch dieselben Polizeibeamten wie ihre Söhne und ich in Paris verhört. Auch sie erklärte stets, dass die ganzen Anschuldigungen gegen mich gelogen seien. Wenn es wahr wäre, hätte sie es ganz sicher gemerkt und ihre Kinder hätten es ihr gesagt. Es handele sich bei den Behauptungen des Deutschen um freie Erfindungen und um einen Racheakt. Sie habe ihn abgewiesen, weil sich herausstellte, dass er Alkoholiker sei und überdies derjenige, welcher ihr unter vier Augen vorgeschlagen habe, ihre Kinder für »lukrative Geschäfte mit wohlhabenden Pädosexuellen« zu benutzen. Deswegen habe sie ihm den Laufpass gegeben und stattdessen mich geheiratet. Darüber sei dieser Mann erzürnt. Zusammen mit mir habe sie ihn bei der Polizei wegen Verleumdung und wegen seiner Versuche angezeigt, sich ihrer Kinder zum Zwecke der sexuellen Ausbeutung zu bemächtigen. Sie erklärte bis zuletzt mehrmals, dass ihre Kinder, seit ich zur Familie gestoßen sei, »im Gegenteil, wie ein umgedrehter Handschuh« seien, »wie verwandelt«, ja, »regelrecht aufgeblüht«. Früher seien sie, aufgrund von Misshandlungen durch ihren früheren Ehemann, einen Gewalttäter und eben auch einen Alkoholiker, traumatisiert gewesen und teils in der Schule zurückgeblieben.

Sämtliche Einvernahmen von weiteren Familienangehörigen, wie etwa den beiden längst erwachsenen Söhnen Manuelas, aber auch von diversen Nachbarn und anderen Auskunftspersonen hierzulande, bezeugten mir alle unisono einen guten Charakter und tadellosen Umgang mit Manuelas Kindern.

Eine schulpsychologische Untersuchung von Ulf attestierte … zwischen ihm (Ulf) und seinem Stiefvater (mir) »eine kameradschaftlich-wertschätzende Beziehung«, fand in der Untersuchung »keine Hinweise in Bezug auf Gewalt, Misshandlung/Missbrauch oder Sexualisierung«, und schloss, dass Ulf »in seiner jetzigen Familie Geborgenheit und Unterstützung erlebt und sich positiv genährt fühlt«. Nebst Empfehlungen u. a. eine Legasthenie-Therapie betreffend, warnt der Bericht ausdrücklich davor, die jetzige Familienkonstellation, in welcher Ulf »sich gut aufgehoben und geborgen fühlt«, auseinanderzureißen.

Über mehrere Wochen von Oktober bis Mitte November 1991 – also ein knappes Jahr nach unserer Heirat – hatte ich Ulf beim schulpsychologischen Dienst angemeldet. Dies wegen erneuter Legasthenie-Abklärung am neuen Wohnort, damit ihm auch dort möglichst bald wieder entsprechende Unterstützung gewährt würde. Über meine Veranlagung und auch über die laufenden Strafuntersuchungen wusste der Schulpsychologe von Anfang an von mir Bescheid, wobei er auch »von den Behörden darauf hingewiesen worden sei«, wie in seinem Bericht steht. Auch wenn die Gerichte die Resultate dieser über lange Zeit geführten Strafuntersuchungen offenbar nie zur Kenntnis nahmen: Entsprechende Protokolle und Berichte sind eben doch alle einmal erstellt und zu den Akten gegeben worden. Aber anlässlich der Gerichtsverhandlungen und in den Urteilsbegründungen wurde auf vieles davon kaum oder gar nicht eingegangen.

Aus den Kindern und deren Mutter sollte offenbar auf Biegen und Brechen etwas Belastendes gegen mich herausgequetscht werden.

5 – Die unfassbare Horn-Korrespondenz

Winter 1990

Eines Tages in jenen Wochen erhielt ich Kenntnis über eine große Ansammlung diverser alter Korrespondenz von und an Hubertus Horn.[9] Sie befand sich in einem Archiv, zu dem ich dank Unterstützung von einem deutschen Bekannten Zugang bekam. Horn selber habe diese Korrespondenz irgendwann diesem Archiv vermacht, wie dessen Inhaber sagten, und diese waren aufgrund der Schlagzeilen in der Presse darauf aufmerksam geworden. Sie hatten die Briefe bislang nie gelesen, denn das Archiv war im Grunde nur noch ein Lager, das längst nicht mehr öffentlich zugänglich war.

In zwei prallvollen Kartons fanden sich dort viele dicke Bündel von Briefen, teils per Hand, teils mit Maschine geschrieben. Die meisten der Letzteren waren von Hubertus Horn unterzeichnet. Er beherrschte offenbar neben Deutsch, Englisch, Französisch und Italienisch auch Serbokroatisch und Albanisch.

Diese Briefe erlaubten bisher noch ungeahnte Einblicke in eine schon viele Jahre dauernde Verbrecherlaufbahn: In den Endsiebzigern war Horn demnach maßgeblich an Plänen beteiligt, in der Dominikanischen Republik ein geheimes Knabenbordell aufzubauen. Dafür stand offenbar schon ein – von einem amerikanischen Briefpartner Horns angebotenes – »geeignetes abgelegenes Objekt« zur Verfügung. Zuvor aus besonders von Armut gezeichneten Gegenden entführte oder gekaufte Kinder

9 Siehe auch Kapitel 35.

würden dann dort, so in einem der Briefe Horns, von der Außenwelt abgeschnitten in Gefangenschaft leben und sollten »künftig einzig der sexuellen Befriedigung vermögender Kunden aus aller Welt dienen«.

Ob dieses Vorhaben jemals umgesetzt worden war, ging aus keinem der von mir gesichteten Briefe hervor. Immerhin aber setzten sich mit diesem Projekt konkret Dutzende Briefe von Hubertus Horn an eine Reihe von Empfängern in diversen Ländern und auch einige der Antworten auseinander. Auch andere, nicht minder abscheuliche Pläne schmiedete Horn, zusammen mit weiteren Briefpartnern: Mit einem in einem osteuropäischen Land lebenden Deutschen schwärmte Horn von einem alten Stall in Rumänien, »weit genug abseits von bewohntem Gebiet, in welchem geistig behinderte rumänische Waisenkinder wie Tiere in Käfigen gehalten, kostengünstig aus Schweinetrögen gefüttert und dazwischen umso profitabler als ›Frischfleisch‹[10] an ausgesuchte Sextouristen vermietet werden könnten«.

Seine Briefpartner waren nicht nur in halb Europa, sondern auch auf anderen Kontinenten, wie Amerika und Australien zu Hause. Er schien an viele solche Adressen durch eine unbekannte Drittperson gekommen zu sein. Es wurde überdeutlich, dass Hubertus Horn immer wieder eine treibende Kraft war, wenn es darum ging, jemanden dazu bewegen zu wollen, »nun endlich zur Sache zu kommen und Nägel mit Köpfen zu machen«. In schockierenden Worten ging aus den Briefen hervor, was er damit meinte. Das waren, wie gesagt, zumeist recht alte Briefe, viele handgeschrieben, und ich konnte wegen der schieren Menge, aber auch wegen der mir teilweise unbekannten Sprachen, längst nicht

10 Solche und andere niederträchtige Bezeichnungen, Umschreibungen und Redewendungen fanden sich in vielen solcher Briefe.

alle lesen. Bis dato waren mir nie Briefe solchen Inhalts und schon gar nichts über solches Gedankengut bei Horn zur Kenntnis gekommen.

Es gab auch Briefe jüngeren Datums. Auch bei denen wurde der erste Kontakt meistens von Horn geknüpft. Oft ging aus seinem ersten Brief an solche Personen hervor, wie er auf den jeweiligen Adressaten gekommen war. Einige dieser Briefpartner wollte er aus »vielversprechend klingenden Annoncen« kennengelernt haben. Die Namen und Adressen von anderen eignete er sich im Rahmen seines vordergründig seriösen Engagements in einer der bekannten entsprechenden Selbsthilfegruppen oder Vereine an. Dabei konzentrierte er sich auf jene, die offen zu ihrer Veranlagung standen und so, seiner Meinung nach, am ehesten an sexuellen Handlungen an Kindern oder an entsprechenden pornografischen Aufnahmen interessiert sein könnten. Er glaubte, diesen Menschenschlag zu erkennen, stützte sich auf tatsächliche oder nur vermutete zweideutige Inhalte in Annoncen, beziehungsweise auf seine unauffälligen Beobachtungen bei persönlichen Kontakten oder bei Gesprächen in Selbsthilfegruppen oder Vereinen. Dort schleuste er sich als angeblich bekennender, rein intellektueller Pädophiler ein. Wenn Horn also beispielsweise in gewissen Zeitschriften las: »Mann Mitte 40 möchte Frau kennenlernen, gerne mit Anhang«, oder: »Alleinerziehende Mutter sucht interessanten, großzügigen Herrn«, dann setzte sich Hubertus Horn an die Schreibmaschine.

Andererseits, wenn jemand in einer Gesprächsrunde[11] zer-

11 Entsprechende Selbsthilfegruppen und Vereine sind heutzutage äußerst selten geworden und die wenigen noch, oder wieder vorhandenen sind ziemlich schwach frequentiert. Bis etwa Ende der 80er Jahre gab es solche in diversen Ländern auch außerhalb der Niederlande. Diese existierten allerdings schon damals zumeist mehr schlecht als recht, tätigten aber immer auch ein gewisses Maß an Öffentlichkeitsarbeit. Sie sprachen sich in aller

knirscht von früheren Straftaten mit Minderjährigen berichtete, dann glaubte Horn den Braten zu riechen, und schrieb dem Betreffenden einen Brief, sobald er dessen Anschrift ausfindig machen konnte. Dies erfuhr man meist aus ersten Kontaktbriefen Horns mit einer neuen Zielperson. In weiteren Briefen verstand es Horn stets meisterhaft, das Vertrauen und Interesse dieser Menschen zunächst mittels harmlosem, intellektuellem Diskussionsstil zu gewinnen. Zugleich lockte er ihnen die Würmer aus der Nase, indem er allerlei Themen ansprach, inklusive heikler. In ersten Kontakten war er immer darauf bedacht, seine Worte sorgfältig und möglichst mehrdeutig zu wählen. So konnte er sich besser herausreden, sollte sich herausstellen, dass er sich in seinen Vermutungen über den Angeschriebenen getäuscht hatte. Dabei schien es ihm allerdings weniger um den eigenen Schutz vor Strafverfolgung zu gehen als vielmehr darum, möglichst nicht durch eine verfrühte Selbstenttarnung die Felle davonschwimmen zu lassen. Sprich: sich noch an andere potenzielle Opfer im selben Kreise heranmachen zu können.

Als ich viele dieser Briefe gelesen hatte, fiel mir bei der Lektüre jedoch auf: Es fanden sich keine, aus denen eindeutig Erfolge von Horns Bemühungen um das große Geld hervorgegangen wären.

So zweifle ich daran, dass er seine ultimativen Ziele überhaupt jemals, und wenn, dann sicherlich nur sehr selten, erreicht hat. Dass es ihm also in irgendeinem Fall gelungen wäre, seine Brief-

Regel stets explizit und vehement gegen Kinderpornografie, Kindersextourismus und jede Form von sexueller Ausbeutung von Kindern aus. Die meisten gewiss in ehrlichem Bestreben, solchem Tun entgegenzuwirken. Da und dort aber wohl auch deshalb, weil ihre Treffen zuweilen von als Pädophilen getarnten Polizeibeamten oder auch von verdeckten Skandalreportern infiltriert wurden, wie ihnen wohlbekannt war oder wie sie zumindest stets befürchten mussten.

partner zum Erstellen von kinderpornografischen Aufnahmen zu bringen, danach sah es gemäß der jeweiligen Verläufe der diversen Briefe nicht aus. Seine Erfolge schienen sich meist darin zu erschöpfen, jemanden in Kontakt mit einer alleinstehenden Mutter zu bringen. So war Horn in der Tat meist eher knapp bei Kasse; er lebte von einer Rente und bewohnte ein ihm von den Sozialbehörden zugewiesenes heruntergekommenes altes Haus. Das Geld, das er seinen Bekanntschaften für seine Vermittlungstätigkeiten abzuluchsen vermochte, beschränkte sich meist auf die Finanzierung von Reisekosten und gelegentliche Zuwendungen, wenn er mit seiner kargen Rente argumentierte, um so wenigstens da und dort ein paar kleinere Scheine rauszuholen. Im Großen und Ganzen reichte dies alles gerade aus, um seine Alkoholsucht zu befriedigen.

Er hatte aus seiner Sicht wohl in den allermeisten Fällen die Falschen an die Angel genommen. Alle jene Briefe, die eindeutige Hinweise auf Verbrechen enthielten – erfolgte oder versuchte – sandte ich daraufhin umgehend an jene deutsche Polizeidienststelle, bei der wir Horn wegen der versuchten Vermittlung von Manuelas Kindern zum Zwecke der sexuellen Ausbeutung und Verleumdung angezeigt hatten. Ich behielt Kopien zurück und brachte sie meinem Anwalt zur Kenntnis. Den Rest beließ ich in dem Archiv, zu dem mir Zugang gewährt worden war.

Auf meine Strafuntersuchungen und auch später auf mein Gerichtsverfahren hatten diese Tatsachen – weshalb auch immer – keinen Einfluss. Auch nicht auf die durch die Richter festgestellte Glaubwürdigkeit Hubertus Horns als Zeuge der Anklage gegen mich.

6 – Der Gesprächsversuch

Frühling 1991

Mehrmals im Laufe dieser Zeit erfuhren wir von prekären Briefen an weitere Schweizer Zeitungen und auch an verschiedene Polizeidienststellen. Alle von Hubertus Horn, der darin immer wildere Anschuldigungen gegen uns vom Stapel ließ. Er fing auch an, die Schweizer Justiz offen zu verhöhnen, welche unfähig sei, einen Verbrecher wie den Meier dingfest zu machen und dessen Frau, die mit dem Meier unter einer Decke stecke, samt ihren Sprösslingen wieder aus dem Lande zu werfen, dahin zurück, woher sie hergekommen sei.

Niemand von uns, auch nicht aus unserem Umfeld konnte nachvollziehen, wie verbissen Hubertus Horn seine Verleumdungskampagne gegen mich führte. Längst war klar, dass es dabei um viel mehr ging, als um die zunichtegemachte Chance auf ein Familienleben mit Manuela und ihren Kindern. War das also alles die persönliche Rache, weil wir seine unsäglichen Pläne mit den Bachwiese-Kindern durchkreuzt hatten? Da dies scheinbar nie aufhören wollte, entschloss ich mich in jenen Tagen spontan, ihn aufzusuchen und zur Rede zu stellen.

Der Gedanke kam mir anlässlich einer Reise zum früheren Wohnort der Familie Bachwiese in Dresden, bei der mich Ulf begleitete. Manuela wollte dort noch Sachen abgeholt haben, die sich in der von ihren erwachsenen Söhnen bewohnten Wohnung befanden.

Inzwischen konnte man auch als Schweizer problemlos auf

direktem Weg nach Dresden fahren. Über die aufgehobene Grenze östlich der westdeutschen Stadt Hof des bayerischen Bezirks Oberfranken.

Horn wohnte quasi an der Strecke dorthin, unweit der süddeutschen Domstadt Ulm. Es war ein herrlicher Frühjahrstag, die Sonne schien, die Vögel zwitscherten fröhlich und das Dorf lag so friedlich mitten im saftigen Grün, dass man leicht hätte vergessen können, dass es jemanden so unmenschlichen wie den Frührentner Horn beherbergte.

Innerlich hoffte ich, bei einem Gespräch von Mann zu Mann an seinen gesunden Menschenverstand zu appellieren, um dem ganzen Spuk hoffentlich ein Ende zu setzen. Ich würde ihn an unsere jahrelange friedliche, freundschaftliche und, jedenfalls meinerseits ehrliche und offene Korrespondenz erinnern. Auf jeden Fall würde die Anwesenheit von einem der Kinder zum friedlichen Verlauf des Gesprächs beitragen; der inzwischen elfjährige Ulf schien mir hierfür psychisch robust, selbstsicher und ausgeglichen genug, und vor allem wusste er stets sehr gut, was er wollte und was nicht. Da auch Manuela die Idee einen Versuch wert fand, vergewisserte ich mich also bei Ulf, ob er auch wirklich damit einverstanden war, den Mann zusammen mit mir aufzusuchen. Vielleicht war Horn gar nicht bewusst, wie viel Leid er mit seinem Tun über uns alle gebracht hatte.

Auch andere uns nahestehende Personen informierte ich telefonisch über den spontan geplanten Besuch. Und um ganz sicherzugehen, nichts Falsches zu tun, stellte ich mich vorsichtshalber vorher auch noch der örtlichen Polizei vor und informierte sie über unser Vorhaben und in kurzen Zügen über die Vorgeschichte. Dabei erfuhren wir auch, dass Hubertus Horn bei ihnen schon seit Jahren bekannt sei und dies »ganz und gar nicht zu unserer Freude«, wie uns mit säuerlichem Lächeln verraten wurde. Das konnten wir in der Tat nachfühlen.

Horn war zu Hause, das Gespräch kam zustande. Jedoch, wie sich bald herausstellte, ohne jegliche Hoffnung auf eine vernünftige Verständigung. Es wurde indes aus seinen ebenso zynischen wie unverhohlenen Worten immerhin deutlich, welche Motive tatsächlich hinter seinem Tun steckten: Der Mann wusste, dass er mich nie mehr täuschen, nie mehr für seine Zwecke lenken und manipulieren konnte. Dass er durch Manuela Bachwiese oder gar mich mit Sicherheit nicht nach seinen ursprünglichen Vorstellungen Profit erzielen würde, war ihm klar. Und für ihn gab es im Grunde nur diese Art, zu Geld zu kommen, denn er hatte in seinem Leben wohl nie gearbeitet – für die ehrlich arbeitende Mehrheit hatte er jetzt nur Spott übrig.

Die Anwesenheit des Jungen und das für ihn erkennbar gute Verhältnis zwischen Ulf und mir taten das ihre. So etwas wie echte Gefühle kannte Hubertus nicht, aber er verstand sich darauf, sie vorzutäuschen. Denn auch »primitive Gefühlsduselei«, wie er es jetzt nannte, veranlasste ihn einzig zu triefendem Hohn. Furcht vor mir, dem im Vergleich zu ihm damals doch relativ jungen und recht kräftigen Mann, brauchte er dabei nicht zu haben, das wusste er sehr wohl. Er kannte meine gewaltfreie, friedfertige Natur längst viel zu gut. Selbst wenn er im Zweifel gewesen wäre, ob ich unter den Umständen nicht vielleicht doch dazu imstande gewesen wäre, die Beherrschung zu verlieren und etwa auf ihn loszugehen, so wusste er zumindest eines sicher: Niemals würde ich so was in Anwesenheit eines Kindes tun. Klar, für ihn zählte nur Geld. Geld für die nächsten Kisten Bier und die nächsten Flaschen Schnaps.

Er konnte und wollte längst nur noch eines: aus den Medien so viel herausholen, wie nur irgend herauszuholen war. Noch viel mehr sollte es sein, als das, was die ihm bisher schon gezahlt hatten für seine Storys. Diverse Zeitungen hätten ihm nämlich, wie er uns hämisch und sogar sichtlich stolz verriet, für seine

Geschichte »schon genug bezahlt, um durch den ganzen vergangenen Winter zu kommen«. Er genoss sichtlich die Macht, die er über mich hatte, und lachte noch spöttisch hinter uns her, nachdem ich die Sinnlosigkeit meines Unterfangens einsah und wir schon auf dem Treppengang zur Haustür des alten, baufälligen Hauses waren, dessen oberen Stock er bewohnte.

Ich konnte damals noch nicht ahnen, wie viel wirklich hinter dem Rätsel Horn steckte. Vor allem, wer, außer den Medien noch mit diesem skrupellosen Menschen zusammenarbeitete und mit welchem Ziel; das alles würde sich mir erst Jahre später offenbaren.[12]

12 Siehe u. a. im Kapitel 36 – »Grünkram«.

7 – Die Beratungsstelle

Seit circa 1983 bis Herbst 1991

Mit meiner 1983 gegründeten Beratungsstelle »Sexuelle Randgruppen« (S. Rg.) war ich von Anfang an in Kontakt mit diversen Behörden getreten, unter anderem mit Sozial- und Gesundheitsbehörden und auch mit der Zürcher Oberstaatsanwaltschaft. Auch bei Letzterer geschah das nicht etwa auf deren Initiative, sondern auf meine. Leider schien der damalige höchste Chef dieses Amtes meine Zuschriften und Unterlagen zwar jeweils dankend und mit Interesse zur Kenntnis zu nehmen – jedenfalls nach Aussagen seiner Sekretärin mir gegenüber, fand aber nie Zeit für ein persönliches Gespräch. Insgesamt war ich in den Anfangsjahren so unermüdlich wie auch fast ebenso erfolglos auf der Suche nach behördlicher, aber auch fachlicher Unterstützung für meine überall offengelegten Tätigkeiten.

Erst seit 2005 gab und gibt es bei der Berliner »Charité« das Programm »Kein Täter werden« zur Prävention von sexuellem Kindesmissbrauch unter der Leitung von Klaus Michael Beier. Es richtet sich an Menschen mit auf Kinder gerichteten Sexualfantasien, die befürchten, sexuelle Übergriffe zu begehen[13] (seit einiger Zeit gibt es solche Anlaufstellen auch in der Schweiz, in Frauenfeld und an der Psychiatrischen Universitätsklinik in Basel). Was ich damals, mit Unterbrechungen, über die Jahre 1983 bis 1991 mit meiner »Beratungsstelle für Sexuelle Randgruppen« (S. Rg.) bezweckte, war unter dem Strich dasselbe was

13 Quelle: Wikipedia.

das heutige Projekt »Kein Täter werden« anstrebt. Wobei ich zwar auf lange und intensive Erfahrungen und erlangtes Wissen aus dem damals diesbezüglich vielleicht fortschrittlichsten Land, den Niederlanden, zurückblickte, aber als Laie den bei mir Hilfesuchenden nur Beratungen und Hilfe für eigenverantwortliche Präventions-Methoden und -Strategien anbieten konnte. Nebst eher selten gelungener Vermittlung an Fachstellen, wo es gewünscht war und von mir ermöglicht werden konnte. Wichtig dabei zu wissen ist auch, dass hierzulande damals, außer meiner Initiative, praktisch gar keine Anlaufstelle für pädophil veranlagte Menschen und auch kaum Fachwissen über das Phänomen zu finden waren. Immerhin konnte ich letztlich mit meiner Arbeit nicht unwesentliche Erfolge vorweisen.

Im Verlaufe meiner Tätigkeit nutzten mehrere hundert Männer und auch einzelne Frauen meine Beratungsstelle. Es waren Menschen mit unterschiedlichsten Berufen, darunter etwa auch Lehrer und Priester. Jeder und jede musste sich, um meine Angebote nutzen zu können, mit vollem Namen und Anschrift zu seiner/ihrer Veranlagung bekennen. Es handelte sich dabei meist um Pädophilie. Verlangt wurden auch schriftliche Angaben über Alter, Beruf und eine explizite Begründung für die eigenverantwortliche Inanspruchnahme meiner Dienstleistungen. Der Zweck war die Hilfeleistung bei Gefährdung hinsichtlich und zur Verhinderung von eigenen potenziellen sexuellen Handlungen an oder mit Kindern. Jeder und jede musste sich mit all diesen juristisch geprüften Bedingungen unterschriftlich einverstanden erklären. Ich konnte vielen zu einem straftatenfreien Leben verhelfen, zumindest, solange sie meine Dienste in Anspruch nahmen, beziehungsweise ich sie anbieten konnte. Natürlich sollte dies möglichst nachhaltig so sein, doch dazu braucht es professionelle Hilfe. Es gelang mir, einige an professionelle Stellen wie Psychologen und Psychotherapeuten zu vermitteln.

Auch nach der von Hubertus Horn verursachten »Blick«-Kampagne im Herbst 1990 und nach Beginn der dann losgetretenen neuen Untersuchungen gegen mich musste meine Beratungsstelle einstweilen weitergehen. Zum einen war die S. Rg. damals nie Gegenstand von Vorwürfen oder Strafuntersuchungen, abgesehen davon, dass anlässlich jeder Hausdurchsuchung auch aus meinem Büro so gut wie alles sichergestellt und abtransportiert wurde. Ich erhielt meine Unterlagen und Materialien aber in jenen Jahren anstandslos wieder zurück. Dabei wurde mir auch unmissverständlich bestätigt, dass man nichts gegen diese Tätigkeit habe. Warum man denn immer wieder Hausdurchsuchungen bei mir vornehme und alles Mögliche abtransportiere? Nun, man müsse eben schon schauen, ob ich nicht doch in strafbare Handlungen mit Kindern involviert sei, wo ich doch offen zu meiner Veranlagung stünde.

Ich wurde nie müde, anhand von Forschungen und Statistiken aufzuzeigen, dass lediglich eine Minderheit aller in dieser Weise Veranlagten sich jemals etwas zuschulden kommen lasse. Ich hätte gegen eine Wand reden können.

Der damalige Zürcher Oberstaatsanwalt gewährte mir letztlich nie einen Gesprächstermin, obwohl er mehrmals einen durch seine Sekretärin in Aussicht stellen ließ. Er erhielt hingegen sämtliche meiner Schriften zur Kenntnisnahme, inklusive Muster meiner jeweils abgegebenen Unterlagen. Auch versuchte ich, das Interesse diverser psychiatrischer Kliniken zu wecken, letztlich auch das des damaligen Chefpsychiaters Dr. Weissenstein der Klinik Königsfelden im Kanton Aargau.

Lange Zeit blieben jegliche Reaktionen aus. Anstelle von Gesprächen oder gar Unterstützung vonseiten der Zürcher Oberstaatsanwaltschaft bekam ich eines Tages Polizeibesuch. Man hatte aus der Schule meines Stadtbezirks alle Kinder von der Polizei abholen lassen, die in einem mir unbekannten Umkreis um meine Wohnung lebten. Dabei sollen nicht einmal die Eltern vorab informiert worden sein, wie man später erfuhr. Alle seien sie auf dem Polizei-Posten über eventuelle Kenntnisse über mich und eventuelle sexuelle Straftaten von mir mit ihnen oder einem anderen ihnen bekannten Kind ausgefragt worden. Schon am selben Abend noch erfuhr ich von mich belastenden Aussagen eines befragten Kindes aus meiner Nachbarschaft.

»Blick« berichtete mit Getöse und sorgte damit wohl bei manchem für zusätzlichen Druck. Offenbar entstand daraus eine Reihe von völlig unbegründeten Behauptungen. In einem Fall sogar eine schiere Räubergeschichte von Entführung, Fesselung und dergleichen. Jeder Geschichte gingen Polizei und Untersuchungsbehörden nach. In diversen Fällen kam es zu richtigen Verhören, natürlich auch von mir. Mehrmals kam ich wegen Kollusionsgefahr für Stunden oder einen ganzen Tag in Polizeihaft. Zuletzt wurde sogar für einige Zeit Untersuchungshaft gegen mich angeordnet. Diese Strafuntersuchungen liefen äußerst träge, »ruhten« mehrmals längere Zeit.

Fast in allen Fällen gaben die betreffenden Kinder früher oder später zu, dass das, was sie zum Besten gegeben hatten, nicht stimmte.

Im Falle der »Räubergeschichte« konnte ich lückenlos die völlige Unwahrheit, sogar Unmöglichkeit beweisen – worauf auch der betreffende aus dem Kosovo stammende Knabe einbrach. Er hatte sich – just am Abend vor den Befragungen – nach der Schule, statt nach Hause zu gehen, bis in den späten Abend bei jenen Freunden die Zeit vertrieben, mit denen ihm sein Vater den Kontakt strikt verboten hatte. Die Fragen der Polizisten boten ihm Gelegenheit, dafür eine Ausrede zu liefern. Damit konnte er sich von dem ihm auferlegten Hausarrest wieder befreien.

Letztlich wurden alle Untersuchungen ergebnislos abgeschlossen – und ad acta gelegt. Formell eingestellt wurden sie erst viel später, nach Eintritt der Verjährung.

Ich war mir meiner immer so sicher gewesen; so was würde ich doch niemals, könnte ich gar nicht tun. Auf der einen Seite wusste ich ja: Diese ganze Aktion war unnötig gewesen; ich hatte mir nichts zuschulden kommen lassen. Ich war daher völlig gelassen. Andererseits machte ich mir Gedanken um die Kinder (und deren Eltern), die da völlig unverhofft von der Polizei in die Mangel genommen worden waren. Und nicht zuletzt hatten die mehrmaligen Verhaftungen und letztlich die Zeit der Untersuchungshaft Spuren bei mir hinterlassen.

Für mich ist es noch heute unentschuldbar, dass ich ausgerechnet nach solchen – auch für mich doch schockierenden – Erlebnissen relativ kurze Zeit später tatsächlich eines Abends an meinem schon langjährigen Freund aus England (14) übergriffig wurde.[14]

14 Siehe Vorwort.

8 – Gemeinderat, Bankdirektor, »Wildwest-Sheriff«

Juli bis Herbst 1991

In einem kleinen Ort auf dem Bözberg, Teil des malerischen Tafeljuras, fanden wir endlich einen Vermieter, der sich nicht von Zeitungsstorys hatte abschrecken lassen. Erfreulicherweise machte er sich die Mühe, unsere diversen Referenzen zu überprüfen.

Die Wohnung war zwar teurer, als wir uns eigentlich gewünscht hätten, aber wir hatten keine Wahl. Traumhaft schön war dafür die Lage; ein idyllisches Bauerndorf auf der Höhe eines Hügelzuges, mitten im Grünen. Erschlossen mit einem Postautobus, der zwar nicht sehr häufig verkehrte, einen aber in einer halben Stunde zum Bahnhof von Brugg, dem Bezirkshauptort, brachte. Es gab ein modernes Schulhaus, nur fünf Minuten vom Dorfzentrum, mit einer ganz neuen Turnhalle. Und Piet, der bald in die Sekundarschule im Nachbardorf eintreten würde, konnte sie mit dem Mofa in fünfzehn Minuten erreichen.

Bevor ich jedoch mit meiner Familie im Juni 1991 die Bauernhaus-Wohnung bezog, sprach ich mit dem dortigen Gemeindeschreiber und dem Gemeindepräsidenten. Ich legte ihnen unsere Situation mit allen wichtigen Details offen und verschwieg auch das gegen mich laufende Verfahren nicht. Auch die Medienberichte des vergangenen Herbstes wie auch unsere erfolgreiche Klage gegen »Blick« ließen wir nicht aus.

Insbesondere stellte ich aber die verschiedenen Konzepte meiner Beratungsstelle S. Rg. und deren Arbeitsweisen vor. Da diesbezüglich kein Strafverfahren gegen mich lief, sondern im

Gegenteil schon seit Jahren wissentliche Duldung dieser Tätigkeiten signalisiert worden war, und weil ich professionelle Referenzen angeben konnte, sahen meine Gesprächspartner keinerlei Probleme darin. Das Thema war, wie man so sagt, heikel, emotional und voller Vorurteile. Aber meine Arbeit war legal und nach allen Fachmeinungen durchaus sinnvoll und wichtig.

Bald darauf, im Laufe jenes Sommers, erzielte ich einen ersten namhaften Erfolg bei meiner noch immer andauernden Suche nach behördlicher Unterstützung für meine Beratungsstelle. Früher noch in Zürich wohnhaft, lebte ich nun ja mit meiner neuen Familie im Kanton Aargau. Auch dort hatte ich die zuständigen kantonalen Amtsstellen informiert. Bei einem Gespräch mit der Kantonsärztin und der Vorsteherin des kantonalen Sozialamtes wurde mir erstmals proaktives Interesse signalisiert. Ich hinterließ meine Unterlagen und man versprach, das Anliegen zu prüfen. Schon wenige Wochen später durfte ich wieder vorsprechen. Man sähe das Potenzial, die Wirksamkeit und den dringenden Bedarf meiner Arbeit. Ich erhielt als Erstes das Angebot, eine Broschüre darüber auf Kantonskosten an neuralgischen Stellen auszulegen, in Arzt- und Psychologiepraxen, Sozialbehörden, Gemeindekanzleien, Schulbehörden, in Kliniken und so weiter. Auch die Druckkosten würde der Kanton übernehmen. Da ich über keine eigentliche Broschüre verfügte, ermutigten sie mich, eine zu erstellen und dann vorzulegen. Ich fand jedoch, dass es notwendig sei, zunächst eine Informationsbroschüre ganz allgemein zum Thema Pädophilie zu verfassen. Über das Phänomen herrschte hierzulande so gut wie keine fundierte Kenntnis und stattdessen hielten sich hartnäckig weitgehend klischeehafte Vorurteile.

Nebenher arbeitete ich an der Erstellung der Broschüre. Ich führte hierzu Gespräche mit Psychologen und Freunden hierzulande und reiste deswegen auch wieder in die Niederlande, wo ich mich mit einschlägigen Wissenschaftlern darüber austauschte. Der inzwischen verstorbene Dr. Frits Bernard, in den Niederlanden und auch international damals als Kapazität auf dem Gebiet bekannt und geehrt, inspirierte mich zum Titel: »Pädophilie und Kindersexualität – 100 Fragen und Antworten«. Später verfasste er dazu auch ein kurzes Vorwort. Dieses Projekt wurde aber bald gewissen Justizbeamten nicht besonders genehm, wie sich herausstellte. Doch dies ahnte ich damals noch nicht.[15]

Nicht lange nach unserem Einzug war einer unserer nächsten Nachbarn aktiv geworden, ein Dr. Oberburg, Bankdirektor in Brugg. Wir erfuhren zufällig durch andere Nachbarn von einer Massensendung, die Oberburg an alle Haushalte der Gemeinde verteilen ließ, uns ausgenommen.

In dem Brief wurden wir schwer diffamiert, als »Verbrecherbrut« bezichtigt, hieß es. Gleich mehrere Dorfbewohner gaben uns in der Folge ein Exemplar der Massensendung. Neben dem Brief enthielt sie auch Kopien der »Blick«-Artikel von Mitte Oktober des vergangenen Jahres, gegen die wir letztlich erfolgreich vor Gericht gezogen waren. Ein Hinweis darauf und die damals gerichtlich erzwungene Gegendarstellung jedoch fehlten. Stattdessen wurde im Brief behauptet, wir, unsere Familie, planten den Ort umzuwandeln »in ein Mekka für Pädophile«.

Dr. Oberburg war selbst noch nicht lange im Dorf wohnhaft, wie wir erfuhren. Er habe sich kurz nach seinem Einzug in den Gemeinderat wählen lassen. Dies habe er nur seiner Position als Direktor der größten Bank im Bezirkshauptort zu verdanken, so munkelten abschätzige Stimmen im Dorf.

Na, so was, ein Gemeinderat, der unsere vertraulich und detail-

15 Siehe im Kapitel 60 – Die verschwundene Korrespondenz.

liert den Gemeindebehörden offengelegte Beratertätigkeit für populistische Wichtigtuerei missbraucht, empörten sich meine Frau und ich.

Ich sprach mit dem Gemeindepräsidenten, seines Zeichens Psychotherapeut. Er zeigte Verständnis für unsere Verärgerung und fand das Vorgehen auch nicht in Ordnung. Es sei halt ein heikles Thema und zu wenig darüber bekannt. Was Dr. Oberburg betreffe, sei dies ein schwieriger Mensch. Wir sollten uns vielleicht an den Bezirksammann in Brugg wenden.

Ich suchte stattdessen das direkte Gespräch mit unserem feindseligen Nachbarn und bat den Gemeindepräsidenten, einen Termin mit dem Mann in die Wege zu leiten. Der kam alsbald zustande. Leider verlief er dann alles andere als positiv.

Das Gespräch endete, als mich der Mann zu verspotten, zu beleidigen und schließlich offen zu bedrohen begann. Den Hinweis auf meinen sauberen Strafregister-Auszug wischte er weg und behauptete, der sei ihm längst bekannt.

»Wirklich?«, fragte ich verdutzt, »ich dachte, nur Betroffene bekommen Einblick ins zentrale Strafregister beim Bund?« Außer natürlich die Strafverfolgungsbehörden, dachte ich.

Oberburg lachte höhnisch. »Natürlich. Aber da habe ich halt so meine Connections.«

Ich traute meinen Ohren nicht. »Aber … Herr Dr. Oberburg, das ist doch nicht legal!« Unglaublich, dachte ich und spürte die Empörung immer stärker. Dass die Unterhaltung sinnlos war, daran bestand kein Zweifel mehr. »Wie Ihre unfaire Aktion mit der Sendung an die Dorfbewohner – Sie wussten doch, dass wir gegen ›Blick‹ gewonnen haben!«, ereiferte ich mich, »das war eine Amtsgeheimnisverletzung; ich könnte Sie anzeigen.«

Dr. Oberburg herrschte mich an, dass ich ihm nicht mit »legal« kommen müsse, und knurrte im Tonfall der absoluten Selbstsicherheit, dass er »Mittel und Wege« habe, um bei der schon seit vergangenem Oktober gegen mich laufenden Strafuntersuchung »ein wenig mitzureden«. Damit nicht genug, fügte er, wie beiläufig, noch hinzu: »Frau Bezirksanwältin Streber ist mir nämlich sehr wohlbekannt.«

Noch heute denke ich mir: Schade, dass dieses Gespräch nicht auf Band aufgenommen wurde. Nur hätte dies dem Gegenüber vorher eröffnet werden müssen und es ist zu bezweifeln, dass es dann zu einem Gespräch gekommen wäre.

Wir reagierten darauf mit einer eigenen Massensendung an alle Haushalte im Dorf. Sie enthielt die gerichtlich verfügte Gegendarstellung samt einer Kopie des entsprechenden Gerichtsbeschlusses vom Jahr zuvor. Zudem legte ich eine kurze Zusammenfassung meiner tatsächlichen Tätigkeiten im Rahmen der Beratungsstelle dar und zeigte damit auf, warum Befürchtungen in dem Zusammenhang völlig unbegründet seien. Außerdem fügte ich noch einen Zentralstrafregister-Auszug von mir in Kopie bei. Er war sauber, denn ich war in der Schweiz nicht vorbestraft. Wir luden eventuell besorgte Bürger ein, jederzeit bei uns reinzuschauen, unsere Türen seien stets offen. Neben jenen, die uns inzwischen schon persönlich kennengelernt hatten, schlugen sich daraufhin weitere Dorfbewohner auf unsere Seite – darunter vermutlich vorwiegend jene, die keine Darlehen oder Hypotheken bei der von Dr. Oberburg geführten Bank hatten.

Die sich abzeichnende Spaltung im Dorf führte zu einem Bericht in der Lokalzeitung des Bezirks. Worin vieles unrichtig dargestellt wurde; nicht überraschend stand dahinter unverhohlen wiederum Gemeinderatsmitglied Dr. Oberburg. Er verlangte von unserem Vermieter, einem deutschen Staatsbürger, uns umgehend aus der Wohnung rauszuschmeißen. Für den Fall der Weigerung drohte er gleich mit der fristlosen Kündigung der Hypothek, mit der sein frisch renoviertes Bauernhaus, in dem wir jetzt wohnten, belastet war.

Unser Vermieter weigerte sich standhaft, sich der Erpressung zu beugen und prompt machte Bankdirektor Oberburg seine Drohung wahr. Der Hausbesitzer zog daraufhin gegen die Bank vor Gericht und gewann; die Hypotheken-Kündigung musste rückgängig gemacht werden.

Oberburg versuchte weiterhin mit allen Mitteln, die Dorfbevölkerung gegen uns aufzuhetzen. So wurde uns eines Abends kurz hintereinander von mehreren Bewohnern mitgeteilt, dass Dr. Oberburg vor der Käserei im Dorf den Bauern gegenüber, die ihre Milch ablieferten, prahlte, er werde mich eigenhändig mit seiner Armee-Dienstpistole erschießen, wenn ich mit meiner Familie nicht bald das Dorf verlasse.

Nachdem ich dies vernommen hatte, reichte ich beim Bezirksammann unverzüglich Strafanzeige gegen ihn ein: Üble Nachrede, Amtsmissbrauch, Amtsgeheimnisverletzung und schließlich Morddrohung. Vom weiteren Verlauf dieser Strafanzeigen wird in der Folge noch zu reden sein.

9 – Die »heißen Meier-Filme«

Herbst 1991

Damals gab es das sogenannte »Videotex«, eine Erweiterung des Telefons mit Tastatur und kleinem Bildschirm; eine Art Vorgänger des heutigen Internets.

Darin hatte ich eine Kontaktseite für meine Beratungsstelle eingerichtet, mit öffentlichem Forum und mit der Möglichkeit, vertraulich direkt an mich zu schreiben. So konnten sich ohne Furcht hilfesuchende Betroffene mit ihren Sorgen und Nöten an mich wenden, die sich noch nicht trauten, ihre Identität preiszugeben. Bislang, nicht überraschend, die größte Hürde für viele um Hilfe bemühte Menschen mit dieser Veranlagung.

Anlässlich einer vom Gemeinderat einberufenen Versammlung, um die ich aufgrund der irreführenden und verunsichernden Medienberichte gebeten hatte, und an der neben den Ratsmitgliedern und der Schulpflege weitere Personen des öffentlichen Dorflebens teilnahmen, legte ich meine Tätigkeiten und Methoden ausführlich offen. Der Zweck dieser neuerlichen Information bestand darin, jene Kreise im Dorf zu beruhigen, die aufgrund der Fehlinformationen Empörung, teils auch Angst signalisierten. Da ich dabei auch mein entsprechendes »Videotex«-Forum sowie dessen Zweck und Funktionsweise erläuterte, erfuhr auch der ebenfalls anwesende Gemeinderat Dr. Oberburg davon.

Kurz darauf meldete sich jemand in meinem öffentlichen Diskussionsforum unter dem Pseudonym »Kindlieb« an. Nun schrieb diese Person, sie sei interessiert an »heißen Meier-Filmen« und lieferte auch gleich Klarheit darüber, was damit gemeint sei:

»Boys und Lolitas, welche hart drangenommen werden.« Damit verbreitete er nicht weniger als die infame Behauptung, *ich* würde Kinderpornofilme herstellen! »Kindlieb« gab sich als Interessent dafür aus und bot bis zu 1.000 Franken für einen solchen Film.

Damit verstieß die Person ganz eklatant gegen die unübersehbar deklarierten Forumsregeln. Und – notabene – auch gegen das Strafgesetz[16]. Aber für mich damals besonders wichtig: Das bedrohte in schwerwiegender Weise den bisher tadellosen Ruf meines Forums. Ich konnte nicht tatenlos bleiben. Ob die Person hinter dem Pseudonym ihre eigenen Behauptungen für plausibel hielt oder nicht, hoffte sie etwa wirklich, in den Besitz von Beweisen gegen mich zu kommen? Oder war sie ernsthaft an solchen Filmen interessiert? Wollte sie mich öffentlich diffamieren? Ich tippte primär auf Letzteres. Und ich beschloss, die Identität von »Kindlieb« zu ergründen.

Aufgrund der zeitlichen Nähe zur jüngsten Versammlung im Sitzungszimmer des Gemeinderats richtete sich mein Verdacht sehr rasch gegen Dr. Oberburg. Nun informierte ich vertraulich den Gemeindepräsidenten und auch Nachbarn, mit denen wir inzwischen befreundet waren. Es handelte sich ganz besonders um die Familie Unterhaus, ein Lehrer-Ehepaar. Ich erklärte ihnen meine Absicht und fragte sie nach ihrer Meinung.

Richard Unterhaus bot mir spontan seine Unterstützung an. Ich konnte mir sicher sein, dass weder sie noch der Gemeindepräsident gegenüber Dr. Oberburg etwas verlauten lassen würden. Wie mehrere weitere Dorfbewohner waren sie alles andere als glücklich mit dem Gebaren des neuen Gemeinderatsmitgliedes. Ein Plan wurde ausgearbeitet.

16 Handel oder versuchter Handel mit harter Pornografie, worunter insbesondere auch Kinderpornografie fällt, war damals schon strafbar (bloßer Besitz nicht).

Als Erstes meldete ich mich unter einem Pseudonym in meinem eigenen öffentlichen Diskussionsforum an. In meine Texte baute ich einige konstant gleiche orthografische Fehler ein und bemühte mich um einen veränderten Schreibstil.

Bald lud ich »Kindlieb« zu einem Austausch in einem privaten Forumsraum ein; ich wäre an seinen »attraktiven Beiträgen« interessiert und hätte hierzu »Informationen« für ihn. Die Person hinter »Kindlieb« ging darauf ein und in der Folge überzeugte ich sie allmählich davon, dass ich tatsächlich an »heiße Meier-Filme« herankäme. Sogleich bot mir »Kindlieb« Geld an. Eintausend Franken pro Film. Es war ein unverhüllter Auftrag zum Kauf von (vermeintlicher) harter Kinderpornografie. Ich tippte mein Einverständnis dazu in die Tasten, ihm zwei solche Filme von sehr guter Qualität zu verkaufen.

Dann machte ich mich an die Arbeit. Ich musste schließlich zwei »heiße Meier-Filme« zusammenmogeln. Ich hatte da so eine Idee, wie darin das Adjektiv »heiß« zu rechtfertigen wäre. Bei den Verhandlungen mit der Zielperson musste ich versuchen, mir deren Vertrauen zu sichern. Es wollten entsprechend »konspirative« Modalitäten der Übergabe ausgedacht sein.

Nach Beratungen mit Freunden und Nachbar Richard sowie einigen Exkursionen bot ich »Kindlieb« ein Datum und eine Uhrzeit an, zu der er sich auf der Raststätte »Würenlos«, Fahrtrichtung Zürich, einfinden solle. Um sich zu identifizieren, müsse beim Abnehmen das im Forum benutzte Pseudonym genannt und »Interesse an Meier-Filmen« erklärt werden. So der Plan, der nun real werden sollte.

Als alles bereit war, informierte ich noch die Kantonspolizei in Brugg sowie meinen Anwalt, damals ein Dr. Adliger, sowohl über »Kindlieb«, dessen Forumseinträge und über meine Absichten. Den Gemeindepräsidenten und die Polizeidienststelle setzte ich auch über meinen Verdacht gegen Dr. Oberburg und über meinen Plan ins Bild und bat alle nochmals um einstweiliges Stillschweigen.

Helfer gab es genug: Ein nicht weit von uns im selben Kanton wohnhafter Freund besaß ein »Natel 2«, damals seit einigen Jahren schon im Handel. Ein weiterer Mann, ein guter Bekannter aus alten Zeiten, hatte auch ein portables Telefon. Er reiste extra aus Bern an.

Es gab eine ausführliche Lage- und Planbesprechung: Mein Auto und das unseres befreundeten Nachbarn dürften wir nicht verwenden. Falls Oberburg unser Mann war, würde er sie erkennen.

Noch einmal besprachen wir die Aktion: Der Berner Kollege und Richard Unterhaus beziehen Stellung an den Tanksäulen, mit Blick auf die beiden Telefonkabinen nahe dem Eingang zum Shop. Sie tun, als würden sie ihr Auto betanken, um nicht aufzufallen. Nötigenfalls noch Ölstand, Reifendruck und andere Kontrollen. Einer von ihnen schießt dann heimlich Fotos von der Person, die den Anruf in einer der Kabinen entgegennimmt (ich hatte mir beide Nummern notiert, für den Fall, dass eine der Kabinen gerade benutzt wurde).

Der andere ist am »Natel« in Bereitschaft. Mein Aargauer Freund parkt seinen Wagen in einer der Parkbuchten an einem kleineren Rastplatz, etwa zehn Minuten in Fahrtrichtung Zürich vom »Fressbalken« entfernt, wie die Raststätte »Würenlos« im Volksmund hieß. Dies wegen der die Autobahn überspannenden Konstruktion des diverse Gourmet-Lokale beherbergenden eigentlichen Hauptgebäudes. Dieser kleine Rastplatz wird der Übergabeort. Es handelt sich um einen bei schwulen Männern beliebten Treffpunkt. Er verfügt über ein WC-Häuschen mit Vordach, und neben dem Eingang draußen befindet sich ein Münztelefon. Ich platziere eine alte Plastiktüte mit dem Videoband der sogenannten ›heißen Meier-Filme‹ unweit der Ausfahrt an eine sichtbare, aber unauffällige Stelle. Etwa zwei Meter vom Münzautomaten entfernt wird eine mit Kamera präparierte schmuddelige, durch Feuchtigkeit etwas aufgeweichte Kartonschachtel platziert. Unauffällig, weil dort ohnehin etwas Müll herumliegt.

Ein in Zürich wohnhafter guter Bekannter, dreißigjährig, einiges jünger und gut aussehend, hatte sich uns angeschlossen. Er hält sich in Hörweite des Münzautomaten auf, als »Stricher« getarnt. Bei ihm würde »Kindlieb« keinen Verdacht schöpfen, er wird aber Oberburgs Worte belauschen können. Mein Freund und ich ducken uns im Auto und warten darauf, dass das »Natel« mit seinem schnarrenden Geräusch einen Anruf meldet. Piet schließlich, der älteste der drei bei uns lebenden Buben, wird sich im Fond meines Kombis auf dem Vorplatz unseres Miethauses schon längst auf die Lauer gelegt haben, das Haus unseres verdächtigten Nachbarn im Auge. Sollte der irgendwann vor neun Uhr abends das Haus verlassen und mit seinem Wagen wegfahren, wird uns Piet gleich darauf telefonisch Mitteilung machen.

Damit war alles besprochen und jeder wusste Bescheid. Die Aktion »Kindlieb« konnte starten.

So kam es, dass an einem Samstag im Herbst 1991, um Punkt neun Uhr abends vor dem Tankstellenshop unter dem Fressbalken auf der Seite Richtung Zürich eines der beiden Münztelefone klingelte.

Kurz zuvor hatte das »Natel« unseres Berner Unterstützers geklingelt, während unser Nachbar schon seit geraumer Zeit dessen Auto »betankte«. Dann schnarrte beim Schwulenrastplatz auch unser Autotelefon. Piet, der trotz konspirativer Stimme hörbar stolz war, rief an und meldete: Dr. Oberburg sei um acht Uhr siebenundzwanzig mit dem Auto gekommen, sei ausgestiegen und schnell im Haus verschwunden. Und dann wieder herausgekommen und soo schnell weggefahren, dass die Reifen laut gequietscht hatten. Das sei um acht Uhr fünfunddreißig gewesen.

Wir alle wussten: Wenn das nun kein Riesenzufall war, dürfte demnächst Dr. Oberburg unter dem Fressbalken Fahrtrichtung Zürich eintreffen. Richard, der Sekundarlehrer, erkannte den Mann, der auf die Telefonkabinen zuging: Unser beider Nachbar, seines Zeichens Bankdirektor und Gemeinderat Dr. Oberburg! Auch aus dieser Distanz unverkennbar samt der Pfeife im Mund, die er immer bei sich hatte. Sofort hängte Richard den Schlauch an die Zapfsäule – die nach wie vor null Liter und null Franken anzeigte. Aufgeregt nahm er die Kamera zur Hand und zielte auf die Telefonzelle, die Oberburg gerade betrat. Halb verborgen hinter einer der Zapfsäulen klickte Richard mehrmals drauflos. Dann setzte er sich schnell zu meinem Freund aus Bern in den Wagen. Neben mir, hinter dem Steuer seines geparkten Wagens, sprach gleichzeitig mein anderer Freund in sein Autotelefon. Es war laut gestellt.

Ich konnte zuhören, wie sich Oberburg als »Kindlieb« mit »Interesse an Meier-Filmen« identifizierte, und wir verspürten eine stille Genugtuung, hatte sich unser Verdacht doch erhärtet. Mein Freund wies Gemeinderat Oberburg an, unverzüglich zum nächsten Parkplatz, etwa zwei Kilometer entfernt, zu fahren. Gleich neben dem Eingang zur dortigen Herrentoilette befände sich ein weiterer Münzapparat. In genau zehn Minuten klingelt er. Werde rechtzeitig abgenommen mit erneuter Identifizierung als »Kindlieb«, dann gäbe es die nächsten Anweisungen. Er solle sich beeilen; wenn er zu spät komme, sei die Sache gelaufen.

Nur zwei Minuten später schnarrte unser »Natel« erneut. Diesmal waren es unsere Freunde von der Raststätte. Obwohl wir es schon wussten, rief Richard durch die Leitung: »Es ist wirklich der Oberburg! Ich hab's mir von Anfang an gedacht!« Er warnte uns, dass der Mann nicht allein unterwegs sei; ein anderer habe kurz mit ihm gesprochen und beide seien dicht hintereinander in zwei Autos eilig Richtung Zürich davongefahren. Dann gab er uns noch eine kurze Beschreibung des zweiten Wagens.

Wenig später konnten wir, gut verborgen in unserer Parkbucht, die beiden in das Parkareal einfahrenden Autos sehen. Die Insassen waren aus dieser Distanz nicht zu erkennen, aber den Wagen von Dr. Oberburg kannte ich ja. Er hielt nahe dem Toilettenhäuschen an, während der andere unweit davon parkte und im Auto blieb.

Über das Telefon wurde nun Dr. Oberburg erneut das Kennwort durch meinen nur etwa zwanzig Meter entfernten Freund am Autotelefon abverlangt. Dann erklärte dieser ihm, dass er den Parkplatz in Richtung Zürich verlassen, jedoch kurz vor der Auffahrt auf die Autobahn am rechten Rand der Fahrbahn anhalten solle, am Begrenzungszaun befänden sich in einer dort hängenden Plastiktüte die beiden Filme auf Videokassette. Er solle sie gegen die vereinbarte Summe eintauschen. Er stünde unter Beobachtung, er möge daher besser keinen Betrug versuchen!

Inzwischen trafen auch unsere Freunde von der Raststätte ein. Ich war noch vor diesem zweiten Telefonat mit Oberburg ausgestiegen, hatte einen Bogen geschlagen und kauerte jetzt hinter einem Zaun. Der verlief kaum ein Dutzend Meter vom Toilettenhäuschen entfernt. Die Lichter am WC-Häuschen waren an, aber sonst brannten nur wenige Lampen entlang der Fahrspur durch den Rastplatz. Hier war ich durch die Düsternis und aus der Distanz wohl kaum zu entdecken. Zudem war ich verkleidet mit 50er-Jahre-Requisiten »Gangsterhut und -mantel« aus einem Amateurspielfilm, in dem ich eine Nebenrolle hatte, was mir viel Spaß bereitete. Um einen großen, im Rasen auf der Rastplatzseite des Zaunes zur Zierde platzierten Granit-Findling spähend, konnte ich unseren »Stricher« nahe der Ecke zu den Toiletteneingängen sehen und dort, direkt um die Ecke, Oberburg am Münzautomaten. Hören konnte ich ihn nicht, dafür war die Distanz zu groß, das Rauschen der Autos auf der dahinterliegenden Autobahn überdeckte seine Worte. Nach Beendigung des Telefonates ging unser ehrenrühriger Nachbar um die Ecke des Toilettenhäuschens zur entgegengesetzten Seite. Auf einem der Parkplätze, für mich verdeckt durchs Toilettenhäuschen, musste das Auto von Dr. Oberburgs Begleiter stehen. So verschwand er kurzzeitig aus meinem Blickfeld. Sofort setzte ich zum Sprung über den Zaun an, um auf das Wiesenstück davor zu gelangen und von dort, hinter dem Findling verborgen, weiter nach Oberburg Ausschau zu halten. Bestimmt beriet der sich gerade mit seinem Begleiter. Beim Sprung verfing sich aber mein ungewohnt langer Ledermantel an der Zaunkrone und ich flog mit Schwung, Kopf voran, gegen den Findling. Ich sah ein paar Augenblicke Sterne, verlor Hut und Brille. Für vielleicht eine Minute oder so hatte ich Mühe mit der Orientierung, Blut rann über mein Gesicht. Mein Versuch, es wegzuwischen, vernebelte meine Augen. Halb blind tastete ich ringsum das Gras nach meiner Brille ab, fand aber nur den Hut. Dann gab ich es auf, besorgt darüber, dass mich Dr. Oberburg oder vielleicht sein Begleiter erblicken könnte, während ich kaum noch was sah. Ich zog mich zurück, überstieg den Zaun erneut und eilte auf dem von Buschwerk und Bäumen flankierten Spazierweg durchs Halbdunkel zur Parkplatzausfahrt. Womöglich waren die beiden ja schon unterwegs dorthin. Hier mischte sich das stete Gurgeln am Ufer der parallel zur Autobahn fließenden Limmat mit dem auf- und abklingenden Rauschen der Fahrzeuge auf der mehrspurigen Autobahn. Unterwegs klemmte ich mir den Hut unter den Arm, rieb mit einem Taschentuch die Augen frei und presste es auf die Platzwunde an meiner Stirn. Weiterhetzend setzte ich den Hut wieder auf und zog die Krempe tief ins Gesicht.

Bart und Mundpartie waren durch den hochgestellten, oben zugeknöpften Kragen des Ledermantels verdeckt. Noch hing die Tüte, anscheinend unberührt, an vereinbarter Stelle an einem Zaunstück, das entlang der Böschung zu einer dortigen Fußgängerunterführung verlief. Erhellt durch die Straßenbeleuchtung war sie gut genug zu sehen und leicht erreichbar. Oberburg müsste vor dem Einspuren auf die Autobahn einfach etwas langsamer fahren und dann kurz ganz rechts anhalten, um seine »heißen Meier-Filme« an sich zu nehmen.

Ich wartete weit genug davon entfernt auf dem von Gebüsch gesäumten Spazierweg, ob sein Wagen auftauchen würde. Doch kein Auto verließ den Parkplatz. Langsam fürchtete ich, die beiden wären vielleicht schon weg, noch während ich nach meiner Brille gesucht hatte. Aber die Tüte war an ihrem Platz, genauso, wie ich sie vor etwa einer Dreiviertelstunde hingehängt hatte. Hatten sie Verdacht geschöpft? Wohl kaum. Waren sie letztlich doch von jemandem unter den von mir Eingeweihten gewarnt worden? Dann wären sie aber wohl gar nicht erst hier aufgetaucht.

Nach einigem Zögern machte ich mich auf den Weg zurück, wagte nicht, ins Licht zu gehen und die Plastiktüte aus der Nähe zu inspizieren. Wäre in dem Moment Oberburgs Wagen aufgetaucht, so hätte er mich unweigerlich im Scheinwerferlicht gehabt. Auf dem düsteren Pfad zwischen Bäumen und Büschen entlang der Limmat fühlte ich mich vor Entdeckung sicher. Wer war bloß die unbekannte Person, welche Oberburg in einem zweiten Auto begleitete?

Plötzlich kam Angst auf. Ich dachte an meine Freunde und Bekannten in ihren Autos in den Parkbuchten. Oberburg hatte schon einmal mit seiner Armeepistole gedroht. Ich ging rasch weiter, hielt nur noch da und dort mit kurzen Blicken zwischen Büschen und dem Maschendrahtzaun Ausschau nach etwaigen Autos, die zur Autobahn hin unterwegs wären.

Dann wäre ich beinahe mit den beiden Männern zusammengestoßen. Im letzten Augenblick hatte ich vor mir die Stimme Dr. Oberburgs erkannt, der gerade etwas zu seinem Begleiter gemurmelt hatte, und dessen kurze unverständliche Antwort. Dann glaubte ich, auch die Stimme schon mal gehört zu haben. Schon tauchten die beiden um eine Biegung auf, als schemenhafte Gestalten zunächst. Es war hier schon zappenduster, aber bevor ich meinen Kopf zur Seite wegzudrehen vermochte, traf mein Blick kurz das Gesicht des nahenden Begleiters.

Den kenne ich doch irgendwoher, durchfuhr es mich, noch ohne präzise Erinnerung. Umgekehrt konnten die zwei mich in der Schrecksekunde wohl kaum erkannt haben; dafür sorgte schon das Taschentuch, das ich noch vor meinen Kopf hielt. Dazu mein tief in die Stirn gezogener Hut und der hochgestellte Mantelkragen. Auch meinen Gang hatte ich instinktiv zu verfremden versucht. Aber nichts deutete darauf hin, dass sie mich irgendwie besonders gemustert oder auch nur speziell beachtet hätten. Sie hatten beim Vorbeigehen nicht einmal den Kopf nach mir gedreht. An einem solch lauschigen Ort überraschte es wohl nicht, Männern zu begegnen, die nicht unbedingt erkannt werden wollen. Offenbar hatten sie sich, anstatt sich an die Weisung zu halten, zu Fuß auf den Weg gemacht, um bei der Einfahrt nach der Plastiktüte zu schauen. Ich hatte ja kein Telefon dabei und so hatten mich meine Freunde nicht warnen können. Zunächst hatte ich den Begleiter Oberburgs nicht gleich einordnen können, aber dann plötzlich glaubte ich zu wissen, wer der Kleinere war. Es könnte der Boulevardjournalist vom »Blick« gewesen sein, dem wir letztes Jahr mehrmals vor Gericht begegnet waren. Natürlich, das war er! Viktor Dammann vom »Blick«. Erst vor nicht allzu langer Zeit hatte er schon wieder eine seiner Hetzstorys über mich verbreitet.

Kaum waren die beiden um die nächste Biegung hinter mir

verschwunden, rannte ich los. Meine Freunde waren inzwischen alle beim Wagen unseres Aargauer Verbündeten mit dem »Natel« versammelt. Noch während ich sie informierte, stieg ich auf der Beifahrerseite ein und wählte am »Natel« meines Freundes die Privatnummer des Anwalts – er hatte zugesagt, zu dieser Zeit auf jeden Fall über seine Privatnummer erreichbar zu sein. Ich informierte ihn über die Entwicklungen.

Er riet mir zunächst, Dr. Oberburg jetzt zu stellen, uns zu erkennen zu geben und ihn aufzufordern, sein übles Spiel aufzugeben. Doch dann erinnerte ich ihn an die Drohungen mit der Armeepistole und gab zu bedenken, dass ich nicht wüsste, wie er, an diesem äußerst peinlichen Ort, auf eine solche Schmach reagieren würde.

Dies überzeugte Dr. Adliger und er riet uns stattdessen, einstweilen möglichst unerkannt den Parkplatz zu verlassen und ihn später zurückzurufen. Genau dies hatte ich ohnehin vorgehabt. Sinnlos, uns noch etwaigen Risiken auszusetzen; wir wussten jetzt, wer die Verleumdungen übers »Videotex« zu verantworten hatte, und zweifelten keinen Augenblick daran, es auch beweisen zu können.

Wir verließen mit der Videokamera den Rastplatz und trafen uns am Wohnort jenes jungen Freundes, der einen Stricher gespielt hatte und als einziger von uns in Zürich wohnte.

Nachdem ich mir das Blut aus dem Gesicht gewaschen und die Platzwunde mit einem Pflaster versorgt hatte, saßen wir bei einem Kaffee zusammen und berieten uns. Nur mein Aargauer Freund blieb stehen. Er sagte, er wolle nochmals zu besagtem Parkplatz zurück, um mit der Taschenlampe meine Brille zu suchen und verließ die Wohnung. Wir waren darüber etwas besorgt, wussten wir doch nicht, ob Dr. Oberburg und der Reporter nicht vielleicht noch vor Ort waren. Doch mein Freund war ja Oberburg nicht bekannt; ein Grund, weshalb er sich als Anrufer an die Telefonzellen zur Verfügung gestellt hatte. Ich fürchtete nun aber eine weitere hetzerische Schlagzeile im »Blick«, sollte es wirklich Dammann gewesen sein. Mit der Anwesenheit eines Reporters hatten wir nicht gerechnet. Zwar hatten wir nichts verbrochen, aber die Erfahrung hat uns gelehrt, dass bei einem Blatt wie »Blick« Leute beschäftigt sind, die davon ausgehen, nicht unbedingt Gewissheit zu brauchen, bevor sie ihre Leser gegen jemanden aufhetzen.

Nun rief ich, einer spontanen Idee folgend, bei der Redaktion an. Ich nannte meinen Namen nicht, gab mich als »Informant« des Gerichtsreporters Viktor Dammann aus und bat, ihn sprechen zu können. Es sei dringend. Wenig überraschend war er nicht anwesend. Ich sagte der Telefonistin, dass das schade sei, weil ich nämlich wichtige neue Informationen für seine auf Montag geplante Titelstory über »diesen Meier und seine heißen Filme« habe, zu deren Recherchen Herr Dammann derzeit unterwegs sein dürfte. Die »Titelstory« war ein Bluff, denn so etwas konnte ich nur vermuten.

Aber die Dame in der Redaktion bestätigte mir prompt eine für die Montagsausgabe geplante »Meier-Story« unter Federführung von Viktor Dammann. Also doch: Er war Dr. Oberburgs Begleiter an dem Schwulentreff!

Eine Dreiviertelstunde später war unser Freund zurück. Zu meiner Freude hatte er meine Brille dabei, unversehrt! Und dann brachte er, schelmisch grinsend, noch zwei Tausendernoten zum Vorschein. Sie hatten sich in der Plastiktüte befunden. Kaum einer von uns hatte ernsthaft daran geglaubt, dass für das Band tatsächlich Geld hinterlegt werden würde. Ganz offensichtlich hatten die zwei keinen Verdacht geschöpft! Da schoss mir durch den Kopf, dass Bankier Dr. Oberburg die zweitausend Franken vielleicht – als Preis für eine heiße Story – auf den »Blick«-Reporter abgewälzt hatte! Wenn dem so wäre, so würde dieser damit vermutlich bei seiner Redaktion abblitzen und auf seinen »Spesen« sitzen bleiben. Spätestens nachdem ihre vermeintliche »Ausbeute« gesichtet sein würde!

Beim anschließenden zweiten Telefonat mit Dr. Adliger unterrichtete ich ihn auch über die geplante Story. Nun riet er mir, unsere Geschichte, untermauert von Aussagen aller Beteiligten und mit unseren Beweismitteln, schnurstracks der lokalen Zeitung unseres Bezirks im Aargau zu übermitteln. Damit könnten wir falschen Behauptungen im »Blick« im Moment am wirkungsvollsten begegnen.

Was die zweitausend Franken betraf, wollte ich wissen, ob ich sie in einen Umschlag stecken und anonym an Dr. Oberburg senden solle. Dies verneinte mein Anwalt; es habe sich auch in diesem Falle um einen legalen, wenn auch nicht auf Papier besiegelten Kaufvertrag gehandelt, es habe nichts Illegales die Hände gewechselt, Dr. Oberburg habe schließlich die Sache verursacht und wir hätten letztlich ja auch nicht unerhebliche Unkosten gehabt.

Am kommenden Montag blieben im »Blick« jegliche Meldungen über uns aus. Keine dicke Schlagzeile diesmal über mich, keine Verleumdungen und nirgends etwas über ein Vorkommnis an dem Schwulentreff entlang der Autobahn A1 am Samstagabend. In zwei Aargauer Zeitungen hingegen wurde je ein längerer Artikel darüber publiziert.

Fünf Zeugen hätten ausgesagt, sie hätten Dr. Oberburg beim Versuch erwischt, an einem als Schwulentreff bekannten Parkplatz Kinderpornofilme vom Schwarzmarkt zu erstehen. So hätten sie nach ihren Darstellungen den Bankdirektor und Gemeinderat als die Person mit dem Pseudonym »Kindlieb« aus dem »Videotex«-Pädophilenforum erkannt und ihn somit als

Verbreiter von Verleumdungen gegen dessen Betreiber identifiziert. Darauf durch den Reporter angesprochen, hätte Dr. Oberburg allerdings versichert, so der Artikel weiter, er könne das gar nicht gewesen sein, denn am ganzen fraglichen Samstagabend habe er, weit weg vom Geschehen, an einer Bankdirektorenkonferenz teilgenommen. Mindestens fünfzig Zeugen könnten das bestätigen. Somit habe, so der Schreiber, Dr. Oberburg ein hundertprozentiges Alibi. Eine Kopie der Videobänder mit den »heißen Meier-Filmen« konnte von der Redaktion gesichtet werden, hieß es weiter; es handle sich dabei um harmlose Ferien-Aufnahmen, unter anderem beim Badeplausch in der Südschweiz, im Maggia-Tal im Kanton Tessin, ein bei Wildbadefreunden beliebter Ort. Dann noch ein zweiter Meier-Film vom Ausflug ins »Swiss-Miniatur« in Melide, einem weiteren bekannten Ausflugsziel in der Südschweiz. In beiden Filmen sei Meier mit Familie zu sehen, sommerlich bekleidet, an heißen Sommertagen.

Alibi, von wegen! Das war hundertprozentig ein Betrug! Aber es kam noch schlimmer! Enttäuscht mussten wir feststellen: Die Fotos von der Tankstelle Würenlos waren zu unscharf, verwackelt und aus zu großer Distanz aufgenommen. Wer ihn kannte, würde Oberburg darauf anhand Körper- und Kopfform inklusive Pfeife wohl erkennen, für eine beweiskräftige Identifizierung aber reichte das nicht. Und zu allem Übel: Das Video vor der Toilette des Parkplatzes zeigte unglücklicherweise den Mann nur von den Beinen bis weit unterhalb des Kragens; die Kamera musste beim Runterschieben des alten Kartons verrutscht sein. Und auch der Ton war so gut wie unverständlich.

So wog für die Zeitung Gemeinderat und Bankdirektor Dr. Oberburgs Wort mit seinem angeblichen Alibi schwerer als die Aussagen von uns fünf Zeugen. Trotz einwandfreien Rufs von wenigstens vieren der fünf.

Wenig später erhielten wir, das heißt, meine Familie und ich, einen Brief von Dr. Oberburg. Der Inhalt des Briefes lief im Wesentlichen darauf hinaus, dass er von uns unmissverständlich den Rückzug unserer bisherigen Strafanzeigen gegen ihn erwarte. Im Falle des Einverständnisses sei er bereit, in der schon lange gegen mich laufenden Strafuntersuchung seinen Einfluss bei Bezirksanwältin und Untersuchungsrichterin Streber zu meinen Gunsten geltend zu machen. Würden wir uns weigern, hätten wir die Konsequenzen zu tragen.

Wir leiteten das Schreiben, ohne es zu beantworten, an den Bezirksamman von Brugg weiter und fügten den schon zuvor lancierten Strafanzeigen gegen Dr. Oberburg noch eine wegen versuchter Nötigung hinzu. Unerschütterlich glaubte ich noch immer an Recht und Gerechtigkeit und vor allem an die Unabhängigkeit der Justiz.

Ob mein Widerstand gegen diesen Machtmenschen nun Zivilcourage, Übermut, ganz einfach Naivität oder gar Dummheit war, ich kann heute nur ahnen, inwieweit es den künftigen Verlauf meines Verfahrens vielleicht beeinflusst hatte.

Eines hat es aber auf jeden Fall bewirkt: Dr. Oberburg würde nicht bloß bei den nächsten Gemeinderatswahlen abgewählt werden, sondern wenig später sein neues Haus im Dorf verkaufen und wegziehen müssen – auf Druck von Dorfbewohnern, wie ich allerdings erst sehr viel später erfuhr.

Mithilfe eines Privatdetektivs hoffte ich, das angebliche Oberburg-Alibi zu knacken – es musste sich ja um eine Fälschung handeln. Ich und auch alle Beteiligten wussten, dass er es war, und damit der Verleumder und Rufmörder im »Videotex«.

Ich fand im Telefonbuch die Anschrift einer seriös klingenden Detektei in Zürich. Es handelte sich beim Betreiber um einen ausgewanderten deutschen Staatsbürger, den ich um Hilfe bat. Ich konnte lediglich einen relativ kleinen Betrag vorschießen, die Hälfte des für die »Meier-Filme« bezahlten Betrags. Ich hoffte auf Entschädigung seitens des wohlhabenden Dr. Oberburg, wenn wir ihn aufgrund unserer Strafanzeige überführen könnten. Als ich später nachfragte, erhielt ich den Bericht des Detektivs.

Daraus ging aber kaum mehr hervor, als dass tatsächlich eine entsprechende Bankdirektorenkonferenz am fraglichen Abend stattgefunden hatte; im Saal eines Hotels in Liestal, gut zwanzig Minuten von unserem Wohnort entfernt. So viel wusste ich längst. Dann erhielt ich noch einen Nachweis der von Oberburg entrichteten Steuern des vergangenen Jahres, die uns herzlich wenig interessierten. Mehr konnte mir der Mann für den bezahlten Vorschuss nicht liefern.

Ich startete eigene Nachforschungen und sprach unter Vorwänden mit dem Personal des Hotels – und hatte schon recht schnell Erfolg! Dr. Oberburg sei zwar an jenem Abend um achtzehn Uhr zur Versammlung erschienen, habe sie jedoch kurz nach zwanzig Uhr, lange vor ihrem Ende wieder verlassen. Das Alibi war somit dahin; die Auskunft passte mit seiner von Piet gemeldeten Ankunft bei sich zu Hause perfekt überein.

Zu weiteren Schritten kam ich dann nicht mehr, denn bald darauf sollte ich einmal mehr in Haft kommen.

10 – Die bisher brutalste Polizeiaktion

Circa Mitte Oktober bis 21. November 1991

Nur einen guten Monat zuvor hatte ich die diversen Dienstleistungen meiner Beratungsstelle von einem Tag auf den anderen eingestellt.

Der schon erwähnte Chefpsychiater Dr. Weissenstein hatte auf meine diversen Bitten hin inzwischen die Dienstleistungsangebote geprüft und seinen Bericht abgegeben. Demnach bestätigte er zwar den wissenschaftlichen Charakter und die Grundlagen, sprach mir jedoch aufgrund fehlender psychotherapeutischer Ausbildung die Kompetenz ab, entsprechend für Betroffene tätig zu sein. Was den Vorwurf fehlender Ausbildung betraf, wäre ich nur zu glücklich gewesen, wenn ich dergleichen Fachpersonen hätte engagieren können. Ich verkündete aufgrund des Weissenstein-Befundes in einem Rundschreiben die sofortige Schließung der Beratungsstelle. An seinem Bericht gab es nichts zu rütteln.

Es war mir klar: Ich musste wegen der Einstellung meiner Dienstleistungen wieder aus eigenem Antrieb bei den Aargauer Gesundheits- und Sozialbehörden vorstellig werden.

In seiner jüngsten Hetzstory, nicht lange nach der großen Aktion mit und um Dr. Oberburg, hatte Blick« genüsslich die neuesten an die Medien verkauften Horn-Beschuldigungen gegen mich verbreitet und behauptet, ich würde mich laut dem deutschen Zeugen H. H. als Psychotherapeut aufspielen und unter diesem Deckmantel Kinderpornofilme an Kinderschänder verkaufen. Und diese würde ich unter der Nase der Strafverfolgungsbehörden gleich selber herstellen.

Das war natürlich alles Unsinn. Einmal mehr. Seit unserem bislang einzigen Erfolg im vergangenen Jahr vor Gericht gegen »Blick« mussten wir schon zweimal frustriert erfahren: Zwei Klageversuche waren inzwischen beim Presserat gescheitert. Es hatte neuerlich Hetzstorys und öffentliche Diffamierungen voller abwegiger Behauptungen gegeben. Trotz des Gebotes der Unschuldsvermutung und der Verletzung unserer Privatsphäre wie auch Persönlichkeitsrechte, »Blick« durfte sich, gemäß den Entscheiden, auf die »Presse- und Meinungsfreiheit« stützen. Für weitere Klagen hätten wir vor ein Zivilgericht ziehen müssen und dafür fehlte uns leider längst das nötige Geld.

Am 19. November 1991 versandte ich erstmals die von mir aufgrund der Ermutigung der Kantonsärztin des Aargauer Gesundheitsdepartements erstellte Aufklärungsbroschüre. Trotz Einstellung meiner Dienstleistungen sprach dagegen ja nichts, denn es ging darin im Grunde nicht um meine Beratungsstelle. Die Broschüre war noch als Entwurf gekennzeichnet und ging an etwas über hundert Adressaten. Mit dabei ein Begleitschreiben, worin ich die Empfänger um kritische inhaltliche Prüfung des beiliegenden Manuskripts und um konstruktive Rückmeldungen bat. Vor allem hatte ich, ohne entsprechende fachliche Prüfung, auch nicht vorgehabt, etwas Wissenschaftliches zu veröffentlichen. Schon gar nicht jetzt, nachdem zwar nicht meine Beratertätigkeit an sich, aber meine dabei angebotenen Dienstleistungen von kompetenter Seite infrage gestellt worden waren.

So zählten zu den Empfängern des Entwurfs die Behörden, mit denen ich in Kontakt stand, inklusive Oberstaatsanwaltschaft des Kantons Zürich, diverse entsprechende Institutionen im In- und Ausland; professionelle, ähnlich arbeitende Beratungsstellen, aber auch Universitäten, psychiatrische Kliniken, dazu bekannte einschlägige Wissenschaftler, Verfasser von Sachbüchern und

Artikeln zum Thema, namhafte Psychiater und Psychologen, Anwälte usw.

Zwei Tage später, am 21. November 1991 wurde ich aus heiterem Himmel wieder verhaftet. Natürlich war ich über die vorangegangenen circa zwölf Monate schon bei jeder der diversen polizeilichen Aktionen, mit Hausdurchsuchungen und Befragungen der Anwesenden, in Polizeihaft genommen und verhört worden; über Stunden und teils auch tagelang.

Im Unterschied zu früheren Vorkommnissen waren diesmal auch mit Maschinenpistolen bewaffnete Polizisten in Kampfmontur dabei, von denen einige unser Mietshaus umstellten. Da wir in diesem kleinen Dorf weder Vorder- noch Hintertür nachts jemals abschlossen, konnte das Polizeiaufgebot lautlos ins Haus schleichen und sogar die Treppen zu den Schlafräumen hochsteigen, noch ehe jemand von uns etwas bemerkte. Ich war – wie damals sehr oft – die ganze Nacht in meinem Büro im hinteren, etwas tiefer liegenden Geschoss bei der Arbeit gewesen, als ich plötzlich durchs Fenster im Garten hinter dem Haus etwas bemerkte. Es war noch sehr früh am Morgen. Im schwachen Lichtschein der Außenlampe an der Hausecke glaubte ich schemenhaft zwei Soldaten in Kampfmontur zu sehen. Da fing unser Hund an zu knurren; er hatte bislang friedlich bei mir auf dem Teppichboden geschlafen. Nun stand er auf und knurrte in Richtung der Treppe zum Erdgeschoss.

Gleichzeitig hörte ich Bens Stimme, der nach seiner Mutti rief. Die Buben wurden den Geräuschen nach von jemandem vom Obergeschoss heruntergebracht.

Nun waren diverse Männerstimmen zu vernehmen, und im nächsten Moment stürmten drei Polizisten durch die Hintertür zu mir ins Untergeschoss. Wieder hatte absolut nichts die Aktion voraussehbar gemacht, schon gar nicht ein derartig gewaltbereites, schockierendes Vorgehen. Der letzte polizeiliche Überfall war immerhin schon etwa ein halbes Jahr her. Auch dabei war ich von allen Befragten vollumfänglich entlastet worden, und es war gar nicht so lange her, dass ich, mit Piets Hilfe, beim Untersuchungsamt das dabei mitgenommene Akten- und andere Material wieder hatte abholen können. Weil eben nach wie vor nichts strafrechtlich Relevantes bei uns gefunden worden war. In meinem ganzen bisherigen Leben gab es überdies nichts, das auf ein Gewaltpotenzial bei mir hingewiesen hätte und was so einen massiven polizeilichen Einsatz gerechtfertigt hätte. Meines Wissens hatte mir nicht einmal Hubertus Horn in seinen mannigfachen Hetzbriefen an Medien und Schweizer Behörden bisher Gewalttätigkeit unterstellt.

Ich war wieder gänzlich ratlos, weshalb man noch immer – und immer mehr – so tat, als wäre ich ein zu allem fähiger Schwerverbrecher. Und wie man es vor sich rechtfertigte oder weshalb man in Kauf nahm, wieder und wieder auch die Kinder und meine Frau in Angst und Schrecken zu versetzen und zu traumatisieren. Auch diesmal waren die Kinder frühmorgens durch fremde Polizisten direkt aus dem Schlaf gerissen und aus den Betten geholt worden.

In der Küche wurde die ganze Familie versammelt. Ich hielt den Hund noch an der kurzen Leine, umringt von mehreren Beamten. Die Kinder standen verängstigt in einer Küchenecke dicht zusammen, bewacht von weiteren Polizisten.

Manuela, meine Frau, versuchte – selbst am Rande der Hysterie – das schreiende neun Monate alte Baby Tina zu beruhigen und wärmte in heißem Wasser die Milchflasche. Aufgebracht drohte sie den Polizisten mit der Einschaltung der deutschen Botschaft; sie sei schließlich auch noch deutsche Staatsbürgerin. Umgekehrt wurde nun sie durch den offenbar die Aktion leitenden Polizeibeamten massiv bedroht. Die Kinder, die das mithörten, würden ihr »weggenommen und in ein Heim gesteckt, wenn Sie Ihren Mann weiterhin decken«.

Wie schon früher auch, sprach man nicht von Anschuldigungen, sondern stets von »Tatsachen«, welche die Kinder, deren Mutter und natürlich ich »endlich zugeben« müssten. Dabei hatten die Buben bei einer früheren Befragung noch zu Protokoll gegeben, dass ich ihnen versichert hätte, dass sie keine Angst vor der Polizei zu haben bräuchten und einfach die Wahrheit sagen sollen.

Einer der zivil gekleideten Polizisten, ohne Jacke mit sichtbarer Waffe im Schulterholster, wollte dann der Mutter das Baby entreißen, sodass es zu einem kurzzeitigen Tumult kam. Manuela kreischte in Panik, unser Hund wollte gleichzeitig wütend bellend und heftig an der Leine reißend seinem Beschützerinstinkt folgen. Und da begann auch Ben, der Jüngste, laut und panisch zu weinen.

In meinen verzweifelten Versuchen, gleichzeitig unseren Hund zu bändigen, die Mutter und die Kinder zu beruhigen, dann, beschwörend, den Beamten von seinem Vorhaben abzuhalten, Manuela das Kind zu entreißen und letztlich bei alledem selbst möglichst ruhig zu bleiben, musste ich einsehen, dass das zu viel für mich war. Ich war völlig überfordert, musste mich plötzlich übergeben. Zum Glück stand ich neben meiner Frau am Herd, dicht beim Spülbecken. Mir wurde schwarz vor Augen, ich erholte mich jedoch rasch wieder.

Piet, unser Ältester, war zu mir geeilt, trotz Ermahnung durch die polizeilichen Bewacher. Er fragte mich, ob es mir wieder gut gehe, und nahm mir den Hund ab. Immerhin hatte der Polizist in Zivil wieder von Tina und Manuela abgelassen und sie konnte der Kleinen die Flasche geben.

Langsam beruhigten sich alle wieder ein bisschen. Man hätte ja nicht wissen können, so der Leiter der Aktion, ob die Frau mit dem heißen Wasser »nicht vielleicht ihr Baby verbrühen oder es als Waffe einsetzen würde gegen sie, die Beamten«. Sie müssten eben »bei solchen Leuten«, wie wir es seien, auf alles gefasst sein.

Von Anfang bis zum Ende dieser polizeilichen Aktion war übrigens auch ein gewisser Kriminalhauptkommissar namens Manfred Paulus von der Kripo Ulm dabei, jener Kommissar, der dort für Hubertus Horns Verfahren zuständig war.[17]

Diesmal wurde nicht nur der gesamte Inhalt meines Büros, sondern noch viele weitere Gegenstände aus dem Haushalt in Kartons verpackt und in den draußen bereitstehenden Polizei-Lieferwagen verstaut. Währenddessen wurden erst ich, dann die Kinder und auch ihre Mutter abgeführt. Alle wurden in den folgenden Tagen erneut, teils mehrmals verhört, und die Kinder für diese Zeit kurzfristig in einem Heim untergebracht.

Weil meine Frau später gegen die Umstände der jüngsten Polizeiaktion eine formelle Beschwerde einreichte, drohte ihr, gemäß ihren Aussagen, der zuständige Beamte mit dem Verlust des Schweizer Bürgerrechts. Wörtlich hätte dieser zu ihr gesagt: »Wenn es Ihnen nicht passt, dann können Sie ihren Schweizer Pass gleich abgeben und wieder abhauen nach Dresden!« Ihre Beschwerde wurde daraufhin kurzerhand ohne weitere Begründungen abgewiesen.

Nach meiner Haftentlassung im Januar berief ich dagegen, jedoch ohne Erfolg. Es war vor allem für Manuela, als Mutter von vier minderjährigen Kindern, eine sehr ernüchternde Erfahrung nach ihrem Auszug aus der ehemaligen DDR in den vermeintlich freien und sicheren Westen.

17 Siehe auch im Kapitel 36 – »Grünkram«.

11 – Das verschwundene »Sichergestellte«

22. November 1991 bis Januar 1992

Gleich zu Beginn meiner Haft schrieb ich meiner Frau einen Brief. Darin riet ich ihr für den Fall, dass ich längere Zeit inhaftiert bleiben sollte, sich nach Aufbrauchen unserer wenigen verbleibenden Finanzmittel an die Gemeindefürsorge zu wenden und im Notfall an unsere Freunde. Der Gemeindepräsident werde ihr aber bestimmt dabei behilflich sein. Dann folgte noch dies und das; ein paar weitere Hinweise und Versuche, für die Situation passende Worte zu finden.

Später, nachdem ich dank der Bemühungen meines Verteidigers Akteneinsicht erhielt, stieß ich auf eine Kopie dieses Briefes aus der Haft an meine Frau. Darin fand sich eine kleine handschriftliche Randnotiz neben der Stelle, wo ich meine Frau bat, ankommende Post aus dem Fach zu holen, das ich für die S. Rg. bei der Postdienststelle unterhielt. Eine ebenfalls handschriftliche Klammer umfasste genau diesen Satz. Die halbwegs lesbare Randnotiz lautet »herausgenommen« und ist mit den Initialen des lokal zuständigen Untersuchungsbeamten versehen. Ich kannte ihn: Es war der Bezirksammann von Brugg. Seine Randnotiz informierte über die Zensierung meiner Bitte an Manuela bezüglich der Postfachleerung. Demnach schien es, dass er die »Sicherstellung« der eingehenden Post meiner Beratungsstelle veranlasst hatte.

Nach meiner Haftentlassung mehrere Wochen später versicherte mir Manuela, dass seit meiner Verhaftung nie auch nur ein einziger Brief im Fach gewesen sei. Dies war aber schlicht unmöglich. Auf meinen jüngsten Versand hin, kurz vor meiner Verhaftung, wäre gewiss eine größere Anzahl Briefe zu erwarten gewesen. Bis heute blieb diese Post indes verschollen.

In den Untersuchungs- und Gerichtsakten jedenfalls seien sie nicht, gemäß Auskunft von Anwälten und auch den zuständigen Behörden. Keine Beschlagnahmungsverfügung, nichts. Das war wohl letztlich keine »Sicherstellung«, sondern vielmehr ein »verschwinden lassen«! Bei der erwähnten Akteneinsicht kamen stattdessen nun weitere, teils allerdings bedenkliche Sachen ans Licht. Sie betrafen meine Frau. In meiner damals ziemlich schlechten psychischen und körperlichen Verfassung schob ich das alles vorderhand noch von mir.[18]

18 Siehe auch im Kapitel 43 – Das Urteil gegen die Mutter.

12 – Ein »Beweis in flagranti«

21. November 1991 bis 8. Januar 1992

Noch zu Beginn der Polizeihaft wurde mir in Anwesenheit von fünf oder sechs Personen – u. a. einem Mitarbeiter des Untersuchungsrichteramts und einigen Polizeibeamten – ein Videoband vorgeführt.

Auch hier war wieder der aus Deutschland angereiste Hauptkommissar Manfred Paulus anwesend, der für das Verfahren gegen Hubertus Horn zuständige deutsche Kripobeamte, begleitet von einer Kollegin.

Trotz meines ausdrücklichen Wunsches war mein Anwalt nicht zugelassen. Das Videoband war gekennzeichnet als *Kassette Nr. 15.*

Schon auf dem Weg von meiner Zelle zum Verhörraum wurde mir in selbstsicherem Ton eröffnet, dass ich darin »in voller Aktion« dabei zu sehen sei, »wie ich meinen Stiefsohn Ben vergewaltigen« würde. Ich sei »in flagranti ertappt«.

Das alles hätte »der Zeuge Hubertus Horn« bestätigt, bei dem das Videoband sichergestellt worden sei. Auf dem Kassetten-Etikett war dieser Umstand auch polizeilich vermerkt.

Kassette Nr. 15 zeigt einen Mann mit leicht buschigem Bart (ich war zwar auch Bartträger, doch der war erkennbar anders strukturiert).

Gleich zu Beginn ist zu sehen, wie der Mann einen vorpubertären Jungen auf gewaltsame und rücksichtslose Weise anal penetriert. Dies vollzieht er offensichtlich im Weiteren viele Male, über Jahre hinweg.

Es waren unverkennbar alte Aufnahmen, relativ schlechte Kopien. Dennoch sieht man auf dem vierstündigen Band stets wieder offensichtlich denselben Jungen in unterschiedlichem Alter, zwischen wohl mindestens zwölf-, in den ersten Sequenzen, bis vielleicht sechzehn- oder siebzehnjährig gegen Ende des Bandes. Ebenso unverkennbar ist, dass der Mann, abgesehen davon, dass er auch Bartträger ist, so gut wie keine Ähnlichkeiten mit mir aufweist. Er scheint von deutlich kleinerer Statur, was mangels Vergleichsmöglichkeiten in den Aufnahmen noch offenbleiben könnte. Dafür aber war er im Unterschied zu mir fettleibig, mit gut erkennbaren Muttermalen an Stellen, wo ich keine habe. Seine Brustbehaarung war mittig stärker als nach außen hin, bei mir ist sie wesentlich breitflächiger und regelmäßiger. Und an zwei Stellen der Aufzeichnung ist sein Gesicht erkennbar. Seine Wangenknochen, der Nasenrücken, die Augen, reihenweise Merkmale, die den Mann klar von mir unterscheiden. Von den Anwesenden wollte aber keiner diese offensichtlich völlig fehlende Übereinstimmung mit meiner Person bestätigen.

Alle blieben stumm, auch dann, als ich sie dazu aufforderte, diese Feststellung zu protokollieren. Offenbar wurde aber gar kein Protokoll erstellt. Da waren doch schon auf den ersten Blick zwei völlig fremde Personen zu sehen! Dass es sich bei dem auf dem Videoband befindlichen sexuell ausgebeuteten Kind beziehungsweise Jugendlichen alleine schon vom Alter her unmöglich um Ben handeln konnte, war genauso offensichtlich. Ben war zu jenem Zeitpunkt erst acht. Unglaublich, dass sich niemand zuvor die Mühe gemacht hatte, wenigstens in den Unterlagen nachzulesen, wie alt oder vielmehr, wie jung Ben derzeit gewesen war, bevor man dem notorischen Lügner Horn immer alles blindlings glaubte.

Bei einer Stelle, wo der nackte Oberkörper des Mannes von schräg vorne gut sichtbar und er gerade in nur leicht gebückter

Haltung war, bat ich, das Band auf Standbild zu schalten. Dann erkundigte ich mich, ob ich mein Hemd ausziehen dürfe, damit ein Vergleich möglich wäre, und blickte dabei fragend die anwesende deutsche Beamtin oder Assistentin an, um was immer es sich bei ihr handelte. Da verließ die gleich wortlos den Raum.

Ich bückte und drehte mich leicht, um den Anwesenden möglichst den gleichen Blickwinkel wie der Mann auf dem Bildschirm zu bieten. Alle blieben jedoch weiterhin stumm wie Fische.

»Können Sie bitte bestätigen, dass jetzt wohl definitiv klar sein dürfte, dass das nicht ich sein kann?«, entfuhr es mir. Abwartend verharrte ich so, wie ich war, in wohl etwas komisch anmutender Haltung, von schräg unten von einem der Männer zum anderen schielend. Vielleicht war das der Grund, weshalb ein leichtes gegenseitiges Angrinsen des Deutschen und des Aargauer Beamten zu sehen war. Offensichtlich aber hatten aus irgendeinem Grunde alle die Sprache verloren. Ich gab's auf und zog mir das Hemd über. Immerhin verzichtete man nun auf die weitere Sichtung. Eine Bandlänge von vier Stunden war ja wahrlich mehr als genug für alle Anwesenden.

Von offizieller Seite gab es aus dieser Videosichtung überhaupt nie irgendeine Bestätigung der Unvereinbarkeit zwischen dem Akteur und dem Vergewaltigungsopfer in *Kassette Nr. 15* einerseits, und Ben und mir andererseits. Letztendlich aber war dann auch nichts darüber in der Anklage gegen mich zu lesen.

Anstatt wieder freigelassen zu werden, wurde gleich darauf Untersuchungshaft über mich verhängt. Sämtliche Post von mir oder an mich wurde über die ganze Zeit zurückbehalten, sogar anwaltliche Briefe. Allerdings wusste ich das – bis zum Tag meiner Entlassung –nicht. Ich war daher zusätzlich frustriert darüber, dass ich Tag für Tag, Woche um Woche keinerlei Briefe von daheim oder meinem Anwalt erhielt, obwohl ich doch schon mehrmals geschrieben hatte. Zudem litt ich unter diffusen Ängsten bei jedem Einschluss, und die Sorge um meine Familie löste Bauchkrämpfe aus. Das alles trieb mich zur Verzweiflung.

Von meiner Familie konnte ich als einziges Lebenszeichen anfangs noch einmal pro Woche aus allzu großer Distanz Piet vorbeifahren sehen. Von meiner Zelle aus hatte ich Sicht über die hier bei der Brugger Altstadt verengte und damit schneller als im Mittelland andernorts fließenden Aare. Gegenüber führte die Hauptstraße Richtung Basel, zum Bözberg, wo wir in einer doch so schönen kleinen ländlichen Gemeinde gehofft hatten, unser Glück zu finden. Mittwochs gegen acht Uhr morgens sah ich unseren Piet auf seinem Mofa dort vorbeifahren, unterwegs zum wöchentlichen Hauswirtschaftsunterricht in Brugg. Beim ersten Mal hatte ich einmal kurz und mit aller Kraft seinen Namen gerufen und er hatte es tatsächlich gehört. Er bremste, sein Blick suchte und entdeckte meinen durch die Gitterstäbe winkenden Arm. Ein-, zweimal winkte er zurück und musste weiter. Dann schluckten ihn schnell Häuserfronten, welche die weitere Sicht versperrten.

Ich ließ es künftig lieber bleiben; zu gefährlich für ihn im morgendlichen Straßenverkehr. Außerdem war ich nicht sicher, ob es ihm nicht vielleicht peinlich war, seinen Stiefvater durch Gitterstäbe winken zu sehen. Aber bei zwei weiteren Gelegenheiten sah ich, wie er von sich aus bei der Durchfahrt in meine Richtung blickte und kurz den Arm zum Gruß hob.

Nach drei Wochen wurde ich nach Zürich ins Bezirksgefängnis verlegt. Ich kam gleich nach der Aufnahme in eine winzige Kellerzelle. Der Abstand zwischen Pritsche und gegenüberliegender Wand betrug kaum vierzig Zentimeter. Ein von der Wand herunterklappbares Brett diente als Ablagefläche, mit dem Bett als einzige Sitzgelegenheit. Das kleine Fenster dicht unterhalb der Decke war nicht nur mit Gittern, sondern auch doppelt durch sehr engmaschiges Drahtgeflecht gesichert, sodass es kaum lichtdurchlässig war. Da drinnen blieb ich ohne Unterbrechung während mehrerer Wochen auch über Weihnachten und Neujahr. Nur über die Weihnachtstage erhielt ich einen Fernseher, laut Aussage des Aufsehers gesponsert vom Gefängnispfarrer, den ich allerdings nie zu Gesicht bekam.

Bald erkrankte ich mit zunehmend schmerzhaften psychosomatischen Symptomen. Obwohl ich beim Gefängnispersonal darum bat, gab es – vielleicht auch aufgrund des über die Feiertage reduzierten Personalbestandes – weder einen Arztbesuch noch ein Gespräch mit einem Psychologen.

Am Morgen des 7. Januar 1992 betrat ein Aufseher die kleine Zelle. Bisher war das zweimal geschehen; einmal, um den Fernseher rein- und nochmals, um ihn wieder rauszutragen. Das Essen, das ich meist kaum angerührt hatte, war jeweils durch eine kleine Klappe in der Tür hereingereicht worden.

Diesmal trug der Aufseher einen ganzen Stapel Post herein. Die Briefe und Karten datierten teils mehrere Wochen zurück. Dabei waren herzerwärmende, selbst gemalte Weihnachtskarten der Kinder und diverse Briefe meines Anwalts, Dr. Adliger.

Der jüngste davon stammte vom Tag zuvor: Es war die Mitteilung, dass er mit seinem Haftentlassungsgesuch an den Haftrichter Erfolg gehabt habe, und ich demnach umgehend entlassen werde.

Die anliegenden Dokumentenkopien brachten Folgendes an den Tag: Die mit meinem Fall betraute Bezirksanwältin (BAin) Frau Streber (früher war ein Untersuchungsrichter namens Dr. Haber zuständig gewesen) hatte in ihrer Stellungnahme, mehr als einen Monat nach deren Sichtung, tatsachenwidrig behauptet, die sich im Besitz der Untersuchungsbehörden befindliche *Kassette*

Nr. 15 beweise, dass ich meinen Stiefsohn Ben vergewaltigt habe und somit Verdunkelungs- und Wiederholungsgefahr bestehe. Kein Wort über die Sichtung und den wahren Inhalt des Bandes.

Ich konnte es kaum fassen, als ich das las. Der Haftrichter argumentierte daraufhin, dass es, da mich meine Stiefsöhne durchweg entlastet hätten, grundsätzlich am dringenden Tatverdacht fehle. Die Tatsache, dass sich besagter Film im Besitze der Untersuchungsbehörden befinde, ändere daran derzeit nichts, da die entsprechende Inhaltsbewertung nicht protokollarisch festgestellt sei. Andererseits würde dies, selbst wenn die Inhaltsbewertung mich belasten würde, ohnehin bedeuten, dass keine Verdunkelungsgefahr bestünde, da ich daran auch in Freiheit nichts würde ändern können. Das Videoband sei ja im Besitze der Untersuchungsbehörden. Wiederholungsgefahr läge mangels dringenden Tatverdachts ohnehin nicht vor, zudem habe ich einen festen Wohnsitz.

Nach meiner Entlassung ohne Auflagen noch am selben Mittag musste ich mit akuten schweren Magenblutungen ins Krankenhaus eingeliefert werden. Unter den Folgen litt ich noch über Wochen hinweg.

13 – Die andere Mission des Privatdetektivs

21. November 1991 bis 8. Januar 1992

Als ich nach meiner Entlassung erstmals in Ruhe mit meiner Frau sprechen konnte, erfuhr ich von ihr, dass sie während meiner Haft keineswegs, wie ich gehofft hatte, von den Sozialbehörden Unterstützung für den Lebensunterhalt erhalten hätte. Freunde und Nachbarn hätten ihr zwar geholfen, doch hätte dies nicht gereicht.

Sie hätte daher nur noch den Ausweg gesehen, den Privatdetektiv, den sie inzwischen auch persönlich kennengelernt hätte, darum zu bitten, ihr und ihren Kindern während meiner Abwesenheit ein wenig unter die Arme zu greifen. Seither seien er und sie befreundet und sie hätten sich während meiner Haftzeit manchmal getroffen. Dabei versicherte mir meine Frau, dass dies lediglich eine Freundschaft und nicht etwa eine Liebesbeziehung sei, und sie ihn ja jetzt nicht mehr treffen wolle, außer vielleicht bei einem gelegentlichen gemeinsamen Besuch.

Anlässlich einer von mir daraufhin gewünschten Aussprache mit dem Detektiv schwor dieser mir, dass er seine Rolle einzig darin gesehen habe, der auch aus Deutschland stammenden Frau etwas Halt und Unterstützung zu bieten während meiner Abwesenheit. Er sei wohlhabend genug, sich das leisten zu können und im Übrigen sei ich jetzt ja wieder da und somit wäre seine Rolle überflüssig geworden. Ich war damals durch die besonderen Umstände meiner Haft noch stark angeschlagen und wäre gar nicht in der Lage gewesen, überhaupt einen möglichen Konflikt in dieser Beziehung zu sehen. So oder so aber hätte ich dies zu vermeiden gesucht.

Erst viel später erhielt ich Kenntnis von diversen Anhaltspunkten, welche dieser Beziehung einen wesentlich tiefergehenden Anstrich gaben als zugegeben. Auch hatten die beidseitigen Versprechen, Detektiv auf der einen und Manuela auf der anderen Seite, nicht sehr lange Bestand.

Denn schon bald musste ich, um nach Möglichkeiten zum Abbau unserer inzwischen angehäuften Schulden zu suchen und für einen möglichst guten Verdienst, die Schweiz verlassen.

14 – Eine erlaubte Reise zur »Flucht« erklärt

Februar 1992

Nach den fast schon regelmäßig wiederkehrenden Vorverurteilungen durch die Medien hatte ich keine Chance auf eine wirklich gut bezahlte Arbeitsstelle. Bei unserer Verschuldung, den nicht geringen Lebenshaltungskosten und den wachsenden Verteidigungskosten war ein Durchschnittslohn schlicht und ergreifend zu wenig.

Nach meinen im vergangenen Herbst eingestellten Dienstleistungen der Beratungsstelle musste ich bald auch die Beratungen selber aufgeben; niemand mehr wollte unter diesen Umständen den Mut zur Kontaktaufnahme und wohl auch nicht mehr das nötige Vertrauen aufbringen. S. Rg. war fortan Geschichte.

Einstweilen blieb uns keine andere Wahl, als Sozialhilfe zu beantragen. Ich selbst plante nun, nach Libyen zu reisen. Das hatte einen, wie ich glaubte, guten Grund. In den 70er-Jahren hatte ich dort schon einmal bei der Arbeit für eine deutsche Baufirma in kurzer Zeit außergewöhnlich viel verdient. Sie fertigte damals in der Sahara Fertigbauelemente, um damit eine Stadt aus dem Boden zu stampfen. Ich hoffte, in dem ölreichen Land, weitab von den nicht enden wollenden verheerenden Schlagzeilen über mich, erneut in relativer Kürze die nötigen Mittel zu erarbeiten, um uns aus der Schuldenkrise zu befreien. Mein Freund aus den Bergen streckte mir das für die Reise nötige Bargeld vor.

Etwa zwei Wochen nach meiner Haftentlassung im Januar lud mich die Untersuchungsrichterin zu einem Termin. Diesmal mit meinem Anwalt. Bei dieser Gelegenheit eröffnete ich ihr meine Absichten und versicherte ihr gleichzeitig, dass ich für sie, falls erforderlich, dennoch jederzeit zumindest brieflich erreichbar sein werde. Ich war zwar ohne Auflagen freigelassen worden, wollte aber verdeutlichen, dass ich weiterhin zur Kooperation mit der Justiz in diesem Verfahren bereit war. Ich versprach auch unaufgefordert, nötigenfalls möglichst unverzüglich zu einem weiteren Termin anzureisen. Frau BAin Streber erließ in der Folge weder irgendwelche Auflagen für mich, noch verbot sie mir die Ausreise. Rechtlich hatte sie dafür wohl gar keine Handhabe nach dem klaren Verdikt des Haftrichters.

Auf Ulfs und seiner Mutter Wunsch sollte er mich auf dieser Reise begleiten. Zum einen enthielt der schulpsychologische Bericht über ihn eine Warnung vor einer Trennung – eine solche könnte die alten Traumata, unter denen er in jüngeren Jahren in der DDR gelitten hatte, wieder aufbrechen lassen – und zum anderen wollte er unbedingt bei mir bleiben. Auch seine Mutter half, mich von den Vorteilen für Ulf zu überzeugen. Sie sah darin wohl eine Art Garantie gegen die Gefahr unseres Auseinanderlebens, sollte ich allzu lange wegbleiben müssen. Die Formalitäten, welche vonnöten waren, damit Ulf in meiner Begleitung Grenzen überqueren durfte, waren in wenigen Tagen erledigt. Ich hatte vorübergehend auch ohne Anwesenheit der Mutter das Sorgerecht für Ulf.

Da der Junge mit der Schule schon lange vor meinem Kennenlernen der Familie in Dresden, zwei Jahre im Rückstand gewesen war, nahm ich Lehrmaterialien mit auf die Reise, um ihm unterwegs Nachhilfe zu erteilen. Ich wusste noch zu gut, wie viel Geduld es in einem arabischen Land brauchte, nicht nur, bis man als Ausländer überhaupt einen Job antreten konnte, sondern auch während man dort arbeitete. Auf nichts war Verlass, weder Termine, Lieferfristen, noch Einhaltung von Büro- oder Arbeitszeiten. Die hohen Löhne bei ausländischen Firmen waren es, die die meisten Gastarbeiter unter den schwierigen Bedingungen ausharren ließen. Wozu auch die drückende Dauerhitze zählte.

Voraussichtlich also genügend Zeit, um Ulf Nachhilfe zu geben. Er hatte zuletzt die zweite Primarschulklasse besucht, hätte aber dem Alter nach schon in der vierten sein müssen. Am wichtigsten war sowohl meiner Frau als auch mir, dass sie und die Kinder auf diese Weise – so hofften wir zumindest – endlich zur Ruhe kommen würden, und die Auswirkungen dieser immer wilder werdenden Storys in den Boulevardmedien hinter uns lassen könnten. Ebenso die scheinbar nie enden wollenden frühmorgendlichen polizeilichen Überfälle und anschließenden Verhöre. Mit meiner Abwesenheit, so wünschten wir uns alle, würde das alles künftig ausbleiben.

Es galt jetzt, wie gesagt, die Lebensunterhaltskosten für meine Frau und die anderen Kinder zu verdienen. Haushaltsgeld war so gut wie keines mehr vorhanden und allein von Nachbarschaftshilfe und Zuwendungen von Freunden würden sie auf Dauer nicht überleben können; schließlich mussten auch Miete, Krankenkasse und vieles andere bezahlt werden. Gegenüber den zuständigen Sozialbehörden erklärten wir ausführlich die Situation und legten auch meinen Plan vor, im Ausland schnellstmöglich ein hohes Einkommen zu erzielen. Dadurch würden wir, so die Hoffnung, in absehbarer Zeit wieder aus der Sozialhilfe rauskommen.

Um künftig gegen weitere falsche Behauptungen, wie jene von Frau BAin Streber kürzlich, besser gewappnet zu sein, hatte ich ein Dossier zusammengestellt, mit den wichtigsten entlastenden Beweisen. Ich packte es in einen verschlossenen Aktenkoffer. Da die vor meiner Entlassung ins Feld geführte *Kassette Nr. 15* die Behauptung der BAin gegenüber dem Haftrichter klar widerlegen könnte, hatte ich mir schon kurz nach meiner Haftentlassung eine Eins-zu-eins-Kopie davon erstellen lassen. Die beschriftete ich deutlich als Kopie eines sich in untersuchungsrichterlicher Hand befindlichen Originals, fügte eine kurze Zusammenfassung deren Herkunft und Bedeutung hinzu, verschloss beides in einem gepolsterten Umschlag und legte ihn zu meinen Verteidigungsakten.

Künftig wollte ich diese Unterlagen für alle Fälle immer zugänglich haben. Sollte ich aufgrund solcher Unwahrheiten irgendwann erneut Schwierigkeiten bekommen, so könnte ich mich unmittelbar dagegen zur Wehr setzen, denn jeder Betrachter würde erkennen, dass der Täter in dem Video ein Fremder ist.

Der BAin traute ich nicht mehr über den Weg. Wichtig zu wissen ist, dass damals der bloße Besitz kinderpornografischer Aufnahmen gesetzlich nicht geahndet wurde. Außerdem stellte die Kopie dieser Aufnahmen bekanntlich einen für mich wichtigen Teil meiner Verteidigung dar.

Gegen Ende Februar verabschiedeten wir uns vom Rest der Familie und zogen los. Da ich hauptsächlich nachts fuhr, konnte sich Ulf derweil hinten im Kombi auf dem dort eingerichteten Bett bequem hinlegen und schlafen. Ich schlief manchmal vorne ein wenig. Gegen morgen stellte ich den Wagen auf Parkplätzen dicht neben von Gras gesäumten Büschen ab und richtete mir draußen, direkt am Fahrzeug, mit einer dünnen Matte und meinem Schlafsack ein Lager ein. Es wäre genug Platz für uns beide im Fond gewesen, aber ich wollte Ulf nicht wecken und außerdem konnte ich so besser reagieren, sollte sich uns mal jemand mit ungewissen Absichten nähern.

Doch Ulf und ich waren noch kaum zehn Tage außer Landes, da erfuhr ich bei einem Telefonat mit Anwalt Dr. Adliger, dass mich Frau Streber in der Schweiz zur Verhaftung habe ausschreiben lassen. Als Grund habe sie »Fluchtgefahr« genannt. Das war mir jetzt völlig unbegreiflich.

Wie mir Dr. Adliger nun aber vorhielt, hätte in der Zwischenzeit noch eine weitere Anhörung bei der Untersuchungsrichterin stattfinden sollen. Sie war demnach auf wenige Tage vor unserer geplanten Ausreise terminiert worden. Das hatte ich offenbar verpasst. Dr. Adliger erinnerte mich daran, dass mir die entsprechende Vorladung anlässlich des bald nach meiner Haftentlassung stattgefundenen Termins, bei dem er dabei war, von ihr überhändigt worden war. Demnach hatte sie mir dabei irgendwann beiläufig noch ein Aktenstück übers Pult gereicht, das ich unterzeichnen musste.

Damals, noch voller Medikamente von meiner aus der Isolationshaft herrührenden Erkrankung, war mir wohl hinterher die Bedeutung jenes Papiers nicht im Bewusstsein hängen geblieben. Und ich konnte mich auch jetzt nicht mehr daran erinnern. Allein, weil ich diesen Termin dann vergaß, so erklärte mir mein Anwalt, hätte sie rein theoretisch das Recht zu diesem Schritt – auch wenn weder er noch wir mit so etwas ernsthaft hätten rechnen müssen. Dass ich mich im Ausland bei den Schweizer Botschaften der jeweiligen Reiseetappen an- respektive abmeldete und zudem sporadisch in Kontakt mit meiner Familie und Dr. Adliger blieb, änderte daran nichts.

Frau Streber hatte mich nicht ein einziges Mal zu kontaktieren versucht, weder über meine jeweils aktuelle und mitgeteilte Adresse noch über meine Frau noch via meinen Anwalt. Hätte sie das getan, so wäre ich unverzüglich bei ihr vorstellig geworden. Ich hätte nichts zu befürchten gehabt – oder zumindest glaubte ich dies angesichts des Haftrichterentscheids ohne jegliche Auflagen vor inzwischen knapp zwei Monaten.

Trotzdem ließ ich meinen Anwalt ihr das Angebot übermitteln, dass ich jederzeit zu einem neuen Termin erscheinen wolle. Ich stellte aber die Bedingung, dass ich bei der Einreise am Zoll nicht gleich verhaftet würde, womit ich wegen dieser Ausschreibung wohl hätte rechnen müssen. Schließlich war ja Ulf bei mir.

Die Untersuchungsrichterin wies dies mit der Aussage ab, dass alleine sie bestimme, wie sie meiner habhaft werde. Die Umstände dieser Ausschreibung, scheinbar ohne nachvollziehbaren Grund, erschienen mir seltsam. Einen neuen Termin hätte sie ja gleich anberaumen und mir übermitteln können.

Und das führte bei uns zu einer gewagten Vermutung: Frau BAin Streber war von mir in Anwesenheit Dr. Adligers über meinen vorgesehenen Auslandsaufenthalt vorab informiert worden und sie tat nichts dagegen. Auffallend war: Sie ließ mich dann, nach unserer Abreise, lediglich in der Schweiz ausschreiben und nicht etwa international. Warum? Will die Untersuchungsrichterin meiner vielleicht gar nicht habhaft werden? Frustriert über die Niederlage vor dem Haftrichter und über die nach wie vor ausbleibenden Ermittlungserfolge? Mehrmals schon konnte man in den polizeilichen Berichten wörtlich lesen, die Befragungen der Kinder hätten »noch nicht« zu einem Ergebnis geführt. Trachtete sie vielmehr danach, mich aus der Schweiz fernzuhalten? Unserer These gemäß würde sie das Verfahren so dauerhaft ruhen lassen können, allenfalls eben bis die Verjährung eintritt. Für sie wäre dies sicherlich eine geringere Schmach, als wenn sie zugeben müsste, dass sie den Hirngespinsten eines rachsüchtigen Deutschen aufgesessen sei.

Mein Anwalt hielt diese Überlegung auch für nicht undenkbar, ja sogar plausibel. Er empfahl mir jedenfalls, vorerst nicht in die Schweiz zurückzukehren. In telefonischer Absprache mit Manuela und nach einem offenen Gespräch mit Ulf beschlossen wir, plangemäß weiterzumachen. Ulf brauchte Visa für die geplante Reiseroute und wir mussten hierfür in die damalige Bundeshauptstadt Bonn fahren. Meine Dokumente hatte ich schon zuvor bei den jeweiligen Vertretungen in der Schweiz eingeholt.

Unterwegs machten wir einmal Halt auf einem Dorfplatz. Wir aßen etwas im Auto und ich musste einige Papiere studieren. Ulf wartete ein wenig, dann fragte er mich, ob er sein Wochentaschengeld vorab beziehen dürfe. Er hatte irgendeinen Laden in der Nähe im Visier und ich händigte ihm die üblichen zehn Franken aus und ließ ihn gehen. Nach wenigen Minuten kam er wieder, hielt mir durchs offene Seitenfenster auf meiner Seite etwas entgegen und sagte ganz fröhlich: »Ein Geschenk für dich!« Es war eine Kaffeetasse. Genau das Richtige für mich passionierten Kaffeetrinker! Oben auf dem Rand klebte eine kunstvoll gearbeitete metallene Fliege. An deren Seite als Relief aufgetragen ein Frosch mit einer langen Zunge, die sich nach der Fliege streckte. Daneben die Worte: *Du schaffst es schon!*

Ich hatte Geburtstag, selbst aber kaum daran gedacht. Doch Ulf wusste es. Und er war sich unserer Geldsorgen und des Grundes unserer Reise wohl bewusst. Was für ein lieber Kerl er doch ist, dachte ich und sagte es ihm dankbar.

15 – Die Sanktionen gegen Libyen

Februar bis Herbst 1992

Der Tag unserer Ankunft in Libyen war Ulfs Geburtstag. Er wurde zwölf. Unterwegs nach Tripolis konnte ich in einem Souk, einem arabischen Markt, ein faltbares Knabenfahrrad günstig erwerben. Am Rand der City, nahe dem Mittelmeer-Strand, gab es in einem Hochhaus ein Restaurant. Ich erkundigte mich, ob sie für Ulf einen Kuchen zum Geburtstag hätten. Sie hatten. Sogar zwölf Kerzen steckten sie obendrauf und schrieben einen Glückwunsch sowie seinen Namen mit Zuckerguss in die Mitte.

Nachdem die Vereinigten Staaten, Frankreich und Großbritannien genau in diesem Moment gegen Libyen eine Blockade errichteten, als wir in Muammar al-Gaddafis Reich ankamen, zerschlug sich die Hoffnung auf Arbeit dort allzu bald. Jeglicher Geldtransfer ausländischer Firmen war auf Erlass des Alleinherrschers hin eingefroren worden. Damals mochte ich relativ welterfahren gewesen sein, von Politik wusste und verstand ich aber nicht gerade viel. Auf ungewisse Zeit stellte in Libyen niemand mehr westliche Arbeitskräfte ein, und wer noch im Land war, musste sehen, wie er überlebte oder nach Hause reisen.

Wir erfuhren davon in Sabha, einer Stadt rund tausend Kilometer südlich von Tripolis, mitten in der Sahara. Dort gab mein Auto zu allem Unglück den Geist auf. Fataler Motorschaden. In der Folge dauerte es fast drei Monate, bis wir auf verschlungenen Umwegen von Europa Ersatzteile einführen konnten. Der TCS-Schutzbrief übernahm erfreulicherweise die hohen Transportkosten und auch die schwierige Organisation des Umgehens der Blockade. Im Lande selbst wären die Teile nicht erhältlich gewesen.

Mehr als erwartet blieb uns so immerhin Zeit, um für Ulfs Schule zu lernen. In unzähligen Stunden arbeiteten wir gemeinsam daran. Ich konnte kaum einen Schullehrer ersetzen, aber für Nachhilfe in Primarschulgrundfächern reichte es. Beim Schreiben und Lesen waren wir angesichts seiner Legasthenie weniger erfolgreich, da fehlten mir natürlich gänzlich die Erfahrungen. Ulf machte dafür in anderen Fächern, besonders in Rechnen, Naturkunde, Geografie und Geschichte sehr gute Fortschritte.

Die Motorersatzteile für mein Auto mussten auf Schleichwegen via Algerien eingeführt werden. Das verschlang viel Zeit. Als sie dann endlich eintrafen, erwiesen sich die Zollformalitäten als äußerst schwierig und langwierig. Ein hoher Zollbeamter wollte von mir eine stattliche Summe Geld, da er ein hohes Risiko eingehe, angesichts der aktuell geltenden totalen Einfuhrverbote.

Ansonsten hatten wir in der Zeit viel Unterstützung von Einwohnern und ganz besonders von einem Englischprofessor an der städtischen Universität. Sabha zählte wenige Zehntausend Einwohner, hatte aber eine Uni. Nicht zuletzt diese Institution half uns, angesichts der schwindenden Geldmittel, lange genug zu überleben, bis wir unser Auto wieder flott hatten. Als Gegenleistung für die finanzielle Hilfe wurde ich gebeten, mit Schülern und Professoren über die Unterschiede der westlichen Lebensweisen gegenüber jenen in islamischen Staaten zu diskutieren. In englischer Sprache natürlich, denn meine Arabischkenntnisse waren absolut minimal.

Die Libyer waren uns gegenüber allgemein sehr gastfreundlich, unkompliziert und angesichts des dort relativ streng islamgläubigen Alltags erstaunlich tolerant uns Westlern gegenüber.

Sie waren überdies ausgesprochen kinderfreundlich und so begegneten die Menschen Ulf äußerst zuvorkommend und zumeist geradezu liebevoll.

Anfangs stellte man uns in den Gastarbeiterunterkünften eines bewachten Industriegeländes ein kleines Zimmer zur Verfügung. Es hatte nur ein Bett. Ich überließ es Ulf und baute auf dem Fußboden daneben mein übliches Lager auf. Solange wir nicht auf Reisen waren, schlief auch ich wieder des Nachts. Tagsüber verbrachten wir viel Zeit damit, das Badezimmer mit Badewanne, drei Duschen und drei Toiletten einigermaßen sauber zu kriegen. Auch die Küche war in einem haarsträubend schmutzigen Zustand.

Die Gastarbeiter aus Marokko und Ägypten waren ohne ihre Frauen oder Mütter und selbst keine Hausarbeit gewohnt. Es wurde geschätzt, dass ich unermüdlich versuchte, die lokale Kultur besser kennenzulernen, meine wenigen Arabischbrocken einzusetzen und nach und nach auch etwas aufzustocken. Aus meinem Aufenthalt in diesem Teil des Landes in den 70er-Jahren hatte ich schon Vorkenntnisse. Einiges davon war mir geblieben oder kam mir jetzt sukzessive wieder in den Sinn.

Etwa zweihundert Kilometer von Sabha entfernt, war ich damals zu einem Traumlohn von umgerechnet fast achttausend Schweizer Franken als Vermesser eingestellt worden. Und dies, obschon ich keinerlei Erfahrung vorweisen konnte. Zu meiner Überraschung hatte damals zu Beginn meiner Tätigkeit ein halbtägiger Crashkurs im Vermessen gereicht (die Leute der Baufirma Phillip Holzmann nannten es »levelieren«). Mit einem kleinen Team von acht marokkanischen Gastarbeitern vermaß ich während etwa drei Monaten Punktfundamente, ließ sie ausheben und punktgenau betonieren, sowie jeweils die angelieferten Bodenplatten verlegen. Ein gewisses Grund-Repertoire an Arabisch war schnell beherrscht und reichte damals dafür.

Eine ähnliche Arbeit auf einer Wüstenbaustelle wie seinerzeit, das war es, worauf ich nun wieder gehofft hatte. Diesmal vergeblich. Innerhalb weniger Monate einen mittleren fünfstelligen Dollarbetrag zu verdienen, das wäre überaus wichtig gewesen. Ähnliches gab es zwar durchaus, aber jetzt stand leider aus politischen Gründen alles auf unbestimmte Zeit still.

Lange Zeit bewohnten wir in Sabha kostenlos das Barackenzimmer in dem Komplex der nun untätigen libyschen Baufirma. Oft aßen wir tagsüber in einer Bäckerei in der Nähe, die auch einfache Mahlzeiten anbot. Während ich dort bei einem Tee an meinen Unterrichtspapieren für Ulfs nächste Nachhilfe arbeitete, guckte er in der Backstube zu, wie das typische Fladenbrot hergestellt wurde. Es dauerte nicht lang und ich sah ihn dort mit einer weißen Bäckerschürze bei der Arbeit, während ihm einer der Bäcker geduldig zeigte, wie die Fladen geformt wurden. Künftig wollte Ulf möglichst immer bei diesem Bäcker zu Mittag essen, und wir erhielten es dank Ulfs Mithilfe sogar kostenlos. Natürlich machte auch ich mich dann dort nützlich, vor allem mit Reinigungsarbeiten.

Als uns in der Bäckerei eines Tages meine ganzen Reiseschecks gestohlen wurden, halfen uns die Angestellten spontan durch eine Sammelaktion. Der Verdacht der Einheimischen richtete sich gegen einen Ägypter, der unmittelbar darauf verschwand. Ob dies seine Schuld bewies oder es Furcht vor einer Verfolgung zu Unrecht war, ist unklar, denn viele Libyer haben eine starke Abneigung und pflegen Vorurteile gegen Ausländer aus Niger und Tschad im Süden und nicht zuletzt auch gegen ägyptische Fremdarbeiter.

Es war von hier extrem aufwendig, meine Frau, Ulfs Mutter telefonisch zu kontaktieren. Die Telefonanlagen waren in einem desolaten Zustand, ganz besonders so tief im Süden, und sie waren zudem zu jener Zeit in einer Umbauphase. Die deutsche

Firma Siemens war mit der Installation eines völlig neuen landesweiten Netzwerks beauftragt worden, doch aufgrund der Sanktionen ruhte auch diese Arbeit komplett.

Mehrmals warteten wir ganze Tage hindurch vergeblich auf eine in Aussicht gestellte Verbindung. So pendelten wir künftig öfter zwischen Sabha und Tripolis, oder »Trables«, wie die Einheimischen ihre Hauptstadt nennen, hin und her. Zunächst zweimal mit dem Flugzeug und dann, auch aus Kostengründen, einige Male mit einem abenteuerlichen Reisebus. Das ausgebrannte Wrack eines Passagierjets, das wir unweit der Hauptstadt vom Flugzeug aus sahen, mochte auch zu unserem Transportmittelwechsel beigetragen haben.

In der Hauptstadt konnte man eher telefonieren. Aber auch dort in der Telefonzentrale war viele Stunden Warten angesagt. Wir belegten in Tripolis ein Zimmer in einem günstigen Hotel. Da war gerade der Aufzug in Renovation. Weil wir immer wieder ungewiss lang und oft viele Stunden untätig warten mussten, war es Ulf bald langweilig. Allzu oft konnte ich ihm den Nachhilfeunterricht auch nicht zumuten. So ließ ich ihn auf Erkundungstour durchs Hotel gehen, immer mit der Ermahnung, sich nie längere Zeit zu entfernen und sich dazwischen regelmäßig blicken zu lassen.

Die Leute, auch die Gäste in der großen Hotel-Halle mit den vielen Sitzecken, waren durchweg freundlich und tolerant. Es dauerte nicht lang, und Ulf bot sich an der Kaffeebar als Aushilfe an. Er wurde so was wie ein »Glücksbringer« für die anwesenden Libyer und man scherzte mit ihm und kümmerte sich rührend um ihn. Stolz zeigte er mir, wie er Gäste mit den Getränken bediente, bei ihnen sogar das Geld dafür kassierte und selbstbewusst dem Mann hinter der Theke ablieferte.

Natürlich spazierten wir auch durch die City. Dabei trafen wir einmal zufällig den örtlichen Chef der Swissair. Er lud uns in sein

Büro in einem der Hochhäuser nahe der Küste ein und ließ uns von dort in die Schweiz telefonieren, sogar kostenlos! Dank einer permanent offenen internationalen Leitung, über die er verfügte, war das möglich.

Anlässlich eines solchen Telefonats erklärte mir meine Frau, dass ihr von den Sozialbehörden ein Beistand zugeteilt worden sei. Sie bekämen Geld für den Lebensunterhalt, aber der Beistand würde ihr »die Hölle heiß machen« wegen Ulf; er verlange, dass der Junge unverzüglich zurückkomme.

Als ich bei nächster Gelegenheit diesen Beistand selber am Telefon erreichte, beschuldigte er mich doch tatsächlich, »Ulf entführt« zu haben! Erst als ich ihm – einmal mehr mithilfe des Swissair-Büros – die entsprechenden Dokumente faxen konnte, die meine Frau vor der Aargauer Staatskanzlei beglaubigt unterzeichnet hatte, begriff er seinen Irrtum. Stattdessen beschimpfte er mich dann als »verantwortungslosen Kerl«, der »seine Familie im Stich gelassen« habe. Und überhaupt sei es »total rücksichtslos gewesen«, meine Frau und ihre Kinder in dem kleinen Ort auf dem Lande einzuquartieren, fernab von Ausgehmöglichkeiten und so weiter.

Offenbar wusste der Mann so gut wie nichts oder längst nicht alles über die ganze Situation; weder über die Gründe meiner Reise nach Libyen noch über die guten Beziehungen zu einigen Nachbarn in dem idyllisch gelegenen Ort, die meiner Frau und den Kindern doch einiges an Unterstützung und auch einen gewissen Halt gewährten. Erst viel später stellte sich heraus, welche Folgen die bevorstehende Umsiedlung der Familie nach Brugg besonders für die Kinder haben würde.[19] Davon allerdings konnte damals auch der Beistand meiner Frau ganz gewiss noch nichts ahnen.

19 Siehe hier folgend sowie im Kapitel 38 – Eine schlimme Enthüllung.

Endlich fand sich ein gelernter Automechaniker, der die neuen Teile in den Motorblock einbaute: Kurbelwelle, Lager, Kolbenringe und Kopfdichtung. Dies geschah nicht etwa in einer Garage, sondern auf dem staubigen und teilweise von Wüstensand bedeckten Areal einer örtlichen Fabrik. Sie gehörte unserem letzten Gastgeber in Sabha. Wir hatten unsere Wohnbedingungen mit der Zeit nach und nach durch neue Angebote verbessern können. Der Mechaniker war aus Marokko. Marokkaner schienen, wie schon früher, auch jetzt noch zu den häufigsten und nicht so ungern gesehenen Gastarbeitern im Lande zu zählen. Es war höchste Zeit, denn unsere letzte gewährte Visaverlängerung würde bald ablaufen.

Die Arbeitsbedingungen für den freundlichen und fleißigen Mechaniker waren allerdings alles andere als ideal. Er hatte den Motorblock für den Zusammenbau auf einem alten metallenen Büro-Pult im Freien platziert. Wegen der schlechten Lichtverhältnisse in den brachliegenden Hallen. Zunächst mussten wir einen kleinen Handkran für den Aus- und Einbau des schweren Motors organisieren. Immer wieder wehte Wüstenstaub durch die Luft und die Bemühungen des Mannes, jeweils rasch die gesäuberten und eingeölten Teile mit Tüchern zu schützen, waren wohl nicht immer ausreichend. Zwar würde uns das Auto danach bis Nordeuropa bringen und dort noch längere Zeit dienen. Doch schon unterwegs dahin wurde deutlich, dass etwas nicht stimmte: Der Motor vibrierte innerhalb eines gewissen Drehzahlbereichs recht stark und es war ratsam, nicht über neunzig Stundenkilometer zu fahren.

Im Juni erreichten wir Tunesien und dann Tunis, wo wir uns an unserer jeweiligen Botschaft wieder abmeldeten (Libyen hatte derzeit keine Schweizer Vertretung). Und dann, mit der nächsten Fähre, ging's endlich wieder nach Europa.

Sofort nach Verlassen des Schiffes riefen wir zu Hause an. Ulf berichtete stolz von den Abenteuern, die er auf unseren Reisen erlebt hatte. Prompt hörte ich ihn zu Mutti sagen, er wolle lieber für immer bei mir bleiben. Doch, doch, sicher würden wir mal zu Besuch kommen.

Da intervenierte ich sogleich und verlangte nochmals den Hörer. Klar, dass Manuela ihren Ulf wieder daheim haben wollte. Aber zu meiner Überraschung bat sie mich, Ulf bis nach dem Sommer bei mir zu behalten. Dann könne er sich fürs neue Schuljahr wieder anmelden (just in jenem Jahr wechselte die Einschulungszeit im Kanton Aargau von bisher Frühjahr auf Herbst).

Das würde nicht leicht werden für mich, denn wir waren ziemlich knapp bei Kasse. Ich würde jetzt erst recht dringend Arbeit finden müssen. Wir hätten uns provisorisch bei unserer gemeinsamen Schweizer Bekannten in Paris oder auch bei Freunden in Rotterdam einquartieren können. Aber alleine schon aus Rücksicht auf Ulf fuhren wir nach Deutschland, damit er sich auch wieder mit anderen Menschen in seiner Muttersprache unterhalten konnte. Eine Unterkunft müssten wir zwar erst finden, aber ich sah dort ohnehin bessere Chancen auf einen zumindest halbwegs guten Verdienst.

Ein altbekannter Freund nahe der Stadt Bremen lud uns zunächst zu sich ein. Von dort aus fand ich rasch eine relativ gut bezahlte Arbeit als Fernfahrer innerhalb Deutschlands. Wir konnten eine günstige kleine Wohnung in der Nähe mieten. Schnellstmöglich meldete ich uns zur Niederlassung an und erlangte relativ leicht auch eine Arbeitsbewilligung. Hier muss ich gestehen, dass ich dabei im örtlichen Migrationsamt von einer offensichtlichen Abneigung der zuständigen Dame gegenüber gewissen mehrheitlich vor ihrem Büro wartenden Ausländern profitierte. Wir wurden von ihr nämlich ohne lange Wartezeit drangenommen und ziemlich zügig bedient.

Ulf bat noch lange darum, für immer mit mir zusammenbleiben zu können, jedoch wurde – spätestens zum neuen Schuljahr im kommenden Herbst – die Rückkehr zur Mutter und seinen Brüdern unumgänglich. Ich hätte ohnehin niemals zulassen können, die Familie noch mehr auseinanderzureißen.

Einstweilen aber konnte er mich den Sommer über auf meinen Lkw-Fahrten kreuz und quer durch Deutschland begleiten. Wir mussten mit dem Autotransporter in diversen Städten für meinen Arbeitgeber Unfallfahrzeuge abholen. Auch auf diesen Fahrten versuchte Ulf immer wieder, mir bei diesem und jenem behilflich zu sein. Während ich tankte, fegte er den Boden der Fahrerkabine sauber, leerte Aschenbecher oder putzte die Seitenspiegel. Es war eine alte Mercedes-Zugmaschine und auch der Hänger war in keinem besonders guten Zustand.

Auf einer langen Autobahnstrecke mit außerordentlich holprigem Betonuntergrund, der das ganze Fahrzeug unaufhörlich rumpeln und rattern ließ, rief Ulf neben mir plötzlich laut »Stopp – Stopp!!« Ich sah aus den Augenwinkeln, wie er durchs Rückfenster an der hinteren Kabinenwand spähte, wo derzeit freie Sicht war, da wir leer unterwegs waren. Schnellstmöglich lenkte ich den Transporter auf den Pannenstreifen und hielt an. Währenddessen erkannte ich im linken Rückspiegel sogleich, was Ulfs Alarm ausgelöst hatte: Hinter uns schlitterte eine losgerissene Rampe über die Fahrbahn; schon waren ein paar Personenwagen drübergefahren und mehrere hatten dabei Reifenschäden erlitten.

Beim Rausspringen aus der Kabine wies ich Ulf an, im Fahrzeug zu bleiben, während ich gleichzeitig das Pannendreieck unter dem Sitz hervorholte. Nach hinten rennend klappte ich es auf und winkte kräftig damit. Bei der losgerissenen Rampe angelangt schwenkte ich das Dreieck hoch über meinem Kopf, um den nachfolgenden Fahrzeugen von Weitem zu signalisieren, auf die linke Spur zu wechseln. So rasch es ging, zerrte ich die Rampe zum Fahrbahnrand und platzierte das Pannendreieck etwas dahinter.

Jemand war schon zur nächsten Notrufsäule unterwegs. Die Rampe war bei der letzten Kontrolle noch sicher an ihrem Platz verankert gewesen. Um sie ausziehen zu können, muss ein Sicherungsbolzen entfernt werden. Der war offenbar gebrochen. Ich prüfte die zweite Rampe; sie war noch in Ordnung. Die Polizei nahm die Schäden an den Reifen von drei Autos für die Versicherung meines Arbeitgebers auf. Sonst war nichts weiter passiert. Alles war glimpflich abgelaufen, vor allem dank Ulfs Aufmerksamkeit! Nach einer Notreparatur an der Rampe und ihrem sicheren Verstauen, mit neuen Sicherungsbolzen, konnten wir unsere Fahrt fortsetzen, um den Auftrag zu erfüllen.

Nun war es nur noch eine Frage der Zeit, bis ich es erfuhr: Meine Frau hatte sich inzwischen mit dem einst von mir als Privatdetektiv engagierten Deutschen auf eine engere Beziehung eingelassen.

Als ich Ulf rechtzeitig vor Schulanfang an einem Samstag am neuen Wohnort seiner Familie ablieferte, wurde mir dies klar. Ich hatte zu diesem Zweck entgegen dem Rat des Anwalts die kurzzeitige Einreise gewagt, unbehelligt. Manuela wohnte mit Piet, Ben und Tina jetzt in einem Hochhaus in Brugg, wo die Sozialbehörde sie mittlerweile einquartiert hatte. Es war ein Gastarbeitergetto, wenngleich die durchaus schöne Aussicht in einem der obersten Stockwerke und auch die Wohnung und weitere Umgebung die Bezeichnung eigentlich nicht verdiente. Viele der Bewohner waren des Deutschen kaum mächtig und soziale Kontakte beschränkten sich meist auf die jeweiligen Ethnien untereinander.

Manuela war nicht zu Hause. Sie sei übers Wochenende in Zürich, meinte Piet, während er für die kleine Tina ein Glas Babynahrung wärmte. Genau wie Mutti und zuweilen früher auch ich trug er sie dabei auf dem Arm.

»Wo denn in Zürich?«, fragte ich.

»Na, dreimal kannste raten«, sagte Piet, mit deutlichem Sarkasmus in der Stimme. »Der Detektiv.«

Ich war verlegen. Ich schwankte zwischen Ärger und Selbstvorwürfen. Ärger darüber, dass Manuela ihre Kinder, Tina war erst eineinhalb, gleich ein ganzes Wochenende sich selbst überließ. Und ich machte mir Vorwürfe, weil im Grunde ich es war, der uns alle in diese Lage gebracht hatte. Vielleicht hätte sich die ganze Sache doch mit der Zeit beruhigt, wenn ich zu Hause geblieben wäre. Oder wäre ich damals doch gar nicht erst Hubertus auf den Leim gegangen, diesem Verbrecher Horn. Ich trug damit auch Schuld an allem. Unbewusst. Aber blind und naiv.

Grübelnd schaute ich Piet zu, wie er sich fürsorglich seinem kleinen Schwesterchen widmete. Längst schon hatten die Buben ja wieder keinen Vater mehr im Haus. Für wie lang? Und ich würde wieder allein sein. Vielleicht für immer ohne Familie. Wäre ich doch seinerzeit gar nicht erst in das Leben dieser Menschen getreten! Aber wäre Manuela dann nicht womöglich mit ihren Kindern Horn und seinen verbrecherischen Absichten verfallen, wenn ich nicht dazwischengekommen wäre? Die Briefe an sie und von ihr fielen mir wieder ein, die ich anlässlich der Akteneinsicht im vergangenen Januar entdeckt hatte. Mehrere waren von Horn und sie stammten aus der Zeit, als wir uns kennenlernten. Mindestens zwei Antworten von ihr. Und dann war da noch ein Brief von ihr an Tinas leiblichen Vater. Und der trug ein Datum lange, nachdem sie mir erzählt hatte, dass sich dieser aus dem Staub gemacht habe. Und dessen Inhalt …

Es half nichts. Ich musste die Gedanken an all das verscheuchen. Früher oder später würde alles wieder gut, redete ich mir ein. Die Gemeinsamkeiten mit dem Detektiv waren für Manuela eine angenehme Abwechslung von ihrem Hausmutterdasein; ich hatte dafür grundsätzlich Verständnis. Wie könnte ich es ihr verargen, jetzt, da ich schon länger weg war von zu Hause? Ich glaubte, im Grunde das Recht darauf verloren zu haben. Bestimmt würde alles wieder wie zuvor, wenn nur endlich dieses unsägliche Verfahren eingestellt und damit auch die Ausschreibung aufgehoben würde.

Ich riskierte es, bis Montag zu bleiben, um Manuela vor der Abreise noch zu sehen. Den Wagen hatte ich in Deutschland gelassen; ab der Grenze hatten wir uns von einem deutschen Fernfahrerkollegen mitnehmen lassen. Nun half ich, die Kleine zu hüten. So konnte Piet ein bisschen raus zu seinen neuen Kollegen im Städtchen.

Am Abend wollte ich kochen, doch Piet war längst wieder zurück und bestand darauf, das Essen zuzubereiten. Er wollte mir zeigen, dass er sich gut um seine jüngeren Geschwister kümmern konnte, und ich ließ ihn natürlich machen, voll des Lobes. Mutti hatte immerhin genügend Kartoffeln und Kraut vorgekocht und im Eisschrank gab's Würstchen. Einmal nahm ich das Risiko in Kauf; wir gingen auswärts essen und ich kümmerte mich dabei um Tina.

Ben fragte uns über die Reise Löcher in den Bauch. Ulf war in seinem Element. »Und dann hat man nachts auf dem Weg nach Tripolis kaum mehr die Straße gesehen, wegen des Sandsturms und dann tauchten da plötzlich Kamele auf im Scheinwerferlicht. Und wir haben manchmal beim Mohammad al Damshi (Mohammad der Blinde) zu Hause auf dem Fußboden gegessen, so: (er setzte sich im Schneidersitz auf den Fußboden). Und seine Kinder mussten mit ihrer Mutter und noch so 'ner Frau zusammen essen und die Frauen hatten ja immer Schleier an und nur im Haus sah man ihr Gesicht. Nur wir beide durften zusammen mit Mohammad essen. Und da war diese riesige Platte in der Mitte mit so 'nem Zeug und Gemüse und Kamelfleisch.«

»Was, Kamelfleisch?!« Ben rümpfte die Nase.

»Na klar. Und das schmeckt gar nicht schlecht! Und dazu gab's noch viele kleine Schalen ringsum mit Haufen verschiedenem Zeugs drin. Das Essen heißt … wie heißt das noch mal?« Die Frage galt mir.

»Kuskusi« erinnerte ich ihn. »Mit Kichererbsen und Gemüse und Kamelfleisch, ja. In Tunesien hieß es Couscous, weißt du noch? Fast gleich, mit gedämpftem Grieß und auch Gemüse, dort aber mit Ziegenfleisch gemacht.«

»Genau, Kuskusi heißt das in Sabha, aber beim anderen, bei dem Couscous in Tunesien, da hat mir das Fleisch besser geschmeckt.«

Wie schon zuvor, schlief ich auch in der Nacht auf Montag wieder auf dem Sofa in der Stube. Nachdem ich in der Früh vom Lärm der Kaffeemaschine erwachte (ich hatte sie uns seinerzeit als Hochzeitsgeschenk gekauft), betrat ich die kleine Küche. Manuela schien nicht überrascht von meinem Auftauchen. Während ich von ihrer Ankunft nichts mitbekommen hatte, musste sie mich wohl gesehen haben. Ich hatte den Eindruck, dass sie eben erst angekommen war.

Sie gab sich beim Wiedersehen mit mir erstaunlich gelassen: »Hallo, schön, dass ihr wieder da seid. Nimmst du auch einen Kaffee?«

Das waren ihre ersten Worte nach meiner Begrüßung mit dem sofortigen Hinweis, dass Ulf seit Samstag wohlbehalten wieder da sei. Nach einem kurzen Kopfnicken zu mir hin musste sie sich erst um ihren Kaffee kümmern. Bevor sie noch eine Tasse für mich füllte, trat ich zu ihr und küsste sie auf die Wange. Wir setzten uns an den Küchentisch.

»Ich hab ihn schon gesehen, der schläft wie ein Stein«, sagte sie schließlich mit einem angedeuteten Lächeln. Ich sah an der Uhr der Mikrowelle (dies war auch ein Hochzeitsgeschenk), dass es erst halb sechs war. Die Buben schliefen alle noch.

»Und? Ist alles gut gegangen?«, erkundigte sie sich. Vielleicht war es ihre Müdigkeit, aber ich glaubte in ihrer Stimme eher Desinteresse als echte Neugier zu hören. Während wir unseren Kaffee tranken, gab ich ihr eine kurze Zusammenfassung des vergangenen Sommers. Meine Fragen beantwortete sie einsilbig, sprach fast nur über banale Alltagsdinge.

Es wurde langsam Zeit für mich. Ich wollte nicht zu viel riskieren, denn immerhin war ich nach wie vor zur Fahndung in der Schweiz ausgeschrieben. Ich fühlte die Unruhe darüber in mir, war dabei auch etwas niedergeschlagen. Ich glaubte zu spüren: Manuela hatte sich daran gewöhnt oder damit abgefunden, dass ich nicht mehr mit der Familie zusammenlebte. Doch aufgeben wollte ich keineswegs, hoffte weiterhin auf bessere Zeiten. Auf ein Ende dieses Albtraums und auf eine Rückkehr zur Normalität in unserer Familie, wieder alle beieinander.

Als die Buben nacheinander schlaftrunken in die Küche kamen, verabschiedete ich mich schweren Herzens, aber eilig. Ich musste los, schauen, dass ich einen Kollegen fand, der mich nach Basel und über die Grenze zu meinem Wagen zurückbrachte.

Immerhin war es Ulf dank seiner Lernfreude über die vergangenen Monate gelungen, verlorenen schulischen Grund mehr als wettzumachen. Nach meiner Rückkehr nach Norddeutschland rief ich, wie üblich, gelegentlich zu Hause an und erfuhr davon. In jenem Herbst 1992 konnte er mit Erfolg die Aufnahmeprüfung gleich in die fünfte Klasse bestehen – er hatte seinen Rückstand gegenüber den gleichaltrigen Kollegen aufgeholt.

Leider wurde ihm bezüglich seiner Legasthenie dagegen in Brugg nicht mehr geholfen; bis zu seiner Schulentlassung nach der achten Primarschulklasse nicht, denn darauf hatte ich bald keinerlei Einfluss mehr.

16 – Als Zeugen der Horn-Anklage

20. Oktober 1992

Jedem Langzeit- »GI« (Soldaten der in Europa stationierten US-Streitkräfte) wurde auf Wunsch der eigene Pkw kostenlos per Schiff aus den USA nach Bremerhaven und von dort in die jeweiligen US-Basen der verschiedenen europäischen Länder transportiert. Im Spätsommer und Herbst 1992 bestand mein neuer Job darin, GI-Privatautos – je nach Größe sieben bis neun Stück pro Fuhre – per Autotransporter von Bremerhaven zu den diversen in Italien und auf deren Inseln verteilten amerikanischen Militärbasen zu transportieren.

Auf diese Weise konnten wir, das heißt, meine Familie und ich, den zwangsweise sehr eingeschränkten Kontakt untereinander mit gelegentlichen kurzen Besuchen bereichern. Häufig durchquerte ich mit einer solchen Fuhre die Schweiz. Fernfahrer wurden damals bei den Grenzüberquerungen so gut wie nie persönlich kontrolliert; alles drehte sich um die Zollpapiere der Fracht, die Zulassung und dergleichen. So hatten dann auch meine Stiefsöhne Kontakt zu mir und es ergaben sich auch die ihnen sehr willkommenen Möglichkeiten, mich das eine oder andere Mal auf einem Teil meiner Fahrten zu begleiten.

Bei jeder Gelegenheit, bei der ich meine Fuhre durch die Schweiz planen konnte – wegen Überlänge musste ich gelegentlich die Route über den Brennerpass in Österreich nehmen – stoppte ich auch bei meinem Vater. Er lebte ja in seiner kleinen Dachwohnung in Alpnachstad in der Zentralschweiz. Das liegt nahe genug der Gotthard-Transitroute von und nach Italien. So besuchte ich ihn weiterhin wenigstens ein- bis zweimal im Monat, um nach ihm zu sehen. Meine Frau hatte mir ihrerseits versprochen, hin und wieder hinzureisen, um seinen Haushalt in Schwung zu bringen.

Anfang September traf ein Schreiben des Gerichts in Ulm für mich ein. Es war eine Vorladung als Zeuge bei der Gerichtsverhandlung gegen Hubertus Horn für den 20. Oktober 1992. Das Schreiben erreichte mich also problemlos, da ich mich ja in Deutschland behördlich angemeldet und meine Frau und meinen Anwalt über die neue Anschrift informiert hatte.

Die Zürcher Justiz hätte mich seit der Abreise im Frühjahr genauso leicht jederzeit kontaktieren und vorladen können, hätte die Untersuchungsrichterin, Frau Streber, dies wirklich gewollt. Weshalb tat sie dies nicht? Sie war stets über jeden meiner Aufenthaltsorte informiert worden, wo immer ich lang genug verweilte, um mich bei der ansässigen Schweizer Botschaft anzumelden. Sowohl meine Frau als auch meinen Anwalt hätte sie nötigenfalls nach meinem Verbleib fragen können. Sie wusste, dass ich im Ausland auf Arbeitssuche war, hatte dagegen keinerlei Auflagen erlassen und schrieb mich damals, kaum war ich abgereist, dennoch in der Schweiz zur Fahndung aus. Was bezweckte sie damit? Wenn eben nicht das, was wir vermuteten. Die ganze Sache einfach versanden lassen. Und irgendwann die Ermittlungen »ohne Ergebnisse« einstellen oder verjähren lassen.

Bald nach Erhalt dieser Vorladung erlitt ich bei der Arbeit eine Nachfraktur einer aus der Kindheit stammenden Nackenwirbelverletzung. Eine der schlimmeren Folgen damaliger grausamer Prügel mit Stöcken durch »ehrwürdige Ordensbrüder« in einem der damals wohl schlimmsten Kinderheime[20] meines Landes.

20 Eine (Schweizer) Kindheit … unter vielen ähnlichen, Meieriesli-Verlag, CH–8105 Regensdorf (ISBN13: 978-3-033-00900-4).

Darüber verlor ich meinen Job, da ich, wie schon mehrmals früher, während voraussichtlich etwa zwei Monaten, eine steife Halskrause tragen musste. Arbeitsunfähig und besonders zum Lkw-Lenken schon gar nicht zugelassen! Für den Bezug von Arbeitslosengeld war ich noch zu kurz im Land angesiedelt.

Ohne Lohn hatte ich kein Geld für die Miete und so zog ich erst mal nach Holland, wo ich vorderhand Unterstützung für den Lebensunterhalt von Freunden und von einer dortigen kirchlichen Stiftung erhielt. Natürlich meldete ich mich in Deutschland behördlich ab und in Holland an, einstweilen nur bei der Schweizer Botschaft, denn für drei Monate durfte ich ohne behördliche Formalitäten im Land bleiben.

Kurz vor dem Ulmer Termin fuhr ich nach Paris, da mich unsere dortige gemeinsame Bekannte Heidi Pergament einlud, vorübergehend bei ihr zu wohnen. Sie war polio-teilgelähmt. Damals konnte sie noch einigermaßen selbstständig gehen, dank mechanischer Beinunterstützung. Aber sie war immer wieder angewiesen auf Hilfe, vor allem bei der Bewältigung von Treppen. Ich freute mich darauf, ihren Ehemann entlasten zu können.

Am 20. Oktober reisten wir alle, aus verschiedenen Richtungen kommend, nach Ulm zu besagter Gerichtsverhandlung. Außer mir waren das meine Frau, alle ihre Söhne – auch die erwachsenen aus Dresden, diverse nahe Bekannte und mein alter Freund aus den Bergen. Auch sie waren vom Ulmer Gericht als Zeugen vorgeladen worden.

Horn war angeklagt wegen »Vermittlung von Kindern zwecks sexueller Ausbeutung in zwei Fällen«. Einer davon angeblich uns betreffend, konkret, die jüngeren Söhne meiner Frau. Unsere Verleumdungsklage gegen ihn war schon zu Beginn der Untersuchungen eingestellt worden.

Einzeln wurden wir vom Richter in den Saal gerufen und ausführlich befragt. In meinem Fall dauerte es fast zwei Stunden. Es war nicht zu überhören, dass man mit meinen Antworten nicht zufrieden war. Ich gab aber wahrheitsgemäß Auskunft, berichtete so umfassend wie möglich über alles. Auch meine Verfehlungen an jenem Abend im Sommer 1984 thematisierte ich und die daraus resultierende Justiz-Odyssee in England drei Jahre später. Ich durfte während der Befragungen der anderen nicht anwesend sein, aber meine Frau und ihre drei schulpflichtigen Söhne, wie auch alle anderen in der Folge befragten Zeugen, hatten, ihren späteren Rückmeldungen nach, wie immer wahrheitsgemäß ausgesagt. Wie auch ich es empfunden hatte, soll es bei allen fast ausschließlich ein Verhör zu den von Hubertus Horn behaupteten Anschuldigungen gegen uns gewesen sein und nur am Rande um Zeugenaussagen zur Anklage gegen ihn gegangen sein. Manuelas und meine Klagen gegen ihn interessierten wenig bis gar nicht.

Später erst verstanden wir, dass der Richter für eine Verurteilung Horns lediglich Bestätigungen dafür brauchte, dass meine neue Familie und ich durch ihn, Horn, zusammengekommen waren. Denn es ging um den Verwurf der Vermittlung von Kindern zum Zwecke der sexuellen Ausbeutung. Ob das wirklich stattgefunden hatte oder nicht, war zweitrangig; der angestrebte Zweck war Gegenstand der Anklage. Natürlich wäre der Staatsanwalt wohl nicht unglücklich gewesen, wenn Horn sein Ziel tatsächlich erreicht hätte, denn eine »erfolgreiche« Vermittlung zu diesem Zwecke würde die Strafzumessung bei der Verurteilung Horns wesentlich beeinflussen.

Bei der Verhandlung waren, wie der Richter im Saal verlauten ließ, auch zwei Abgesandte der Zürcher Untersuchungsrichterin Frau BAin Streber anwesend. Obwohl sie fleißig Notizen machten, war im ganzen Verlauf meines späteren Gerichtsverfahrens nie die Rede davon. Alle vorgeladenen Zeugen wussten nur

Entlastendes über mich zu berichten und wiesen Horns Behauptungen vollumfänglich zurück. Aber auch das wurde dann nur Teil einer Serie von vielen entlastenden Erkenntnissen, die Frau Streber »unter den Teppich kehren« würde. Die beiden Schweizer Beamten erfuhren dabei auch meine aktuelle Adresse; ich musste sie auf Frage des Richters angeben. Das war die von Heidi Pergament in Paris.

Die Adresse wurde für die Zustellung der mir zustehenden Zeugenentschädigung benötigt, wie er sagte.

17 – Der Mann aus Hamburg

Spätherbst 1990 und Herbst 1992

Im Verfahren gegen Hubertus Horn betraf der zweite Fall von Vermittlung von Kindern zwecks sexueller Ausbeutung einen in Hamburg lebenden Deutschen. Es handelte sich um Arthur Schönmann, den ich ja in den späten 80er-Jahren zusammen mit Horn erstmals traf und dann im Dezember 1990 nochmals bei seinem Kurzbesuch bei mir.[21]

Rückblende: Im Oktober 1990 erfuhr auch dieser junge Hamburger aus der deutschen Zeitschrift »Neue Revue« von Horns Anschuldigungen gegen mich. Im Dezember darauf tauchte er überraschend bei uns auf. Diesmal ohne Hubertus. Er war extra deswegen in seinem kleinen Sportwagen den langen Weg von Hamburg in die Schweiz gefahren. Meine neue Familie kannte ihn nicht und so zog ich mich mit ihm in mein Arbeitszimmer zurück.

Nach der Mitteilung, er habe das, was uns durch Hubertus Horn widerfahren sei, aus den Zeitungen erfahren, und nach einigen Worten des Mitgefühls darüber erzählte er mir sehr aufgebracht, was er in der Zwischenzeit erlebt hatte.

Auf Horns Initiative habe er sich im vergangenen März zu einer Reise mit ihm in den Kosovo überreden lassen. Dort habe ihn Horn mit einer alleinstehenden Frau und Mutter zweier

21 Siehe Kapitel 1 – Fatal gestellte Weichen.

Kinder bekannt gemacht. Alle drei seien ihm gleich sympathisch gewesen, und mit der Frau habe es bei ihm gleich gefunkt, meinte Arthur mit unübersehbarem Leuchten in den Augen. Horn habe ihn gewissermaßen verkuppelt und er sei ihm damals dafür noch sehr dankbar gewesen.

Letzten Monat dann (im September 1990) hatte er die Frau und ihre Kinder mit Horns Hilfe nach Deutschland gebracht. Es sei ihm darum gegangen, eine Familie zu gründen. Mit schon bald dreißig Jahren sei er immer noch Single gewesen. Horn habe ihn entsprechend bearbeitet, nachdem er ihm anvertraute, dass er sich nach einer Familie sehnen würde, sich aber aufgrund seiner Veranlagung nicht getraue. Unter anderem habe ihm Horn die »sprichwörtliche Treue der Frauen dieser Herkunft zu ihren Ehemännern« angepriesen.

Aber dann, nachdem er die Frau geheiratet und mit ihr in Hamburg eine größere Wohnung bezogen habe, sei ihm Horn plötzlich mit Forderungen gekommen, habe in Briefen künftig von einem »Grünkramladen« geschrieben. So habe er seinen »Geschäftsplan« genannt, den er mit ihm, Arthur, umsetzen wolle. Das würde eine sehr lukrative Sache und alles, was es dafür brauche, habe Arthur ja schon.

Zunächst sei er aus dem Brief nicht schlau geworden. Aber die Zeilen hätten ihn verunsichert, denn er habe sich nicht vorstellen können, was Horn damit meinte, was er, Arthur, denn für eine Geschäftsgründung »schon haben« sollte. Geld jedenfalls konnte es nicht sein, das sei bei ihm meistens knapp. Wollte Horn etwa bei ihm einziehen? Das habe er sich auch gefragt. Er habe damals auf den Brief nicht reagiert. Es seien dann noch weitere gekommen, worin Horn mehrmals verlangte, dass er ihn umgehend in Bayern besuchen kommen solle. Das aber habe er nicht mehr gewollt. Doch dann habe ihn Horn irgendwann mal angerufen. Horn hatte kein eigenes Telefon; er schrieb fast immer nur

Briefe und wenn mal ein Anruf nötig war, dann ging er in eine Kneipe unweit seiner Behausung. Am Telefon sei der plötzlich wie verwandelt gewesen. Er habe jetzt allen Ernstes von ihm verlangt, die Kinder seiner Frau als Sexobjekte zur Verfügung zu stellen. Dafür wisse Horn jede Menge gut betuchter potenzieller Kunden.

Arthur klang zunehmend empört, während er berichtete. Aus allen Wolken sei er da gefallen und er habe so was selbstverständlich sofort und in aller Deutlichkeit abgelehnt! Wenn er Horns perfiden Plan geahnt hätte, wäre er doch niemals mit ihm in den Kosovo gereist, und das habe er ihm auch gleich deutlich gesagt. Dann habe der ihm aber gedroht, er würde überall erzählen, dass Arthur pädophil sei. Da habe er einfach aufgelegt. Und er sei fest entschlossen gewesen, mit diesem Mann nichts mehr zu tun haben zu wollen.

Und noch während er dies sagte, holte er einen gefalteten Brief aus seiner Tasche. Und jetzt, ja, jetzt wolle Horn sogar seinen alten Vater erpressen, zürnte Arthur, reichte mir den Brief und forderte mich auf, ihn zu lesen. Der Brief trug kein Datum und war eine Kopie. Ich erkannte sofort Horns alte Schreibmaschinenschrift. Ich las in den an Arthurs alten Vater gerichteten Zeilen unter anderem: »… da Ihr missratener Sohn, wie er mir selber verriet, nicht nur die von ihm aus dem Kosovo entführten Kinder täglich pervers sexuell missbrauche, sondern sie in einem von ihm geplanten Kinderpuff zahlenden Pädosexuellen anbieten will, bleibt mir nichts anderes übrig, als nach Ihnen auch Ihre übrigen Familienmitglieder über dieses verbrecherische Ansinnen zu unterrichten und nötigenfalls ihren Sprössling auch bei der Polizei anzuzeigen. Es gäbe allerdings Wege, dies zu verhindern, wenn Sie bereit sind, mich angemessen zu entschädigen …«

Arthur habe dann sofort gegen Horn Anzeige wegen Verleumdung und versuchter Erpressung eingereicht, unter Beilage des

Erpresserbriefes. Nun sei aber, aufgrund jenes Schreibens an seinen Vater, statt Horn er selbst in ein Strafverfahren verwickelt worden! Arthur gab mir seine Adresse und Telefonnummer und versprach, mich auf dem Laufenden zu halten. Wenig später erfuhr ich von dem jungen Hamburger bei einem Telefonat, dass sein Vater kurz nach diesem Erpressungsversuch an einem Schlaganfall verstorben sei – an einem gebrochenen Herzen …?

An diesen Kurzbesuch von Arthur damals, mitten in der stressigen Zeit nach Horns öffentlichen Verleumdungen gegen uns, erinnerte ich mich jetzt nur zu gut. Ich rief ihn umgehend nach Horns Gerichtsverhandlung vom 20. Oktober 1992 in Hamburg an. Er war immer noch an derselben Adresse erreichbar. Gemäß seinem Bericht war er damals, im Frühjahr 1989, zwar kurzzeitig in U-Haft gekommen, jedoch inzwischen längst von der Schuld und damit einer Strafe freigesprochen worden. Die Ermittlungen der Polizei hätten ja keine Hinweise ergeben, welche die ungeheuren Lügen dieses Horn bestätigt hätten. Jedenfalls lebte Arthur Schönmann anscheinend nach wie vor glücklich mit seiner kosovarischen Ehefrau und deren Kindern zusammen. Dazu gratulierte ich ihm und wünschte ihm, seiner Frau und den beiden Kindern weiterhin alles Gute.

Nein, inzwischen seien es doch drei, korrigierte er mich mit hörbarem Stolz. Seither habe ich nie mehr etwas von ihm gehört.

Teil II

Fremden Mächten ausgeliefert

18 – Paris: Die Verhaftung und das Drama der Kinder

Januar 1993 bis 17. Februar 1993

Im Januar 1993, nachdem ich mit den Pergaments in Paris noch die Feiertage verbracht hatte, weilte ich wieder in Holland. Die Halskrause war ich los.

Auf einem Binnentanker konnte ich Mitte des Monats einen Aushilfsjob ergattern und verdiente so ein wenig Geld. Es war eine Ferienablösung für ein Crewmitglied, nur für eine knapp vierzehntägige Reise: ab Duisburg ein Stück den Rhein runter, Abzweigung nach Osten und zwei deutsche Häfen mit ein paar Schleusen in Verbindungskanälen. Dann direkt nach Rotterdam, wo ich wieder vorübergehend hauste.

Der Einsatz musste schon am nächsten Tag beginnen, also war Eile geboten. So fuhr ich mit meinem Auto vereinbarungsgemäß an die Anlegestelle des Tankschiffes unweit der deutschen Stadt Duisburg und parkte mein Auto in einer Wohngegend, wo es genug Platz und keine zeitliche Einschränkung dafür gab. Eingeschlossen im Wagen befand sich meine wenige Habe. Ich nahm bloß meinen Aktenkoffer mit aufs Schiff. Den Wagen würde ich später schon irgendwie holen können.

Nach meiner Rückkehr in Rotterdam rief ich in die Schweiz an. Manuela ließ mich wissen, dass sie während der Sportferien für zwei Wochen nach Dresden gehen wolle. Ob ich in der Zeit nicht vielleicht die Buben bei mir haben könne? Die bedrängten sie nämlich schon lange, mich mal besuchen zu dürfen.

Bei meinem Wagen in Duisburg war ich mir nicht sicher, ob

auf seinen angeschlagenen Motor noch genügend Verlass sei, um in die Schweiz, von da nach Holland und später wieder zurück in die Schweiz zu fahren. Aber ein Freund meiner Gastfamilie bot mir an, mich in seinem Wagen zu fahren und die Jungs abzuholen. Er hatte gerade Urlaub und nichts Dringendes vor. Auf dem Rückweg könnte ich mein Auto in Duisburg abholen und wir würden gemeinsam weiter nach Rotterdam fahren. Später, so sein Angebot, würde er mir nötigenfalls seinen Wagen leihen, um damit die Kinder wieder nach Hause zu fahren.

Das lief zunächst wie geplant. Ich wartete an der deutschen Grenze, während der Freund Piet, Ulf und Ben abholte. Als wir uns begegneten, gab es zwischen mir und meinen Stiefsöhnen ein freudiges bis übermütiges Wiedersehen. Alle drei waren voll im Urlaubsmodus. Bis Duisburg war es dann zu fünft etwas eng im Wagen des Freundes, doch es ging.

Mein Auto stand unbehelligt an Ort und Stelle und sprang auch problemlos an. Die beiden Jüngeren stiegen in mein Auto und weil hinten wegen meiner Habe zu wenig Platz war, stieg Piet ins andere. Bis etwa zwanzig Kilometer nördlich von Duisburg lief alles wie am Schnürchen. Im Zweierkonvoi fuhren wir auf der Autobahn gen Norden, immer schön gemütlich mit höchstens 100 km/h. Dann gab der in der Sahara reparierte Motor mit einem hässlichen Knacken den Geist endgültig auf. Das Glück war uns dennoch hold; wir befanden uns gerade nur wenige Hundert Meter vor einer Raststätte. Dort konnte ich mit dem Tankstellen-Manager vereinbaren, den Wagen auf dem betriebseigenen Platz abzustellen. Sobald wie möglich würde ich mich darum kümmern. Meine Habe musste ich im Wagen zurücklassen, bis auf das Handgepäck. Nun wieder zu fünft, zusätzlich mit den Sachen der Buben, waren die Platzverhältnisse in dem kleinen Wagen des Freundes schon eng genug.

So kam es, dass meine drei Stiefsöhne ihre Sportferien bei mir verbringen durften. Noch unterwegs konnten wir, dank der Großzügigkeit des holländischen Freundes, in Norddeutschland unseren Hund Rex[22] besuchen. Der freute sich über das Wiedersehen noch ausgelassener als die Buben. Die Leute wohnten mitten auf dem Land und hatten einen Esel und andere Tiere. Dem Hund ging es dort offensichtlich glänzend.

Weiter ging's in die Niederlande. Dort konnten wir noch eine Woche lang Urlaub machen. Wir waren bei derselben holländischen Familie zu Gast, die mir schon Anfang der 80er-Jahre und auch später mehrmals ein vorübergehendes Zuhause geboten hatte. Die Buben und ich unternahmen unter anderem eine Bootsrundfahrt in Amsterdam und einen Ausflug zum »Efteling« bei Kaatsheuvel in der Provinz Nordbrabant – einem Freizeitpark ähnlich dem Europapark im deutschen Rust. Auch eine Tageswanderung durch die Polder unternahmen wir, um unter anderem Windmühlen zu besichtigen. Es wurde bald Zeit, die Rückreise anzutreten. Aber es sollte noch für einen Umweg reichen.

Nach Rücksprache mit Heidi in Paris planten wir bei ihr einen Zwischenhalt, bevor die Buben am Sonntagabend rechtzeitig für den Schulbeginn am Montag wieder in der Schweiz sein müssten. Meine Stiefsöhne freuten sich auf einen Besuch des Eiffelturms. Und natürlich auch auf ein Wiedersehen mit Heidi Pergament.

Manuela, ihre Kinder und ich waren 1991 bei ihr zu Besuch gewesen, und Heidi ihrerseits hatte mich schon 1990 einmal nach

22 Rex hatte seinerzeit mit uns auf dem ehemaligen Bauernhof auf dem Bözberg im Kanton Aargau gelebt; er musste damals auf Druck von Dr. Oberburg (dem uns feindlich gesinnten Nachbarn, Gemeinderat und Bankdirektor) weggegeben werden, weil ihn der damals noch junge Rex öfters schon feindselig angekläfft hatte. Eine in Norddeutschland lebende Familie, deren Verwandte in der Schweiz eine von uns aufgegebene Annonce gelesen hatten, nahm ihn schließlich auf ihrem dortigen Landhof auf.

Dresden begleitet, kurz bevor Manuela Bachwiese mit ihren Kindern zu mir in die Schweiz zog.

Wir trafen gegen zwanzig Uhr in Paris bei den Pergaments ein und wurden sofort zu Tisch gebeten. Heidi hatte –um die Vorlieben der Buben wissend – Spaghetti gekocht. Die Jungs waren noch nicht müde, hatten unterwegs im Wagen schon eine Weile geschlafen. Also unternahmen wir noch einen Spaziergang in der Umgebung, bevor wir uns nach zweiundzwanzig Uhr aufs provisorische Matratzenlager schlafen legten.

Irgendwann in frühester Morgenstunde wurden wir durch eine überfallartig in die Wohnung stürmende Polizeieinheit geweckt. Es war Samstag, der 13. Februar 1993.

Was um alles in der Welt sollte denn hierfür wieder der Anlass sein? So mein erster Gedanke, als das etwa sieben- oder achtköpfige Kommando mit Waffen im Anschlag plötzlich erschien. Bis auf drei zivile Beamte waren alle Teil eines voll ausgerüsteten und mit Maschinenpistolen bewaffneten Kommandos.

Ben war damals noch keine zehn Jahre alt. Ich versuchte vergeblich, ihn zu beruhigen – er schien in eine Art Totenstarre gefallen zu sein, hielt die Augen geschlossen, rührte sich keinen Millimeter, blieb stumm. Aber ich sah, dass er atmete. Zweifellos stand er unter Schock. Nach wenigen beruhigenden Worten auf Deutsch wurde ich von Beamten von ihm weggezerrt und auf Französisch angeherrscht, ich dürfe nicht mit ihm sprechen. Ulf, damals zwölf, und Piet, fünfzehneinhalb, verkrafteten das Ganze sichtlich besser. Die Polizisten scheuchten sie von mir weg. Einer der Beamten hob Ben kurzerhand hoch und trug ihn Richtung Tür. Ich konnte ihnen noch nachrufen, dass sie keine Angst zu haben bräuchten, dann wurden alle drei hinausgebracht.

Kurz darauf wurde ich in Handschellen von den drei in Zivil gekleideten Beamten mitgenommen. In einem separaten Fahrzeug rasten wir, obschon noch sehr früh und kaum ein Fahrzeug auf den Straßen, den ganzen Weg mit Blaulicht und Sirene zu ihrer Zentrale. Ich fühlte mich wie in einer unwirklichen Welt. Sollte denn da jeder denken, »wir haben hier einen ganz Schlimmen erwischt!«?

Noch am Tag unserer Verhaftung wurden die Kinder im gerichtsmedizinischen Institut des Spitals »Hôtel Dieu« in Paris einer umfassenden körperlichen Untersuchung unterzogen. Später erfuhr ich dies von meinem Pflichtverteidiger und auch, dass bei Piet außerhalb des Sphinkters eine kleine »Fissur«, eine verheilte Hautritzung diagnostiziert worden sei. Dafür würden diverse andere mögliche Ursachen als eine sexuelle Penetration infrage kommen, zumal sämtliche weiteren Untersuchungsschritte bei dem Knaben keinerlei Hinweise auf sexuellen Missbrauch geliefert hatten. Über die entsprechenden Resultate von Ulf und Ben wusste der Pflichtverteidiger damals nichts zu sagen.

Die Berichte des untersuchenden Pariser Gerichtsforensikers bekam ich erst viel später zu Gesicht. Sehr viel später. Genau genommen erst im Frühjahr 2003, nachdem ich in der Schweiz schon von zwei Instanzen verurteilt worden war. All diese Jahre wurden solche und weitere entlastende Beweise der Verteidigung vorenthalten.[23]

Ich landete in einer mit Kamera überwachten, Tag und Nacht grell erleuchteten Zelle eines Polizeigefängnisses. Etwa fünf oder sechs Nächte blieb ich dort. Tagsüber wurde ich stets durch unterirdische Gänge in die Verhörbüros der Polizei zu Befragungen gebracht. Die, die mich befragten, waren dieselben, die mich am Tag der Verhaftung mit Blaulicht und Sirene abgeführt hatten. Wie ich erfuhr, waren es Beamte einer unlängst für die Verfolgung

23 Siehe im Kapitel 53 – Die Polizeilüge aufgedeckt.

von Sexualstraftaten ins Leben gerufenen Spezialeinheit und die sei mit besonderen Vollmachten ausgestattet.

Die Verhöre dauerten meist mehrere Stunden, wobei einer der zivil gekleideten Männer öfter vorübergehend den Raum verließ. Für ihn sprang dann ein Uniformierter ein. Es mussten offenbar immer mindestens zwei Beamte zugegen sein. Täglich wurde ich etwa gleich früh aus der Überwachungszelle geholt und zum Verhör gebracht. Stundenlang blieb ich dann jeweils, auch im weiteren Tagesverlauf zwischen den Verhören, mit Handschellen versehen in einer größeren Wartebox, einer Art durchsichtigen Gefängniszelle eingeschlossen. Sie hatte zum übrigen Raum hin eine breite Wand aus dickem Plexiglas und auch die Tür war ebenso beschaffen. Draußen saß hinter einem sonst leeren Pult, in der Nähe eines Telefonapparats, ständig ein Uniformierter, trank öfter mal einen Kaffee und las Zeitungen und Zeitschriften. In dem gläsernen Käfig stank es nach Urin und er war auch sonst völlig verdreckt.[24]

Man hatte den mir vom Freund in Holland für die Rückreise via Paris geliehenen Wagen durchwühlt und meinen Aktenkoffer aus dem Kofferraum genommen. Die beiden Schlösser hatte man einfach aufgebrochen. Darin, in einem separat verschlossenen Behälter, befanden sich meine Verteidigungsakten der in der Schweiz schon seit zweieinhalb Jahren laufenden Strafuntersuchung. Die Beamten interessierten sich bei den Verhören jedoch nur für das sich darin befindliche Videoband.[25]

24 Viel später wird aus den Schilderungen meiner dann erwachsenen Stiefsöhne deutlich, dass diese tagsüber ebenfalls jeweils vor und zwischen den Verhören einzeln stundenlang in solchen Wartebox-Zellen eingesperrt wurden – jeder für sich getrennt in einem anderen Raum. Die übrige Zeit und über Nacht wurden sie jeweils, die beiden jüngeren vom älteren Bruder Piet getrennt, in ein geschlossenes Kinderheim gebracht.

25 Siehe im Kapitel 12 – Kassette Nr. 15.

Natürlich erklärte ich beim Verhör dessen Bedeutung und vor allem, wie es kam, dass es sich in meinem Besitz befand. Aus der Kassettenaufschrift ging das schon hervor und auch aus dem sich im selben verschlossenen Polsterumschlag befindlichen Schreiben. Allerdings nur in deutscher Sprache. Bei ihren bohrenden Fragen hinsichtlich angeblichen Missbrauchs meiner Stiefsöhne versuchte ich natürlich auch, auf die vielen Befragungsprotokolle der Buben hinzuweisen. Die waren schließlich auch in meinem Aktenkoffer. Ich wollte erklären, dass die Kinder in der Schweiz doch schon viele Male verhört worden seien mit ausschließlich entlastenden Ergebnissen. Ich hatte nicht den Eindruck, und auch im weiteren Verlauf meiner Haft in Paris sprach nichts dafür, dass die entsprechenden Schweizer Protokollkopien je zur Kenntnis genommen worden waren. Jedenfalls tauchten nie entsprechende französische Übersetzungen auf.

19 – Pasteur Doucé – »Une Balle dans la Tête«

Ab circa 15. bis circa 20. Februar 1993

Bei meinen Verhören versuchten dieselben Beamten auf mannigfache Weise, mich »weichzuklopfen«, mir ein Geständnis abzuringen. Einmal kumpelhaft nett, dann wieder mit Schimpfen und Gebrüll. Mit erniedrigenden und beleidigenden Äußerungen wurde auch nicht gespart und ich wurde ungeniert von A bis Z von den beiden geduzt. Immerhin wurde ich aber nie etwa geschlagen oder sonst wie physisch misshandelt.

Beim letzten Verhör jedoch bedienten sich die beiden Beamten einer barbarischen Drohung: »Tu sais ce que nous allons faire avec un type comme toi?« (Weißt du, was wir mit einem Typen wie dir machen werden?).

»Euh ..., non? Quoi donc?« (Äh ..., nein, was denn?). Mein Herz stockte. Ich ahnte Unheilvolles.

»Nous allons te casser la gueule et t'emmener dans la forêt pour te tirer une balle dans la tête – là!« (Wir schlagen dich zusammen und bringen dich in den Wald, um dir eine Kugel in den Kopf zu jagen – hier!). Der das sagte, tippte sich dabei hart mitten auf die Stirn. Das böse Grinsen dabei war sadistisch, der Klang erschreckend ernsthaft.

»Ah! Comme on a fait avec le Pasteur Doucé, hein?« (Aha! Wie man es mit Pasteur Doucé[26] getan hat, ja?).

26 Pasteur Josef Doucé war ein weithin bekannter Geistlicher, der sich der Seelsorge und Beratung speziell von sexuellen Minderheiten verschrieben hatte. Er stand unter Beobachtung der französischen Staatssicherheit. Gerüchten zufolge wusste Doucé von dunklen Seiten hochrangiger französischer Poli-

»Ah, il le connait aussi, celui-là, tu vois!« (Aha, den kennt er also auch, siehst du!). Das sagte der andere zu seinem Kollegen gewandt.

Den kannte ich tatsächlich. Wir hatten einmal ein längeres Gespräch in den 80er-Jahren. Das war in seiner Pariser Beratungsstelle. In den Niederlanden hatte ich von ihm gehört und gelesen. Über dessen Entführung und Tötung vor etwa drei Jahren nun war in halb Europa in den Zeitungen berichtet worden. Mein trotziger Hinweis auf Pasteur Doucé war spontan erfolgt. Ich bereute ihn, kaum fertig ausgesprochen. Furcht drohte in mir aufzukommen. Ich unterdrückte sie. Einer derartigen Drohung mir gegenüber durfte ich keinen Glauben schenken. Aber der Schrecken machte mir im Nachhinein, zurück in der Polizeizelle, noch nachhaltig zu schaffen.

In der Polizeihaft durfte ich Briefe schreiben. Am ersten Tag schon schrieb ich an Heidi. Sie würde den Brief am schnellsten bekommen und könnte Manuela anrufen, die uns ja am Sonntagabend zurückerwartete und sich jetzt gewiss Sorgen machte. Sie war wohl auch erst dann aus Dresden zurückgekommen. Ich bat Heidi, sie anzurufen. Da ich derzeit noch glaubte, rasch wieder freizukommen, rechnete ich noch mit höchstens ein paar Tagen Verspätung unserer Rückkehr.

Ich schrieb später auch nach Holland, um den dortigen Freund über den Vorfall zu informieren. Sicher bräuchte er bald seinen Wagen zurück. Während ich überlegte, wie ich dies am besten in die Wege leiten könnte, falls ich länger nicht freikäme, bohrte sich

tiker. Bald nach Veröffentlichung seines jüngsten Sachbuches über »sexuelle Randgruppen«, das große Wellen schlug, wurde er entführt und später im *Forêt de Rambouillet* [großer Wald unweit von Paris im Département des Yvelines] erschossen aufgefunden. Der Entführung und Ermordung wurden Beamte einer Spezialeinheit verdächtigt. Es konnte ihnen jedoch nicht nachgewiesen werden. Die Taten bleiben bis heute unaufgeklärt (Wikipedia).

immer wieder die Todesdrohung vom letzten Verhör in meine Gedanken. Ich redete mir weiterhin ein, sie zu ignorieren und für eine leere Drohung zu halten.

Im Büro dieser Beamten starrte mir bei jedem Verhör ein großes Poster des Action-Filmhelden »van Damme« entgegen. Es hing erhöht an der Wand hinter dem Tisch, an dem der jeweilige Wortführer des jeweiligen Duos saß.

Der Zivilfahnder, der gerade den Ton angab, richtete beim nächsten Mal nur noch diese Worte an mich: »Alors, on a fini. La France en a fini avec toi.« (Also, wir sind fertig. Frankreich ist mit dir fertig.).

Das war am fünften oder sechsten Tag. Ich versuchte für einen Moment, den wahren Sinn der Worte abzuschätzen. Freilassung? Lediglich Abschluss der Verhöre? Oder etwa doch allen Ernstes … ich entspannte mich. Nein, von verhaltener Aggression oder Anspannung war bei dem Mann nun nichts zu spüren. Es hatten höchstens Unzufriedenheit, Verärgerung vielleicht, in seiner Stimme gelegen. Ich wurde dann aber auch nicht, wie ich erleichtert zu hoffen gewagt hatte, freigelassen, sondern ins Untersuchungsgefängnis »La Santé« (»Die Gesundheit») im vierzehnten Pariser Arrondissement gebracht.

Von Heidi Pergament bekam ich schon bald darauf Post. Meinen Brief aus der Polizeihaft hatte sie noch gar nicht bekommen. Ihr Mann hatte in Erfahrung gebracht, wo ich war. Heidi berichtete mir über ihre Erfahrungen seit meiner Verhaftung. Was ich da las, war erschreckend und empörend zugleich. Die Mutter der Kinder sei erst am vierten Tag nach unserer Verhaftung, also am darauffolgenden Dienstag, durch die Polizei aus Paris über den Verbleib ihrer Kinder informiert worden. Als Manuela Bachwiese dann am nächsten Morgen mit Silvio, ihrem zweitältesten, per Mietauto in Paris eintraf, brachte Heidis Mann sie zur Polizei, wo ihre Kinder festgehalten wurden. Sie sei dann im Laufe des

Abends, etwa drei Stunden später, ganz aufgelöst alleine wieder zurückgekommen. Man habe ihr die Kinder nicht übergeben wollen. Angeblich hätten die medizinischen Untersuchungen »hieb- und stichfeste Beweise« dafür erbracht, dass ich ihre Söhne vergewaltigt hatte. Man habe ihr gesagt, dass sie die Kinder nie mehr zurückbekomme, wenn diese und auch sie, die Mutter, nicht kooperierten. Dann würden ihre Kinder stattdessen in einem Kinderheim untergebracht werden. Hier in Frankreich.

Bei der Vorstellung, dass meine geliebten Stiefsöhne ihrer Mutter, uns beiden nun, entrissen und in einem Heim versorgt würden, wurde mir schlecht. Sie hatten mich von Anfang an als ihren neuen Vater akzeptiert – Ben nannte mich liebevoll seinen Papi. Ich erinnerte mich an meine Kindheit in schlimmen Heimen. Ich fühlte Verzweiflung aufkommen, Tränen rollten über mein Gesicht. Das konnte doch alles nur ein Albtraum sein! Und »medizinische Beweise«, das musste ein Irrtum sein. Das war unmöglich. Nein, es handelte sich wohl eher um eine infame Lüge. Einen fiesen Trick, um Angst einzujagen, in der Hoffnung auf belastende Aussagen. Wut packte mich. Doch dann schwenkten meine Gefühle plötzlich wieder zur Unsicherheit hin. Könnte es etwa sein, dass die Buben etwas Schlimmes erlebt hatten, irgendwann in der Zeit, in der ich allein im Ausland war? Doch den Gedanken verwarf ich ebenso schnell wieder, wie er aufgetaucht war. Sie hätten es mir gesagt, spätestens während der Sportferien, oder zumindest bei einem meiner früheren Kurzbesuche. Und sie hätten es garantiert ihrer Mutter gesagt, wenn dem so gewesen wäre.

Immerhin entnahm ich Heidis Brief weiter, dass Manuela und Silvio, die auf denselben Matratzen wie wir vor Kurzem übernachtet hatten, die Kinder am nächsten Nachmittag bei der Polizei abholen durften. Als sie alle wieder vereint bei den Pergaments eintrafen, seien die Buben, sonst immer mitteilungsbedürftig, vergleichsweise einsilbig geblieben. Besonders Ben hätte einen völlig verstörten, apathischen Eindruck auf sie gemacht. Von Piet und auch von Manuela habe sie beim Essen erfahren, sie hätten sich bei der Polizei sehr unter Druck gefühlt. Piet habe berichtet, dass sie nachts getrennt in ein Pariser Kinderheim gebracht worden seien. Am selben Abend (17. Februar 1993) seien sie alle, Manuela, Silvio, Piet, Ulf und Ben, mit dem Mietwagen in die Schweiz zurückgereist.

20 – Opfer im Verhör der Pariser Spezialeinheit

13. bis 17. Februar 1993

Die polizeilichen Befragungsprotokolle der Buben durfte ich dann irgendwann einsehen. Mein Pariser Pflichtverteidiger, ein Anwalt, den Heidi Pergaments Ehemann für mich mobilisiert hatte, brachte mir Kopien davon.

Die Buben waren meistens von denselben Beamten wie ich verhört worden, soweit ich anhand der Dokumente erkennen konnte. Fragen waren so gut wie keine protokolliert. Als ich dies sah, dachte ich wieder an die Drohung des einen Befragers und erschauderte beim Gedanken daran, dass die Buben diesen Männern ausgesetzt gewesen waren. Allerdings waren die Protokolle jedes Mal auch durch eine Übersetzerin gezeichnet – von den Buben konnte keiner Französisch, außer vielleicht Piet ein wenig, der zu Hause die Sekundarschule besuchte. Die Aussagen der drei Buben waren jedenfalls weitestgehend übereinstimmend entlastend.

Eine Ausnahme bildete Ben am ersten Tag. Da soll er gemäß einer Übersetzerin während der medizinischen Untersuchung etwas von einem Haus in einem anderen Land gesagt haben, das mir gehöre, wo ich ihn angeblich vergangene Weihnachten mit einer Kamera mit Stativ nackt gefilmt haben soll. In dem Haus sei niemand außer ihm und mir gewesen und er wisse nicht mehr, in welchem Land das gewesen sei. Für mich bestand kein Zweifel daran, dass ihm das irgendwie suggeriert worden sein musste. Über vergangene Weihnacht waren Manuela und alle drei Buben in Dresden gewesen, das hatten sie mir gesagt. Ich war seit

Oktober fast durchgehend bis auf einige Tage nach Neujahr ununterbrochen bei Heidi und ihrem Mann in Paris gewesen. Lediglich einmal im November war ich nochmal für einige Tage in Holland gewesen. Ein Haus hatte ich nirgends, weder ein eigenes noch ein gemietetes, abgesehen von unserer gemeinsamen Wohnung in der Schweiz. Und überdies war ich nie ausschließlich mit Ben unterwegs gewesen, nicht einmal bei kurzen Besorgungen. Bens Bedürfnis, mich bei Ausfahrten oder Besorgungen zu begleiten, war deutlich weniger ausgeprägt als bei seinen Brüdern. Meist blieb er gern daheim bei seiner Mutti. Oder glaubte er etwa, durch die peinlichen und für ihn wohl angsteinflößenden Untersuchungen im Spital, die Erwartungen der fremden Leute um ihn herum befriedigen zu müssen? Jedenfalls verwickelte er sich später, bei erneuten Befragungen auf diese Aussagen angesprochen, in Widersprüche und erinnerte sich kaum mehr daran. In den Pariser Protokollen tauchte indes auch bei ihm mehrfach die Bitte auf, man möge mich doch bald mit ihnen wieder nach Hause fahren lassen, und ähnlich liest man es auch in den Protokollen von Ulf und Piet. Piet sagte zudem, dass er hoffe, ich würde bald wieder ganz in die Schweiz zurückkehren, um wie früher mit ihnen und ihrer Mutti zusammen zu wohnen.

Doch dann musste ich wahrlich Erschütterndes zur Kenntnis nehmen: Es war das letzte Befragungsprotokoll von Ulf, erstellt am 17. Februar. Wie auch fast durchweg in vorigen Befragungsprotokollen waren keine Fragen protokolliert. Es sollte wie frei aus dem Bauch heraus erzählte Aussagen wirken. Dass dem sicher nicht so war, hätte sich gewiss auch jeder Laie beim Lesen denken können. Aber plötzlich lasen sich jene Aussagen von Ulf ganz anders als in allen bisherigen Protokollen. Es schien, als ob Ulf wie an einem Stück so ungefähr alle Orte aufzählte, an denen er mit mir zusammen gewesen war: Früher Dresden, dann in der Schweiz in Mellingen, dann in dem kleinen Dorf auf dem

Bözberg, dann in Tunesien und Libyen, in Stuhr bei Bremen, in Rotterdam und schließlich die Nacht vor der Verhaftung in Paris. Praktisch ausnahmslos an all diesen Orten, so schien er da jetzt ausgesagt zu haben, hätte ich ihn sexuell missbraucht. Dabei ging es laut Protokoll explizit immer um angeblichen Geschlechtsverkehr, den ich gegen seinen Willen anal an ihm vollzogen haben sollte. Und dies seit dem ersten Tag, dem ersten Kennenlernen der Familie Bachwiese am 1. April 1990 in Dresden. An jedem Ort. Bis zum Abend vor unserer Verhaftung.

Als ich das las, blieb ich innerlich zunächst erstaunlich ruhig. Ich wusste ja: Nichts von alledem ist wahr. Genau wie bei den sich fast wie ein schlechtes Märchen lesenden ersten Pariser Aussagen von Ben war mir sofort klar, dass dies nur durch irgendeine Art von immensem Druck entstanden sein konnte. Mir waren beim Lesen wieder Heidis Zeilen eingefallen. Mit Manuelas tränenreichem Bericht an sie über das, was sie bei der Polizei zu hören bekommen hatte.

Ich blätterte nochmals durch die Protokolle, um zu rekapitulieren: Ben hatte eine belastende Geschichte erzählt oder vielmehr Bruchstücke einer solchen. Von einem angeblichen Haus von mir in einem anderen Land. Von einer Filmkamera mit Stativ. Eine Videokamera hatte ich früher einmal tatsächlich von einem Freund geliehen bekommen, ohne Stativ. Eine eigene hatte ich nie. Und in einem weiteren Protokoll war dann nicht mehr von einem Haus, sondern von einem Hotel die Rede. Aber in einem Hotel hatte ich mit Ben nie übernachtet. Bei Piet und Ulf stand in allen ihren Befragungen konstant nur Entlastendes in den Protokollen. Sie bestritten immer übereinstimmend und vehement jegliche sexuelle Übergriffe. Ulfs letztes Protokoll vom 17.02.1993 ausgenommen.

Doch da erinnerte ich mich an eine einzige bisher niedergeschriebene Frage des Verhörbeamten. Ich fand sie wieder in

Ulfs vorletztem Protokoll, irgendwo mittendrin. Da waren die Buben schon seit vier Tagen ohne mich oder ihre Mutter und ohne Sprachkenntnisse unter fremden Menschen in einem fremden Land. Ich wusste damals noch nichts darüber, wo und wie sie genau ihre Zeit verbringen mussten. Jedenfalls waren sie tagsüber immer einzeln Verhören bei der Polizei ausgesetzt. Es musste äußerst belastend gewesen sein, vor allem für die Jüngeren.[27]

»Ton frère Piet a été violé par ton beau-père, il me l'a dit. Pourquoi pas toi?« (Dein Bruder Piet wurde von deinem Stiefvater vergewaltigt; er hat es mir gesagt. Warum du nicht?). So lautete die einzige Frage, die in all diesen Aussageprotokollen zu finden war. Es schien fast, als ob sie nur aus Versehen reingeschrieben worden war.

Offen blieb bei dieser Frage, was nun damit genau gemeint war: Warum Ulf nicht auch vergewaltigt worden sei oder warum Ulf ihm, dem Verhörbeamten, nicht auch sagte, er sei von mir vergewaltigt worden. Wohl eher das Letztere, vermutete ich.

Dann dämmerte es mir. Wie auch Ulf bisher, hatte auch Piet mich mit keinem Wort belastet, nie. Und Piet war Ulfs älterer Bruder. Man hoffte wohl bei Ulf auf eine Nachahmung einer vermeintlich vom großen Bruder Piet vorgegebenen Aussage. Wenn Ulf die Aussage des Beamten über Piet denn überhaupt glaubte, dann musste er mit Sicherheit annehmen, dass Piet so was nur gesagt hatte, um die Befrager zufriedenzustellen. Aber noch blieb Ulf bei der Wahrheit. In diesem vorletzten Protokoll. Seine Antwort war nämlich, wie folgt übersetzt: »Parce 'qu'il ne m'a jamais fait une chose pareille.« (Weil er mir nie so etwas angetan hat.).

27 Erst viel später würde man von ihnen erfahren, was sie dabei durchmachten und auch, auf welche infame Art die Polizisten dieser Spezialeinheit ihre Befragungen durchführten.

21 – Ein geheimes Fax aus Zürich

Circa 20. bis 28. Februar 1993

Einquartiert war ich in der Santé anfangs vorwiegend unter Franzosen, in einem Block, der einige Jahre zuvor etwas modernisiert wurde. Es gab daher nur Dreierzellen. Die beiden Zellengenossen waren freundlich und man half mir beim Schreiben in französischer Sprache. Da ich mich in Französisch mehr schlecht als recht unterhalten konnte, nie einen Kurs besucht hatte, war ich sehr froh darum. Es war da recht gut auszuhalten, im Gegensatz zu den polizeilichen Überwachungszellen. Noch immer rechnete ich ja mit einem eher kurzen Aufenthalt.

Vorerst würde weiter in Frankreich gegen mich ermittelt, hieß es. Man müsse abklären, ob ich mich auf französischem Gebiet etwaiger Verbrechen schuldig gemacht habe.

Als ich dann einem Gericht vorgeführt wurde, ging es aber erst einmal um das von der Schweiz mittlerweile eingereichte Auslieferungsbegehren. Ich verzichtete dabei explizit auf meine Verteidigungsrechte gegen dieses Begehren. Es bestand für mich kein Zweifel: Ich würde in der Schweiz mehr oder weniger rasch freigelassen werden. Aus meiner Sicht hatte sich nichts geändert seit dem 8. Januar 1992, als der Haftrichter aus mangelndem Tatverdacht meine Freilassung angeordnet hatte. Ich war zuversichtlich, dass die letzten scheinbar belastenden Aussagen Ulfs keinen Bestand haben würden. Selbst aus objektiver Sicht, so meine Überzeugung, musste man den plötzlichen »Sinneswandel« als wohl eingesagte Aussagen unter Druck erkennen können. Denn es schien mir klar, dass man die Buben dazu genötigt hatte, und dass dies aufgrund der Hinweise von Heidi Pergament früher oder später erkannt werden würde.

Bei einem weiteren Besuch meines Anwalts, etwa einen Monat nach meiner Verhaftung, erfuhr ich auch, wie es zu unserer Festnahme in Paris hatte kommen können. Er berichtete mir aus der Erinnerung von einem Fax, das die Zürcher Untersuchungsrichterin, Frau BAin Streber, an die Pariser Polizeibehörden geschickt habe. Das Fax, so mein Anwalt, habe er zwar lesen, aber nicht kopieren dürfen. Er könne mich daher nur in groben Zügen über dessen Inhalt informieren. Es sei jedenfalls »un fax très vicieux« (ein sehr niederträchtiges Fax) gewesen. Darin werde ich als »Un trafiquant international d'enfants destinés à être abusés sexuellement, considéré comme très dangereux.« (Ein international tätiger Kinderhändler zum Zwecke des sexuellen Missbrauchs, der als sehr gefährlich eingestuft werde beschrieben). Ich sei überdies auf der Flucht vor der Schweizer Justiz. Man bitte in dem Fax um meine Verhaftung, sobald man meiner habhaft würde. Auch Namen und Anschrift des Ehepaars Pergament waren darin vermerkt.

Nun wunderte mich nichts mehr. Weder die schwerbewaffnete Verhaftungsaktion noch die Sirenen bei meinem Transport durch halb Paris, noch die abgrundtiefe Verachtung bei den Verhören. Dieses Fax umging allerdings den formellen Rechtshilfeweg und verletzte allein schon damit internationales Recht;[28] von den unbelegten wilden Behauptungen darin ganz zu schweigen. Wenigstens hatte mein Pflichtverteidiger, im Unterschied zu meinem Schweizer Anwalt, persönlich Einblick in die Unterlagen erhalten.

28 Ein bilateraler Rechtshilfevertrag zwischen Frankreich und der Schweiz kommt erst Jahre später zustande; dieser wird vereinfachte gegenseitige Rechtshilfe ermöglichen – allerdings nur unter besonderen Bedingungen, welche vor allem eben auch Verteidigerrechte beinhalten.

22 – Die Rache des Intriganten – Fortsetzung

Ab März 1993

Auf Geheiß der französischen Untersuchungsrichterin wurde ich eines Tages von einem Gerichtspsychiater aufgesucht. Es handelte sich um die in Frankreich auf seinem Gebiet damals berühmteste Kapazität, Professor Bourgonne. Das Gespräch mit ihm verlief aus meiner Sicht gut. Ich beantwortete alle seine Fragen offen und ohne Hemmungen. Auch bei den Tests arbeitete ich gewissenhaft mit. Später stand in seinem Bericht im Wesentlichen, dass ich paraphil veranlagt sei, dies jedoch in meiner »intellektuellen Auseinandersetzung damit sublimieren[29] würde«. Ich sei »weder gewalttätig noch grundsätzlich zu sexuellen Straftaten neigend« und stelle »keine Gefahr für die Gesellschaft« dar.

Dieses Gutachten tauchte in den Schweizer Gerichtsakten erst auf, nachdem ich es mehrmals eingereicht hatte, einmal über meinen Zürcher Anwalt. Vor Gericht würde es unberücksichtigt bleiben.

In jener Zeit erhielten auch die Untersuchungsbehörden von Paris eines der von Hubertus Horn verfassten Schreiben. Darin hatte er den Schweizer Justizbehörden neue Geschichten von angeblichen Verbrechen erzählt, von denen er über mich wisse. Nachdem er mich am Anfang seines Rachefeldzuges noch bezichtigt hatte, »die drei Buben der Frau abgekauft« (er hatte sogar einen angeblichen Preis von je 2.000 DM genannt) »und an Pädo-

29 Sublimierung: Umwandlung oder Umlenkung von Triebwünschen in eine geistige Leistung oder kulturell anerkannte Verhaltensweise (Wikipedia).

phile in ganz Europa für Pornos vermittelt zu haben»h, folgten in seinen weiteren Briefen unterschiedliche Behauptungen über mich. Anfangs noch schrieb er auch aus der Haft in Deutschland gegen mich. Da war er irgendwann gelandet, aufgrund seiner Verurteilung im Herbst 1990. Seine lediglich dreißig Monate Haft, die er in Ulm im vergangenen Oktober aufgebrummt bekam, hatte er inzwischen unter Anrechnung der U-Haft abgesessen.

Jedenfalls trugen seine neuerlichen Hetzbriefe wieder die Adresse seiner baufälligen Bleibe in Bayern. Nach und nach nannte er darin Namen diverser Kinder von Bekannten oder Nachbarn von mir, die er im Laufe der Jahre in Erfahrung hatte bringen können. Um nur ein Beispiel zu nennen: Die inzwischen längst volljährige Tochter jenes Berner Bekannten, der uns seinerzeit bei der Enttarnung Dr. Oberburgs behilflich gewesen war, soll ich als Minderjährige entführt und nach Holland an ein Kinderbordell verkauft haben. Dabei hatte sie nachweislich ihre ganze Jugend bei den Eltern verbracht, war stets zur Schule gegangen und hatte anschließend in Bern eine Lehre absolviert.

Mein Pflichtverteidiger bekam Kopien dieser Briefe von der Justiz und brachte sie mir zur Kenntnis, wie alle der Verteidigung zugänglichen Akten. Wie er den Namen dieses alten Bekannten erfahren hatte und auch, woher er wusste, dass der überhaupt eine Tochter hat, blieb für mich ein Rätsel. Ich hatte Hubertus 1987 aus der Haft in England freimütig aus meinem bisherigen Leben erzählt. Ich wollte ihm aufzeigen, dass ich kein skrupelloser Verbrecher war, sondern durchaus ganz normal und guter Beziehungen fähig. Die Medien waren damals ja schon voller Räubergeschichten fern aller Realität, sodass ich das Bedürfnis hatte, meinem damaligen vermeintlichen Wohltäter Hubertus die Wahrheit über meinen wirklichen Lebenswandel zu schildern. Dabei waren gewiss auch gedankenlos etliche Namen von Freunden und guten Bekannten aus meiner Zeit in Zürich wie auch aus meinen

Auslandaufenthalten gefallen. Aus meinen damaligen Briefen und auch bei anderen Gelegenheiten musste Horn sich stets alle Namen und Wohnorte notiert haben, die ihm zu Ohren gekommen waren. Unter den Namen, zu denen Horn da nach und nach seine Fantasiegeschichten zum Besten gab, mussten aber welche sein, die er unmöglich von mir haben konnte. Es schien mir inzwischen plausibel, dass die damals ermittelnden Polizeibeamten ihm gewisse Namen nannten. Sie hatten ja auf alles von mir Zugriff, auch auf mein Adressbüchlein. Sie könnten ihn zu jedem gefragt haben, ob er etwas über diese und jene Person wisse. Für diverse solcher Namen, von denen er aber gern behauptete, sie so aus meinem Munde gehört zu haben, hatte er eine von ihm erfundene Geschichte parat. Da mir ja inzwischen vieles aus seinen früheren Korrespondenzen mit den unterschiedlichsten Menschen nur zu gut bekannt war, überraschte mich dies nicht mehr – er war ein Meister der Täuschung.

Doch es ist für mich als Betroffenen schwer, die Unwahrheit einer solchen Behauptung zu beweisen. Das würden nur die angeblichen Opfer der behaupteten Verbrechen widerlegen können. Und das taten sie im Laufe der Zeit dann ja auch. Längst war Interpol eingeschaltet und deren Untersuchungen umfassten diverse europäische Länder.

Die entsprechenden Befragungen der von Horn Genannten wie auch alle anderen damit zusammenhängenden Recherchen widerlegten letztlich alle diese Behauptungen Horns. Einstweilen noch ausgenommen die Protokolle der jüngsten Befragung meiner Stiefsöhne.

23 – Das Kind aus Amerika

1986 bis 1991 und circa Frühjahr 1994

Der jüngste Brief von Hubertus Horn, ursprünglich an die Schweizer Untersuchungsbehörden gerichtet, wurde dort auf Französisch übersetzt und dann an die Pariser Justiz übermittelt. So erfuhr ich davon durch meinen Pflichtverteidiger. Darin behauptete der Deutsche diesmal konkret, ich hätte auch einen kleinen Jungen namens Tim Dumetier in Paris »entführt, vergewaltigt und für Pornos missbraucht«.

Tatsächlich kannte ich das betreffende Kind sehr wohl. Und zwar schon seit 1986. Damals wusste Horn zunächst noch nichts von dem kleinen Tim. Aber ich hatte leider in meinen Briefen damals auch viel von diesem Kind und dessen Drama erzählt. Der kleine, damals dreijährige Tim war vom seinerzeitigen Lebenspartner der Mutter, einem Alkoholiker, massiv körperlich misshandelt worden. Tims leiblicher Vater, Jerome, von der Mutter geschieden, aber weiterhin in gutem Kontakt mit ihr, holte deshalb seinen Sohn zu sich. Der Vater hatte das Sorgerecht und so konnte er seine Frau überzeugen, ihm den kleinen Tim einstweilen zu überlassen. Auch eine erwachsene Tochter aus früherer Ehe, die damals bei Tims Mutter wohnte, schloss sich ihrem Vater an. Da sie schon volljährig war, konnte sie das selbst entscheiden. Mit seinen beiden Kindern reiste Jerome dann spontan zu mir nach Zürich. Die Spuren der Misshandlungen am Körper des kleinen Buben waren damals noch unübersehbar; er musste massiv geschlagen worden sein. Jerome bewohnte in Paris nur ein kleines Zimmer und hatte keine Möglichkeit, seine Kinder dauerhaft bei sich zu betreuen, wie er mir erklärte. Offenbar fürchtete sich Jerome – selbst eher klein und schwächlich – vor dem kräftig gebauten und leicht reizbaren Lebenspartner seiner Ex-Frau. Den Sozialbehörden vertraute er nicht, denn der rabiate Freund seiner Frau war dort angestellt.

Jerome Dumetier kannte mich schon länger, da er auch mit Heidi Pergament und deren Mann befreundet war. Auch hatte er mich schon früher einmal in Zürich besucht. So wusste er von der verhältnismäßig großen Wohnung, in der ich damals lebte. Während sich Jerome in der Folge um eine neue berufliche Zukunft bemühte, wurden seine große Tochter und ich weitgehend zu Ersatz-Mama und -Papa für den kleinen Tim. Das war zur Sicherheit alles mit den zuständigen Behörden geregelt worden, da man nicht wusste, wie lang das so bleiben müsste. Die Franzosen ermittelten somit, noch im Laufe des Jahres 1993, auch hinsichtlich des inzwischen zehnjährigen Tim Dumetier. Längst aber lebte er mit seiner Mutter in Amerika, ihrer ursprünglichen Heimat. Sie hatte sich von ihrem rabiaten Lebenspartner getrennt, denn er war auch gegen sie im Suff zunehmend gewalttätig geworden. Tim kam wieder zu ihr, denn Jerome hatte inzwischen einen Job in Übersee angeboten bekommen, den er unbedingt antreten wollte. Tim und seine Mutter hatten mich noch 1990 in der Schweiz besucht und im folgenden Jahr verbrachte er zusammen mit seiner Halbschwester Ferien bei mir und meiner neuen Familie auf dem Bözberg. Es galt damals Abschied zu nehmen, denn Tim und seine Mutter verließen daraufhin Frankreich, um ihr neues Glück in den USA zu suchen. Sowohl die Mutter als auch Tim waren französisch-amerikanische Doppelbürger.

Der mittlerweile elfjährige Tim wurde etwa ein Jahr nach meiner Verhaftung, 1994 also, extra aus den Vereinigten Staaten nach Paris eingeflogen. Bei seiner Befragung durch die Untersuchungsrichterin wurde er von seiner Halbschwester begleitet. Ich war mit meinem Anwalt anwesend, flankiert von zwei Polizisten, auf der anderen Seite des Raums. Zwischen uns und Tim waren neben meinem Pflichtverteidiger noch eine Übersetzerin und Tims Halbschwester.

Der Bub bestritt jegliche sexuelle Handlungen meinerseits an oder mit ihm. Als die Untersuchungsrichterin immer wieder insistierte und deutlich erkennen ließ, dass sie mit seinen Antworten unzufrieden war, wurde er fast etwas frech ihr gegenüber. Ich war angewiesen worden, mich still zu verhalten.

Am Schluss der Befragung erlaubte mir die Untersuchungsrichterin, über sie Fragen an den Zeugen stellen zu können. Kaum sagte ich das erste Mal etwas, entdeckte mich Tim. Sogleich stand er auf, eilte, ungeachtet des Protests der Untersuchungsrichterin, an den anderen Anwesenden vorbei zu mir, noch ehe er von einem meiner Bewacher aufgehalten werden konnte. Er warf sich buchstäblich lachend zur Begrüßung in meine Arme. Nach zweieinhalb Jahren sahen wir uns erstmalig wieder. Leider nur sehr kurz. Damit war immerhin auch diese Anschuldigung definitiv vom Tisch. Und der junge Tim um eine Erfahrung reicher …

24 – Vaters Tod

18. April 1994

Meine Frau beantwortete seit ihrer Rückreise mit ihren Söhnen keine Briefe von mir. Telefonieren wurde mir nicht ermöglicht. Schließlich erfuhr ich von Heidi, Manuela habe ihr geschrieben, dass sie jede Post von mir ungeöffnet in den Abfall werfe. Im ersten Jahr hatte ich zu ihren Geburtstagen und zu Weihnachten sowie für meine Stiefsöhne selbstgefertigte Karten geschickt. Mein Anwalt hatte mir dringend abgeraten, direkt mit ihnen Kontakt aufzunehmen, solange die Untersuchungen in Frankreich noch nicht abgeschlossen seien. Ich hatte die Karten daher jeweils den Briefen an Manuela beigelegt. Nun war mir nach meiner Freiheit auch die Familie abhandengekommen.

Wenn ich nur endlich an die Schweiz zurück überstellt würde, ging es mir immer wieder durch den Kopf.

Seit meiner Verhaftung hatte ich auch meinem Vater mehrmals geschrieben. Zweimal schon fragte er in seinen Antworten, ob ich bald wieder mal bei ihm vorbeischauen würde. Ich wollte ihn nicht beunruhigen und schrieb, dass ich hier noch eine Weile unabkömmlich sei und nicht wisse, wann ich ihn das nächste Mal besuchen könne. Ich sorgte mich um meinen Vater, seit er allein lebte, und die Gemeinde-Krankenschwester ließ er nicht ein. Er wartet geduldig auf mich, dachte ich zunehmend frustriert und schmerzlich.

An einem Nachmittag gegen Ende April 1994 wurde mir ein Brief von meinem Schweizer Pflichtverteidiger in meine Zelle gebracht. Darin schrieb er irgendetwas, das mir dann schlagartig wieder in Vergessenheit geriet. Denn ganz zum Schluss stand noch in einem PS: »Soeben erfahre ich, dass Ihr Vater verstorben ist; mein herzliches Beileid.«

Von diesem Brief blieb mir nur dieser eine Satz in Erinnerung. Dies war die schlimmste Nachricht seit Jahrzehnten, seit ich im Jahr 1969 erfahren musste, dass die erhoffte Wiedervereinigung meiner geschiedenen Eltern gescheitert war. Die Botschaft vom Tod meines Vaters trieb mir meine Kindheitsjahre ins Bewusstsein. Ich musste etwa zwei Jahre alt gewesen sein, als sich Vater und Mutter getrennt hatten. Die Behörden steckten mich in ein Säuglingsheim, da mein Vater nicht vermögend war und nunmehr allein lebte. Das bisher bewohnte Haus gehörte der Mutter und sie wurde unter dem Einfluss meines steinreichen, stockkonservativkatholischen Großvaters durch den Halbbruder meines Vaters in eine geschlossene psychiatrische Klinik gesteckt. Sie war protestantischer Konfession. Und mit ihr wurde damals auch mein Vater aus dieser Familie verstoßen. Er galt schon lange als »schwarzes Schaf«.

Meine Mutter soll aus der Klinik geflüchtet sein, mich aus dem Säuglingsheim entführt haben. Angeblich hat sie sich mit mir im Wald versteckt und mich dabei, vielleicht zwecks Nahrungssuche, aus den Augen verloren. Nach landesweiten Suchaufrufen sei ich verletzt und halb verhungert irgendwann von einem Förster aufgefunden und in der Kinderklinik der Bundeshauptstadt während eines halben Jahres wieder aufgepäppelt worden. Jedenfalls sei meine Mutter dann aus dem Land geflüchtet und letztlich nach Amerika ausgewandert.

Dies alles erfuhr ich erst viele Jahre später, längst erwachsen, in Bruchstücken von der Frau des Halbbruders meines Vaters, nach dessen frühem Tod (mit fünfzig Jahren). Einiges hatte ich von meinem geliebten Vater schon früher erfahren.

Die Behörden übergaben mich nach meiner Genesung diesem Halbbruder und seiner Frau. Das Haus gehörte meinem Großvater und wir lebten alle zusammen in einer der drei Wohnungen. Der Halbbruder ließ seinen Hass auf meinen Vater brutal an mir aus. Dass mein Vater mich anfangs noch manchmal, trotz häufiger Beschimpfungen durch seinen Halbbruder, an Wochenenden zu Ausflügen bei ihnen abholen durfte, war Balsam gegen die ständigen Misshandlungen. Auch wenn die Besuche dann rarer wurden und schließlich ausblieben, so wusste ich dank meines Vaters schon früh, was Recht und was Unrecht war im Umgang mit mir und protestierte oft laut und anhaltend schreiend gegen die Prügel meines Halbonkels. Es half nichts; gegenüber den Nachbarn wurde ich zur Erklärung für mein häufiges Geschrei als »jähzornig« diffamiert. Ich klagte meinem Vater dieses Leid, als er nach langer Zeit wieder einmal kommen durfte. Dies führte dazu, dass er sich bei den Behörden über seinen Halbbruder beschwerte.

Vermutlich führte das zu einer neuen Wende in meiner Kindheit und ich begann ein Leben als Heim- und Verdingkind. Im ersten Kinderheim[30], wohin ich mit acht Jahren kam, gab es für einige Heimkinder Besuche ihrer sogenannten Mütter. Da musste mir wohl das Fehlen einer eigenen bewusst geworden sein. Auf Fragen behaupteten die Nonnen, meine Mutter sei »im Himmel«. Nachdem später ein Dachdecker auf einer nahen Baustelle in den Tod stürzte und man da auch davon sprach, dass der jetzt »im Himmel oben« sei, kam mir ein buchstäblich halsbrecherischer Gedanke. Ich war damals sehr verzweifelt. Eine Flucht und entbehrungsreiche Wanderung über Felder und Wiesen, entlang endloser Straßen bis zum Wohnort meines Onkels südlich von

30 Ein Klosterheim in Schüpfheim, gelegen im sogenannten Entlebuch, einem langen Tal im Kanton Luzern.

Luzern hatte mit der Enttäuschung geendet, dass er mich nicht, wie erhofft, zu meinem Vater brachte. Ich wanderte schnurstracks zurück ins Heim.

Die notorische Lieblosigkeit und die häufigen Misshandlungen von Seiten der Nonnen in dem Heim taten ein Übriges. Ich stieg eines Tages bis ganz nach oben, das Gebäude hatte vier Stockwerke, und kletterte durch eine Luke aufs Schrägdach. Darauf rutschte ich bis zur Dachrinne, wo ich mit den Füßen Halt fand. Ich blickte hinunter auf den Hof, wo einige meiner Kameraden dabei waren, wie ich zuvor auch, auf nackten Knien mit den bloßen Fingern Grasbüschel zwischen dem Kies auszurupfen – eine uns Kleinen häufig zugeteilte schmerzhafte, schier endlose Arbeit.

Da saß ich nun und zauderte. Ich wollte glauben, zweifelte, wollte wieder glauben und zweifelte erneut daran, dass man in den Himmel kam, wenn man tot war. Dann wurde ich von einer nach oben blickenden Nonne entdeckt. Ich weiß nur noch, dass es ein Geschrei und Gezeter aus Nonnen- und Kinderkehlen gab. Wie ich da wieder runterkam, ist mir nicht mehr bewusst.

Ein oder zwei Jahre später erfuhr ich von irgendwoher, dass meine Mutter gar nicht gestorben, sondern »im Ausland« sei. Wo genau das sei, wusste man aber nicht.

Ich war inzwischen in einem noch schlimmeren Heim[31] gelandet. Aus dem flüchtete ich auch mehrmals. Aber jedes Mal scheiterte

31 St. Georg, Bad Knutwil, im luzernischen Hinterland. Ein ausschließlich von deutschen Ordensbrüdern geleitetes kirchliches Knabenheim. Das Strafsystem dort bestand aus standardisierter Anzahl an Stockschlägen, die man auf mannigfache Weise »verdiente«. Vor dem Lichterlöschen abends war jeweils Strafzeit. Etliche dieser »ehrwürdigen Brüder« waren Sadisten und hieben drauflos, bis einer blutete oder gar das Bewusstsein verlor. Ging dabei ein Stock zu Bruch, wurde mit dem dicken Ende weiter zugeschlagen.

ich beim Versuch, meinen Vater aufzusuchen. Einmal erklärte er mir, dass ich »wegen der Behörden« leider gar nicht bei ihm wohnen dürfe. Also flüchtete ich beim nächsten Mal gleich in dieses »Ausland«. Ich war zehn Jahre alt und wusste aus Belehrungen anlässlich eines früheren Ausflugs nach Chiasso im Südkanton Tessin, dass dort »die Grenze zum Ausland« sei. Ich schaffte es zur Grenze, kletterte dort über den Grenzzaun nach Italien, und lief danach bis irgendwohin südlich von Mailand. Doch ich wurde wieder aufgegriffen und in die Schweiz zurückgebracht. Danach landete ich als Verdingbub bei einem trinksüchtigen und jähzornigen Bauern.

Es folgte noch ein Versuch, meine Mutter zu finden, etwa fünf Jahre später, wieder aus einem Heim[32]. Auch das ist heutzutage bekannt als damalige schiere »Hölle« für die Zöglinge. Da wusste ich schon, dass meine Mutter in Amerika war. Irgendwo in Amerika. Also wieder Flucht und heimlicher Grenzübertritt. In Basel, mit Ziel Deutschland diesmal, wobei ich versehentlich in Frankreich landete. Ich wollte an die Nordsee, dort als blinder Passagier auf ein Schiff nach Amerika; Abenteuerbücher inspirierten mich. Ich kam bis irgendwo hinter Mulhouse im Elsass, bevor man mich zurückschaffte.

Und so ging das weiter mit der Suche nach meiner Mutter, bis ich sie, inzwischen einundzwanzigjährig und zum Seemann

Dort erlitt ich mehrmals Brüche: Rippen, Finger, Handgelenk, und einmal den Teilbruch eines Halswirbels, der erst viele Jahre später in einem Röntgenbild diagnostiziert wurde. In jenem Kinderheim sah ich nie einen Arzt, man wurde bei Beschwerden, die aus solchen Bestrafungen resultierten, nicht selten als Simulant beschimpft und weiterhin zur täglichen Arbeit gezwungen.

32 Schloss Erlach, ein staatliches Knabenerziehungsheim im mittelalterlichen Städtchen Erlach, am westlichen Ende des Bielersee im Kanton Bern.

geworden, in New York fand und erstmals bewusst zu Gesicht bekam. Dann versuchte ich, meinen Vater in der Schweiz dazu zu überreden, doch einen Versöhnungsversuch mit ihr zu wagen. Er reiste nach längerer Zeit des Zögerns dann tatsächlich an.

Leider war ich just da als »Deckhand«, in Ausbildung zum Matrosen auf einem Tramper[33], auf der anderen Seite der Welt unterwegs.

Nach meiner Rückkehr fand ich meinen Vater in einer billigen Absteige im Stadtteil Brooklyn wieder, desillusioniert und niedergeschlagen. Seine Ex-Frau hatte ihn nicht einmal empfangen wollen. Vater war ziemlich abgebrannt und ihm fehlte das Geld für die Rückreise. Sein Retour-Flugticket war verfallen. Er hatte daher warten müssen, bis ich zurückkam. Ich konnte, dank einer dann bald gefundenen Heuer auf einem norwegischen Frachter mit fester Atlantik-Route, der auch bis zu fünf Passagiere beförderte, zusammen mit meinem Vater Hamburg erreichen. Von dort reiste er dann per Bahn nach Hause in die Schweiz.

Sein Tod nun, weit weg in der Zentralschweiz, alleine lebend, vielleicht hilflos, das war so traurig für mich. Wäre ich doch nur bei ihm gewesen, wäre ich doch nie ins Ausland gereist!

In meiner Kindheit war er mein geliebter Vater gewesen, der mir wenigstens in den allzu kurzen und raren Momenten, in denen ich ihn überhaupt sehen durfte, Liebe geschenkt hatte, mir ein Vorbild gewesen war, der mir Nächstenliebe und die Liebe zur Natur vorgelebt hatte. Und der mich stets tröstete und sich für mich einsetzte. Ich hatte von seinen friedfertigen Tugenden profitiert und sie mir auch zu eigen gemacht. Die wenigen Wochen-

33 Tramper = Frachtschiffe, welche keine wiederkehrende feste Route fahren, sondern nach Ende eines jeden Frachtauftrags durch die Reederei jeweils kurzfristig ein bis dahin ungewisses, neues Ziel mitgeteilt bekommen.

enden und zweimal einige Monate damals, in denen ich in meiner Kindheit und Jugend mit ihm zusammen sein durfte, waren viel zu wenig und zu kurz gewesen. Meine Trauer um ihn war jetzt umso tiefer.

Meine Versuche, die näheren Umstände von Vaters Tod zu erfahren, waren durch die Haftumstände stark behindert; sie führten nur zu einigen dürftigen Auskünften: Er hatte seine kleine Dachwohnung in einem alten Häuschen in Alpnachstad, am Fuße des Luzerner Hausbergs Pilatus, tagelang nicht mehr verlassen, was den Mietern unter ihm irgendwann auffiel. Sie schauten schließlich nach ihm und fanden ihn krank in seinem Bett, sehr abgemagert und geschwächt. Er wurde in die nächstgelegene Klinik eingeliefert, wo man eine schwere Lungenentzündung feststellte. Er verstarb schon in der folgenden Nacht. Nur zwei Tage später ließ die Gemeinde seinen Leichnam kremieren. Man hatte nicht mal den Versuch unternommen, mich zu kontaktieren, obwohl mein Aufenthaltsort und die Anschrift bekannt waren. Es war nicht zu erwarten, dass ich, etwa in Polizeibegleitung, in die Schweiz reisen könnte, aber ich versuchte es dennoch mit Gesuchen sowohl an die Pariser wie auch an die Schweizer Justizbehörden. Von letzterer Seite erhielt ich keine Antwort, jene der Pariser Behörden war erwartungsgemäß eine kurze und nüchterne Ablehnung.[34]

Das folgende Jahr über schrieb ich mir meine Kindheit von der Seele. Es war eine Art psychisch-geistige Aufarbeitung und wurde 2005 zu meinem ersten veröffentlichten Buch. Einstweilen

34 Noch heute wartet die Urne mit der Asche meines Vaters – deren Aufbewahrungsort mir nicht bekannt ist – darauf, beigesetzt zu werden, denn es wird mir, trotz diverser Gesuche, auch nach meiner Überstellung in die Schweiz, nie eine entsprechende Erlaubnis gewährt. Nach wie vor hoffe ich darauf, ihn persönlich beisetzen und mich wenigstens so von ihm verabschieden zu können.

nur der erste Teil meines Lebens bis zum Alter von dreizehn Jahren.[35]

Im Verlauf der Haft in Paris erschienen mehrere Male besonders brutal hetzerische Berichte über mich in den französischen Medien. Im TV wurden, neben mehrmaligen News über mich auch Reportagen zu meinen angeblichen Verbrechen ausgestrahlt. So etwa in der viel beachteten Sendung »Sur La Une« auf TF1. Darin wurden mir schlimme Taten angedichtet. Sogar mit den grausamen Verbrechen eines berüchtigten belgischen Mädchenmörders wurde mein Name in Verbindung gebracht.[36] Nun galt ich für die Öffentlichkeit als »Boss einer internationalen Kindersexmafia«. Ganz im Sinne des Faxes an die Pariser Behörden von Frau BAin Streber.[37]

Auch hier in Frankreich wurde der Grundsatz der Unschuldsvermutung durch solche medialen Vorverurteilungen ad absurdum geführt. Das geschah bald nach der Nachricht über Vaters Ableben. Selbst mochte ich solche Verleumdungen längst nicht mehr hören und sehen. Jetzt schon gar nicht. Sie führten – unter anderem – dazu, dass ich in der Haft einmal mehr ziemlich arg zusammengeschlagen wurde. Anders als damals in England, wo ich durch Wärter äußerst brutal verprügelt worden war, besorgten die Drecksarbeit hier drei rechtsextreme glatzköpfige Häftlinge mit Hakenkreuz- und anderen Tattoos auf Armen und Kopf. Natürlich auch hier mit Hilfe von zwei mir noch unbekannten Aufsehern. Ohne Vorwarnung hatten sie mich eines Tages in einen anderen Block umquartiert, in eine Viererzelle.

35 Eine (Schweizer) Kindheit … unter vielen ähnlichen, Meieriesli-Verlag, CH–8105 Regensdorf (ISBN13: 978-3-033-00900-4).

36 Der Fall Dutroux (den auch ich nur aus Medienberichten kannte).

37 Siehe Kapitel 21 – Ein geheimes Fax aus Zürich.

Mein Bild war eben erst wieder im Fernsehen gezeigt worden. Wenigstens wurde ich in der Santé hinterher zur ärztlichen Untersuchung gebracht. Zwei gebrochene Rippen und erneut ein Trauma meines vorbelasteten Nackenwirbels. Weit weniger gravierend als 1987 in jenem englischen Untersuchungsgefängnis[38].

38 In jenem Gefängnis erlitt ich von Wärtern (nach eigener Diagnose) unter anderem einen gebrochenen Kiefer und weitere Gesichtsverletzungen, mehrere gebrochene Rippen und ungewisse weitere innere Verletzungen.

25 – »La Santé«

Februar 1993 bis Juni 1996

Seit dem Haftantritt im Februar 1993 begannen mich wieder Schübe von Klaustrophobie zu quälen. Der Tod meines Vaters ließ Traumata aus weit zurückliegenden Kindheitsjahren aufbrechen.

Die in der Untersuchungshaftanstalt »La Santé« gemieteten Fernseher strahlten fünf Sender aus, alle ausschließlich französischsprachig. Aber selbst dies vermochte mich kaum abzulenken. Da lebten um die eintausendsechshundert Gefangene aus vielen Nationen. Für alle standen insgesamt etwa vier bis fünf Psychologen und eine forensisch-psychiatrische Chefärztin zur Verfügung. Ich meldete mich für Gespräche an und wurde erstaunlicherweise ohne große Wartezeit aufgerufen und abgeholt.

In den insgesamt ungefähr dreieinhalb Jahren meines Aufenthaltes dort erlebte ich auch einmal einen Streik. Da blieben die Zellen den ganzen Tag geschlossen, es gab keine Spaziergänge, kein Duschen, keine Einkäufe, keine Besuche, nichts. Einzig zu den Mahlzeiten verteilten junge Polizeiaspiranten Sandwiches in die Zellen.

Ich war damals in einer Einzelzelle untergebracht, sie lag ganz am Ende des Gebäudeflügels, der rechtwinklig nach links weiterführte. Ich hatte dem »freiwilligen« Bezug dieser Minizelle zustimmen müssen, denn sie war eigentlich nur für ganz kurzen Verbleib vorgesehen. Eine Abstellzelle in der vierten Etage. Es geschah wegen meines Antrags, in jenen Block verlegt zu werden, in dem man Zugang zum Schulungszentrum hatte. Und da war eben die Abstellzelle die einzig verfügbare. Ich blieb ein Jahr dort drinnen. Sie war kaum breiter als das Bett; darauf sitzend konnte ich ein an die gegenüberliegende Wand geschraubtes Brett herunterklappen, das als Tischchen diente. Die Toilette befand sich direkt am Kopfende, dicht bei der Eingangstür. Das Fußende des Bettes stieß gegen die Außenmauer. Das winzige Fenster mit längst kaputten Scheiben hoch oben unter der Decke war mehrfach mit Gitter und Drahtgeflecht überzogen und ließ nur wenig Licht und Luft durch. Hier schrieb ich den größten Teil meiner Kindheitsmemoiren[39].

Irgendwann später gab es eine Meuterei, was sie ausgelöst hatte, blieb mir unbekannt. Die Gefangenen weigerten sich, in ihre Zellen zurückzukehren. Gleich mehrere Blocks beteiligten sich. Die meisten Insassen blieben am Ende des Spaziergangs in den jeweiligen kleinen Innenhöfen. Aus Fenstern höherer Etagen wurden Decken, Zeitungen und Teile von Einrichtungsgegenständen geschmissen. Feuer wurden entzündet. Nun drang beißender Rauch durchs Fenster in meine Zelle, denn die Hausecke wirkte wie ein Kamin.

Ich fürchtete zu ersticken und schob sofort eine sogenannte »Fahne« durch den Türspalt. Es gab keine Alarmvorrichtung in den Zellen; Gefangene hatten im Notfall einzig die Möglichkeit, ein schmales langes Blatt Papier zwischen dem Türspalt durchzuschieben, was im Flur draußen wie eine kleine Fahne wirkte. Das waren die Einkaufsbestelllisten, die wir vorrätig hatten. Da dies aber oft auch aus banalen Anlässen geschah, wurde es manchmal gar nicht beachtet. Auch diesmal nicht. Wohl auch deshalb, weil gewiss sämtliche Surveillants (franz. Aufseher) mit der Meuterei beschäftigt waren.

39 Siehe meinen daraus entstandenen autobiografischen Roman: Eine (Schweizer) Kindheit … unter vielen ähnlichen, Meieriesli-Verlag, CH–8105 Regensdorf (ISBN13: 978-3-033-00900-4).

Der Raum füllte sich mit Rauch. Es gelang mir, das Fenster mit der Wolldecke einigermaßen abzudecken. Dann legte ich mich auf den Fußboden, mit dem Gesicht nahe dem unteren Türspalt. Das reichte für die Atemluft. Es kam niemand. Am Morgen erwachte ich an derselben Stelle, mit pochenden Kopfschmerzen, in einer sich unwirklich anfühlenden Stille.

Der Zustand des größten Teils des Gefängnisses war desolat. Die Auffangnetze über dem Erdgeschoss, die zum Schutz bei möglichen Stürzen aus den oberen drei Stockwerken gedacht waren, wiesen große Lücken auf. Vielerorts waren auch Verankerungen defekt oder ganz herausgerissen. Es gab zwar Toiletten in den Zellen, als Loch in einer flachen Abflusswanne, doch die waren in den oft für drei, seltener vier Häftlinge konzipierten Zellen nicht abgetrennt. Die Körperpflege musste unter einem über der Toilette angebrachten Hahn mit herunterhängendem kurzen Wasserschlauch erfolgen. Einzig im Franzosenblock, wo ich anfangs noch gewesen war, gab es Sitztoiletten. Und in der kleinen Abstellzelle, in der ich in jenem Jahr hauste, ebenfalls. Eine verkleinerte Version, eingepfercht zwischen Zellentür und Kopfende des Bettes.

Teils waren die hygienischen Zustände in der Santé unbeschreiblich übel. Eine Zeit lang hatte ich das Glück, im Erdgeschoss meines Blocks als Kontrolleur und Packer für die Arbeiten von Gefangenen in ihren Zellen zu arbeiten. Da konnte ich mich im ganzen Block frei bewegen.

Die schmiedeeisernen Beschläge der Eichentüren waren zumeist weit über einhundert Jahre alt und teils recht liederlich, wie das Gefängnis überhaupt.

In der Mitte des Zementbodens im breiten Flur verlief der Länge nach die stinkende Kanalisation. In die wurden über offenliegende und vielerorts leckende alte Bleirohre die Abwässer aller Zellen der vier Etagen geleitet. Oft konnte ich beobachten, wie in den Fluren kräftige Ratten die blechernen, größtenteils verbogenen Abdeckungen der halb offenen Kanalisation an einer Ecke anhoben und dann hurtig über die Fußböden huschten. Kleinere Exemplare kamen da und dort auch durch die Spalten der Zellentüren rein.

Die Kanalisation war häufig durch Unrat verstopft, den die Gefangenen in die Ausgüsse schmissen, und es kam zu Überschwemmungen mit herumschwimmendem Kot bis in die ebenerdigen Zellen. Etwas, womit die Gefangenen in den oberen drei Stockwerken nicht zu kämpfen hatten.

Aber auf jeder Etage entlang der Balustraden und auch anderswo im Erdgeschoss gab es Wasserlachen, immer dort, wo eines der alten Abwasserrohre undicht war. Entlang der Wände hingen Stromverteilerkästen dicht neben den senkrecht verlaufenden Abwasserrohren. Die Kästen hatten längst keine Türen mehr – Gefangene hatten sie abmontiert oder herausgerissen, um aus ihnen Ablagen in den Zellen zu basteln. In den Kästen verliefen die Drähte im Wirrwarr und die Kontakte zu und von den Sicherungen waren nicht isoliert.

Die Zellen waren hoffnungslos mit Ungeziefer bevölkert. In dem unverputzten Mauerwerk, das um das Loch für die Notdurft feucht war, nisteten sich Kakerlaken ein und nachts tummelten sich Wanzen unter den Decken und sorgten für ständige Schlafunterbrechungen. Sie kamen im Dunkeln, wenn man schon schlief. Die Lichter wurden um Mitternacht automatisch gelöscht. Die Bisse der Wanzen rissen einen bald aus dem Schlaf und mit dem Feuerzeug machte man dann erst eine Weile Jagd auf sie, bevor man wieder eine Runde schlafen konnte.

Das Essen war zwar selten zu knapp, aber oft abstoßend bis ungenießbar. In der Gefangenen-Großküche arbeiteten fast ausschließlich Menschen, die sich in Abschiebehaft befanden. Nicht wenige aufgegriffen wegen Kleinkriminalität. Sie mussten, wenn keine Papiere existierten oder kein Rücknahmeabkommen mit dem betreffenden Land bestand, nach einer gewissen Zeit wieder entlassen werden. Etliche kamen bald wieder und man sah sie dann im gleichen Job.

Nach meinen Kindheitserlebnissen war ich nie heikel in Bezug auf Hygiene. Doch wenn ich sah, wie die in unserem Block zuständigen Essensverteiler gewisse offen abgegebene Mahlzeiten für die vier Etagen portionierten, verging auch mir der Appetit. Sie schütteten etwa die Sonntagsdesserts, Äpfel, kleine Kekse oder auch mal eine Rippe Schokolade pro Mann, auf dem nackten und von Ratten und Ungeziefer als Spazierhof benutzten Zementfußboden aus. Um sie dann, oft heftig gestikulierend und nicht selten streitend, nach Anzahl der Gefangenen pro Etage abzuzählen. Für jede Etage war ein Essensverteiler zuständig. Die Aufseher kamen nur während der Zeit der Essensausgabe dazu, um kurz auf- und wieder zuzusperren. Es gab aber immer wieder Gelegenheit, die Methode des Aufteilens zu beobachten, wenn man vor der Essenszeit noch irgendwohin beordert worden war.

Zunehmend wich ich auf die, besonders günstig im Gefangenen-Einkauf erhältlichen chinesischen Nudelsuppen aus, die mittels eines Tauchsieders im Wasser zubereitet werden konnten. Ich musste insgesamt viele Hundert davon verspeist haben.

Es tropfte auch in der Wartezelle zu den psychiatrischen oder psychologischen Gesprächen. Das Abwasser kam von der unter die Decke gehängten undichten Kanalisationsröhre und es stank dort penetrant nach Urin. Die Tür zum Flur war stets verschlossen und es gab in dem Raum kein Fenster. Es fehlte darin ein WC und die Wartezeit konnte zuweilen Stunden betragen, sodass einige

Insassen manchmal gleich auf den ohnehin vom Abwasser nassen Fußboden in eine Ecke pinkelten.

An der Freundlichkeit, Geduld und Kompetenz der Psychologen und Psychologinnen gab es aber nichts auszusetzen. Sie waren, aus meiner Sicht zumindest, äußerst wohltuend und hilfreich, und ich wüsste nicht, wie ich es ohne sie geschafft hätte, die fast dreieinhalb Jahre in der Santé zu überstehen, obwohl ein Termin nur einmal alle vierzehn Tage möglich war. Ich lernte gegen Ende auch die forensische Chefpsychiaterin kennen, deren Name mir heute entfallen ist. Sie bat mich, mit ihr über meine Beobachtungen der Zustände in der Santé allgemein zu sprechen. Sie interessierte sich für die Hygiene, das Verhalten der Aufseher, die Sicherheit und anderes mehr. Über mehrere Tage bestellte sie mich zu sich.

Etwa ein Jahr nach meiner Überstellung in die Schweiz erfuhr ich aus den Nachrichten von einem alles enthüllenden Buch über »skandalöse Missstände« im Pariser »Maison d'Arrêt de la Santé«, geschrieben von ebendieser Chef-Psychiaterin. Das Buch führte in Frankreich zu einem Aufschrei der Empörung. Es wurden umfassende Reformen in Untersuchungshaftanstalten gefordert.

26 – Paris: Verfahrenseinstellung

Ab Frühjahr bis Sommer 1995

Nachdem die weiteren Ermittlungen in Frankreich keine Bestätigung der schweren Vorwürfe erbrachten, wurden alle entsprechenden Verfahren eingestellt. Dies betraf neben dem Fall Tim Dumetier, auch Horns Anschuldigungen wegen meiner Stiefsöhne. Bens und zuletzt Ulfs Belastungen waren, wohl mangelnder Beweise wegen, nicht geglaubt worden. Die anfänglichen hanebüchenen Behauptungen der Zürcher Untersuchungsrichterin fanden gar keine Erwähnung. Kein Wunder, denn dazu hätte ja die Existenz ihres ominösen, gewiss internationales Recht verletzenden Faxes seinerzeit thematisiert werden müssen.

Später in der Schweiz legte ich diese Einstellungsverfügungen der Frau BAin Streber zu den Akten. Trotzdem behauptete sie in der Folge, Frankreich hätte das französische Verfahren an die Schweiz abgetreten. Einmal mehr eine widerlegbare Falschbehauptung ihrerseits.

Nicht eingestellt wurde dagegen ein anderes französisches Verfahren. Ich wurde demnach wegen jenes Videobandes angeklagt, das sich seit der Haftentlassung in Zürich Anfang 1992 in meinem Verteidigungsdossier befand: Die Kopie der *Kassette Nr. 15*[40], das mich entlastende Beweismittel aus Ulm. Wie schon erwähnt, war damals der alleinige Besitz solcher pornografischer Aufnahmen nicht verboten. Auch in Frankreich nicht explizit.

40 Siehe im Kapitel 12 – Kassette Nr. 15 und im Kapitel 18 – Paris: Die Verhaftung und das Drama der Kinder.

Was aber wohl nur Wenige wussten und ich bislang nicht: Hier wurden neuerdings bei Sicherstellung solcher Aufnahmen andere bestehende Gesetze angewandt. Der oder die Betreffende wurde in solchen Fällen angezeigt und strafrechtlich verfolgt wegen: »Non dénonciation des sévices envers un enfant« (nicht Anzeigen der Misshandlung eines Kindes) sowie wegen: »Recel d'un objet provenant d'un crime« (Hehlerei eines Gegenstandes, der von einem Verbrechen stammt).

Beide Gesetze waren eigentlich zu anderen Zwecken erlassen worden. Beim einen wollte man damit Mitwisser – etwa Nachbarn – zwingen, Anzeige zu erstatten, sobald sie Ohren- oder Augenzeugen waren, wenn einem Kind Leid angetan wurde. Das zweite sollte jene bestrafen, die zum Beispiel mit einer für ein Verbrechen verwendeten Waffe handelten oder sie für den Täter versteckten.

Nun enthielt für Polizei und Justiz das Videoband, die Kopie von der *Kassette Nr. 15*, »nicht angezeigte Misshandlungen an einem Kind« und das Band mit den Aufnahmen stellte für sie einen »von einem Verbrechen stammenden Gegenstand« dar. Das Band war bekanntlich nur die Kopie des Originals, das sich längst in Justizhänden befand und stammte weder von einem Verbrechen, noch handelte es sich um nicht angezeigte Misshandlungen eines Kindes.

Es half jedoch nichts, dass ich die Herkunft des Videobandes und dessen Mitführen in meinem Gepäck erklärte, und dass das Original längst Gegenstand eines deutschen und schweizerischen Ermittlungsverfahrens war. Ich wurde in erster Instanz zu einer Buße von 10.000 französischen Francs verurteilt (circa 2.500 SFR). Die knapp einstündige Verhandlung war eine Art Sammelverfahren; die Untersuchungsbehörden hatten meinen Fall mit etwa einem Dutzend anderer ähnlicher Fälle zusammengelegt, jeder mit separatem Anwalt. Alle waren sie wegen Besitzes irgendwelcher solcher Aufnahmen angeklagt und keiner kannte den anderen. Im Fließbandverfahren wurden wir wegen eines oder mehrerer kinderpornografischer Filme verurteilt. Die Strafe lautete bei allen gleich. In Paris musste entweder eine sehr hohe Kriminalitätsrate herrschen oder aber ein eklatanter Mangel an Richtern. Wohl beides.

Einziger Unterschied zu den mir unbekannten Co-Angeklagten: Bei mir ließ sich der Richter zu der Bemerkung hinreißen: »Il paraît, que dans le cas échéant le montagne aurait donné naissance à une souris.« (Es sieht danach aus, dass der Berg im vorliegenden Falle eine Maus geboren hat). Dabei warf er einen nicht sehr gnädigen Blick zum Procureur (franz. Ankläger).

Gegen die Verurteilung berief ich. Erstaunlich schnell, zwei Monate später, wurde ich dem Appellationsgericht vorgeführt. Diesmal dauerte der Transport dahin länger. Auch wieder im Gefangenenbus zusammen mit etwa einem Dutzend weiterer Insassen. Anders als beim Transport zur ersten Gerichtsinstanz blieben wir alle vor dem Gerichtssaal zusammen. Wir warteten in dem großen, düsteren Raum mit Gitterzellen, von dem man direkt durch eine Tür in den Gerichtssaal kam. Kaum waren wir angekommen, da wurde schon der Erste aufgerufen und von zwei Beamten hineingeführt.

Ein Dutzend Verfahren an einem Tag, wunderte ich mich. Wir kamen alle gemeinsam in die Gitterzellen, die eine Seite des breiten Raumes einnahmen und mit einem langen, offenbar uralten, schmiedeeisernen Gitter von der anderen Seite abgetrennt waren. Die ganze Bauweise erinnerte mich an ein mittelalterliches Verlies.

Erstaunlich schnell wurde der erste Kandidat dann wieder zurückgebracht und der nächste war dran. Nach kurzer Zeit hörte man aus dem Gerichtssaal ein lautes Geschrei. Es klang nach einer hysterisch gewordenen Frau und wollte kaum aufhören.

Ich wandte mich verwundert an einen der Wärter, der sich gerade unweit von mir aufhielt. »Elle est vraiment hystérique, cette femme, n'est-ce pas?« (Sie ist echt hysterisch, diese Frau, nicht wahr?).

Das fand der Wärter recht lustig; er lachte jedenfalls laut auf. Einige Mitgefangene in meiner Nähe stimmten auch mit ein.

»Un mec, p'tit Suisse, pas une femme, c'est un homme!« (Ein Typ, kleiner Schweizer, nicht eine Frau, das ist ein Mann!). Der mir das zurief, war aus meinem Block in der Santé. »P'tit Suisse«[41] war tatsächlich ein freundlich gemeinter Kosename – es gab ja auch in der Santé immer noch mehrheitlich nette Mitgefangene.

»C'est le juge! C'est lui qui cri toujours comme une femme quand il s'embête!« (Das ist der Richter! Der schreit immer wie eine Frau, wenn er genervt ist!), erklärte ein anderer. Ich musste ein paarmal leer schlucken und ermahnte mich: Wenn ich dran bin, nur ja nichts sagen, was diese Sorte Richter reizen könnte.

Ich kam dran, durfte gerade mal die Angaben zur Person jeweils mit »Oui monsieur« bestätigen und musste ansonsten die Klappe halten. Nur mein Anwalt durfte für etwa drei Minuten ein Blitzplädoyer halten. Sein in wenigen Worten eingeschobener Hinweis, dass es sich bei der *Kassette Nr. 15* um eine Verteidigungskopie eines sich bei der Schweizer Justiz befindlichen Originals handele, löste beim Richter einen roten Kopf aus, aber er schien sich diesmal zu beherrschen. Als Antwort kam dann eine für mich unverständliche, aber ziemlich spöttisch klingende Bemerkung an den Anwalt. Und schon war ich erneut verurteilt; die Buße der Vorinstanz wurde dabei in acht Monate Gefängnis umgewandelt. Die Zeit hatte ich längst in der U-Haft abgesessen; schon weit mehr als das.

41 Nach den in Frankreich wohlbekannten kleinen Schachtelkäse-Portiönchen »Petit Suisse«.

Ich konnte es nicht fassen. Man hätte sich doch nur mittels Rechtshilfegesuch an die Schweizer, an die Zürcher Justiz wenden müssen und zwangsläufig von dort die entsprechende Bestätigung erhalten können.

Ein derartiges Urteil musste ich einfach weitergeben an den Kassationshof. So jedenfalls meine feste Überzeugung. Es konnte nicht angehen, dass ein Angeklagter vor Gericht nicht einmal sprechen durfte![42] Ich reichte Beschwerde ein beim »Cour de Cassation«, dem Kassationsgerichthof.

42 Konnte es wohl. Auch Jahre später in der Schweiz. Siehe Kapitel 53 – Das Obergericht (II) – Die Drohung des Anklägers.

27 – Die Europäische Menschenrechtskommission

Sommer 1995 bis Sommer 1996

Als ich lange Zeit bezüglich meiner Eingabe nichts mehr hörte oder las, konsultierte ich den Anwalt. Der erklärte mir, dass ein Gesuch an den Kassationshof bis zu zwei Jahre dauern könne. Und auf Nachfrage die Ernüchterung: Bis zu dessen Abschluss würde ich in Paris in Auslieferungshaft bleiben müssen. Ein Schock für mich.

Heidi Pergament und ihr Mann, beide unbescholtene Einwohner von Paris, wollten für mich und eine eventuelle bedingte Entlassung aus der Haft bürgen. Doch dies wurde abgelehnt. Diesmal kein Schock, denn ich hatte kaum noch etwas anderes erwartet. Also sofort Widerruf des Rekurses, in der Annahme, zügig in die Schweiz überstellt zu werden. Wo ich immer noch glaubte, ziemlich bald freizukommen. Zwei weitere Jahre in der Untersuchungshaftanstalt, so fürchtete ich, würde ich nicht aushalten. Es geschah aber weiterhin monatelang nichts.

Eines Tages unterband die Gefängnisleitung, dass ich meine in der Haft erstellten Schreibarbeiten[43] per Post versenden durfte. Da ich über mehr als drei Jahre in der Santé schon einiges an Unrecht hatte hinnehmen müssen, legte ich Beschwerde ein. Sie wurde durch alle Instanzen abgewiesen. Schließlich wandte ich mich mit

43 Siehe Kapitel 24 – Vaters Tod.

Klagen gegen Frankreich an die EMRK; die Europäische Menschenrechtskommission.

Ich klagte gegen Frankreich in diversen Punkten, in erster Linie wegen der völlig unverhältnismäßig langen Untersuchungs- beziehungsweise Auslieferungshaft. Anfangs, solange der Verdacht auf sexuelle Handlungen mit Kindern noch nicht ausgeräumt war, mochten die Strafverfolgungsbehörden die Untersuchungshaft noch für gerechtfertigt gehalten haben. Nach meinem Dafürhalten war dies jedoch spätestens mit der Einstellung der diesbezüglichen Verfahren nicht mehr verhältnismäßig gewesen. Allein wegen der dann noch verbleibenden Anklage, die genannte Videokassette betreffend, wäre in Frankreich niemand in Untersuchungshaft gekommen. Die Haft war seither auch nur mit dem Auslieferungsbegehren der Schweiz begründet worden.

Da aber das französische Gesetz auch in solchen Fällen eine Haft nicht zwingend vorsah, hätte meinem Gesuch nach bedingter Haftentlassung mit den vorhandenen Garantien entsprochen werden können.

Doch diese Rüge wurde später von der EMRK abgewiesen. Es war eine Abweisung schon zu Beginn aus formellen Gründen, denn ich hätte in Frankreich bezüglich eines Haftentlassungsgesuches zuerst erfolglos alle Rechtsmittel des Landes ausschöpfen und durch alle Instanzen gehen müssen, um für eine EMRK-Klage zugelassen zu werden. Aus demselben Grunde wurde auch meine Klage gegen das französische Urteil bezüglich der Videokassette abgewiesen. Schließlich blieb lediglich die Beschwerde wegen des unterbundenen Postverkehrs meiner schriftlichen Arbeiten übrig.

Es dauerte sieben lange Jahre, bis ich in Straßburg endlich einen Erfolg erringen konnte. Und ein weiteres Jahr, bevor Frankreich die relativ geringe, dem Land aufgebrummte finanzielle

Entschädigung dann endlich folgen ließ. Dieses Geld kam mir dann nicht ungelegen.[44]

Inzwischen verging mehr als ein weiteres Jahr in französischer Haft. Ich erhielt weiterhin gelegentliche Besuche von Heidi Pergament und regelmäßig auch von einer Ordensschwester der katholischen Schweizer Mission in Paris. Den beiden Frauen verdanke ich sicher auch weitgehend mein halbwegs schadloses Überstehen der insgesamt nahezu dreieinhalb Jahre Haft in der Santé. Einer Haftanstalt, die im Grunde für kurze Haftzeiten bis etwa einem halben Jahr konzipiert war, wie es dort allgemein hieß.

44 Siehe Kapitel 47 – Das Kassationsgericht (CH I) und Kapitel 62 – Das Freebeat-Komitee.

28 – Die Schweizer Botschaft

1993 bis Sommer 1996

Einmal im Jahr wurde ich, pflichtgemäß, während meiner Untersuchungs- und Auslieferungshaft in Paris auch vom Schweizer Konsulatsvertreter besucht. Der blieb leider jeweils kaum mehr als etwa zwanzig Minuten bis höchstens eine halbe Stunde.

Weil sich nach meiner Einweisung in die Santé die Haft immer mehr in die Länge gezogen hatte, habe ich mich nach etwa einem Monat schriftlich ans Schweizer Konsulat gewandt, um mich dort anzumelden. Auch beantragte ich die Aufnahme ins Stimmregister, um an schweizerischen Abstimmungen teilnehmen zu können.

Mein wohlhabender Freund in den Bergen hatte mir bald schon ein Abonnement einer großen Schweizer Tageszeitung verschafft, sodass ich einigermaßen auf dem Laufenden über das Geschehen in der Schweiz war. Es dauerte aber doch fast ein Jahr und benötigte mehrere weitere Schreiben, bevor ich erstmals entsprechende Unterlagen über eine bevorstehende Abstimmung erhielt.[45]

Anfang 1996 wandte ich mich wegen der unerklärlich langen Wartezeit auf die Überstellung in meine Heimat wieder an die Schweizer Botschaft und bat diese darum, zu intervenieren. Schließlich hätte ich mich doch schon von allem Anfang an mit

45 Siehe auch Kapitel 63 – Das verweigerte Stimmrecht.

der Auslieferung einverstanden erklärt. So sei es völlig unverständlich, weshalb ich mehr als ein Jahr nach Abschluss der französischen Verfahren immer noch festgehalten würde. Einige Wochen später gab mir die Botschaft zu verstehen, dass sie dies leider nicht dürften. Sie hätten sich auf meine Beschwerde hin ans Auswärtige Amt in unserer Hauptstadt Bern gewandt. Von dort seien sie an die Justizbehörden von Zürich verwiesen worden. Daraufhin habe ihnen die zuständige Untersuchungsrichterin, Frau Streber, ausdrücklich verboten, bei den französischen Behörden in meiner Sache vorstellig zu werden. Man solle auf gar keinen Fall auf eine Beschleunigung hinwirken. Somit seien ihnen bei der Botschaft die Hände gebunden.

Ich kannte längst die Abläufe bei etlichen anderen Auslieferungshäftlingen. Die hatte ich im Laufe der Zeit in der Santé kommen und gehen sehen. Keiner hatte auch nur annähernd so lange auf seine Auslieferung gewartet, obwohl darunter auch solche waren, welche sich vor Gericht, im Gegensatz zu mir, dagegen zu wehren versucht hatten. Aus irgendeinem Grunde schien man meine Auslieferung bewusst möglichst lange hinausschieben zu wollen.

29 – Die Überstellung in die Schweiz

6. Juni bis Anfang Juli 1996

Am 6. Juni 1996, drei Jahre und knapp vier Monate nach meiner Verhaftung, wurde ich endlich in die Schweiz überstellt.

Den Abend und die Nacht vor jedem Wegzug verbringen die Gefangenen in einer kleinen, kahlen Abstellzelle; so war es auch bei mir. Frühstück gab es keines, bis wir am frühen Morgen abgeholt wurden. Zusammen mit zwei anderen Gefangenen wurde ich – wir drei waren mit Handschellen versehen – in einem gewöhnlichen Minibus von Paris nach Genf gefahren. Es gab einen einzigen kurzen Halt zum Tanken, bei dem wir das Fahrzeug natürlich nicht verlassen durften.

Auf der Fahrt konnten wir die Gegend betrachten; ein erbauliches Erlebnis, nach so langer Zeit der völligen Abschottung von jeglicher Natur und fast gänzlich ohne Sonnenlicht. In der Santé drang aufgrund der kleinen Fenster und der alten, sehr dicken Mauern kein direktes Sonnenlicht in die Zellen. Und es gab in dem engen Spazierhof zwischen den vierstöckigen Blocks nur im Hochsommer eine einzige Ecke, in der die Sonnenstrahlen bis zum Boden reichten. Doch ausgerechnet in dieser Ecke befand sich ein Abfluss im Fußboden, der vielen Gefangenen während der Hofgänge als offenes Pissoir diente.

Seither ertrage ich Sonnenstrahlen schlecht; sie bereiten mir ziemlich bald Kopfschmerzen. Darunter litt ich nun recht heftig auf dieser Reise von Paris in die UNO-Stadt Genf. An der Grenze wurden wir von einem Schweizer Polizeifahrzeug abgeholt. Ich wurde von den beiden anderen getrennt und zwei Genfer Beamte in Zivil ließen mich in einen normalen Wagen einsteigen, nachdem ich dabei hatte helfen dürfen, meine Sachen umzuladen. Die Handschellen waren mir von den Franzosen abgenommen worden. Die Genfer Beamten ließen meine Hände kurzerhand frei. Vielleicht waren sie keine Zeitungsleser.

Nach einem kurzen Aufenthalt in der Hauptwache der Genfer Kantonspolizei, eingesperrt in einem fensterlosen kleinen, kahlen Raum, wurde ich zum Bahnhof gebracht, immer noch ohne jegliche Fesselung. Es war mittlerweile Nachmittag und ich hatte großen Durst. Der Beamte, der mich in seinem Auto zum Bahnhof brachte, gab sich überrascht, dass ich seit dem Vortag weder etwas zu Essen noch zu Trinken bekommen hatte, und sagte, er werde den Schaffner im Zug anweisen, mich unterwegs zu verköstigen; es gäbe im Zug einen Speisewagen. Wir seien zeitlich aber äußerst knapp, da der Zug bald abfahre.

Auf dem Bahnsteig eilte der Beamte dann weit voraus, während ich den Gepäckwagen mit all meinen aufgetürmten Sachen durch die vielen Reisenden manövrierte. Ich war erstaunt, denn eine Flucht wäre für mich unter diesen Umständen sehr leicht und erfolgversprechend gewesen. Doch dafür, glaubte ich, hätte ich hier in der Schweiz keinen Grund.

Die Reise verbrachte ich im sehr engen Gefangenenabteil des Postwagens. Niemand öffnete unterwegs die Tür. Ich blieb daher ohne Verpflegung und meine Kehle war vor Durst zunehmend ausgetrocknet. Von wegen Speisewagen! Dennoch empfand ich diese Fahrt als ein wunderbares Erlebnis. Das Fenster war zwar vergittert und milchig eingefärbt; nur ganz oben war es durchsichtig. Der Zug fuhr unter anderem entlang dem Bielersee, eine der Gegenden meiner Kindheit und Jugend. Während der Reise stand ich und meine Blicke klebten durch den obersten schmalen Teil des Fensters an der vorbeiziehenden Landschaft. Wie lang hatte ich das nicht mehr gesehen!

In Zürich kamen wir um etwa siebzehn Uhr an. Auf dem Bahnsteig wurde ich von zwei Zürcher Kantonspolizisten erwartet, die mir sogleich Handschellen verpassten. Kurz darauf steckten sie mich, nachdem sie meine Sachen alle abgenommen und auch meine Hosentaschen durchsucht und mich abgetastet hatten, in eine enge Holzzelle im damaligen Provisorium des Bahnhofpolizeipostens.

Nach einer Weile klopfte ich gegen die Tür. Als sich niemand um mich kümmerte, rief ich und bat um etwas Wasser. Doch auch dies blieb unbeachtet. Schließlich wurde ich gegen halb acht Uhr abends rausgeholt und zur Hauptwache gebracht. Dort sperrte man mich in eine Zelle, nachdem mir der Aufseher beschied, dass es fürs Abendessen zu spät sei. Kaum fiel die Zellentür ins Schloss, stürzte ich mich auf den Wasserhahn und stillte endlich meinen mächtigen Durst. Seit mehr als vierundzwanzig Stunden hatte ich weder etwas essen noch trinken können.

Ich blieb ein paar Wochen in der Polizeizelle, bevor ich nach Affoltern am Albis, Kanton Zürich, ins dortige Bezirksgefängnis (BG) überführt wurde.

30 – CH: Keine Psychotherapie (I)

Juli 1996 bis Spätsommer 1998

Aus einem Bericht des Pariser Generalstaatsanwalts an die Schweizer Untersuchungsbehörden las ich erstmals folgendes: Die gerichtsmedizinischen Untersuchungen der drei Knaben Piet, Ulf und Ben hatten keine, die Anschuldigungen stützende, Ergebnisse erbracht.

Kaum wurde ich von den Polizeizellen in Zürich in ein Untersuchungsgefängnis überstellt, hatte ich dies nun von meinem Schweizer Anwalt, Dr. Adliger, zugestellt bekommen. Leider konnte dem Bericht diesbezüglich kein weiteres Wort entnommen werden; die eigentlichen Untersuchungsberichte des Pariser gerichtsmedizinischen Experten fehlten nach wie vor. Einzig über jenes von Piet hatte ich in Frankreich von meinem dortigen Pflichtverteidiger Informationen erhalten.[46]

Wusste ich es doch: Das, was Manuela damals Heidi Pergament in Paris über die Behauptung der Polizei von angeblich »hieb- und stichfesten medizinischen Beweisen« berichtet hatte, beruhte auf einer polizeilichen Lüge.

Nachdem ich die bei einem Eintritt übliche gefängnisärztliche Untersuchung hinter mir hatte, beantragte ich ein Gespräch mit einem Psychologen oder einer Psychologin.

Im Vergleich zum Untersuchungsgefängnis »La Santé« in Paris war die Isolation eines Gefangenen hier im »BG-Affoltern

46 Siehe Kapitel 18 – Paris: Die Verhaftung und das Drama der Kinder.

am Albis« viel restriktiver. Besonders wenn keine Arbeit in einer der internen industriellen Werkstätten oder etwa als Hausarbeiter erhältlich war. Schon der Kontakt mit Aufsehern war begrenzter: Während in Paris die Zellentür etliche Male an jedem Tag geöffnet wird – sei es, um das Essen zu verteilen, um Post zu übergeben oder auch schon mal einfach für einen kurzen Schwatz zwischen Aufseher und Gefangenen, – so geschieht dies in der Zürcher U-Haft fast immer nur durch eine kleine Klappe etwa auf Brusthöhe. Meist sieht man draußen gerade mal für einen Augenblick den Bauch des Uniformierten, es sei denn, man bückt sich und dreht den Kopf weit genug, um draußen hochblicken zu können. Hierzulande beschränkt sich das Öffnen der Zellentür auf den täglich einstündigen Spaziergang im Hof, auf das wöchentliche Duschen und auf eher seltene besondere andere Gründe. Es gibt, wie in der Santé, auch in der Schweizer U-Haft allgemein begrenzte Möglichkeiten für die Aufnahme einer Beschäftigung. Während in Paris die Chancen darauf mangels Angebot bedeutend kleiner waren, so standen diese in Affoltern am Albis schon besser. Wenngleich auch längst nicht für alle.

So hatte ich in Paris lediglich während etwa einem Drittel meiner dortigen Zeit arbeiten können, was schon sehr viel mehr war als der dortige Durchschnitt. In der hiesigen U-Haft arbeitete ich während mehr als zwei Dritteln der Zeit. Sowohl in Paris als auch hier musste man sich die Zuteilung zum Arbeiten durch Wohlverhalten verdienen. Ganz besonders für die privilegierten Jobs. Für mich waren in der U-Haft Besuche äußerst selten zugelassen und wenn, dann einzig durch eine dicke Glasscheibe. Telefonate waren mir lange Zeit verunmöglicht worden und wurden später nur sehr eingeschränkt und nach vorherigem schriftlichem Gesuch im Büro der Untersuchungsrichterin erlaubt. Es mochten in den gut zwei Jahren U-Haft hier alles in allem vielleicht ein Dutzend Telefonate gewesen sein, die ich führen durfte; davon die meisten mit meinem Anwalt. Mehrmals wurden Briefe nicht weitergeleitet, weil ich oder mein Briefpartner beziehungsweise meine Briefpartnerin darin irgendetwas über das Verfahren schrieb – auch wenn es etwas für die Untersuchung gänzlich Irrelevantes war. Außerdem brauchte meine Post allgemein recht lang, zuweilen bis zu vierzehn Tage, bis sie die Zensur durch die Untersuchungsrichterin passiert hatte.

Mein Gesuch um ein Gespräch mit einem Psychologen blieb zunächst unbeantwortet. Auch ein zweites Schreiben Wochen später brachte keinen Erfolg. Erst nach Monaten wurde ich dann doch zu einem Gespräch gerufen. Eine Psychologin des PPD, dem psychiatrisch-psychologischen Dienst vom Amt für Justizvollzug des Kantons Zürich, die bei einem anderen Gefangenen gewesen war, hatte »noch ein paar Minuten Zeit« für mich. Als ich ihr kurz meine Probleme schildern wollte, Depressionen, klaustrophobische Schübe, da unterbrach sie mich schnell und sagte: »Wir vom PPD sind einzig dazu da, dafür zu sorgen, dass Sie keine Kinder mehr vergewaltigen.« Mit diesem krassen Vorurteil war das Gespräch für mich schon wieder beendet und ich sah die Frau daraufhin auch nie mehr wieder.

Nach etwa einem halben Jahr in Affoltern am Albis schrieb ich einen Brief an die Justizdirektion. Es war ein Gesuch für weitergehende als die in Untersuchungshaft übliche medizinische Grundversorgung. Ich argumentierte, dass ich mittlerweile schon seit mehr als vier Jahren in U-Haft sei und ich inzwischen verschiedene, teils dringliche gesundheitliche Probleme habe. So hatte ich nur noch unten wenige einzelne Zähne und konnte längst nichts mehr zerkauen. Tatsächlich musste ich seit Monaten schon alles zuerst im Essgeschirr lange zerkleinern und zerdrücken und mein Essen dann mehr oder weniger runterwürgen. Über die letzten zwei Jahre waren mir fast alle Zähne ausgefallen. Auch brauchte ich dringend eine neue Brille; die bisherige war längst defekt und mein Augenlicht hatte sich deutlich verschlechtert. Jahrelanger Aufenthalt in der Santé von Paris in düsterem Licht und nahezu immer ohne Sonneneinwirkung dürften dazu beigetragen haben. Schließlich litt ich, von Ärzten mittlerweile mehrfach bestätigt, seit meiner Kindheit an Klaustrophobie. Dies barg die Gefahr von schwer kontrollierbaren Panikattacken und trug wohl auch zur Verschlimmerung der Depression bei. Letztere bestand seit dem Tod meines Vaters, von dem ich mich bis dato weder hatte verabschieden, noch seine Urne, die irgendwo auf einem Lagergestell verstaubte, beisetzen können. Deswegen bat ich um die Bewilligung einer Psychotherapie, um diese Probleme und andere möglichst langfristig wirkungsvoll in den Griff zu bekommen.

Nun erhielt ich nach relativ kurzer Zeit eine Antwort. Darin wurde mir zugestanden, dass bei außerordentlich langer Untersuchungshaft und Vorliegen besonderer gesundheitlicher Probleme ein Anspruch auf eine über die Gefangenen-Grundversorgung hinausgehende medizinische und anderweitige Betreuung bestehen könne. Ich wurde angewiesen, die Kosten für eine Brille und für ein Gebiss abklären zu lassen. Für beides allerdings könne die Justiz nicht aufkommen; dies müsse ich selbst finanzieren oder mich anderweitig darum bemühen; man würde mir aber seitens der Anstaltsleitung dabei behilflich sein. Es wurde mir auch ein Auftrag an den PPD zur Abklärung des Bedarfs für eine Psychotherapie angekündigt.

Die Kosten für eine Brille brachte ich dann selbst auf; dafür reichte mein in der Haft verdientes und angespartes Geld derzeit gerade knapp. Auf ein Gebiss musste ich noch lange warten; niemand schien diese Kosten tragen zu können oder zu wollen. Mit den meisten meiner Freunde war mir damals der Kontakt wegen Kollusionsgefahr noch untersagt, und die wenigen, mit denen ich kommunizieren konnte, waren selber so gut wie mittellos, lebten teilweise auf kleinstem Budget. Auch von meiner Heimatgemeinde kam eine Absage. Dann gelang es der von mir um Hilfe gebetenen »Stiftung Schweizer Beobachter«, mit der Heimatgemeinde deren Übernahme der Komplett-Mundprothese für zehntausend Franken auszuhandeln.

Vom PPD hingegen erhielt ich, wohl »vorsorglich«, einzig die Mitteilung, da ich nicht geständig sei, wäre eine Therapie ausgeschlossen. Damit war allem Anschein nach der Anweisung der Justizdirektion schon Genüge getan, denn ich hörte danach erst mal nichts mehr von Seiten des PPD und auch Nachfrage-Schreiben blieben erfolglos.

Irgendwann später erhielt ich dann jedoch Vorschüsse auf die, wenn auch nicht üppige, Hinterlassenschaft meines Vaters. Damit konnte ich mir nicht nur einen leistungsfähigeren PC leisten – mit dem in Paris gekauften stieß ich längst an meine Grenzen – sondern ich konnte auch die Kosten für einen privat bestellten Psychologen übernehmen – wenigstens für eine gewisse Zeit.

Also schrieb ich sämtliche in der Umgebung wohnenden diplomierten Psychologinnen und Psychologen an und bat um deren Hilfe. Ich wollte mir dann das kostengünstigste Angebot aussuchen. Eine kurze Zusammenfassung meines Verfahrens legte ich den Schreiben bei, nannte meine Probleme in Stichworten und erwähnte auch meine pädophile Veranlagung. Dabei bat ich auch darum, sich nicht einseitig von den hetzerischen Medienberichten über mich irreführen und beeinflussen zu lassen. Ich erhielt in der Folge von einigen der angeschriebenen Psychologen eine Antwort. Es waren jedoch leider alles Absagen. Die meisten beriefen sich auf Auskünfte seitens des PPD oder der Justizdirektion. Beide Stellen hätten offenbar eine Intervention durch eine nicht vom PPD beauftragte Fachperson untersagt. In einem Falle beschied mir der angeschriebene Psychologe, dass er meine Schilderungen für unglaubwürdig halte, er könne sich nämlich nicht vorstellen, dass jemand so lange schon in Untersuchungshaft sei, ohne dass er sich nicht schwerster Straftaten schuldig gemacht hätte. Da ich mich aber dennoch für unschuldig halte, sei mir ohnehin nicht zu helfen. Ein anderer schrieb, dass er selbst Kinder habe und deshalb meine Taten verabscheue.

Nur ein Einziger ging auf die in meinem Schreiben geschilderten Probleme ein, musste mich dann aber auf irgendwann im übernächsten Jahr vertrösten, da er bis dahin vollkommen ausgebucht sei. Ich erwartete nicht, noch so viel länger im Gefängnis schmoren zu müssen, aber ich merkte ihn mir vor. Jedenfalls blieb ich damals, im Gegensatz zur Santé, in der Schweiz noch lang ohne psychologische Hilfe.

31 – Mehr als eine körperliche Untersuchung

Sommer 1996

Eines Tages wurde ich per Gefangenentransport aus der U-Haft ins IRM gebracht, das Zürcher Institut für Rechtsmedizin. Die beiden polizeilichen Begleiter waren während meines Aufenthaltes dort ständig anwesend, ohne ein Wort an mich zu richten.

Der Zweck der Untersuchungen war, Fotos meiner körperlichen Merkmale für einen Vergleich bei der Sichtung und Analyse einer unbekannten Menge von kinderpornografischen Filmen und Bildern zur Verfügung zu haben. Dieses Material stammte, gemäß meinem Anwalt, aus ungewissen Quellen, vermutlich aus polizeilichen Archiven.

Im Grunde war ich mit der Untersuchung völlig einverstanden, denn sie konnte nur dazu führen, mich wenigstens in dieser Hinsicht zu entlasten. Während ich dort in einem Untersuchungszimmer von den Beamten bewacht wurde, hieß mich ein weiß gekleideter Assistent, mich komplett auszuziehen. Ich zögerte, schielte zu den beiden interessiert schauenden Beamten, doch es half nichts.

Als ich dann, mit den Händen vor meinem Geschlecht, nackt dastand, dirigierte der Weißkittel mich auf die mitten im Raum stehende Liege, wo ich mich rücklings hinlegen musste, Arme hochgestreckt, Blick nach oben. Der Assistenzarzt war recht jung, wohl deutlich unter dreißig. Während er meine Arme und Beine in die gewünschten Positionen rückte, schien er es als seine Aufgabe zu betrachten, meine Bewacher über die medizinischen Bezeichnungen für die diversen Körperteile und Organe aufzuklären.

Handschuhe trug er keine. Er fuhr mit seinen nackten Fingern entlang der jeweils kommentierten Stellen an der Brust, den Flanken, am Unterleib und rund um die Genitalien.

Ich fühlte mich augenblicklich meiner Menschlichkeit beraubt – wie ein enthäutetes Tier, dessen Anatomie Laien vorgeführt wird. Ich lag völlig flach da und starrte gegen die milchig-hell leuchtende, große runde Lampe. Verstohlen drehte ich jeweils kaum merklich den Kopf und schielte zu den unweit von mir auf Stühlen sitzenden Beamten. Der eine schaute mit leichtem Dauer-Grinsen dem Treiben des Assistenten zu. Der andere hantierte mit einem Fotoapparat, stand jetzt auf und trat an die Liege heran. Zunächst wurde mein Körper durch den polizeilichen Fotografen von allen Seiten abgelichtet. Der Assistent dirigierte mich in die jeweils gewünschte veränderte Lage. Dann musste ich wieder auf dem Rücken mit seitlich nach oben weggestreckten Armen und gespreizten Beinen ruhig liegen bleiben. Immer wieder manipulierte der Weißkittel in der Folge meine Genitalien auf unterschiedliche Weisen und wies den Fotografen an, Foto um Foto zu knipsen. Der Assistent bog meine Beine seitlich ab, sodass auch die Unterseite meiner Genitalien und meine Analregion aufgenommen werden konnten. Zwischendurch wechselten der Fotograf und er einige Worte, Fragen wurden gegenseitig beantwortet.

»Soll ich auch von der Seite …?«

»Wäre es sinnvoll, wenn auch die aktiven Perspektiven …?«

»Für forensisch verwertbare Vergleiche …?«

Man mochte es nicht, dass ich hin und wieder den Kopf anhob, um zu den über meinen Unterleib gebeugten flüsternden Männern schauen zu können. Der Assistent befahl mir mit barscher Stimme, den Kopf unten zu behalten und nach oben zu blicken.

Plötzlich und ohne mich darauf vorzubereiten, wurde mein Glied von einer Faust umschlossen und dann anhaltend und heftig frottiert. Ich war überrumpelt, versuchte vergeblich, inneren Widerstand zu leisten, mit geistiger Kraft eine Erektion zu vermeiden. Unwillkürlich hatte ich meinen Oberkörper angehoben und sah den Weißkittel bei seinem Tun an.

»Hinlegen!«, schnauzte mich der Mann mit dem Fotoapparat an.

Ich ließ mich mit dem Hinterkopf wieder auf die nur dünn gepolsterte Liege fallen. Es war nicht zu verhindern, was der Weißkittel offensichtlich bezweckte, und so konzentrierte ich mich auf den einzigen beruhigenden Gedanken, dass dies alles zu meinem Vorteil gereichen würde. Denn ich wusste ja, wie viele Vergleiche die auch anstellen mochten, es würde mich nur entlasten; ich war nie Teil irgendwelcher pornografischen Aufnahmen. So zwang ich mich zu stoischer Ruhe, während meine Genitalien auch in erigiertem Zustand ausgiebig abgelichtet wurden.

Die einzigen Worte des Weißkittels an mich während dieser Prozedur waren kurze Befehle wegen leicht veränderter Haltungen und dann jeweils sein »und jetzt wieder absolut nicht bewegen!«.

Rückblickend finde ich, dass das, was da an mir getan wurde, sich im Grenzbereich einer Vergewaltigung bewegte. Als besonders erniedrigend empfand ich dabei das ungenierte gelegentliche Kichern der beiden Polizisten.

Doch ich sagte kein Wort. Die ganze Untersuchung hatte vielleicht eine Stunde gedauert oder auch weniger – sie kam mir subjektiv endlos lang vor. Als sie endlich zufrieden waren und sich auf Stühle setzten, wollte ich mich aufrichten, wurde aber sofort gestoppt.

»Nein, Sie bleiben schön liegen!«

Nackt auf dem Rücken, weiterhin unter den Augen der drei. Sie tauschten zunächst Belangloses aus, Fragen der Beamten an den Weißkittel bezüglich seiner Arbeit generell und umgekehrt.

Nach einer Weile nahm ich meinen ganzen Mut zusammen und bat darum, aufstehen, mich anziehen oder wenigstens bedecken zu dürfen, weil mir kalt sei. Ich wurde zunächst nicht beachtet. Erst nach einer Weile und einigen abschätzigen Bemerkungen vonseiten der Polizisten zueinander sagte der Assistent zu mir, dass mich der Chefarzt noch sehen wolle.

»Bis dahin bleiben Sie so, wie Sie sind, verstanden?«

Die Zeit floss dahin – ich weiß nicht, ob es eine weitere halbe Stunde, eine ganze oder gar mehr waren. Niemand kam. Die Männer unterhielten sich die meiste Zeit, auf ihren Stühlen sitzend, mir zugewandt. Immer wieder fand einer von ihnen irgendein gruseliges Thema über diesen oder jenen Sexualverbrecher, das sie dann genüsslich diskutieren konnten. Dabei blickten sie jeweils zu mir hin, starrten mich richtiggehend an. Ohne Kopfunterlage schmerzten längst Nacken und Rücken.

Ich versuchte meist völlig teilnahmslos zur Decke zu blicken, konnte aber nicht umhin, immer wieder zu ihnen rüberzuschielen. In den Blicken der Männer sah ich angewiderte, teils triumphierende Anzeichen, gerade so, als ob ich irgendein verhasstes, hässliches und zur Strecke gebrachtes Untier wäre. Die Haltung dieser Männer empfand ich zutiefst verletzend. Ihre Worte trieften zunehmend vor Hohn und Verachtung, während sie mich unter anderem mit dem in den Medien zu jener Zeit als *Babyquäler* bezeichneten R. O. verglichen. Über den waren auch sehr viele ähnlich reißerische Berichte erschienen wie über mich. Erstmals schon 1994 im französischen Fernsehen.

Dann kamen sie noch auf einen jüngeren, ebenfalls abscheulichen Fall von Kindesmissbrauch und Misshandlung, zu sprechen. Ein Mann soll seine Stieftochter mithilfe ihrer Mutter an einen Radiator gefesselt und missbraucht und dabei gefilmt haben.

»Mit solchen Sauhunden würde ich kurzen Prozess machen,

wenn es nach mir ginge«, hörte ich dabei aus dem Mund eines der Polizisten. Auch hier wieder entging mir nicht, dass sie mich anstarrten. Ich blieb weiterhin stumm, schob nun aber meine Arme zum Nacken hin, ganz langsam. Mit den Händen den Kopf stützend. Sie ignorierten es. Ein Arzt kam letztlich nie und irgendwann durfte ich mich endlich wieder anziehen.

Unmittelbar nach meiner Rückkehr in die Zelle des Bezirksgefängnisses verfasste ich einen ausführlichen Bericht über dieses Ereignis und sandte ihn meinem Pflichtverteidiger. Darin stellte ich auch klar, dass ich im Grunde nichts gegen die körperlichen Untersuchungen gehabt hatte, so unangenehm und beschämend sie für mich auch waren. Denn ich sei mir bewusst, sie würden mithelfen, meine Unschuld zu beweisen. Meine Absicht war aber unmissverständlich: Es sollte eine Strafanzeige gegen die Beteiligten erfolgen. Amtsmissbrauch, sexueller Missbrauch, erniedrigende Behandlung, oder was immer bei dem sicherlich menschenrechtswidrigen Verhalten der Beteiligten juristisch relevant war. Ich stand unter Verdacht, wehrlosen Kindern schlimmste Dinge angetan zu haben und Außenstehende konnten wohl nicht wissen, was genau ich getan haben sollte. Sie hatten lediglich die reißerischen Medienberichte als Orientierungshilfe. Mit Gesicht und vollem Namen längst vorverurteilt.

Hätte ich deshalb über diesen übergriffigen Vorfall schweigen müssen? Meine Antwort darauf ist jedenfalls ein entschiedenes Nein. Mein Bericht interessierte jedoch sowohl damals wie auch bis heute niemanden. Anscheinend nicht einmal meinen damaligen Anwalt, denn er blieb untätig.

32 – Das Gerichts- »Gutachten«

Spätsommer 1996 bis Sommer 1997

Im Spätsommer 1996 wurde ich auf Erlass der BAin Streber wegen einer gerichtspsychologischen Untersuchung in die psychiatrische Klinik Königsfelden im Kanton Aargau gebracht.

Der Termin war um zehn Uhr vormittags. Oft wird man bei solchen Transporten zunächst in die Zürcher Polizeikaserne gebracht und muss dort meist noch ungewisse Zeit warten, bevor es weitergeht. Normalerweise wurde ich dabei von den Begleitern korrekt behandelt. Eine Ausnahme hatte ich bekanntlich schon erlebt und beschrieben.

Dieser Gefangenentransport verlief dann aber alles andere als normal. Und er überschattete das zunächst mit gewisser Vorfreude erwartete Ereignis. Ein Ereignis, das nicht nur eine sehr willkommene Unterbrechung in der Isolation der Haft zu bedeuten schien, sondern meiner Erwartung gemäß das bisher öffentlich breitgetretene Bild eines »Monsters« bereinigen würde. Meiner veranlagungsbedingten Risiken war ich mir weitgehend bewusst, und ich war durchaus bereit, dafür kompetente Hilfe angeboten zu bekommen. Was dies betraf, so konnte ich schon vor dem Kennenlernen der Familie Bachwiese auf etliche Jahre ausschließlich legalen Umgangs damit zurückblicken. Die Vorkommnisse mit dem jungen englischen Freund 1984 ausgenommen, hatte ich nie in meinem Leben auch nur annäherungsweise die intimen Grenzen anderer verletzt. So blickte ich der gerichtlichen Begutachtung zunächst mit positiver Spannung entgegen.

Gefangenentransporte sind nie angenehm, noch weniger für

einen Menschen mit Klaustrophobie. Man sitzt in einer metallenen, fensterlosen engen Kiste auf einer harten Bank, mit hinter dem Rücken gefesselten Händen und ist der Fahrweise des Beamten ausgeliefert. Vielen Gefangenen wird dabei kotzübel. Da man nichts sieht, kann man auf Kurven und Bremsmanöver nicht vorbereitet sein, also muss man sich mehr oder weniger ständig versteifen und sich mit den Beinen gegen die nahe Wand gegenüber stemmen. Denn angegurtet wird man nicht. Die meisten Fahrer bemühen sich um eine stressarme Fahrweise, wobei manchmal Zeitdruck erschwerend hinzukommt.

An besagtem Tag aber erlebte ich eine Art Höllenritt. Eine klein gewachsene Polizeibeamtin und ein schlaksiger junger Fahrer holten mich frühmorgens grußlos vom Bezirksgefängnis ab. Schon ihre Blicke verhießen nichts Gutes. Die Beamtin legte mir Handschellen an. Normalerweise wird darauf geachtet, dass die Stahlklammern zwar eng anliegen, um nicht abgestreift werden zu können, jedoch nicht unnötig drücken. Diese Frau presste dann aber die Handschellen am Rücken mit erheblichem Kraftaufwand zusammen, sodass sie schmerzhaft gegen die Knochen der Handgelenke drückten, wo Haut und Gewebe keinerlei Polsterung bieten. Wie immer vor Transporten hatte ich auch den heutigen Begleitern gegenüber höflich auf meine Handgelenkverletzung rechts aufmerksam gemacht. Sie stammt von einem schweren Arbeitsunfall in meiner Kindheit und verursacht noch heute oft Schmerzen. Meiner Bitte um Lockerung schien die Frau zunächst wortlos nachkommen zu wollen. Sie trat hinter mich und fasste an die Schelle am besagten Handgelenk. Doch anstatt sie mit ihrem Schlüssel zu entriegeln, um den Druck zu verringern, presste sie den Stahlring gleich nochmals kräftig zusammen. Mir entfuhr ein schmerzgetriebenes »Heh!«, und ich drehte den Kopf, um ihr in die Augen zu sehen. Sie wandte sich sofort ab.

Das Gitter innerhalb der Schiebetür wurde zugeknallt und

verschlossen, die Tür ebenfalls, und die beiden bestiegen vorn, laut lachend, die Führerkabine. Die Fahrt von Affoltern zur Klinik Königsfelden dauerte normalerweise höchstens etwa eine Dreiviertelstunde. Ich war an diesem Morgen aber stundenlang unterwegs. Im zweiten hinteren Abteil des Transporters wurden währenddessen mehrere andere Gefangene aus verschiedenen Haftanstalten dahin und dorthin transportiert. Mehrmals wurde das Fahrzeug in der prallen Sonne abgestellt, einmal gut und gern eine Stunde lang, während die Begleiter offenbar zum Vespern gingen. Wann immer ich allein hinten drinnen war, wurde die Fahrweise sogleich äußerst ruppig, besonders in Kurven und vor Ampeln. Es war allem Anschein nach Absicht, denn öfter wurde mehrmals hintereinander plötzlich scharf gebremst, um sofort wieder Vollgas zu geben, wobei Fahrer und Beifahrerin jedes Mal hörbar laut lachten. Obwohl ich einiges gewohnt war, befielen mich Ängste. Ich hatte Mühe, mir einzureden, dass die beiden in der Fahrerkabine ja wohl nicht unbedingt suizidgefährdet seien. Absolut nichts zu sehen wäre sicherlich für jeden beunruhigend bei dieser Fahrweise. Mehrmals schaffte ich es nicht, mich zu stabilisieren, und flog von der Sitzbank mit der Schulter gegen die Seitenwand oder das Gitter.

Dreieinhalb Stunden nach meiner Abholung erst öffnete sich die Tür meines Abteils direkt vor dem Haupteingang der psychiatrischen Klinik. Drinnen wurde ich endlich von den längst stark schmerzenden Handschellen befreit.

Als ich die Gutachterin, Frau Dr. Berger, kurz darauf sah, zeigte ich ihr die geschundenen Handgelenke mit breiten tiefblauen, bis fast schwarz durchzogenen Ringen und stellenweise auch leicht blutenden Einkerbungen. Ich beschwerte mich über die Handlungsweisen des polizeilichen Begleitpersonals. Zu Beginn, so kurz nach Ende dieser Tortur, zitterte ich und hatte

Mühe, meine Fassung wiederzufinden. Meine Handgelenke würden sicher noch eine ganze Weile schmerzen.

Doch Frau Dr. Berger warf nur einen kurzen Blick in die Richtung meiner Hände, ohne darauf einzugehen, und meinte dann, da es fast Mittagszeit sei, hätte sie gerade keine Zeit. Meine Erregung legte sich schnell wieder. Sie fragte mich, ob ich mich auch mit einer medizinischen Untersuchung im Rahmen ihrer Begutachtung einverstanden erklären würde. Darin hätte ich natürlich ohne Weiteres einwilligen können, fragte sie aber, um eine möglicherweise unnötige Doppeluntersuchung zu vermeiden, ob sie die Resultate einer erst vor Kurzem durch den Gefängnisarzt vorgenommenen Generaluntersuchung für ihre Zwecke verwenden möchte, falls dies für sie genüge. Damit war sie einverstanden. Dieser erste Kontakt mit Frau Dr. Berger dauerte wenige Minuten.

Ich erlebte hier nach den Jahren der Auslieferungs- und Untersuchungshaftregimes ein gefühltes kurzzeitiges »Paradies«. Überall durfte ich mich innerhalb der geschlossenen Abteilung bewegen, es gab Blumen und Pflanzentöpfen und es duftete wunderbar nach diesen Pflanzen. Ich konnte mich kaum sattsehen. Und ich durfte sprechen, mit wem immer ich wollte und wem dies willkommen war. Erstmals seit Jahren schloss ich wieder eine Toilettentür hinter mir ab. Zum Mittagessen saß ich mit anderen Menschen zusammen an einem Tisch, durfte mich selbst bedienen und nehmen, so viel ich mochte. Und wie das Essen schmeckte!

Obwohl Frau Dr. Berger angekündigt hatte, nach der Mittagspause das Gespräch fortzusetzen, sah ich sie den ganzen Nachmittag nicht mehr. Abgesehen von einigen längeren aufschlussreichen und eindrücklichen[47] Gesprächen mit redseligen Patienten

47 Nach übereinstimmenden und dem Anschein nach voneinander unabhän-

wartete ich mehr oder weniger untätig in der Klinik. Dann wurde ich wieder von einem Transportteam abgeholt.

Es waren zum Glück nicht dieselben Beamten und diesmal verlief die Fahrt normal und direkt bis zum Gefängnis in Affoltern. Dort schrieb ich als Erstes einen Brief an den Gefängnisarzt, stellte ihm darin wegen der Generaluntersuchung eine Enthebung der Schweigepflicht zugunsten von Frau Dr. Berger aus und bat überdies um eine baldmöglichste Konsultation.

Die bekam ich in der Folgewoche. Ich ließ vom Arzt die noch immer deutlich sichtbaren Verletzungen an meinen Handgelenken schriftlich festhalten. Ich schrieb deswegen schließlich eine Beschwerde an die Bezirksanwältin. Sie wurde jedoch nie beantwortet, geschweige denn weiterverfolgt.

An meinem rechten Handgelenk begann sich ein Hämatom zu entwickeln, das sich allmählich vergrößerte. Es verstärkte die Schmerzen, die ich seit dem Unfall als zwölfjähriger Verdingbub nicht mehr loswurde, und es dauerte ein paar Jahre, bis es sich zurückbildete.

An einem Nachmittag kam eine Assistentin von Frau Dr. Berger ins Gefängnis und sie hatte es eilig. Etwa eineinhalb Stunden mussten für ein paar z. T. zeitraubende Tests reichen, darunter der »Szondi«- und der »Wartegg«-Test. Einen Baum musste ich zeichnen – ich brachte, unter Zeitdruck, eine alte Linde zuwege, mit einer Sitzbank darunter, inspiriert von der berühmten Linde von Linn am Bözberg. Dann sollte ich nochmals einen Baum

gigen Aussagen diverser Patienten der geschlossenen Psychiatrie sahen sie nur einmal pro Woche und in Einzelfällen gar nur alle 14 Tage einen Psychiater. Die übrige Zeit wurden sie (etwa 20 Patient*innen) von wenigen Pflegern bzw. Pflegerinnen betreut und mit Medikamenten versehen. Die meiste Zeit waren sie mehr oder weniger auf sich allein gestellt.

zeichnen, »einen ganz anderen«. Also zeichnete ich noch eine knorrige, vom Sturm verwitterte Bergföhre, die ihr Wurzelwerk zwischen schroffen Felsen im kargen Erdreich verästelte. Die Assistentin trieb mich mehrmals zur Eile an, obwohl sie sah, dass ich den Bleistift ständig flink übers Papier wandern ließ.

Frau Dr. Berger suchte mich zweimal im Bezirksgefängnis auf. Insgesamt hatte sie sich etwa zwei oder zweieinhalb Stunden Zeit für die persönliche Exploration genommen. Es reichte immerhin, um ihr in groben Zügen die bisherige Verlaufsgeschichte meines Verfahrens darzulegen. Natürlich wies ich auf die vielen früheren entlastenden Ergebnisse der Befragungen meiner Stiefsöhne hin, als sie mich wegen der gegen mich erhobenen Vorwürfe ansprach. Weiter stellte sie kaum Fragen, ließ mich frei reden und machte Notizen. Sie gab sich einfühlsam und sagte mir zum Schluss der zweiten Konsultation lächelnd, dass sie mich nicht als gefährlich einstufe.

In einem ausführlichen Brief bedankte ich mich darum geradezu herzlich bei der Gutachterin für ihre Freundlichkeit während der Gespräche. Ich wies darauf hin, wie wohltuend ich das empfunden hatte.

Am Ende behauptete die Gutachterin in ihrem Bericht, erstellt im Februar 1997 zuhanden der Justiz, zu meiner nicht geringen Empörung, ich hätte mich einer ärztlichen Untersuchung verweigert. Weiter war in ihrem »Gutachten« unter anderem auch zu lesen, ich hätte ein niedriges Frustrationspotenzial, würde zu übermäßiger Erregung auf unbedeutende Anlässe neigen und bräuchte lange Zeit, um mich davon zu erholen. Wie das? Sie hatte mich doch kaum drei Minuten gesehen!

Ich war fassungslos, als ich das alles las. Unbedeutende? Das mit den Handschellen war Sadismus gewesen. Wieder einmal hatte ich mich in einem Menschen getäuscht. Die Gutachterin hatte sich doch derart überzeugend freundlich gegeben. Ob ich es wohl je lernen würde, verborgene Absichten in meinem Gegenüber zu erkennen?

Über meine schlechte psychische Verfassung nach der schon Jahre dauernden relativen Isolation und allgemeinen Härte in der Auslieferungs- und Untersuchungshaft, den unverarbeiteten Tod meines Vaters und die dadurch aufgebrochenen alten Kindheitstraumata –über all das stand nichts in dem »Gutachten«. Es war im Resultat verheerend.

Die Frage, ob eine Verwahrung zu empfehlen sei, beantwortete sie mit den Worten: »Will man hundertprozentige Sicherheit, so bleibt nur die Verwahrung.« Eine allgemeingültige Feststellung, die man wohl über jeden Menschen treffen könnte. Sie löste zwar ein mulmiges Gefühl bei mir aus, beunruhigte mich aber nicht besonders. Dann attestierte das Gutachten mir eine schwerwiegende narzisstische Persönlichkeitsstörung von Krankheitswert. Ich sei nach Ansicht der Gutachterin unfähig, mich in andere einzufühlen. Hier stimmten Fremd- und Eigenwahrnehmung ganz offensichtlich nicht überein. Wenn ich jemanden leiden sehe, dann empfinde ich das auch, zuweilen fast schon physisch. Ich war jedenfalls über das Bild, das da von mir »gezeichnet« wurde, irritiert und schrieb Frau Dr. Berger einen Brief. Dabei erwähnte ich zunächst, dass in ihrem Befund gewiss einzelne mir nützliche und für meine steten Bemühungen zur Selbstreflexion hilfreiche Hinweise enthalten seien. Ich reflektierte jedoch auch über die meines Erachtens strittigen Punkte. Darauf erhielt ich keine Antwort.

Alle Bemühungen für ein Ober- oder Zweitgutachten und sämtliche Einwände bei der Justiz gegen die von mir beanstandeten Teile dieses »Gutachtens« wurden ignoriert. Die Testergebnisse und das Gutachten sandte ich später einem mir persönlich von früher bekannten international renommierten Professor in Bremen zur Beurteilung. Sein Ergebnis war eindeutig und vernichtend. Es sei überhaupt nicht zu erkennen, wie die vorgelegten Testergebnisse zu den Schlussfolgerungen führen könnten, die die Gutachterin darstellt, schrieb er unter anderem in seinem Bericht. Und es wäre unverantwortlich, aus dem Gutachten irgendwelche Schlüsse zu ziehen, die den Explorанden betreffen. In seinem Begleitbrief klang es noch deutlicher: »Wenn in meiner Fakultät ein Student eine derartig liederliche Arbeit abliefern würde, müsste ich ihn durchfallen lassen. Ich würde ihn sogar der Uni verweisen.«

Auch eine spätere Blindauswertung der Testergebnisse durch die psychologische Hochschule in Zürich kam zu völlig anderen, für mich deutlich positiveren Schlussfolgerungen, als sie Frau Dr. Berger in ihrem Bericht an die Justiz gezogen hatte. Da diese Beurteilungen von mir selbst und im Falle der psychologischen Hochschule durch eine von mir später privat engagierte Psychotherapeutin[48] in Auftrag gegeben wurden, waren die erwähnten Resultate für die Gerichte schon deshalb als Parteigutachten »vernachlässigbar«.

48 Siehe weiter hinten das Kapitel 46 – Die externe Psychotherapeutin.

33 – Eine Befragung, bei der mir geglaubt wird

Herbst 1996

Eines Tages wurde ich zu ungewohnter Zeit aus der Zelle geholt. Ohne zu wissen, wozu man mich nun brauchte, wurde ich durch die Gänge und dann durch eine Verbindungstür zu den Räumlichkeiten des im selben Gebäude ansässigen Untersuchungsrichteramtes geführt. Das verwunderte mich, denn eine Befragung durch Frau BAin Streber war derzeit nicht terminiert und ich hatte auch kein Gesuch für ein Telefonat gestellt.

In einem Besprechungszimmer saß ich dann zwei Männern gegenüber, denen trotz der zivilen Kleidung sogleich anzumerken war, dass sie Polizisten waren. Sie stellten sich mir als Beamte einer Spezialabteilung der Zürcher Polizei vor. Es folgte wieder einmal eine Befragung. Sie betraf diesmal aber nicht Anschuldigungen gegen mich. Es ginge zwar auch um Anschuldigungen von Hubertus Horn, jedoch gegen eine Amtsperson der Zürcher Justiz. In seinen Briefen hatte der vor langer Zeit – es musste zu einer Zeit gewesen sein, als ich noch in Freiheit war – auch über Untersuchungsrichter Dr. Haber Behauptungen in die Welt gesetzt. Der war damals für das Verfahren gegen mich zuständig gewesen. Dr. Haber sei »selber auch pädophil« und befriedige seine Lust an kleinen Mädchen, hatte Horn damals in einem seiner Briefe an eine Zeitung geschrieben. Ich hätte ihm gegenüber damit geprahlt und gesagt, dass dies »der Grund« sei, weshalb mir »nichts passieren« könne. Weil damals alle seine Bemühungen noch nicht dazu geführt hatten, mich in den Knast zu bringen, war Teil seiner Strategie gewesen, die Schweizer Justiz öffentlich als unfähig zu verhöhnen, um den Druck zu erhöhen. Diesen Anschuldigungen gegen einen amtlichen Würdenträger wollte man jetzt, Jahre später, tatsächlich noch mit einer Untersuchung begegnen.

Was ich darüber wisse, wurde ich gefragt. Ich verneinte, jemals so etwas zu Hubertus Horn gesagt zu haben. Ich hätte zwar Vorbehalte gegen den genannten Untersuchungsrichter gehabt. Denn ich hätte ihn als den Urheber vermutet, als seinerzeit unter seiner Verfahrensführung dem »Blick« unter anderem auch die erste Seite eines Protokolls über eine Befragung zugespielt worden war. Ein solches hatte die Zeitung jedenfalls abgedruckt, und darauf waren unter anderem auch Name und Anschrift meines Vaters für die Öffentlichkeit deutlich lesbar. Mein Vater hatte aber mit meinem Verfahren überhaupt nichts zu tun. Da ich zu jenem Zeitpunkt selbst noch nicht mal in den Besitz einer Kopie des entsprechenden Protokolls gekommen war, kam aus meiner Sicht nur das Büro von Untersuchungsrichter Haber dafür infrage. Das sah ich als eine der diversen Amtsgeheimnisverletzungen, wie sie in meinem Verfahren aus meiner Sicht schon verschiedentlich vorgekommen waren. Meinen Protest hatte Dr. Haber damals mit der ziemlich absurden Hypothese abgetan, dafür käme ja auch mein Anwalt als möglicher Urheber in Betracht.

Auf jeden Fall seien diese Behauptungen Horns Lügen, versicherte ich den beiden Polizisten. Die Befragung war damit beendet. Die Beamten meinten, das sei für sie eigentlich überzeugend genug. Sie fanden, dass ich ja angesichts meiner damaligen Ressentiments gegen Herrn Dr. Haber keinen Grund hätte, ihn zu schützen, und außerdem sei ihnen bereits bekannt, wie wenig verlässlich die Aussagen Hubertus Horns seien.

Danach wurde offenbar die Untersuchung gegen Dr. Haber eingestellt. Während man in diesem Falle also den Urheber aller

Anschuldigungen für unglaubwürdig hielt, beurteilten dies Untersuchungsrichterin Streber und später die Gerichte in Bezug auf mich diametral entgegengesetzt. Dabei hatte Horn etliche meiner Freunde und Bekannten – von denen er meist nur die Namen aufgeschnappt hatte – mit ähnlich wilden Anschuldigungen überzogen. Und letztlich galten auch jene alle als entlastet, teilweise, ohne dass auch nur ein Befragungsprotokoll erstellt worden war. Horn war als unglaubwürdig eingestuft worden. Gleiches galt für etliche Menschen in Deutschland, die er in Aussagen gegenüber der Polizei genannt und beschuldigt hatte. Auch da hatte man ihm offenbar keinen Glauben geschenkt.[49]

49 Siehe die Kapitel 36 – »Grünkram« und 37 – Total enthemmte Boulevardmedien.

34 – Die Anklage

Spätsommer 1996 und Frühjahr 1997

Ulf und Ben bestätigten im Spätsommer 1996 vor der Zürcher Untersuchungsrichterin die angeblich in Paris getätigten Aussagen. Sie verwickelten sich zwar in einige Widersprüche und erinnerten sich nicht mehr, besonders Ben.

Frau BAin Streber hatte ihnen dabei das meiste aus den Pariser Protokollen vorgelesen. Sie brauchten fast nur noch zu bejahen oder zu verneinen. Oder zu sagen, dass sie es nicht mehr wüssten. Gemäß dem neuen Opfergesetz gab es keine Gegenüberstellung.

Ich konnte die Einvernahmen lediglich über einen Monitor im Nebenraum mitverfolgen. Mein Anwalt durfte dann über die Untersuchungsrichterin noch die eine oder andere Nachfrage an die Zeugen richten, was allerdings wenig fruchtete. Längst schienen die Buben auf der ihnen zweifellos aufgezwungene »Linie« festgenagelt zu sein.

Typische Beispiele aus Ulfs Protokoll der Untersuchungsrichterin: Frage: (sofort nach Belehrung der Straffolgen für unwahre Aussagen – Buße oder Gefängnis bis zwei Jahre) »Hast du damals in Paris bei der Polizei die Wahrheit gesagt?«

Antwort: »Ja.« (Natürlich, direkt nach einer solchen Drohung …).

Frage: »In Paris hast du zu Protokoll gegeben: ›Dann hat er mir seinen Penis hinten reingetan‹, stimmt das?«

Antwort: »Ja.«

Frage: »Weiter hast du dort zu Protokoll gegeben: ›In Dresden beim ersten Kennenlernen hat er das auch gemacht‹, stimmt das?«

Antwort: »Ja.«

Frage: »Und am neuen Wohnort in der Schweiz habe er das auch wieder gemacht, stimmt das?«

Antwort: »Ja.«

(Es folgten in etwa die gleichen Fragen für all die anderen Orte, welche im Pariser Protokoll genannt wurden).

Frage: »Hast du dann, zum Beispiel Aua gerufen, er solle aufhören?«

Antwort: »Ich habe gerufen ›es tut weh‹, er solle aufhören.«

Frage: »Und hat er dann aufgehört oder hat er einfach weitergemacht?«

Antwort: »Er hat einfach weitergemacht.«

Frage »Wie oft hat er es über die ganze Zeit mit dir gemacht?«

Antwort: »Ich weiß es nicht mehr genau.«

Frage: »War es etwa einmal pro Woche oder mehrmals pro Woche?«

Antwort: »Etwa dreimal pro Woche.«

Frage: »Wie lang hat es jeweils gedauert, wenn er das gemacht hat?«

Antwort: »Ich weiß es nicht mehr genau.«

Frage: »Hat es denn lange gedauert, etwa eine Stunde, oder zwei?«

Antwort: »Etwa eine oder zwei Stunden.«

So ähnlich liest es sich in weiten Teilen durch diese Protokolle. Der Unterschied zu Paris war wohl einzig, dass hier die Fragen mitgeschrieben wurden. Es schien mir kaum möglich, Befragungen mit Jugendlichen noch suggestiver zu führen als das, was hier dargeboten wurde.

Bei Ben war es gar noch offensichtlicher. Da finden sich fast nur »Ja« oder »Ich weiß es nicht mehr« als Antworten.

Bei Frau Strebers Fragen fehlten nun Themen wie: in einem Haus von Beat, Filmen mit Kamera und Stativ und an Weihnachten. Auch der Rest der angeblich in Paris von ihm erzählten Geschichte klang jetzt ziemlich anders. Ich meine in den Suggestivfragen von Frau Streber, denn von sich aus sagte Ben bei dieser Befragung so gut wie gar nichts. Piet, damals fünfzehneinhalbjährig, der Älteste der drei, hatte mich auch in Paris nicht belastet. Obwohl wir, mein Anwalt und ich, dies künftig mehrfach beantragten, wurde er in der Schweiz nie mehr befragt.

Später bekam ich auch noch ein Protokoll von einer Einvernahme der Zürcher Polizei mit Ulf. Die war kurz nach der Rückkehr der Buben 1993 erfolgt. Darin war zu lesen, dass der befragende Beamte gegenüber Ulf sagte: »Dass du von deinem Stiefvater anal vergewaltigt wurdest, konnte ja in Paris medizinisch bewiesen werden, du sagst darum am besten dasselbe aus wie in Paris!« Ein weiterer deutlicher Hinweis auf polizeilichen Druck, auch hier in der Schweiz. Auch dieses wichtige Protokoll ging dann scheinbar unter. Es reichte der BAin dennoch für eine Anklage gegen mich.

Als letzte Untersuchungshandlung wurde Hubertus Horn, seine Strafe war inzwischen längst verbüßt, zur Zeugenbefragung aus Deutschland vorgeladen. Mit ihm sollte eine Gegenüberstellung stattfinden. Doch darin sah ich lediglich eine Alibiübung. Und das war die einzige Untersuchungshandlung, der ich mich widersetzte. Ich sah keinen Grund, weshalb ich mir das antun sollte. Selbst wenn ich der Einvernahme beigewohnt wäre, es war längst allzu offensichtlich, dass ich weder Horn noch die Untersuchungsrichterin von ihrem Feldzug gegen mich abhalten würde.

Horn reiste tatsächlich aus Deutschland an und bestätigte gemäß der Fragen der Untersuchungsrichterin seine mannigfachen Anschuldigungen. Und er setzte, fast schon traditionell, noch die eine oder andere erfundene Geschichte obendrauf. Zwar gab er letztlich zu, nie Zeuge davon gewesen zu sein, doch das war für Frau BAin Streber wohl ein unwesentliches Detail, denn sie sprach auch fortan stets vom »Zeugen« Hubertus Horn.

Folglich wurde ich im Frühjahr 1997 angeklagt – sechseinhalb Jahre nach Beginn der Strafuntersuchung und nach mittlerweile mehr als vier Jahren Auslieferungs- und Untersuchungshaft.

Die Anklage lautete auf: »mehrfache sexuelle Handlungen und sexuelle Nötigung zum Nachteil von Ulf Bachwiese und sexuelle Handlungen zum Nachteil von Ben Bachwiese, beides in einer nicht mehr ermittelbaren Anzahl von Fällen, jedoch jeweils ohne längere Unterbrüche zu im Einzelnen nicht mehr ermittelbaren Zeiten, an deren Wohnort in Dresden und später am gemeinsamen Schweizer Wohnort (etc.) sowie an weiteren, teils nicht näher bekannten Orten, alles über einen Zeitraum vom ersten Treffen im April 1990 (dem Tag, an dem ich Familie Bachwiese in Dresden kennenlernte) und dem 13. Februar 1993 (dem Tag unserer Verhaftung frühmorgens in Paris).« Konkret ist in der Anklage von Analverkehr mit Ulf und anderen sexuellen Handlungen bei Ben die Rede, welche ich ungeachtet deren Ablehnung und im Falle von Ulf Bachwiese gegen dessen Willen und ungeachtet der von ihm dabei erlittenen starken Schmerzen vollzogen haben soll.

Solches soll ich also, vom ersten Tag an, in unregelmäßigen Abständen, mehrmals wöchentlich, über die ganze Zeit des Zusammenlebens getan haben. Auch nach der Heirat mit ihrer Mutter am 7. Dezember 1990 hätte ich damit nicht aufgehört. Indem ich ihnen Geschenke gemacht und sie auf interessante Reisen mitgenommen habe, seien sie von mir zu den sexuellen Handlungen genötigt worden. Die Geschenke waren in den Protokollen und ansatzweise in der Anklageschrift nur als zum Beispiel DUPLO bezeichnet worden. Einen kleinen Satz DUPLO[50] hatte Ben zu Weihnachten bekommen. Auf Frage der Untersuchungs-

50 DUPLO: übergroße Legosteine.

richterin nach Geschenken von mir, hatte Ben diese genannt. Bei Ulf und auch bei Piet hielten Manuela und ich es in etwa gleich, nur dass sich Ulf einen Spielzeug-Lkw und Piet einen Fotoband über Autos wünschte. Und zu den Geburtstagen durften die drei sich, je nach Alter, zusammen mit uns für zwanzig bis vierzig Franken selber ein Geschenk im Warenhaus aussuchen. Nebst den interessanten Reisen waren das die Begründungen für die sehr entscheidende Anklageverschärfung »Nötigung«.[51]

51 Ohne die Qualifikation »Nötigung« konnte in derlei Fällen Verwahrung damals nicht verhängt werden.

35 – Durchgesehen – unwichtig

Frühjahr 1997

Eines Tages, nach Erstellung der Anklageschrift, wurde eine riesige Kartonschachtel ohne Deckel in meine enge Zelle geschoben. Sie kam von BAin Streber, der Untersuchungsrichterin.

Der Karton war mit meinem Namen und mit *DURCHGESEHEN – UNWICHTIG* beschriftet. Er war etwa halb voll mit einem durcheinandergeworfenen Haufen von Dokumenten und anderen Sachen, vieles davon zerknittert, einiges angerissen oder gar ganz zerrissen und etliches war verschmutzt, u. a. von Schuhabdrücken. Es wirkte wie ein riesiger viereckiger Papiermüllbehälter.

Nachdem ich das meiste rausgenommen, geglättet und über die verfügbaren Ablagen und auf dem Bett sortiert verteilt hatte, stieß ich ganz unten auf circa zwei Dutzend Videokassetten und ein paar offensichtlich alte pornografische Fotohefte. Darin waren auch Minderjährige in eindeutigen Posen abgebildet. Das sah ich zum ersten Mal. Dann plötzlich durchfuhr es mich, als ob ich ein Gespenst sähe.

Unter den Kassetten war eine, die mir inzwischen längst in allzu guter Erinnerung geblieben war. Auf einer der schwarzen, nicht kommerziellen Videokassetten starrte mir eine ganz bestimmte Etikette entgegen. Auf Anhieb entdeckte ich aber doch viele Papiere, welche eindeutig aus dem Büro meiner einstigen Beratungsstelle stammten: Einige Blanko-Verträge für die Inanspruchnahme meiner Dienstleistungen fielen mir sogleich ins Auge. Viele weitere, teilweise für die Verteidigung offenbar interessante Papiere kamen zum Vorschein. Ich listete alles auf. Es gab unter dem anfänglichen »Müllhaufen« noch so einiges mehr, das aus fremdem Besitz stammte und mit mir und meinem Strafverfahren nicht das Geringste zu tun hatte.

Daraufhin kontaktierte ich meinen Anwalt, um ihm zu berichten. Ich brannte darauf, ihm die neuesten Fehlleistungen der Untersuchungsrichterin mitzuteilen. Ich wurde dabei von ihm angewiesen, nicht nur alle mir in dieser Kiste in die Zelle geschobenen Papiere, sondern auch die Videobänder zu sichten, genau zu bezeichnen und deren Inhalte zu katalogisieren. Dass Letzteres ohne ein Gerät unmöglich war, begriff der Anwalt natürlich. Zu diesem Zwecke stellte er einen Antrag an die Gefängnisleitung, mir ein Abspielgerät zu leihen und die Möglichkeit zu geben, die Inhalte der Videokassetten wenigstens grob zu beschreiben. Das wurde mir gewährt.

Während mehrerer Tage sichtete ich die Bänder und notierte die Inhalte unter Registrierung der genauen Laufzeiten im jeweiligen Band. Zu jener Zeit arbeitete ich als Hausarbeiter und konnte mich nur abends und teilweise am Wochenende dieser Aufgabe widmen. Es war zeitraubend und die Arbeit zog sich über mehrere Tage.

Ein paar der Videobänder waren lediglich etwa halbstündige FKK-Filme. Doch die meisten waren 240er, also mit je einer Kapazität von bis zu vier Stunden Film- oder Bildmaterial. Etliche dieser Bänder enthielten Dutzende unterschiedliche, meist kurze Filmsequenzen oder Fotoserien. Die Mehrheit entpuppte sich als nicht pornografisch und es gab auch einige vom Fernsehen kopierte Spielfilme. Das waren jene Kassetten, welche die Polizisten seinerzeit im November 1991 bei uns aus den Zimmern der Kinder mitgenommen hatten; Abenteuerfilme und dergleichen. Meine schon erstellte Liste der übrigen Inhalte aus der großen Box konnte ich dann um den minutiös katalogisierten Inhalt der Videobänder ergänzen.

Einige nicht unwesentliche Auszüge aus der Liste:

- ein Stapel Blanko-Verträge und andere Formulare und Schriften meiner Beratungsstelle, teils zerknittert.
- ein einzelner kompletter Satz meiner diversen Begleitunterlagen und Formulare für die Dienstleistungen meiner Beratungsstelle samt adressiertem Versandumschlag an einen damaligen, um Hilfe nachsuchenden Antragsteller.
- zahlreiche einzelne Seiten aus von mir über die Jahre erstellten Berichten, Aufsätzen, Artikeln etc., nebst dem einen oder anderen noch kompletten. Ebenfalls teils zerknittert, verschmutzt oder zerrissen.
- ein einziger von den ursprünglich Hunderten abgeschlossenen Original-Beratungsverträgen[52].
- Teile von Einvernahme-Protokollen von mir völlig unbekannten Angeschuldigten, welche in keinem Zusammenhang mit meinem Verfahren standen. Sie enthielten klar unter Persönlichkeitsschutz stehende intime Daten der Betreffenden.
- ein dickes Bündel Blanko-Drogenmissbrauch-Statistikformulare in italienischer Sprache – nicht von mir und natürlich auch kein Zusammenhang mit meinem Verfahren.

52 Es hatte sich bei diesem konkreten Vertragspartner um einen besonders schwierigen Menschen gehandelt, den ich über Jahre betreut hatte; dies in gegenseitiger Absprache mit dem Chefarzt der psychiatrischen Abteilung des Kantonsspitals Winterthur. Beigelegt war eine schriftliche Anerkennung des Chefarztes bzgl. meiner Tätigkeiten und deren Nutzen für seinen ambulanten Patienten. Als meine sämtlichen Unterlagen durch die Polizei »sichergestellt« worden waren, hatte sich der hier nun aufgetauchte Vertrag nicht im besagten Ordner, sondern gerade in Arbeit auf meinem Pult befunden. Die Untersuchungsrichterin machte später dem Gericht weis, meine Beratungsdienstleistungen seien reine Farce gewesen; so hätte es zum Beispiel dafür keinerlei Verträge oder dergleichen gegeben. Normalerweise befanden sich alle diese Verträge in einem Bundesordner, der aber bis heute verschollen bleibt – wie fast alles andere von damals aus meinem Büro.

- mehrere Dutzend nicht pornografische Videofilme mit Kindern, teils waren das private Aufnahmen, die ich ebenfalls nicht kannte. Gleiches gilt für die pornografischen Hefte, auch sie stammten eindeutig aus fremden Quellen.
- ein Videoband mit Aufzeichnungen vieler eindeutiger, teils besonders schwerer sexueller Misshandlungen von Kindern. Aufgrund der verlangten Katalogisierung der Bänder musste ich auch das erstmal durchsehen. Und das ausgerechnet hier in meiner Zelle im Untersuchungsgefängnis …
- und schließlich die Kassette mit dem ganz bestimmten Etikett: Das Etikett war durch die deutsche Kripo beschriftet worden. Die Kassette stammte demgemäß von Hubertus Horn. Sie war mir damals im November 1991 während meiner U-Haft in Brugg vorgeführt worden. Gekennzeichnet mit *Kassette Nr. 15*.

Da schickte mir diese Untersuchungsrichterin doch tatsächlich dieses vierstündige Band in meine Zelle, voll mit Sequenzen brutaler sexueller Handlungen mit einem Kind, sechs Jahre nach der nicht protokollierten Vorführung.

Ich weiß bis heute nicht, was diese Frau damit bezwecken wollte – falls es sich nicht um Anzeichen eines völligen Chaos in ihrem Arbeitsbereich handelte. Immerhin sei erwähnt, dass auch damals der bloße Besitz kinderpornografischer Aufnahmen noch nicht strafbar war. Deren Verbreitung hingegen schon!

Mein Pflichtverteidiger ersuchte mich daraufhin, das Band mit der Aufschrift *Kassette Nr. 15* und weitere pornografische Aufnahmen per Einschreiben ans Zürcher Bezirksgericht zu senden, was ich unverzüglich tat. Jene Sachen, welche zu meiner Verteidigung relevant waren – nicht zuletzt etwa den einen noch existierenden Beratungsvertrag – schickte ich dem Anwalt. Er reichte die Dokumente zuhanden der Untersuchungsrichterin nach. Den

Rest des Materials ließ ich einstweilen durch die Verwaltung des Bezirksgefängnisses für mich einlagern.

Monate später erhielt ich erstmals Einsicht in das Aktenverzeichnis meines Verfahrens. Es war eine Ansammlung diverser, teils langer, aber auch eindeutig unvollständiger Listen. Es fehlten darin unter anderem jegliche Hinweise auf die Unterlagen aus meiner Beratungsstelle. Die schienen alle verschwunden, ausgenommen eben dem relativ wenigen, das mir, vielleicht versehentlich, in die Zelle geschickt worden war. Auch fehlte jegliche Spur der Beratungsdossiers. Über die Betriebszeit meiner Beratungsstelle, 1983–1986 und 1988–1991, waren es immerhin einige hundert. Gerade die hätten dem Gericht reichlich Aufschluss über meine wahren Ziele, Arbeits-, Denk- und Handlungsweisen über die Jahre des Betriebes gegeben, Beweise auch gegen die immer wieder zu lesenden Verunglimpfungen meiner Arbeit und meiner Person: Ich würde sexuelle Handlungen mit Kindern »gutheißen, verherrlichen, fördern« und anderes mehr. Alle meine Bestrebungen hatten gerade auf das Gegenteil abgezielt. Und genau das wäre in den »verschwundenen« Unterlagen unmissverständlich erkennbar gewesen. Notabene war in diesen Prozessaktenlisten auch nichts von der mich entlastenden *Kassette Nr. 15* zu finden und auch kein Hinweis darauf. Nicht einmal jene Aktenstücke, die der Anwalt nachträglich noch zu meiner Verteidigung einreichte, waren darin zu finden. Das passte, wie vieles mehr, natürlich nicht in den längst wie in Stein gemeißelten Boulevardmedien-Abklatsch von einem »schwer gestörten, den sexuellen Missbrauch von Kindern propagierenden Verbrecher«, den Frau Bezirksanwältin Streber aufrecht zu erhalten sich so eifrig bemühte.

Besonders perfide: Auch von den vielen mich samt und sonders entlastenden früheren Befragungsprotokollen der drei damals schulpflichtigen Stiefsöhne und der anderen Familienmitglieder fand sich darin nichts mehr. Das betraf alle Befragungen aus der Zeit zwischen jenem 16. Oktober 1990, dem Tag der veröffentlichten Horn-Verleumdungen und der ersten Befragung der Buben sowie dem 13. Februar 1993. Ebenso die damit zusammenhängenden entlastenden Berichte und nicht zuletzt der unser wahres Verhältnis doch wirklich eindrücklich positiv beschreibendende schulpsychologische Untersuchungsbericht Ulf betreffend, selbst der fehlte laut Listen in den Prozessakten[53].

Fast schon systematisch, so scheint es, hatte die Untersuchungsrichterin Streber alles entfernt, was zu meiner Entlastung beigetragen hätte. Da ich von etlichen der Dokumente Kopien besaß, ließ ich sie kurzerhand erneut zuhanden des Gerichts einreichen. Gewisse darunter, besonders den schulpsychologischen Bericht Ulfs würde ich sogar mehrmals nachreichen müssen, da man anlässlich der Gerichtsverhandlungen davon erneut keine Kenntnis zu haben schien. Es fehlte in den offiziellen Aktenlisten dafür vieles nicht, was nach meiner und meines Anwalts Überzeugung nichts in den Prozessakten verloren hatte.

Ein paar Beispiele von darin aufgeführten, wohl für mein Verfahren kaum relevanten Sachen:

- Berichte der Sensationspresse über mich während der vergangenen Jahre, vor allem jene aus der Boulevardpresse in der Schweiz und Deutschland.
- Ganze Stapel von Berichten über den in den Medien als »Babyquäler« verschrienen Rene O., von dem ich bislang einzig aus den Medien gehört hatte.
- Mehrere komplette Gerichtsdossiers: Fälle von in der Vergangenheit wegen sexueller Übergriffe verurteilten Drittper-

53 Siehe Kapitel 4 – Befragungen der Kinder: »Nein« gilt nicht.

sonen. Eine darunter schien im Ausland gelebt zu haben. Keine davon kannte ich oder hatte jemals mit ihr zu tun, weder als Berater noch als Privatperson.

- Zwischen Polizeiberichten fanden sich einzelne anonyme, gegen mich gerichtete, eindeutig bösartige handgeschriebene Hetzschriften, vermutlich motiviert durch Berichte in der Boulevardpresse. Sie waren wohl an die Polizei gesandt worden. Die fand, wie dann offenbar auch Frau BAin Streber, deren Einreihung in die Untersuchungsakten der Sache dienlich.

Alles in allem ein ziemlicher Aktenstapel, der sich da auftürmte. Mein Anwalt meinte irgendwann, dass nur etwa ein Zehntel des in den Gerichtsakten befindlichen Materials überhaupt etwas mit meinem Verfahren zu tun habe, beziehungsweise dafür irgendeine Relevanz habe. Nicht einmal der gewiss nicht unwichtige Original-Beratungsvertrag aus dem von Frau Streber erhaltenen »Müllhaufen« fand seinen Weg in die Akten. Verschollen, wie auch die übrigen Verträge aus den Tätigkeiten meiner Beratungsjahre.

Besonders interessant war dafür der ziemlich dicke Stapel an Befragungsprotokollen mit Hubertus Horn. Sie fanden ihren Weg in meine Prozessakten dank deren Übermittlung durch die Strafuntersuchungsbehörde im deutschen Ulm. Wie sich dabei herausstellte, war Horn schon mehrfach wegen ähnlicher Delikte vorbestraft. Zudem kam ans Licht, dass er früher schon öfter weitere Personen falsch beschuldigt hatte. Laut den genannten Befragungsprotokollen und weiteren deutschen Dokumenten war Horn seit vielen Jahren in die Vermittlung von Kindern an Deutsche und Leute in anderen Ländern verwickelt. Es ging letztlich immer um das Ziel pornografischer Aufnahmen, beziehungsweise um entsprechende Versuche dazu. In den letzten Jahren betraf dies vorwiegend den Kosovo. Er hatte sich im Balkan jeweils das Vertrauen alleinstehender Mütter erschlichen. Hierzu versprach er ihnen einen deutschen Ehemann, wie schon anhand des jungen Hamburgers Arthur beschrieben, und für ihre Kinder eine kostenlose Ausbildung in Deutschland, Österreich oder der Schweiz. Dafür sollten sie dann später, einmal dort angekommen, ihre Kinder für solche »Geschäfte« zur Verfügung stellen, beziehungsweise die deutschen pädophilen Ehemänner sollten dies für ihn in die Wege leiten.

Zudem schlich sich Horn als angeblich intellektueller Pädophiler in diverse europäische Organisationen und Selbsthilfegruppen ein, um sich so Kontakte zu einzelnen Pädophilen zu sichern – wie er es bei meiner Beratungsstelle offensichtlich vorhatte. Für ihn dazu geeignet erscheinende Hilfesuchende versuchte er dann dahingehend zu manipulieren, sich auf solche Vermittlungen einzulassen. Das Ziel: Seine Zielpersonen sollten, einmal involviert, mit dem Versprechen auf Teilhabe an den hohen Profiten zum Erstellen von Kinderpornografie animiert werden. Selten dürfte er damit Erfolg gehabt haben, wie die Akten nahelegen. Diejenigen, welche davon nichts wissen wollten und sich von ihm abwandten, sobald sie von seinen wahren Absichten erfuhren, die denunzierte er bei der Polizei und verdrehte dabei einfach die Umstände, indem er behauptete, sie – und nicht er – hätten solche Verbrechen geplant, begangen oder zumindest begehen wollen.

Unter anderem förderte eine große Anzahl der durch die Justiz sichergestellten Briefe, meist von Horn stammend beziehungsweise an ihn gerichtet, eine Unmenge an unbeschreiblich bösartigen oder vielmehr krankhaften Details zutage. Vieles davon kannte ich ja aus dem Archiv.[54]

54 Siehe Kapitel 5 – Die unfassbare Horn-Korrespondenz.

In meinem Falle hatte er Ähnliches mit der Dresdner Familie Bachwiese vorgehabt. Den Kontakt zu ihr hatte er geschickt eingefädelt und mich dabei heimlich lange im Voraus mit eingeplant. Er glaubte offenbar, wenn er erst einmal die Frau für seine Pläne gewinnen und mich hineinziehen könne, dann würde ich vielleicht auch »anbeißen«. Zumindest hoffte er, dank engerem Kontakt mit mir, nach und nach aus den zahlreichen Adressen meiner Beratungsstelle eine »Goldgrube« an möglichen manipulierbaren Mittätern für seine Pläne anzapfen zu können. Jahrelang hatte er mich zuvor in seinen Briefen getäuscht. Ganz offensichtlich war ihm dies bei Weitem nicht nur bei mir gelungen. Letztlich aber hatte Horn sich dann sowohl bei Manuela Bachwiese[55] und auf jeden Fall auch bei mir völlig getäuscht. Aber wie schon so viele Male zuvor hatte er dann einfach den Spieß umgedreht und uns bei den Medien und der Polizei verleumdet. Auch in diesen Protokollen steht seine Aussage, dass er seine Beschuldigungen über mich nicht direkt bezeugen könne; er sei ja selber nie dabei gewesen. Aber es sei »sonnenklar, dass der's mit Kindern treibt; der ist ja ein Pädo, das gibt der ja offen zu«.

Die umfangreichen Befragungsprotokolle Horns aus Deutschland waren wirklich sehr aufschlussreich. Darin verriet Horn viel über seine Methoden. So konnte ich dank der Einbindung der Protokolle in meine Gerichtsakten auch dies erfahren: Der Mann hatte schon seit Jahren einzig das Ziel vor Augen, eines Tages »den großen Coup zu landen«. Er war offenbar der Meinung, jene Menschen, die zur Meisterung ihrer sexuellen Probleme Hilfe in einer Beratungsstelle suchten, wären leicht verführbar für seine Zwecke. Ganz gemäß dem damals schon (und noch heute) weit

55 Siehe hier folgend und weiter hinten im Kapitel 38 – Eine schlimme Enthüllung.

verbreiteten Glauben, alle Pädophilen würden zwingend danach trachten, Kinder sexuell auszubeuten und dies früher oder später auch wirklich tun.

In der Fachwelt ist indes längst anerkannt: Dies trifft lediglich auf eine relativ kleine Minderheit unter diesen Menschen zu. Jene, die entsprechende Selbsthilfegruppen oder Beratungsstellen aufsuchen, wollen sich vielmehr gegen Versuchungen schützen und suchen dafür Hilfe. Und sie wollen sich selber besser verstehen lernen, über ihre Veranlagung, ihre Probleme offen sprechen können, einen möglichst gesellschaftskonformen, straffreien Umgang mit ihrer Veranlagung finden. Welcher Pädophile geht schon hin und öffnet sich mit allen seinen persönlichen Daten gegenüber einer Beratungsstelle, wo er sich sogar ausweisen muss, und gibt dort seine intimsten sexuellen Probleme preis, um sich dann auf solche Verbrechen einzulassen? Wer dergleichen Verbotenes tun will, lebt ein Doppelleben oder schottet sich allgemein ab. Er verbirgt seine Veranlagung und möglichst auch seine Identität.[56]

Fälschlicherweise glaubte Horn, in mir einen Aktivisten für die Befreiung pädosexueller Handlungen zu sehen (wie dies gewisse Sensationsmedien über mich zuweilen erfunden hatten) und einen besonders fleißigen dazu. Ein gewaltiger Irrtum. Es ging mir um einen nach meiner damaligen Überzeugung vernünftigen Umgang mit dem Phänomen, bei welchem das Ziel im Gegenteil die möglichst effiziente Verhinderung solcher Übergriffe war. Das könnten meine damaligen, konstanten schriftlichen und mündlichen Verlautbarungen heute noch aufzeigen. Horn aber musste geglaubt haben, dass das, was ich vorlebte, und die Schriften, die ich verfasste und versandte, nichts weiter seien

56 Siehe dazu Anhang: Die Frage nach den Ursachen der Pädophilie.

als besonders raffinierte Verstellung und Verschleierung. Er wartete entweder darauf, dass ich bald mal den Schleier lüften und »zur Sache« kommen würde. Oder aber er meinte, auch mich früher oder später für seine Ziele gewinnen oder manipulieren zu können, wenn er nur geschickt genug vorginge. In meinem Falle hieß das offenbar für ihn, meine Schwachpunkte auszuloten und dieses vermeintliche Wissen im richtigen Zeitpunkt auszuspielen.

So hatte er seinerzeit, schon beim Briefverkehr während meiner Haft in England, sehr viel über mich erfahren können. In den Monaten in der Zelle des Gefängnisses hatte ich viel Zeit, ihm auf seine Briefe umfassend zu antworten. Er vermerkte für sich wohl auch schon früh meine Tendenz, in allen Menschen immer das Gute sehen zu wollen. Das dürfte seinem Bestreben sehr entgegengekommen sein, mein Vertrauen in ihn zu festigen. Bald wusste er auch über meine schwere Kindheit in Heimen und als Verdingbub Bescheid und merkte, wie sehr ich darunter litt. Wohl auch, dass ich seither ein Familienleben schmerzlich vermisst hatte. Und gewiss hatte er aufgrund der medialen Skandalgeschichten über mich nach meiner Verhaftung in England geglaubt, dass ich für seine Pläne bestens geeignet wäre.

Hubertus Horn wurde in Ulm zu lediglich dreißig Monaten Gefängnis verurteilt. Es konnte ihm diesmal in zwei Fällen die eigentliche »Vermittlung von Kindern zum Zwecke der sexuellen Ausbeutung« nachgewiesen werden. Wobei es eben für das Gericht nicht von großem Belang war, ob eine solche Ausbeutung dann tatsächlich stattgefunden hatte oder nicht. Nicht unbedingt ein eingetretener »Erfolg«, sondern der von Horn verfolgte Zweck war für diesen Tatbestand maßgeblich. Eine dieser Grundlagen für Horns Verurteilung betraf auch seine »Vermittlung der Kinder von Manuela Bachwiese«, so die Auslegung der Ereignisse in seiner Anklage.

Die Strafuntersuchung gegen mich in Zürich war damals,

zurzeit von Horns Gerichtsverhandlung, bekanntlich noch nicht abgeschlossen, wobei es für das Gericht in Ulm eben einerlei war, ob die Anschuldigungen gegen mich zutrafen oder nicht. Völlig unbegreiflich indes war damals, dass in diesem Verfahren gegen Hubertus Horn nur diese zwei Fälle verfolgt worden waren. Dass unsere Verleumdungsanzeige gegen Horn vom Tisch gefegt wurde, das ist eines. Unzählige noch sehr viel schwerer wiegende Straftatbestände, ersichtlich aus jenen alten Briefen, die ich seinerzeit unseren Anzeigen gegen Horn der deutschen Polizei nachgereicht hatte, wurden aber ebenfalls gänzlich außer Acht gelassen, »unter den Teppich gekehrt«, wie man so sagt. Wohl nicht durch die Richter; diese Sachen waren, wie es scheint, gar nie polizeilich untersucht worden.

Wie war denn das vereinbar mit dem primären Ziel, Kinder vor Übergriffen zu schützen?

36 – »Grünkram«

Sommer 1997

Wenige Monate vor der auf Oktober 1997 anberaumten Gerichtsverhandlung erschien auf dem deutschen Markt ein Buch mit dem Namen »Grünkram«[57]. Herausgegeben wurde es vom Verlag Deutscher Polizeiliteratur[58]. Autoren waren Kriminalhauptkommissar Manfred Paulus[59] sowie Polizeipsychologe Adolf Gallwitz.

Es kam wie ein Sachbuch daher, was sich hauptsächlich durch den Abdruck diverser Grafiken, einiger Originaldokumente und einem sehr einseitigen Literaturverzeichnis zu rechtfertigen versuchte. Beim Lesen stellt sich jedoch nicht nur für Insider bald heraus, dass sich große Teile der weitgehend effekthaschenden Inhalte in Wahrheit immer wieder auf dieselbe Quelle berufen: Hubertus Horn. Wer ihn kennt, den täuscht der geänderte Name (Max Moll) nicht.

Ursprünglich bekam ich lediglich Kopien einiger Seiten daraus von einem Freund in Bremen zugesandt. So erfuhr ich erstmals davon. Der in Bremen lebende Mann hatte sich das Buch nach der glamourösen Präsentation des Verlags besorgt. Es war auf diversen Kanälen darüber berichtet worden, was mir entgangen war. Mein Bremer Freund war seinerzeit über die Anwe-

57 In einer späteren Auflage mit dem Titel: Die Kinder-Sex-Mafia in Deutschland.

58 Andere Auflagen auch vom Ullstein-Verlag.

59 Siehe auch im Kapitel 10 – Die bisher brutalste Polizeiaktion.

senheit eines der Autoren bei meiner Hausdurchsuchung und Verhaftung im November 1991 in Briefen informiert worden.

Später erfuhr ich, dass das Buch seit Jahren auch in der Strafanstalt Pöschwies kursierte, und konnte es dann bald auch lesen. Um hier besser dessen Wirkung auf die öffentliche Meinung veranschaulichen zu können, zitiere ich folgend einige Stellen daraus, lasse dabei aber bewusst besonders abstoßende Details aus.

Im Grünkram-Vorwort: »Die Form einer Kombination aus wissenschaftlichen Abhandlungen zum Thema, verbunden mit einer Darstellung in Erzählform, angelehnt an ein authentisches Kriminalgeschehen, hielten wir für angebracht, um einen möglichst breiten Leserkreis zu erreichen.«

Im Kapitel »Schweigen heißt dulden«: »Die nachfolgenden Schilderungen haben einen realen Hintergrund. Im Fall »Max Moll« (Personen-, Firmen- und Ortsnamen wurden ebenso geändert wie einzelne Handlungsstränge, Anm. d. Verfasser), in diesem von deutschen Kriminalbeamten in Zusammenarbeit mit Schweizer Strafverfolgungsbehörden durchgeführten Ermittlungsverfahren gegen zahlreiche Pädophile konnten Einblicke in die Aktivitäten und das »Tarn- und Jagdverhalten« der bundesdeutschen Pädophilen- und Päderastenszene gewonnen werden. Das Verfahren, bei dem über 3.000 Briefe mit pädophilem Inhalt und ebenso viele Adressen aus dem deutschsprachigen Raum sichergestellt werden konnten, zeigt, dass sich die Pädophilen auch in Deutschland organisiert haben und dass sie sich mit raffinierten Methoden und modernster Technik auf die Jagd nach Kindern machen.«

(Anmerkungen dazu: Max Moll ist also Hubertus Horn. Mit den »über 3.000 Briefen« dürften vor allem jene Briefe gemeint sein, die bei Horn sichergestellt wurden.[60] Ein »Ermittlungsverfahren gegen zahlreiche Pädophile« gab es in meinem Zusammenhang nie.)

Im Kapitel »Wo und wie man Kinder jagt«: (Max Moll angeblich am Telefon mit Urs Felder in der Schweiz) »Hör zu, Urs, ich habe Frischfleisch, Frischfleisch bester Qualität …« Felder wurde sofort neugierig, gierig. »Es ist in Leipzig abrufbar und zum sofortigen Gebrauch bestimmt – für dich, für mich, für uns und unsere Freunde … drei süße Bälger, gerade 7, 9 und 12. ›Ja wenn das so ist, dann auf nach Leipzig!‹«

(Mit Urs Felder soll ich gemeint sein; dies wird spätestens dann für jeden erkennbar, der von meiner damaligen Beratungsstelle weiß. Die wird nämlich im weiteren Verlauf mit der echten Bezeichnung diesem Urs Felder zugeordnet. Mit Leipzig ist offensichtlich Dresden gemeint. Bei den drei süßen Bälgern soll es sich eindeutig um Ben, Ulf und Piet Bachwiese handeln, was schon die genannten Altersangaben erkennen lassen. Auch daran kann beim weiteren Lesen des Buches kein Zweifel bestehen. Ein solches angebliches Telefonat ist in Wahrheit nichts als reine Horn-Fantasie.)

Im Kapitel »Pädo-Größen, verfolgte Minderheiten, (Tarn-)Organisationen und ein weltweites Netzwerk«: »Im Untergeschoss seines großen altehrwürdigen Bauernhauses im Kanton Aargau hatte sich dieser (Urs Felder) eine Filmwerkstatt eingerichtet, die professionellsten Ansprüchen genügte. Weil es zweckmäßig erschien, befand sich in unmittelbarer Nähe ein Aufnahmestudio, das einem Kinderzimmer täuschend ähnlich sah und in dem zahl-

60 Diese Hornbriefe wurden zum größten Teil nicht ausgewertet – siehe weiter unten.

reiche Utensilien für die Herstellung von Kinderpornofilmen auf Video lagerten. Kleine und große Teddybären, Kondome, Puppen, Gleitcreme, Malbüchlein, Lederpeitschen, Pornohefte, Schminkartikel für die Maske.«

(Nur zu offensichtlich soll von der Bauernhaus-Mietwohnung im Kanton Aargau die Rede sein, wo wir, also die Mutter Meier-Bachwiese, ihre Kinder und ich als Mieter wohnten. »Filmwerkstatt« und »Aufnahmestudio in unmittelbarer Nähe« etc. sind freie Erfindungen der Autoren. Das beweisen schon die Hausdurchsuchungsberichte in meinem Verfahren. Zur Erinnerung: Der eine der beiden deutschen Autoren, Kriminalhauptkommissar Manfred Paulus, war bei der polizeilichen Aktion bei uns am 21. November 1991[61] selbst dabei. Damit dürfte sichergestellt sein, dass es sich um freie, bewusst verleumderische Erfindungen handelte.)

Im Kapitel »Ein auserwählter Kreis«: »Felder wusste, dass Ostwald sich am Leiden und Tod eines Kindes ergötzte, und er wusste, dass sich der Zürcher in einem großen Aquarium kräftige Piranhas hielt, um am Tage X für eine spurenlose Beseitigung von Leichenteilen zu sorgen. Felder war auch überzeugt davon, dass die Raubfische in dieser Weise schon gefüttert wurden ... als die vier, mit schwarzen Ku-Klux-Klan-Kapuzen maskierten Erwachsenen an den Küchentisch traten, auf dem ein an allen vieren festgebundener etwa 7-jähriger Junge lag, der in panischer Angst schrie.«

Hier folgen im Buch grausame Beschreibungen, wie ein (fiktives) Kind mit Glasscherben und Messern zu Tode gefoltert worden sei. Der Schreibstil und auch der besonders abstoßend unbekümmerte, fast schon abgebrühte Unterton dabei entspricht

61 Siehe Kapitel 10 – Die bisher brutalste Polizeiaktion.

genau jenem, den man in vielen Briefen unter der erwähnten Horn-Korrespondenzsammlung findet. Bei Ostwald soll es sich um den hierzulande aus den Medien bekannten R. O. handeln, was schon an der Wahl des seinem richtigen Namen sehr ähnlichen Tarnnamens leicht erkennbar ist. Diesen Mann kannte ich damals noch überhaupt nicht, sondern erfuhr erstmals während meiner Haft in Paris aus den Medien von ihm, als er offenbar in Holland verhaftet wurde.

Er landete dann allerdings in der Strafanstalt Pöschwies, sodass ich ihm dort zwangsläufig mehrmals begegnete. Auf das Buch und die darin gedruckten, offenbar auf ihn weisenden Inhalte angesprochen, reagierte R. O. sehr empört. Er stellte dann noch ungefragt klar, er sei »dann im Fall überhaupt nicht pädophil«.

(Der Vollständigkeit halber sei hier auch von mir bestätigt: Ein Treffen gab es nie und wohl auch weder ein Piranhas-Aquarium noch einen solchen Film.)

Weiter: »Nach Filmende, als Schulz das hochrote Gesicht und die gierig glänzenden Augen von Urs Felder sah, glaubte er zu wissen, dass er einer der Männer war, welche sich hinter Ku-Klux-Klan-Masken verbargen. Schulz fragte sich, warum sich sein Freund Felder an solchen extremen Praktiken beteiligte. Weil er, ähnlich wie Ostwald, dazu neigte oder weil es ihm darum ging, einen neuen sensationellen Film auf den Kinderpornomarkt zu bringen, mit dem Hunderttausende von Fränkli zu verdienen waren?«

(Ebenso erkennbar, wenn man mein Verfahren auch nur oberflächlich kennt, wurde hier mit Schulz einer meiner real existierenden Freunde[62] in diese Horrorgeschichten eingebunden.)

62 Der Freund im Kanton Aargau, siehe u. a. im Kapitel 9 – Die »heißen Meier-Filme«.

In der Kopie eines handgeschriebenen ganzseitigen Briefauszugs im Buch »Grünkram«, gekennzeichnet »Auszug aus dem Brief eines Kinderschänders«: »Ebenso sollen für meine Objekte die perversesten Herrenlüste zur Selbstverständlichkeit werden. (…) speziell bei Kindersklaven …«

Der ganze Rest ist zu widerwärtig und obszön, um ihn hier zu zitieren. In diesem Briefauszug sind Beschreibungen beziehungsweise Wünsche von Misshandlungen an solchen »Kindersklaven« von geradezu diabolisch grausamer Art zu lesen. Bei diesen handgeschriebenen Zeilen – eine der wenigen wirklich authentischen Dokumentenkopien im Buch – handelt es sich aber eindeutig um die Handschrift von Hubertus Horn. Und der betreffende ganze Brief ist von Horn unterzeichnet. Er fand sich unter jener Originalkorrespondenz Hubertus Horns, welche ich seinerzeit nach unserer Strafanzeige gegen Horn der Polizeidienststelle im deutschen Tiengen nachgereicht hatte, nachdem ich durch einen Bekannten auf deren Existenz in einem Archiv hingewiesen worden war.[63]

Solcherart Horn-Briefe fanden offenbar als Kopien teilweise auch ihren Weg in die Untersuchungsakten meines Verfahrens. Obwohl ich von keinem einzigen dieser menschenverachtenden Briefe Adressat oder Absender war.

Ungeachtet dessen wird Horn für die Untersuchungsrichterin ein glaubhafter Zeuge bleiben. Für diese an authentisches Kriminalgeschehen angelehnten Geschichten mit realem Hintergrund bedienten sich die Autoren eindeutig der Fantasien eines Hubertus Horn. Und sie verwendeten dafür eben auch einen der unzähligen, ursprünglich alle von ihm verfassten und versen-

63 Siehe Kapitel 5 – Die unfassbare Horn-Korrespondenz.

deten, beziehungsweise an ihn adressierten Briefe. Für so gut wie alles, was in diesem »Sachbuch« an Erkenntnissen aus der Pädophilen- und Päderastenszene angepriesen wird, ließen sich die Autoren von Horn inspirieren. Und von Inhalten seines jahrzehntelangen Briefverkehrs mit Menschen, von denen er hoffte, sie auf seine perverse Weise zu schlimmsten Verbrechen anstacheln und dann geldgierig ausnehmen zu können. Sogar den Buchtitel – »Grünkram« – haben sie sich von Horn geliehen. Diese unsägliche Bezeichnung, welche laut den Autoren angeblich aus einer geheimen Pädophilensprache stamme, ist eine Erfindung von – natürlich: Hubertus Horn. In einem seiner Briefe an den jungen Mann in Hamburg benutzte er diesen »Geheimcode« meines Wissens erstmals.[64] Nach allen Erkenntnissen aus seinen Verfahrensakten ist Horn alles andere als pädophil veranlagt. Er ist vielmehr ein heterosexueller Mensch, der sich für sein »Tarn- und Jagdverhalten« gerne als Pädophiler ausgab. Eine Sorte von Jagd, die sich vor allem auf pädophil veranlagte Menschen konzentrierte, die er für seine verbrecherischen Zwecke zu manipulieren versuchte. Und der hierfür sogar bereit war, alleinstehende, in Armut lebende Mütter zu blenden und für seine Geldgier deren Kinder zu opfern. Ein Mensch mit einem erschreckend sadistischen Potenzial, einer langen kriminellen Karriere und einem ganz besonderen Draht zum Ulmer Kriminalhauptkommissar Paulus und dessen zweitem Komplizen, dem Polizeipsychologen Adolf Gallwitz.

64 Siehe Kapitel 17 – Der Mann aus Hamburg.

37 – Total enthemmte Boulevardmedien

Sommer bis Herbst 1997

Die Medienberichte übertrafen in den Wochen vor der Gerichtsverhandlung alles Bisherige.

In diverse Talkshows wurden Kriminalhauptkommissar Paulus und Polizeipsychologe Gallwitz eingeladen und als Helden gefeiert. Mit von der Partie war teilweise auch Hubertus Horn, der als so etwas wie ein »exotisches Original« betrachtet wurde. Er genoss es sichtlich, für seine Durchtriebenheit im Rampenlicht zu stehen und dabei von einigen vielleicht gar bewundert zu werden. Für Tätigkeiten, bei denen er »Vielleicht nicht immer ganz legal gehandelt, aber im Endeffekt ja mitgeholfen« habe, »viele perverse Pädophile ans Messer zu liefern«. Für diese Schlussfolgerung erntete er tatsächlich Applaus. Im Grunde sei es ihm immer nur darum gegangen, sich »ein Stück vom Kuchen abzuschneiden beim lukrativen Geschäft mit Pädophilen«. Das war Horns »bescheidene« Rechtfertigung vor der Öffentlichkeit.

Dass stets nur er, Hubertus Horn, derjenige war, und nicht perverse Pädophile, die da Kinder zu vermitteln versucht haben, und dem dies gemäß seinem Strafregister in mehreren Fällen früher auch tatsächlich gelang, das blieb unerwähnt. Ebenso, dass Horn auch das Schleusen von Kindern über Landesgrenzen hinweg initialisiert und organisiert hatte, um hernach deren sexuelle Ausbeutung für Pornofilme anzustreben und sie als »Sexsklaven« anzupreisen; all dies wurde ausgeblendet und stattdessen behauptet oder zumindest suggeriert,

Pädophile – und nur die – seien diejenigen, die solche Dinge zu tun pflegten.[65]

Gänzlich unausgesprochen blieb bei solchen Auftritten auch, dass fast alle der durch ihn der Polizei ans Messer gelieferten Männer sich gar nichts zuschulden hatten kommen lassen. Dies kristallisiert sich aus einem Abgleich der Befragungsprotokolle Horns mit den tatsächlich daraus resultierenden Strafverfahren. Aus Horns Sicht erschien es nur folgerichtig, dass er niemanden verraten habe, der allenfalls auf seine Machenschaften eingegangen wäre. Schließlich hätte er an denen das große Geld verdient oder zu verdienen gehofft, auf das er nach seinen eigenen Worten immer aus war. Die im Laufe der Zeit angehäuften und bei ihm sichergestellten Briefe reichten bis in die 70er-Jahre zurück.

Sie sprechen eine erschreckend deutliche Sprache. Wirklich unbegreiflich ist, dass die »Grünkram«-Autoren diese Briefe offenbar nur als Fundgrube perverser Fantasien für ihr Buch betrachteten. Dass aber allem Anschein nach keinem der darin enthaltenen Hinweise auf Straftaten durch Hubertus Horn strafrechtlich nachgegangen wurde. Horn war wohl mehrmals vorbestraft, auch wegen Vergewaltigung und Misshandlung seiner eigenen Tochter. Aber abgesehen von zwei Vorstrafen wegen Vermittlung von Kindern zum Zweck des sexuellen Missbrauchs deutete keine darunter auf noch viel schwerere, zumindest versuchte Verbrechen hin, für welche die schon mehrfach erwähnten langjährigen Korrespondenzen überdeutliche Hinweise lieferten. Es drängt sich sehr der Verdacht auf eine Art Deal

65 Heute gehen auch hiesige Fachleute allgemein davon aus, dass nur eine vergleichsweise kleine Minderheit unter pädophil Veranlagten sich überhaupt gegenüber Kindern jemals übergriffig verhält und dass die überwiegende Mehrheit aller sexuellen Missbräuche von Kindern durch nicht-pädophil, meist grundsätzlich heterosexuell Veranlagte, häufig im familiären Umfeld begangen wird.

auf, den Hauptkommissar Paulus und eventuell auch sein Kollege Gallwitz mit Horn aushandelten: Du lieferst uns Pädos, egal wie, und wir lassen dafür dich und deine Kindersex-Geschäfte in Ruhe.

Jedenfalls drehten sich die Gespräche bei derlei öffentlichen TV-Runden, den Protagonisten Horn betreffend, nur um die zwei aktuellen Fälle, bezüglich derer er wegen Vermittlung von Kindern zur sexuellen Ausbeutung verurteilt worden war[66].

Seine wahre Rolle dabei interessierte zumindest bei solchen Diskussionsrunden offenbar niemanden. Von den beiden Fällen, aber auch unter den vielen weiteren durch Horn der Polizei laut den Ulmer Befragungsprotokollen angegebenen »Namen von Pädophilen«, befand ich mich als einziger in einem noch immer laufenden Strafverfahren. In solchen Diskussionssendungen wurde nicht Hubertus Horn als »führender Verbrecher der Kindersex-Mafia« bezeichnet, sondern ich dem Publikum als Bösewicht zum Fraß vorgeworfen. Unschuldsvermutung hin oder her. In diversen mehrseitigen Reportagen übertrafen sich auch deutsche Boulevardzeitschriften gegenseitig mit fantasievollen Storys über mich und meine angebliche internationale *Kindersex-Mafia*. Immer wieder im Rampenlicht dabei: der deutsche Kriminalhauptkommissar Manfred Paulus und Kriminalpsychologe Adolf Gallwitz. Und eben mehrmals auch Hubertus Horn, als »authentische Stimme eines Mannes mit direktem Zugang zur Unterwelt und dem milliardenschweren Geschäft mit dem Kindersex«.

In einer »Rundschau«-Sendung des Schweizer Fernsehens, kurz vor meinem Gerichtstermin im Herbst 1997, trat der jüngere Bruder von David Freemann auf. Mit David war ich bekanntlich

66 Siehe Kapitel 16 – Als Zeugen der Horn-Anklage und folgende.

seinerzeit, 1984, wirklich straffällig geworden; meine einzige einschlägige Vorstrafe.[67] Der längst auch zum jungen Mann herangewachsene jüngere Bruder wurde als Schatten in einem abgedunkelten Raum gefilmt und sagte einzig die Worte: »If I get this man, I finish 'im off.« (Wenn ich diesen Mann kriege, bring ich ihn um.). Es war die Antwort auf die Frage des Reporters im Hintergrund, was er für seinen »einstigen Peiniger« für Gefühle hege. Es klang einstudiert, emotionslos. Und überdies, weshalb würde er so etwas aus eigenem Antrieb sagen wollen? Er war damals von mir nicht behelligt worden.

Jahre später, nachdem David nach langer Suche meine Anschrift wieder ausfindig gemacht hatte, erfuhr ich aus einem seiner Briefe, dass sein Bruder damals zu dieser Aussage vom betreffenden Reporter angestiftet worden war. Zudem hätten sie beide damals angesichts des völlig aus dem Ruder laufenden Mediengeschreis[68] von Seiten ihrer Familie und ihres ganzen weiteren Umfelds unter großem Druck gestanden. Ursprünglich hatte der Reporter ihn, David selber, zum Zwecke solcher öffentlicher Rachebekundungen engagieren wollen, doch er habe dies abgelehnt. Sein jüngerer Bruder habe sich dann auf Nachfrage der Reporter bereit erklärt.

Auch meine Frau trat in derselben Sendung auf. Man sah nur wenig von ihr, Teil ihrer rechten Flanke und ihren rechten Arm;

67 Siehe Vorwort.

68 Die englische Boulevardpresse übertrumpfte sich gegenseitig mit wildesten Behauptungen und Mutmaßungen. So behauptete eine Zeitung – und stützte sich dabei auf Aussagen eines Polizeibeamten – ich hätte bei der Einreise versucht, Großbritannien mit Kinderpornografie zu überfluten – mein luxuriöser Mercedes sei damit vollgestopft gewesen. In Wahrheit fuhr ich bei der Einreise einen Fiat-Uno-Occasion und hatte nicht das geringste Derartige bei mir. Auf einem Titelblatt etwa war ich, mit Foto und vollem Namen, in riesigen Lettern als THE BEAST (Die Bestie) bezeichnet worden.

sie stand beim Interview mit dem Rücken zur Kamera hinter einem Baum in einem Waldstück. Dabei sagte sie gemäß der nachgesprochenen Stimme: »Ich hoffe, dass man meinen Mann nie mehr freilässt. Die Polizei hat es mir ja gesagt: Es ist medizinisch hieb- und stichfest bewiesen, dass er meine Söhne vergewaltigt hat.«

Bis mindestens zur Zeit dieses Interviews befand es offenbar noch immer niemand für nötig, meiner Frau die Wahrheit darüber mitzuteilen. Es war inzwischen schon längst durch das Schreiben des französischen Generalstaatsanwalts an die Schweizer Justiz aktenkundig, dass die Behauptung der Polizei, sowohl in Paris als auch danach in der Schweiz, auf einer Lüge beruhte. Denn dieses Schreiben erklärte, dass die gerichtsmedizinischen Untersuchungen der Kinder in Paris keinerlei Ergebnisse erbrachten, was nicht weniger heißt, als dass keine gerichtsverwertbaren Beweise für eine Vergewaltigung gefunden wurden.

38 – Eine schlimme Enthüllung

Herbst 1997

Im September 1997, sieben Jahre nach Beginn der Strafuntersuchung gegen mich, und nach mittlerweile viereinhalb Jahren Auslieferungs- und Untersuchungshaft, kam es vor dem Bezirksgericht Zürich zur Gerichtsverhandlung.

Gleich zu Beginn verkündete der Gerichtspräsident, ein Dr. Tobler, dass er unmittelbar vor der Verhandlung aus dem »Blick« erfahren habe, ein Mann namens Viktor Klotz sei des mehrfachen sexuellen Missbrauchs – unter anderem auch an meinen Stiefsöhnen – überführt worden.

Bei Viktor Klotz handelte es sich um einen der vielen Menschen, die früher meine Beratungsstelle nutzten. Der Mann war, wie nun zu hören war, schon acht Mal wegen sexueller Handlungen mit Kindern vorbestraft. Zuletzt war er, wie sowohl ich als auch meine Frau damals erfuhren, im Spätsommer 1992 von seinem Arbeitsplatz weg verhaftet worden. Auf meine damaligen Erkundigungen bei seinem Anwalt erfuhr ich, dass die dann gegen den Mann erhobenen Anschuldigungen ausschließlich lange zurückliegende Vorfälle an seinem früheren Wohnort betrafen. Und zwar allesamt vor seiner Inanspruchnahme meiner Beratungstätigkeit. Wie schon bei früheren Vorkommnissen, die zu Strafverfahren und Verurteilungen gegen ihn führten, handelte es sich um eine große Anzahl von Geschädigten. Seit Beginn meiner Beratungen für ihn soll es gemäß seinem Anwalt also zu keinerlei Straftaten mehr gekommen sein – zu meiner großen Erleichterung und, wenn auch verhaltenen, Genugtuung. Wie bei anderen auch, hat damals meine Hilfe also auch bei ihm etwas Positives bewirkt. Wenngleich leider nur bis einige Zeit nach Schließung meiner Beratungsstelle. Klotz war dann zu fünf Jahren Haft und einer ambulanten Therapie verurteilt worden. Und während ich, etwa 1995, noch in Paris in Untersuchungs- respektive Auslieferungshaft saß, wurde er bereits wieder entlassen – vorzeitig, wegen guter Führung und angeblich erfolgreicher Therapie.

Wie sich herausstellte, mietete er sich bald nach seiner Entlassung in eine Wohnung ausgerechnet im aargauischen Brugg ein. Und dort auch noch im selben Hochhaus, in dem inzwischen meine Familie durch die Sozialbehörden einquartiert worden war. Von Anfang an sei es zu engen Kontakten mit Kindern, auch mit meinem jüngsten Stiefsohn gekommen. Er habe seiner Mutter, also meiner Frau, monatlich Geld bezahlt – während knapp zwei Jahren insgesamt mehr als 20.000 Franken. Zudem überließ er eines seiner Zimmer Piet, wo dieser schlafen und in Ruhe für seine Berufslehre arbeiten konnte. Im Gegenzug durfte Klotz einerseits mit der Familie am Mittagstisch sitzen und andererseits bei jeder Gelegenheit meine jüngeren Stiefsöhne, Ulf und vor allem Ben, zu sich in seine Wohnung holen. Mit umgerechnet monatlich nahezu neunhundert Franken war dies jedenfalls eindeutig viel mehr Geld als bloß eine Entschädigung fürs Mittagessen. Dem Jüngsten, Ben, soll er immer wieder Pornofilme gezeigt, ihn teilweise sexuell betatscht und ihn zudem dazu angehalten haben, Schulkameraden zu ihm nach Hause zu bringen. An denen er sich in der Folge ebenfalls vergriffen hatte. So die neue Anklage gegen ihn.

Wie es denn dazu kam, dass Klotz nach der langen Zeit ausgerechnet den Kontakt zu meiner Frau und ihren Kindern suchte, und wie er überhaupt erfuhr, wo sie wohnten, konnte ich bis heute nicht erfahren. Klotz wird danach ein neuntes Mal in seinem Leben einschlägig verurteilt. Diesmal wiederum zu fünf Jahren Haft, jedoch mit Sicherheitsverwahrung.

Wie mir hier vor Jahren ein Mithäftling, der zuvor im selben Gefängnis wie Klotz einsaß, erzählte, habe dieser stets auf besonders gutem Fuß mit den Aufsehern und dem Therapeuten gestanden und sei schon sehr bald in eine offene Anstalt verlegt worden. Von dort soll er dann nur etwa zwei Jahre später entlassen worden sein, offenbar einmal mehr »erfolgreich therapiert«.

So unglaublich mir dies auch vorkam, aber die Straftaten, die auch meine jüngeren Stiefsöhne betrafen, passierten schon bevor Ulf und Ben durch die BAin im Spätsommer des Vorjahres als angebliche Geschädigte in meinem Verfahren befragt wurden. Und noch lang darüber hinaus. Was mochte nur in den beiden Buben innerlich vorgegangen sein, als sie damals gegen mich aussagen mussten, wissend, dass dieser Klotz sie quasi gleichzeitig für seine Befriedigung benutzte, sie vielleicht auch am selbigen Abend wieder missbräuchlich angehen würde? Wussten sie, dass Klotz ihrer Mutter jeden Monat relativ viel Geld gab? Klotz jedenfalls wusste, dass ich des Missbrauchs meiner Stiefsöhne verdächtigt und in U-Haft war. Wäre es denkbar, dass er unter diesen Umständen daran interessiert war, seine neuen »Spielgefährten« vor diesen Einvernahmen zu Bestätigungen der Vorwürfe gegen mich zumindest zu ermutigen? Dass er ein Opportunist war, erkannte ich schon früher, als er noch Klient meiner Beratungsstelle war, auch wenn sich dies damals in anderen Verhaltensweisen zeigte, die mit sexueller Kindsausbeutung nichts zu tun hatten.

Auf den Verlauf des folgenden Gerichtsverfahrens gegen mich wie auch auf die Beweiswürdigungen hatten all diese Umstände allerdings keinerlei Einfluss. Mein Anwalt pochte vor Gericht auf das Prinzip der Gleichbehandlung; Viktor Klotz sei erst nach acht einschlägigen Vorstrafen verwahrt worden. Ich dagegen sei in der Schweiz noch nie einschlägig vorbestraft, sondern nur einmal im Ausland und vergleichsweise geringfügig, was schon etwa zehn Jahre her war.

Dazu argumentiert das Gericht: Der Fall Viktor Klotz kann hier nicht verglichen werden, da dieser seine sexuellen Übergriffe vorwiegend mittels Geldzahlungen erreichte, als Gelegenheitstäter gilt und die Geschädigten somit nicht in einer persönlichen Abhängigkeitsbeziehung zu ihm standen.

Mit anderen Worten: Das Gericht beurteilte dieses Vorgehen bedeutend milder, weil es bei ihm und der Familie Bachwiese keine Abhängigkeitssituation sah – trotz seiner hohen Geldzahlungen an die Mutter, der Gratisunterkunft für Piet und seiner familiären Einbindung zumindest am Mittagstisch. Das Gericht hielt ihn also für weit weniger gefährlich als mich.

39 – Das Bezirksgericht

September 1997

Die Anklage wurde durch die Untersuchungsrichterin und Bezirksanwältin Frau Streber vertreten.

Als Beweis dienten unverändert die Aussagen meiner beiden Stiefsöhne anlässlich ihrer letzten Befragung durch die Untersuchungsrichterin selbst. Die Hinweise des Pflichtverteidigers auf die dabei zutage getretenen Widersprüche wurden mit dem Argument von »natürlichen Erinnerungsschwierigkeiten bei Kindern in solchen Fällen« erklärt. Die vielen früheren Befragungen der Kinder waren für Frau Streber kein Thema mehr, trotz der durchweg entlastenden Ergebnisse in den Jahren seit Beginn der Strafuntersuchung ab Mitte Oktober 1990 bis zu jenem 17. Februar 1993 in Paris. Die diversen Hinweise auf Druck durch die Polizei wurden vom Gericht nicht thematisiert und meine protokollierten Ausführungen taxierte man kurzerhand als Schutzbehauptungen. Auch Hinweise auf Suggestivfragen sowohl in Paris als auch später durch Frau Streber wurden nicht gehört.

Unser Antrag auf ein Zeugen-Glaubwürdigkeitsgutachten über die beiden Stiefsöhne wurde abgelehnt. Dies sei unnötig. Eine Zeugenbefragung von Piet, der über die Vorkommnisse bei der Polizei in Paris aus eigenem Erleben bei seinem Entwicklungsstand wohl am zuverlässigsten Auskünfte hätte geben können, wurde ebenfalls einmal mehr abgelehnt. Sämtliche mich entlastenden Befragungsprotokolle von weiteren Drittpersonen waren schon in der Anklageschrift ausgeblendet worden und kamen überhaupt nicht mehr zur Sprache. Auf das Argument bezüglich der entlastenden gerichtsmedizinischen Untersuchungsergebnisse von Paris, zusammen mit dem Befund des IRM ging das Gericht gar nicht erst ein. Als weiterer Beweis wurden die Aussagen Hubertus Horns aufgeführt. Die Tatsache, dass er Alkoholiker sei, tue nichts zur Sache. Auch würden dessen Vorstrafen die Glaubhaftigkeit seiner Aussagen nicht beeinträchtigen.

Als Hauptindiz galt meine pädophile Veranlagung, die ich schließlich selbst zugegeben habe. Dabei war der Eindruck, dies würde eher als »harter Beweis« statt eines Indizes behandelt, wohl nicht unrealistisch. Es war offensichtlich, dass es auch für die Richter schlicht unvorstellbar war, dass jemand offen zu seiner pädophilen Veranlagung steht und damit nicht das sexuelle Ausbeuten von Kindern meint und lebt. Erstaunlicherweise wurde aus meinem sichergestellten Computer mit Hunderten von Briefen und anderen Schreibarbeiten, wie auch aus allen gedruckten Unterlagen so gut wie nichts verwertet.

Dabei wäre wohl für Frau Streber einfach zu viel zu meiner Entlastung herausgekommen. Inklusive der Soft- und Hardware und der vielen Datendisketten bleibt bis heute von alledem nichts mehr auffindbar und es gab auch nie eine richterliche Verfügung, solche Akten und Datenträger oder Hardware etwa zu vernichten oder auch nur permanent zu entziehen. Es »verschwand« einfach alles.

Tatsache ist dagegen, dass das Institut für Rechtsmedizin nach jener stundenlangen Ablichtung meiner gesamten Körperoberfläche inklusive Genitalien etc. keinerlei Übereinstimmungen finden konnte. Weder zwischen mir und irgendwelchen mir nahestehenden Personen einerseits noch den Darstellern in den von der Polizei zur näheren Untersuchung zur Verfügung gestellten kinderpornografischen Aufnahmen andererseits.

Darauf wies einzig mein bisheriger Pflichtverteidiger Dr.

Adliger in seinem Plädoyer hin, denn es fehlte in den Ausführungen der Bezirksanwältin jeder Hinweis dazu.

Die Verhandlung vor dem Bezirksgericht dauerte einen knappen Tag und endete mit meiner Verurteilung in allen Anklagepunkten.

Ich wurde zu fünf Jahren und zehn Monaten Haft verurteilt. Sowohl die Bezirksanwältin als auch die Verteidigung meldeten Rekurs ans Obergericht an.

40 – Die Expertenmeinung

Circa Frühling 1998

Nun bat ich meinen Pflichtverteidiger, Dr. Adliger, von einer kompetenten medizinfachkundigen Stelle folgende hypothetische Frage beurteilen zu lassen: Ob im Falle von über Jahre andauerndem, wiederholtem Analverkehr zwischen einem erwachsenen Mann und einem Knaben im Alter von zehn bis knapp dreizehn Jahren bei einer forensisch-medizinischen Untersuchung beim Opfer irgendwelche davon herrührenden Anzeichen zu erwarten und feststellbar wären. Dabei verwies ich auf den Bericht des französischen »Procureur de la Republic«, dem höchsten Staatsanwalt Frankreichs, demzufolge die gerichtsmedizinischen Untersuchungen der drei Knaben Piet, Ulf und Ben in Paris nichts dergleichen erbrachten.

Dr. Adliger beantragte daraufhin bei der Bezirksanwältin Frau Streber die Klärung dieser Frage durch das IRM, dem Institut für Rechtsmedizin an der Universität Zürich. Frau Streber erstellte eine entsprechende Verfügung. In dem Schreiben, das mein Anwalt in Kopie erhielt und es mir zur Kenntnis sandte, beauftragte sie das IRM mit der Klärung eben dieser Fragen. Allerdings nannte sie darin aus irgendeinem Grunde nicht Ulf, sondern Piet als Opfer der mutmaßlichen Vergewaltigungen durch mich. Und wie zum Beweis legte sie ihrem Auftrag auch noch den Piet betreffenden Pariser gerichtsmedizinischen Untersuchungsbericht bei. Piet hatte mich bekanntlich nie belastet. Es ergab für mich keinen Sinn. Ihre Frage ans IRM lautete doch, … ob nach Analverkehr bei einem 13-jährigen Knaben bei einer medizinischen Untersuchung Anzeichen zu erwarten und feststellbar wären.

Wollte sie damit etwa suggerieren, ich hätte vielleicht den bei der Untersuchung in Paris fünfzehneinhalbjährigen Piet missbraucht, als er dreizehn war, also etwa drei Jahre vor jenem Untersuchungszeitpunkt in Paris? Oder wollte sie vielmehr damit vom Umstand ablenken, dass bei Ulf keinerlei entsprechende Anzeichen oder Spuren festgestellt wurden? Ulf war es doch, der in ihrer Anklage und letztlich auch im Urteil des Bezirksgerichts als Hauptopfer bezeichnet wurde.

Die Antwort vom IRM fiel, jedenfalls nach meiner Lesart, eindeutig, ausführlich und detailliert aus. Unter dem Strich war es ein klares »Ja«. Präzisiert wurde, dass besonders dann solcherart Anzeichen zu erwarten wären, wie im Bericht näher bezeichnet, wenn dies gegen den Willen des Kindes und über eine längere Zeitdauer erfolgt. Im Grunde müsste gemäß dem Bericht also selbst ein einmaliges Vorkommnis dieser Art im Nachhinein feststellbar sein. Abgeschlossen wurde der Befund dann mit dem Satz: »Ein negativer Befund schließt jedoch Analverkehr nie aus.«

Ich dachte, dabei käme es ja wohl auf vieles an: Alter der betreffenden Beteiligten, Grad von angewendeter Gewalt, Dauer und Häufigkeit und so weiter. Jedenfalls argumentierte ich dann, dass doch aufgrund dieses Berichts, sofern die Anschuldigungen wahr wären, bei den Untersuchungen in Paris bei Ulf entsprechend deutliche medizinische Anzeichen hätten festgestellt werden müssen. Und dass die Untersuchungen in Paris ausschließlich normale Ergebnisse lieferten, sei doch als ein klarer Beweis gegen die Anschuldigungen zu werten. Alles vergebens.

Als ich ungefähr zu derselben Zeit für den vorzeitigen Strafvollzug vorgesehen wurde, riet mir mein Anwalt, dies zu akzeptieren. Es bedeute kein Schuldeingeständnis und ich hätte es dort wesentlich besser. Das konnte ich nicht beurteilen, hielt es aber für plausibel. Also willigte ich ein, ließ aber explizit vermerken, dass dies nicht als Schuldeingeständnis von mir gewertet werden dürfe.

Vorläufig aber passierte nichts; ich blieb weitere Monate im Untersuchungsgefängnis Affoltern. Auch wenn Dr. Adliger beim Obergericht noch anwesend war und an der Seite eines neuen Anwalts mitwirkte, so war er in beidseitigem Einverständnis von seinem Mandat zurückgetreten. Er sei, so seine Begründung, nach dem schon viele Jahre dauernden Verfahren amtsmüde und wolle zudem in die Wirtschaft wechseln. Einmal mehr griff ich daraufhin auf die Hinterlassenschaft meines Vaters zu, um einem anderen Anwalt, einem Dr. Müller, einen Vorschuss von fünftausend Franken zu überweisen. In der Folge wurde er mit dem Mandat betraut.

Teil III

Die Freiheit der Macht im Mini-Kosmos Knast

41 – Ins Zuchthaus

Spätsommer 1998

Im Spätsommer 1998 war es so weit. Ich wurde ziemlich unvorbereitet in die Strafanstalt »Pöschwies« in Regensdorf bei Zürich verlegt.

Bei meiner Ankunft war ich nicht allein; mit mir kamen sieben weitere, mir unbekannte Gefangene an. Alle erhielten wir ein mehrseitiges Formular, auf dem wir Dinge wie unsere berufliche Vergangenheit, Wünsche und Fähigkeiten hinsichtlich der künftigen Beschäftigungsart in der Anstalt etc. eintragen sollten.

Ich komplettierte das Formular sorgfältig und nach bestem Wissen, gab über alle wesentlichen Vorkenntnisse aus meinem Arbeitsleben, Sprachkenntnisse und so weiter Auskunft. Unter anderem bat ich darin auch explizit um Abklärung hinsichtlich einer Psychotherapie.

Bald darauf wurden nacheinander die Neueintritte für ein Aufnahmegespräch gerufen. Dabei wurde unter anderem abgeklärt, in welchem Betrieb man arbeiten könne, möchte oder dann letztlich halt müsse. Als die anderen sieben diese Gespräche hinter sich hatten, wartete ich längere Zeit vergeblich auf meinen Aufruf. Schließlich schrieb ich an die Direktion, um nachzufragen. Ich erhielt keine Antwort. Ein Eintrittsgespräch gab es hier in meinem Falle nie. Irgendwann suchte die mir zugeteilte Sozialarbeiterin des Gefängnisses mich doch noch auf; ebenfalls nach zunächst erfolglosem schriftlichem Antrag.

Die Frau machte aber keinen Hehl aus ihren Vorurteilen wegen der Art der Anklage gegen mich. Sie weigerte sich beharrlich, überhaupt mit mir über etwas anderes zu sprechen, und überhäufte mich mit teils sehr verletzenden Äußerungen. Meine Angaben im Eintrittsformular interessierten sie jedenfalls nicht. Das Gespräch dauerte kaum fünfzehn Minuten. Zuletzt bat ich sie noch, dafür zu sorgen, dass ich von jemandem des PPD aufgesucht würde.

Das geschah dann sogar erstaunlich rasch. Eine Frau Doktor vom PPD stellte sich mir eines Vormittags vor. Sie verweigerte meine zum Gruß ausgestreckte Hand und hieß mich, Platz zu nehmen auf einem Stuhl, der einige Meter von ihrem Pult entfernt stand. Ihr Blick war kühl, der Gesichtsausdruck unfreundlich. Die dadurch entstandene Atmosphäre kühlte dann auch meine anfängliche Freude über das ersehnte Gespräch mit jemandem vom PPD ab. Dennoch blieb ich in einigermaßen positiver Erwartungshaltung. Wie so oft in solchen Situationen dachte ich: nur Geduld. Diese Frau kennt dich halt noch nicht. Ich wurde schnell enttäuscht. Ich kann mich nur noch an einen Dialog erinnern und den werde ich nie vergessen:

Schon kurz nach Beginn des Gesprächs sagte sie, unvermittelt und mit kalter Stimme, aber im Ton der Selbstverständlichkeit zu mir: »Sie müssen wissen, Herr Meier, wenn ich bei einem Gefangenen das Gefühl habe, dass dieser Stimmen hört, etwa wie aus einem Radio oder so, obwohl gar kein Radio da ist, dann schicke ich diesen Mann in die Verwahrung.«

Ich war entsetzt. »Wie bitte?«

Sie wiederholte sich in abgekürzter Version.

Meine Reaktion darauf war direkt aus dem Bauch heraus: »Sagen Sie mir jetzt allen Ernstes, dass Sie dazu bereit wären, das vielleicht höchste Gut eines Menschen, seine Freiheit, einfach so wegzunehmen? Bloß weil Sie ›ein Gefühl‹ haben? Auf unbestimmte Zeit, womöglich sogar für immer?«

Ihr »Natürlich« als Antwort, bei nun leicht hochgezogenen

Mundwinkeln, aber mit kaltem Blick, strotzte von überheblicher Selbstgefälligkeit. Nichts an meinen bisherigen Worten hätte sie zu einer solchen Aussage verleiten können. Ich saß seit Beginn des Gesprächs doch reglos da, schaute ihr in die Augen und hörte aufmerksam zu. Ihren Worten, nicht irgendwelchen Tönen aus einem nicht vorhandenen Radio.

Ich sagte nun spontan: »Dann muss ich Ihnen sagen, dass ich leider keinen Bedarf mehr für die Fortführung des Gesprächs mit Ihnen sehe.« Ich stand auf. »Danke, dass Sie gekommen sind. Entschuldigen Sie mich bitte.« Dann ging ich, ohne eine Reaktion abzuwarten oder mich nochmals umzudrehen.

Einige Monate später erfuhr ich, dass diese Person den PPD und die Pöschwies verlassen hatte.

Im EP, dem »Eintrittspavillon« in der Pöschwies, arbeitet man anfangs meist allein, eingeschlossen in der Zelle. Zu meiner Zeit dort wurden vorwiegend zwei unterschiedliche Akkord-Arbeiten verteilt: Das Portionieren und Formen von Tausenden Bällchen aus Kisten voller grüner Kunststoffwolle, die für kommerziell erstellte und vertriebene Osternestchen gedacht waren. Sie mussten einem vorgegebenen Gewicht und Umfang möglichst genau entsprechen. Das andere war das endlose Anheften von Gummibändern an knallrote, unterschiedlich unförmige Plastik-Clownsnasen.

Für erstere Tätigkeit gab's für mich, gegenüber anderen Häftlingen mit derselben Arbeit, ein Handicap: Es stand für die fünf Zellen mit dieser Arbeit zufälligerweise genau eine elektronische Briefwaage zu wenig zur Verfügung. Das sehr leichte und luftige Material war schwer abzuschätzen. Aber ich fand eine Lösung: Ich besaß ein langes Lineal aus Holz mit einer Skala bis fünfzig Zentimeter. Damit, mit Klebeband und einigen weiteren Gegenständen aus meinem über die Haftjahre angesammelten Büro- und anderem Kleinmaterial bastelte ich eine behelfsmäßige einfache Kippwaage. Das Lineal balancierte in der Mitte auf einer fixierten Unterlage und stellte den Waagebalken dar. An beiden Enden davon brachte ich an exakt gleicher Stelle je einen identischen flachen Karton-Unterteller an. Richtig ausbalanciert konnte ich dies als Waage für die geformten Osternester benutzen; ich brauchte lediglich ein Muster mit dem exakt richtigen Maß als Gegengewicht. Ein solches war ja von Anbeginn vorhanden. So schaffte ich weit mehr als die vorgeschriebene Menge, denn es ging schneller als mit einer elektronischen Waage. Ich arbeitete bis tief in die Nacht und lieferte morgens die drei- bis vierfache Sollmenge ab.

Für das Befestigen der Gummibänder an den Clownsnasen – die Bänder mussten an bestimmten Stellen mit einem Heftklammer-Apparat befestigt werden – bastelte ich eine Schablone. Dies erleichterte ein produktives Arbeiten immens und ermöglichte mir ebenfalls eine Überschreitung der Mindestmenge um ein Vielfaches. Es bedeutete aufgrund der Akkord-Bezahlung in dieser Abteilung auch einen kleinen finanziellen Vorteil.

Bisher hatte ich in der Untersuchungshaft für sämtliche Verteidigungsvorbereitungen für die bevorstehende Obergerichtsverhandlung meinen Computer benutzt. In der Eintrittsabteilung der Pöschwies aber waren keine erlaubt. Gerade darauf aber war ich jetzt angewiesen. Es brauchte daher ein begründetes Gesuch an die Direktion der Anstalt. Und das wurde zunächst ignoriert. Erst ein Nachhaken meines Verteidigers bewirkte etwas.

Es wurde mir daraufhin freigestellt, auf dem Computer zu bestehen, dafür aber in Einzelhaft verlegt zu werden, und zwar in eine besonders isolierte Abteilung. Oder aber auf den Zugang zu meinen digitalisierten Verteidigungsunterlagen zu verzichten.

So kam es, dass ich, nach etwa drei Wochen Aufenthalt in der U-haftähnlichen Eintrittsabteilung, in die für besondere Risikogefangene versetzt wurde. Hier herrschte ein sehr restriktives Regime. Man war stets irgendwo eingesperrt – abgesehen vom täglichen einstündigen Spaziergang in einem kleinen, kahlen separaten Innenhof. Er war nicht nur von hohen Mauern umgeben, sondern zudem oben mit engmaschigem Gitter bedeckt. Ansonsten war man allein in der Zelle. Nur während der Arbeitsstunden kam man, je nach Möglichkeit, zu zweit oder teilweise mit mehreren zusammen in eine größere Arbeitszelle. Die Fenster waren außer den Gittern mit einem sehr engmaschigen Stahldrahtgeflecht versehen, sodass der Blick nach draußen eingeschränkt war. Das Essen wurde hier, wie in der U-Haft, durch eine Luke hereingereicht.

Die zugeteilte Arbeit bestand ausschließlich aus dem monotonen Zusammenfügen von Kunststoffteilen für billige Haushaltsgeräte. Auch hier gab ich stets mein Bestes; andere Arbeitsweisen war ich nicht gewöhnt. Hatte wohl auch mit meiner Kindheit als Heim- und Verdingkind zu tun, wo man als Zögling bei jeder Arbeit immer alles gab, auch wenn der Rücken noch so schmerzte oder man sich kaum mehr auf den Beinen halten konnte. Denn man konnte nie wirklich schnell und produktiv genug arbeiten. Der einzige Lohn waren damals Erniedrigung, Spott und Prügel.

42 – Das Obergericht (I) – Fiese Tricks des Anklägers

Spätsommer bis 30. November 1998

Ich war circa vier Wochen in der Eintrittsabteilung verwahrt. Dann kam ich für ein paar Wochen in die Abteilung Fluchtgefahr und schließlich nochmals drei in eine, damals und auch heute wieder für alle obligatorische Übergangsabteilung, den sogenannten »Erweiterungsbau«.

Dort baute ich für eine Schweizer Warenhauskette Fondue-Rechauds zusammen. Erst danach sollte ich in den Normalvollzug versetzt werden. Weil dann jedoch am vorgesehenen Umzugstag die Obergerichtsverhandlung anstand, wurde meine vorläufig letzte interne Versetzung auf den Tag danach verschoben.

Kurz vor der Verhandlung sprach Dr. Müller von einem Angebot des Oberstaatsanwalts. Dabei sollte ich ein vollumfängliches Geständnis im Sinne der Anklage ablegen, ansonsten drohe mir, zusätzlich zum Zuchthausurteil, die Verwahrung auf unbestimmte Zeit.[69] Meine Zusage würde bedeuten, dass vom Obergericht die Strafe der Vorinstanz bestätigt würde, und ich gleich nach der Verhandlung in Freiheit käme. Die Strafe hätte ich dann ja schon fast gänzlich durch Auslieferungs- und U-Haft abgesessen.

Ich lehnte einen solchen »Deal« entschieden ab. Was sollte das

69 Damals nach Art. 43.1.2 StGB.

überhaupt? Ich rechnete ja voller Zuversicht endlich mit einem Freispruch vom Obergericht. Schließlich würden wir dann, umfassend und sorgfältig belegt, die ganzen entlastenden Fakten vorbringen können. Beim Obergericht würde der Oberstaatsanwalt die Anklage vertreten und nicht mehr Frau BAin Streber. Da würde dann wohl seriöser hingeschaut werden, so mein damaliger Optimismus. Verwahrung – halten die mich für blöd? Bin ich etwa ein Monster? So ungefähr dachte ich damals noch.

Die Gerichtsverhandlung am 30. November 1998 wurde von etlichen Reportern besucht, darunter natürlich auch wieder Viktor Dammann vom Boulevardblatt »Blick«.

Sie dauerte auch kaum einen Tag und endete mit meiner Verurteilung zu derselben Strafdauer wie in der Vorinstanz. Zusätzlich bekam ich dann, auch für meinen Anwalt völlig unbegreiflich, die Sicherheitsverwahrung auf unbestimmte Zeit aufgebrummt. Gemäß Gericht sei ich angesichts der fehlenden Geständnisbereitschaft »uneinsichtig« und somit »untherapierbar und deshalb hoch rückfallgefährdet«.

Was, um Himmels Willen, war da passiert, wie hatte es nur dazu kommen können?

Die Anklage wurde, wie erwartet, durch den unlängst zum Oberstaatsanwalt beförderten Dr. Rolf Wasser vorgetragen. Gleich zu Beginn aber sprach der Richter öffentlich von einem Fax, das er vom Oberstaatsanwalt bekommen habe. Und er wies ihn an, es vorzutragen. Das tat der dann auch.

Das Papier enthielt eine ganze Reihe von, gelinde gesagt, hanebüchenen Vorwürfen bezüglich meines bisherigen Aufenthaltes von damals kaum drei Monaten in der Strafanstalt Pöschwies. Ich sei »arbeitsunwillig« und würde »schlechte Leistungen erbringen«. Ich sei »äußerst schwierig im Umgang« und wolle mich »nicht in den Anstaltsbetrieb integrieren«. Außerdem sei ich »therapieunwillig«.

Ich war mehr als perplex. Das war wirklich der Gipfel. Langsam kochte Wut in mir auf. Diese Behauptungen waren völlig aus der Luft gegriffen. Eine Kopie dieses Faxes wurde der Verteidigung ausgehändigt, ich konnte einen kurzen Blick drauf werfen. Es war unterzeichnet von jener Sozialarbeiterin, welche mir in der Pöschwies zugeteilt worden war, und die mich bisher lediglich einmal für kaum fünfzehn Minuten gesehen hatte. Was ist das für ein Mensch, so ging es mir durch den Kopf, der sich Sozialarbeiterin für Gefangene nennt und dann so schamlos lügt, offenbar nur, um einem Menschen Schaden zuzufügen? Offensichtlich motiviert durch blanke Vorurteile. Leider bekam ich dieses Fax in Kopie erst später, Tage nach der Verhandlung, in die Hände. Da stellte ich, bei näherer Betrachtung, anhand der Fax-Randaufdrucke fest: Es war ursprünglich vom Büro des Oberstaatsanwaltes Rolf Wasser verfasst worden! Von dort ging es zur Unterschrift an die genannte Sozialarbeiterin in die Pöschwies. Ober-StA. Dr. Wasser selbst hatte sich offenbar die Behauptungen über mich ausgedacht. Und die Sozialbeauftragte ist der Aufforderung willfährig nachgekommen und hat das Papier innerhalb Minuten an Dr. Rolf Wasser zurückgefaxt. Einfach nicht zu fassen!

Bei Gericht hatte ich davor vergeblich versucht, mich gegen diese Behauptungen zu wehren. Schon aus der Santé besaß ich beste schriftliche Referenzen über mein Verhalten und meine Arbeitsleistungen in der Haft. Ich war dort unter anderem in der Personalkantine und sechs Monate als Kontrolleur für Gefangenenarbeiten eingesetzt worden. Und im letzten halben Jahr durfte ich in der Gefängnisschule beim Unterricht ausländischer Gefangener assistieren, hatte einen Computerkurs erfolgreich belegt und bei der Redaktion der Schulzeitschrift mitgearbeitet. Vom Bezirksgefängnis Affoltern am Albis bekam ich ebenso sehr gute

Führungsberichte und zuletzt ein gutes Arbeitszeugnis. Dort strich ich während circa eines Jahres die gesamten Innenräume des Gefängnisses neu, und die letzte Zeit bis zur Verlegung in die Pöschwies arbeitete ich als Hausarbeiter, führte also überall Reinigungsarbeiten aus, wusch die Gefangenenwäsche, verteilte Essen in die Zellen, spülte das ganz Geschirr usw.

Ich hatte bald nach dem kurzen, ernüchternden Termin mit der Sozialbeauftragten ein paar Wochen nach meinem Eintritt in die Pöschwies eine Beschwerde an die Direktion geschrieben und ihr meine Zeugnisse und Referenzen aus den bisherigen Haftanstalten beigelegt. In der Pöschwies war mein Arbeitschef schon damals mit meinem außerordentlichen Einsatz ausgesprochen zufrieden. Zudem nahm ich an den verfügbaren Freizeitaktivitäten teil und verhielt mich freundlich und korrekt sowohl gegenüber Mitgefangenen als auch dem Personal.

Aber meine Ausführungen vor Gericht interessierten nicht; außer ein paar Augenblicken flüsternd mit meinem Anwalt wurde mir keine Gelegenheit zur Stellungnahme gewährt. Stattdessen wurde das Fax im Verlaufe der Verhandlung gleich noch ein zweites Mal von A bis Z verlesen, diesmal durch den Richter. Daraufhin durfte mein Verteidiger gerade mal kurz feststellen, dass diese Eingabe nicht zulässig sei, weil die Verteidigung sich nicht darauf hätte vorbereiten können.

Die versammelte Presse indes hatte es längst dankbar zur Kenntnis genommen. Ein etwa halbstündiges Plädoyer zur Sache, von mir selber vorbereitet, wollte man mir dann auch nicht gewähren. Durch die Intervention Dr. Müllers – mit dem es zuvor abgesprochen war und der explizit wollte, dass es durch mich vorgetragen wird – wurde mir schließlich, als Kompromiss, eine stark gekürzte Version meines Plädoyers von etwa zehn Minuten gewährt.

Das Urteil war offensichtlich schon im Voraus geschrieben

worden. Denn es lagen zum Abschluss der eintägigen Verhandlung genügend fertig gedruckte Exemplare unter dem Pult des Gerichtsschreibers bereit. Es wurde sogleich an die Parteien und an die Medienvertreter verteilt.

Als Begründung für die Sicherheitsverwahrung wurde hauptsächlich meine Uneinsichtigkeit angeführt, da ich nicht geständig sei. Diesbezüglich meinte der Richter bedauernd, dass ihm »die Hände gebunden« seien; er sei aufgrund des Gutachtens über mich zum Verwahrungsurteil »gezwungen«.

Es sei hier daran erinnert, dass die Gutachterin Frau Dr. Berger eine Verwahrung ausdrücklich lediglich unter der Voraussetzung empfahl, wenn man 100-prozentige Sicherheit wolle. Wegen meines Nicht-Gestehens verneinte das Gericht meine Therapierbarkeit. Somit war nun – so schien es jedenfalls – faktisch entschieden worden, dass ich potenziell bis zu meinem Tod im Zuchthaus bleiben könnte. Seit dem »Fall Zollikerberg«, bei dem 1993 durch einen Gefangenen im Hafturlaub eine zwanzigjährige Frau ermordet wurde, galt die allgemeine Weisung, dass eine Sicherheitsverwahrung günstigstenfalls nach intensiver langjähriger Therapie wieder aufgehoben werden könne. Und ich galt ja jetzt, wie gesagt, offiziell und per Gerichtsbeschluss als nicht therapierbar.

Unmittelbar nach der Verhandlung, als ich bei der mir zugeteilten Sozialarbeiterin der Justizdirektion in einem Warteraum saß, trat Oberstaatsanwalt Rolf Wasser herein. Er sagte ohne Umschweife zu mir, er werde dafür sorgen, dass ich »in zwanzig Jahren noch im Zuchthaus« sei, sollte ich mein Beschwerderecht gegen das Urteil in Anspruch nehmen.

Ich blickte ihm für Sekunden in die Augen, konnte nicht glauben, was ich soeben gehört hatte. Dies umso weniger, da es ja vor einer Zeugin geschah. Doch schon verschwand der Mann wieder. Es waren, außerhalb einer Verhandlung vor den

Schranken des Gerichts, die ersten und seither letzten Worte, die er jemals an mich richtete.

Dieser Mann, so fuhr es mir damals und seither immer wieder durch den Kopf, dieser Mann weiß sich über dem Gesetz stehend. Er ist unantastbar, im Besitze absoluter Macht. Zumindest für mich und all jene, die sich für mich einsetzen wollten. Sollte diese Drohung tatsächlich wahr gemacht werden, dann würde ich insgesamt nahezu 26 Jahre im Gefängnis verbringen! Ich war zutiefst schockiert ob der Ungeheuerlichkeit dieser Worte aus dem Mund eines Oberstaatsanwalts. Und das in meiner Heimat, der freien Schweiz? Diesem angeblichen Vorzeige-Rechtsstaat? Was bis zu jenem Tag noch an Restvertrauen in unsere Justiz übriggeblieben war, drohte in mir endgültig zusammenzubrechen.

Es brach dann aber noch nicht endgültig zusammen. Meine beziehungsweise Dr. Müllers Kassationsbeschwerde wurde nichtsdestotrotz fristgerecht eingereicht.

43 – Das Urteil gegen die Mutter

Herbst 1999

Im Herbst, knapp ein Jahr nach meiner Berufungsverhandlung, wurde auch meiner Frau der Prozess gemacht. Sie kassierte nach recht kurzer Verhandlung wegen Mitwisserschaft und Begünstigung sexueller Handlungen an ihren Söhnen eine bedingte Buße. Dabei wurde ihr zum einen vorgeworfen, ihre Kinder gegen Entgelt an Viktor Klotz ausgeliefert zu haben, obschon sie von seinen Vorstrafen gewusst und damit billigend in Kauf genommen habe, dass er sexuelle Handlungen an ihren Kindern vornehmen könnte.

Des Weiteren wurde sie verurteilt, weil sie dies auch bezüglich mir getan hatte; sie habe in meinem Falle davon profitiert, dass ich für ihren Lebensunterhalt sorge und mir deswegen ihr Einverständnis gegeben, ihre Kinder zu missbrauchen. Eine ungeheuerliche Unterstellung, zumal meine Frau diese Vorwürfe klar bestritt! Ähnlich wie im Fall von Hubertus Horn vor Gericht in Ulm seinerzeit war es auch hier: Die Tatsache, dass ich wegen der Vorwürfe des sexuellen Missbrauchs noch nicht rechtskräftig abgeurteilt war, war nicht ausschlaggebend, denn auch hier wurde sie wegen der angeblichen Absicht verurteilt, unabhängig von einem eingetretenen Erfolg.

Meine Frau verzichtete auf einen Rekurs gegen dieses Urteil. Ich konnte darauf absolut keinen Einfluss nehmen, da sie die Beziehung zu mir schon 1993 abgebrochen und deutlich gemacht hatte, dass sie mit mir keinen Kontakt wünsche. Zwar verlangte sie bislang keine Scheidung, aber dennoch war für mich ihr Wille zu respektieren. Und solange ihre Kinder nicht selbstständig waren, mit ihrer Mutter zusammenlebten und von ihr abhingen, solange musste das auch Manuela betreffen, ob es mir oder meinen Stiefsöhnen gefiel oder nicht. Ganz abgesehen davon, dass mir die Untersuchungsrichterin, seit ich wieder in der Schweiz war, jeglichen Kontakt zu meiner Familie wegen Kollusionsgefahr untersagt hat. Anderenfalls hätte ich Manuela wohl dringend zu einem Rekurs geraten. Sie war zwar nicht geständig, doch ich hätte gehofft, dass sie sich stärker gegen den uns beide betreffenden Vorwurf gewehrt hätte.

Würde ich irgendwann freigesprochen werden, woran ich damals nach wie vor glaubte, so hätte dies ihre Schuld nicht nur in meinem Falle ausgeräumt, sondern es hätte ihr vermutlich auch eine bessere Verteidigung bezüglich ihrer Einlassung mit Viktor Klotz ermöglicht.

Im Grunde genommen hegte ich meiner Frau gegenüber schon lange zwiespältige Gefühle. Ich machte ihr nicht so sehr zum Vorwurf, dass sie mich seit meiner Verhaftung hatte fallen lassen. Sie schien ja tatsächlich die ihr von der Polizei aufgetischte Lüge von angeblichen medizinischen Beweisen für die Vergewaltigungsbehauptungen Hubertus Horns zu glauben. Oder tat sie nur so, weil sie erkannte, dass man sie endlich in Ruhe lassen würde? Das vermute ich eher.

Aber wenn ich mir in Momenten diesbezüglicher Nüchternheit ihre anderen, kaum nachvollziehbaren Handlungsweisen in Erinnerung rief, die mir teils schon viel früher zur Kenntnis gelangt waren, meldeten sich bei mir doch recht deutliche Ressentiments. Weshalb hatte sie damals, nach Hubertus Horns mehr als nur unmoralischem Angebot, nicht gleich die Polizei informiert? Und stattdessen zugelassen, dass er die folgenden Sommerferien bei einem gemeinsamen Bekannten in der Schweiz organisierte und sich dazu einlud? Ich hätte im Wissen darüber einen gemeinsamen Urlaub mit Horn nie und nimmer gutgeheißen. Und weshalb hatte Manuela mir nicht spätestens davon erzählt, als sie sich für ein Zusammenleben mit mir entschieden hatte? Oder allerspätestens, nachdem sie Horn während des Sommerurlaubs den Laufpass gegeben hatte? Warum um Himmels willen war sie erst damit rausgerückt, als uns der Kerl Monate später auf solch ungeheuerliche Weise in den Medien verleumdete?

Und dann waren ja, nach meiner damaligen Entlassung aus der U-Haft durch den Haftrichter im Winter 1991/92, dank Akteneinsicht meines damaligen Anwalts auch noch Kopien von Briefen aufgetaucht, die Hubertus Horn meiner damals noch Verlobten lange nach dem Kennenlernen im April 1990 geschrieben hat. Und dass sie ihm auch weiterhin ohne Anzeichen von Widerwillen antwortete. Wie so vieles andere haben die Polizisten bei der großen Polizeiaktion vom November 1991 auch Briefe aus Manuelas persönlichen Sachen mitgenommen. In einem dieser Briefe hat Horn zwischen den Zeilen offenbar auf sein empörendes, ihr vorgetragenes Angebot vom April 1990 Bezug genommen. U. a. stand darin: … »und was die bewusste Angelegenheit betrifft, gilt weiterhin, dass du dir das in aller Ruhe überlegen solltest. Eine sofortige Zusage habe ich natürlich nicht erwartet. Ist ja klar, dass eine Mutter sich nicht einfach so mir nichts, dir nichts für ein solches Geschäft entscheidet. Das will gut überlegt sein, auch wenn es natürlich sehr viel leicht verdientes Geld bedeutet. Schreib mir einfach, sobald du dich entschieden hast. Derweil darf ich ja hoffentlich darauf zählen, dass du über diese Sache weiterhin absolutes Stillschweigen bewahrst!«

Von diesem Brief hatte mir Manuela nichts gesagt, auch nicht nach Horns öffentlichen Verleumdungen gegen uns, als sie mich erstmals über Horns »Geschäftsangebot« an sie vom April 1990 aufklärte. Nun musste ich feststellen, dass der Grund für ihr langes Schweigen mir gegenüber damals nicht bloß Rücksicht auf meine vermeintliche Freundschaft mit Hubertus Horn war. Es scheint, dass das »sehr viel leicht verdiente Geld« für sie noch lang allzu verlockend nachgeklungen hat. Ohne die damalige Hausdurchsuchung hätte ich vielleicht auch nie davon erfahren. Ihre Verurteilung zerrte diesen Umstand wieder in mein Bewusstsein. Sie hat mir zudem die Schwangerschaft verschwiegen, bis es in unserer Beziehung für ein Zurück zu spät war, und mich bezüglich des biologischen Vaters belogen.

Während meiner U-Haft im Winter 1990 hatte sie sich ausgerechnet mit jenem Privatdetektiv auf eine Beziehung eingelassen, den ich zur Unterstützung in unserem Kampf gegen die Verleumdungen engagiert und bezahlt hatte. Das alles waren zumindest unschöne Verhaltensweisen und hätte vielleicht bei manch einem Mann zu einem Abbruch der Beziehung führen können. Indes brachte ich und bringe ich ihr heute noch ein gewisses Verständnis für die beiden Angelegenheiten entgegen.

Sie hat wohl um die Beziehung mit mir gefürchtet, hätte ich früher von der Schwangerschaft erfahren. Unsere Beziehung war damals noch nicht durch Heirat gesichert. Und angesichts meiner plötzlichen Inhaftierung ab November 1991 für zunächst ungewisse Zeit, dazu die ohnehin schon schwer erträgliche Situation mit dem feindseligen Nachbarn in dem kleinen Aargauer Dorf, da waren die Stunden mit einem netten Mann in Zürich weit abseits der täglichen Probleme bestimmt auch für sie wohltuend. Dazu kam in einer Zeit, anfangs noch ohne Sozialhilfe, dass die finanzielle Unterstützung durch den nicht gerade am Hungertuch nagenden Privatdetektiv sicherlich sehr willkommen war.

Ein weiterer Brief Manuelas tauchte auf. Er war wohl an dem Morgen bereit für den Versand gewesen, als die bislang größte Polizeiaktion gegen uns stattfand. Er war an den in Dresden lebenden leiblichen Vater von Tina adressiert. Seine Adresse war

Manuela also doch bekannt. Darin teilte sie ihm die Informationen über ihr Bankkonto in Dresden mit und die Aufforderung, darauf seine monatlichen Zahlungen für Tinas Unterhalt zu überweisen. Sie hatte mich auch diesbezüglich angelogen. Der Briefinhalt zeigte auf, dass sie immer heimlich in Kontakt mit ihm geblieben war. Von ihrem Dresdner Bankkonto wusste ich genauso wenig wie die Sozialbehörden, von denen sie ihren Lebensunterhalt für sich und die Kinder bezog, inklusive Tina.

Nun war diese unglaubliche Geschichte mit diesem Viktor Klotz zum Vorschein gekommen. Wie konnte sie nur so etwas tun? Sie, mit der ich stets über alles sprach, was meine Arbeit beinhaltete. So hatte sie ja auch erfahren, als Klotz im Herbst 1991 verhaftet worden war. Kaum war er, keine vier Jahre später, aus der Haft entlassen, ließ sie ihre Kinder bei ihm ein- und ausgehen. Ich verstand, dass leicht verdientes Geld sie lockte. Aber bitte nicht auf diese Weise! Dass sie ihre Kinder Viktor Klotz überließ, das konnte und kann ich weder nachvollziehen, auch dann nicht, wenn man aus dem Urteil lernt, dass Klotz »keine schwerwiegenden Missbräuche beging und auch nie physische Gewalt angewendet« hatte.

Aus heutiger Sicht betrachtet hätte ich mich nicht mit dieser Familie einlassen sollen. Trotz Manuelas anfänglicher fast überschwänglicher Liebesbriefe ging es ihr doch wohl eher um die materielle Absicherung für sich und ihre Familie. Und so glaube ich, kein Recht zu haben, die Mutter abzuwerten. Ihre Kinder scheinen ihr diesbezüglich auch nichts nachzutragen.

44 – CH: Keine Psychotherapie (II)

Februar bis April 2000

Jedes Jahr am Todestag meines Vaters und auch zwischendurch litt ich unter Depressionen.

Etwa, wenn ich weiter an meinen Kindheitsmemoiren arbeitete und dabei so vieles innerlich neu erlebte. Zuweilen kämpfte ich gegen den aufkeimenden Gedanken, mich von allem einfach mittels Suizid zu befreien.

Wie schon anfangs im Untersuchungsgefängnis Affoltern, schrieb ich erneut Anträge für eine Therapie. An den PPD, die Pöschwieser Anstaltsleitung und die Justizdirektion. Leider ohne Erfolg, denn ich scheiterte immer wieder am Argument meines fehlenden Geständnisses. Das sei für eine Therapie Grundbedingung. Meine Bereitschaft, ohne jede Einschränkung auch über meine Veranlagung und über die mir angelasteten Vorwürfe zu sprechen, mich Tests aller Art und liebend gern auch einem Lügendetektortest zu unterziehen – es fruchtete alles nichts. Selbst mein Argument, dass mir der Hausarzt auch nicht mit dem Hinweis auf ein fehlendes Geständnis eine Behandlung verweigere, wenn ich mich wegen einer Erkrankung bei ihm meldete, half nichts. Meist blieben meine Briefe einfach ohne Antwort. Man ließ mir nur die Wahl zwischen zwei Möglichkeiten: Die eine wäre, das Angebot der Verschreibung von Psychopharmaka durch den Notfallpsychiater anzunehmen. Dies würde mir gewiss auf Dauer meine Gesundheit ruinieren. Es gab ja keine Gewähr, dass das zeitlich begrenzt wäre. Die zweite wäre, ein Pseudogeständnis abzugeben. Ausgeschlossen. Schon wegen des noch laufenden Verfahrens.

Selbst wenn ich dies täte: Für psychische Erkrankungen, Depression oder posttraumatische Belastung etc. sei der PPD ja nicht da. »Wir vom PPD sind einzig dazu da, dafür zu sorgen, dass Sie keine Kinder mehr vergewaltigen.« Die Bemerkung der Therapeutin in der U-Haft klang mir in den Ohren.

Meine Lage schien hoffnungslos, wenn ich keinen anderen Weg finden würde. Ich musste einfach etwas tun, wenn ich mich nicht ganz aufgeben wollte. Also schrieb ich schließlich auch von hier aus Briefe an alle in und um Regensdorf ansässigen diplomierten Psychologinnen und Psychologen, die auch Psychotherapie anboten. Die Hinterlassenschaft meines 1994 verstorbenen Vaters war inzwischen nahezu aufgebraucht, aber ich war dazu bereit, den kleinen Rest davon und nötigenfalls mehrere hundert Franken meines Gefangenen-Arbeitslohns in die Waagschale zu werfen. Der erneut herannahende Todestag meines Vaters – seit seinem Ableben am 18. April 1994 mittlerweile zum sechsten Mal, beflügelte die Entscheidung zu meinem Schritt. Dazu trug auch die Antwort auf einen von mir eingereichten Hausbrief bei: Ich bat darum, am Todestag meines Vaters ausnahmsweise in der Zelle bleiben zu dürfen, um in meiner Trauer allein sein zu können. Statt es einmal mehr zu verdrängen, würde mir vielleicht guttun, mich in der Stille meiner Zelle ungehemmt auszuweinen. Das einzige Wort »abgelehnt« unter dem zurückerhaltenen Durchschlag des Hausbriefs klang für mich wie eine Verhöhnung.

Viele Insassen pflegten sich gern durch vorgetäuschtes Unwohlsein, simulierte Magenschmerzen oder dergleichen für ein paar Tage krankschreiben zu lassen. Etwas, das ich ablehnte.

Der Inhalt meines Schreibens – es ging an rund ein Dutzend Adressaten – war ähnlich wie jenes etwa drei Jahre zuvor in Affoltern am Albis,[70] außer, dass ich es um die aktuellen Ereignisse

70 Siehe im Kapitel 30 – CH: Keine Psychotherapie (I).

ergänzte und meine derzeitige psychische Belastung und deren Hintergründe ausführlicher beschrieb. Es war ein Hilferuf.

Ich erhielt diesmal nur eine Antwort. Sie war von einem Psychotherapeuten-Ehepaar, Zora und Guiseppe Gatti, mit Praxis in Regensdorf unweit der Strafanstalt. Sie wollten meiner Bitte um einen Besuch zu einem ersten unverbindlichen Gespräch nachkommen.

Das Gesuch für diesen Besuch passierte die Anstaltsobrigkeit noch problemlos. Bei dem ersten Gespräch entschieden wir gemeinsam, dass Frau Gatti das Mandat übernehmen würde. Daraufhin reichte ich ein Gesuch ein, der Psychotherapeutin von meinem Gefangenenkonto fünfhundert Franken als erste Anzahlung überweisen zu dürfen. Dies wurde von der Direktion jedoch abgelehnt. Für psychiatrisch-psychologische Behandlung sei einzig der PPD zuständig. Weitere Besuche der Frau wurden in der Folge vorerst unterbunden. Natürlich wandte ich mich dann – einmal mehr – schriftlich an den PPD.

Von dort erhielt ich endlich eine Antwort: Sie könnten darüber nicht entscheiden, dies sei einzig Sache der Direktion. Nochmals versuchte ich es beim Anstaltsdirektor, biss aber weiterhin auf Granit. Wenig überraschend und ungerührt behauptete er erneut, dass die Kompetenz für einen solchen Entscheid ausschließlich beim PPD liege. Auf einen weiteren Brief an den PPD erhielt ich keine Antwort mehr. Für mich eine klassische, offenbar orchestrierte Catch-22-Situation, ein unlösbarer gordischer Knoten.

Nun trat ich erstmals in einen Hungerstreik. Und ich informierte darüber den Arzt, die Therapeutin Frau Gatti, meinen Anwalt, den PPD, die Gefängnisdirektion und die Justizdirektion. Erst wenn ich entweder vom PPD die dringend benötigte Hilfe erhalten würde oder die Erlaubnis zu einer privat bestellten Psychotherapie, würde ich den Hungerstreik beenden, verkündete ich.

Einfach war es nicht, den Streik konsequent durchzuziehen. Natürlich mied ich den Speisesaal und kaufte auch am Anstaltskiosk nichts mehr ein. Aber es gab etliche Insassen in dieser Gruppe, denen meine Abwesenheit bei den Mahlzeiten auffiel und die sich um mich sorgten. Sie wollten mir ihre Verbundenheit zeigen, weil ich ihnen öfter mal bei irgendwelchen Problemen half. Mehrmals musste ich höflich und dankbar deren Angebote ablehnen, wenn sie mir etwas Essbares in die Zelle bringen wollten. Sogar der Hausarbeiter schmuggelte schon mal etwas aus dem Speisesaal zu mir hoch, obwohl das Mitnehmen jeglicher Speisen auf die Zellen in der Pöschwies im Normalvollzug streng verboten war.

Eine Woche später wurde ich zum PPD gerufen. Der oberste Chef empfing mich persönlich, zusammen mit einem Psychiater. Er habe Verständnis für mein Anliegen und es würden mir demnächst erste Gesprächsstunden mit einem PPD-Mitarbeiter gewährt werden, eröffnete er mir. Ich schien mein Ziel erreicht zu haben.

Zwei Wochen danach folgte tatsächlich ein Gesprächstermin. Doch zu meinem Unverständnis stellte ein durch den PPD-Chef hierzu beauftragter Psychiater[71] gleich zu Beginn klar, dass ich keine Psychotherapie bekäme. Ich könne ihm zwar sagen, wo der Schuh drücke, und er würde mir Tabletten verschreiben, aber eine Therapie könne ich nicht erwarten. Das war ein schlechter Witz. Man hat mich an den Notfallpsychiater abgeschoben. Da ich von ihm bisher nur gehört hatte, konnte ich ihn nicht gleich als solchen erkennen.

71 Derselbe Psychiater wurde im Jahre 2008 in den Direktionsstab der Strafanstalt befördert und leitete künftig das Ressort Vollzug. Unter ihm wurden in den darauf folgenden Jahren die Vollzugsregeln verschärft und die Bedingungen für die Gefangenen sukzessive und scheibchenweise verschlechtert.

Wieder folgte ein Brief von mir an den PPD-Chef und diesmal, wie durch ein Wunder, erteilte der bald darauf eine Bewilligung zur Aufnahme der Psychotherapie durch die von mir bisher vergeblich angeforderte externe Psychotherapeutin Frau Gatti aus Regensdorf. Und dies sogar unter Kostenbeteiligung zu zwei Dritteln durch die Krankenkasse, aufgrund des Auftrages durch den PPD.

Den Rest konnte ich noch halbwegs aus meinem Gefangenenguthaben begleichen, denn damals war es noch höher als heute. Die Bewilligung durch den PPD, beziehungsweise dessen Auftrag, war allerdings zunächst zeitlich begrenzt. Auf sechs Monate.[72]

72 Siehe weiter hinten im Kapitel 46 – Die externe Psychotherapeutin.

Teil IV

Wen(n) Geschädigte selber anklagen …

45 – Die erwachsenen Geschädigten melden sich zurück

März 2000 bis Juli 2003

Im März des Jahres 2000 wurde ich vom damaligen Pflichtverteidiger Dr. Müller kontaktiert. Er hatte eine Neuigkeit für mich: Er war in seiner Kanzlei von jemandem telefonisch kontaktiert worden, der ihm »Wichtiges« zu sagen hatte.

Der Anrufer habe sich bei ihm als ein Herr Ulf Bachwiese vorgestellt. Niemand geringerer als Ulf. Einer meiner Stiefsöhne, der als Hauptgeschädigter in meinem Verfahren geführt wurde, wie ich am Telefon dem Anwalt gegenüber meiner Überraschung Luft machte. Ulf habe ihm mitgeteilt, dass er die Aussagen vom 17. Februar 1993 in Paris wie auch die später vor der Untersuchungsrichterin in der Schweiz widerrufen wolle. Es habe nicht gestimmt, was er damals gesagt hatte. Er, der Anwalt, habe ihm daraufhin geraten, sich in dieser Angelegenheit schriftlich der Justiz gegenüber zu äußern.

»Ich hab's schon immer gewusst!«, durchfuhr es mich. War ich mir doch stets sicher gewesen: Früher oder später werden die Buben alles richtigstellen. Nur, dass es derart lange dauern würde, das hatte ich nicht geahnt. Ulf war zu diesem Zeitpunkt gerade zwanzig geworden. Bis dahin hatte er noch bei seiner Mutter gewohnt. Für die aus der DDR stammende Frau begann aus ihrer Sicht die Volljährigkeit mit zwanzig. Bis dahin bestimmte sie über ihre Kinder und was sie sagte, das galt. So hatte ich sie seinerzeit auch mit dem achtzehnjährigen Sohn Silvio erlebt.

Mir war klar, dass Ulf nur auf seine Volljährigkeit gewartet hatte, um sich für diesen Schritt entscheiden zu dürfen. Später erfuhr ich, dass er fast auf den Tag genau von zu Hause aus- und bei einer Freundin eingezogen war. Seit jenen Geschehnissen in Paris konnte keiner der Söhne mit der Mutter über mich und die ganze Geschichte vernünftig reden, ohne zu riskieren, dass sie in Rage geriet. Wie Ulf mir später versicherte, nicht meinetwegen, sondern wegen der ganzen Geschichte, die sie belastete. Sie wollte nie mehr etwas von alledem hören.

Bald erhielt ich von meinem Anwalt die Kopie eines handgeschriebenen Briefes von Ulf ans Gericht. Darin wiederholte er die mündlichen Mitteilungen an meinen Anwalt. Das zeigte jedoch vorläufig keinerlei Wirkung. Es dauerte, bevor Ulf die Gelegenheit bekam, alles zu Protokoll zu geben.[73]

Wenig später erhielt ich von ihm – erstmals seit unserer gewaltsamen Trennung in Paris – ein direktes Lebenszeichen. Er schrieb mir in die Haft und meldete sich zu einem Besuch an. Im Brief entschuldigte er sich für das lange Schweigen und für die falschen Aussagen. Allein, dass der Legastheniker Ulf eigenhändig einen Brief schrieb, war für ihn gewiss eine Überwindung.

Wenige Wochen später konnten wir uns – beide unbeschreiblich glücklich über das Wiedersehen – endlich wieder in die Arme schließen. Über die folgenden Jahre besuchte er mich viele weitere Male und irgendwann stellte er mir seine Verlobte vor. Nachdem deren erstes Kind zur Welt gekommen war, brachte er das Mädchen im zarten Alter von acht Monaten bei einem seiner Besuche mit. Als stolzer Vater.

Zwei Jahre nach Ulf trat auch sein jüngerer Bruder Ben wieder in Erscheinung. Als auch er seine Volljährigkeit erreicht hatte,

73 Siehe im Kapitel 48 – Die Aussagen der erwachsenen Opfer.

meldete er sich mit einem Brief. Zunächst schrieb er an seinen Opfervertreter, erklärte darin, dass ich unschuldig sei und er (wie schon Ulf vor ihm) die von dem Opferanwalt ans Gericht gestellte Entschädigungsforderung zurückziehen wolle. Dann wandte auch er sich ans Zürcher Obergericht.[74]

Auch Ben lebte damals noch bei seiner Mutter, was aber im Gegensatz zu Ulf noch etliche weitere Jahre so bleiben sollte. Aber er begleitete seinen älteren Bruder Ulf bei einem der Besuche in der Strafanstalt. Bei diesem ersten gemeinsamen Zusammensein konnten wir mithilfe des Aufsichtspersonals im Besuchsraum ein Foto aufnehmen, das ich bis heute sorgfältig aufbewahre.

Allmählich erfuhr ich von Ulf mehr und mehr Details über den Weg meiner beiden Stiefsöhne vom Kind zum Erwachsenen, konnte aber auch selbst einiges über ihren seelischen Zustand beobachten und nachvollziehen. So war vor allem Ben anzumerken, wie sehr er psychisch noch immer unter den Ereignissen bei der Polizei in Paris von damals litt. Er bestätigte dies später auch vor Gericht. Ulf sprach zu mir gar davon, dass Ben bleibenden Schaden erlitten habe. Und er ließ und lässt, wie auch Ben selbst, keinen Zweifel daran, wer dafür verantwortlich sei: die Spezialeinheit der Pariser Polizei. Aber auch bei Ulf gingen die Ereignisse in Paris und die späteren in der Schweiz nicht spurlos vorüber, auch wenn er nicht darüber klagte. Viel schlimmer schien bei ihm der Umstand zu sein, dass er, wie ja auch Ben, seit jenen Tagen während der weiteren Kindheit und Jugend zu Hause kaum mehr Halt und noch viel weniger Förderung und Unterstützung erfuhr. Es fehlte ihnen gerade in der wohl wichtigsten Zeit ihres Heranwachsens ein Vater. Ulf war damals, als er mit seinen

74 Siehe Kapitel 53 – Das Obergericht (II) – Drohung des Anklägers.

Brüdern von mir getrennt wurde, noch nicht in der Pubertät gewesen.

Da ihre Mutter, wie ich erfuhr, manchmal tagelang auch über Nacht abwesend war, waren sie häufig sich selbst überlassen. Dabei mussten sie sich auch um ihr noch sehr kleines Schwesterchen Tina kümmern, während ihre Mutti Halt und Trost bei ihrem neuen Freund, dem deutschen Detektiv suchte.

Die offensichtlich mangelnde Unterstützung wirkte sich bei den jüngeren beiden Söhnen, Ulf und Ben, auf ihre Schulkarriere aus. Während ihr älterer Bruder Piet noch zu meiner Zeit in die Oberstufe eingeschult worden war, blieben sie in der Grundschule und schlossen sie nicht besonders vorteilhaft ab. So blieben bei Ulf jegliche Hilfen für seine Legasthenie aus. Auch zu einer Berufslehre kam es nicht direkt nach der Schule, weder bei Ulf noch bei Ben.

Immerhin schlugen sie sich dann mit ehrlicher Arbeit relativ gut durchs Leben. Piet konnte schließlich eine Lehre absolvieren und sich erfolgreich zum Automechaniker in einer renommierten Sportwagengarage ausbilden lassen. Er hatte es aus eigener Kraft geschafft.

46 – Die externe Psychotherapeutin

Ab Juni 2000

Im Juni 2000 begannen die wöchentlichen einstündigen Sitzungen mit Frau Psychotherapeutin Gatti. Parallel dazu sollten dann, auf Veranlassung der PPD-Leitung, Gespräche mit einem ihrer Psychologen stattfinden. Die wurden durch einen Psychologen namens Nebler geleitet und fingen mit einigen Monaten Verspätung an. Sie zogen sich, mit Unterbrechungen, über vier oder fünf Sitzungen dahin, die manchmal gerade mal fünfzehn, sonst bis zu fünfundvierzig Minuten dauerten.

Danach brach ich die Gespräche ab. Allerdings nicht ohne Grund: In einem unangekündigten Bericht an die Justiz stellte der PPD-Psychologe die Situation gänzlich tatsachenwidrig dar: Ich würde, so unter anderem seine Behauptungen in dem Bericht, nicht kooperieren und sei nicht therapiewillig. Ich wolle nur über juristische Aspekte reden und sei uneinsichtig.

Dies war nicht nur eine Verdrehung der Tatsachen, sondern auch ein Bruch der Abmachungen. Unter anderem lauteten diese, es werde für die Gespräche nicht mehr auf ein Geständnis zu den Anklagen bestanden. Zudem wurde dieser Bericht entgegen den anfänglichen Versicherungen des Psychologen, jegliche Berichte vorher mit mir zu besprechen, eingereicht. Auch in den Verträgen, welche der PPD mit seinen Klienten in Haft abschließt, wird ein solches Vorgehen als PPD-Standard bezeichnet und angeblich garantiert.

Daraufhin teilte ich der PPD-Führung und der Justiz mit, dass ich zu künftigen Gesprächen nur noch unter der Bedingung bereit sei, wenn davon lückenlose Audio- oder Videoaufzeichnungen erstellt, sicher aufbewahrt und zwecks einer möglichen späteren Überprüfung meinem Verteidiger zugänglich gemacht würden. Dies wies man allerdings mit empörtem Unterton zurück.

Der Auftrag für die Psychotherapie mit Frau Gatti war indes mit einer schriftlichen Anweisung verbunden worden, der gewisse Vorgaben enthielt: Darunter fiel eine besonders ins Auge: Es solle bei der Behandlung durch Frau Gatti ausschließlich um meine privaten Probleme und Symptome gehen, wie etwa die Aufarbeitung des Todes meines Vaters. Es dürfte dabei also nach dem Willen des PPD keine tatrelevante Therapie stattfinden, konkret: keine Gespräche im Zusammenhang mit pädophiler Veranlagung. Das war allerdings sowohl für mich wie auch für Frau Gatti völlig unrealistisch und auch unzweckmäßig.

Die Therapiesitzungen konnten zu Beginn in Privatsphäre stattfinden. Dafür diente ein Anwaltszimmer des Besuchspavillons, wenn eines frei war. Obwohl die Stunde immer allzu schnell vorbei war – die Therapie war erstmals in all den Jahren seit meiner Überstellung in die Schweiz eine äußerst wohltuende Hilfe, vor allem in Bezug auf meine psychische Verfassung, aber auch zur Bewältigung des Haftalltags.

Allmählich begann ich das Leben in mir wieder zu spüren und erlernte mit der Zeit, wie ich die Auswirkungen meiner Klaustrophobie besser kontrollieren und ihnen entgegenwirken konnte. Bald konnte ich meine früheren Suizidgedanken nicht mehr nachvollziehen. Die geschickt, geduldig und offensichtlich mit viel Erfahrung geführten Gespräche von Frau Gatti brachten mir viele Aspekte meiner Persönlichkeit ins Bewusstsein, sodass ich daran arbeiten konnte.

Gewisse Traumata aus meiner frühen Kindheit sitzen indes tief und eine geraubte Kindheit ist nie zu ersetzen, wie ich heute weiß. Aber wenn ich mit meinem Selbstwertgefühl wieder mal in den

Keller zu geraten drohe oder sich etwa wegen meiner notorischen Vertrauensseligkeit x-beliebigen Menschen gegenüber mögliche Schwierigkeiten abzuzeichnen beginnen, erkenne ich das nun viel schneller.

Dies half und hilft mir heute, meinen Alltag in einer Strafanstalt mit all den besonderen Schwierigkeiten und zuweilen auch Gefahren besser zu bewältigen. Und es wird mir zweifellos auch eines Tages in Freiheit sehr nützlich sein – vorausgesetzt, dass ich sie noch erlebe.

Rechtzeitig vor Ablauf der ersten sechs Monate stellte ich mit der Unterstützung der Therapeutin ein Gesuch um eine Verlängerung um ein weiteres halbes Jahr, das anstandslos bewilligt wurde. Noch ein halbes Jahr kam dazu – dann ersuchten wir erfolgreich darum, die Sitzungen zweistündig und dafür in vierzehntägigen statt wöchentlichen Abständen durchführen zu dürfen. Das längere Warten auf die nächste Sitzung war für mich erträglicher als das schnell erreichte Ende eines knapp einstündigen Gesprächs.

Dann aber wurde uns klar gemacht, dass die Bewilligung nicht mehr verlängert würde. Ich beantragte daher bei der Direktion eine fortan selbstfinanzierte Therapie mit derselben externen Psychotherapeutin, auf einstweilen unbestimmte Zeit. Bald fand sich zum Glück ein wohlhabender Sponsor unter meinen alten Freunden. Somit wurde die Weiterführung überraschend bewilligt, wenn auch unter der Auflage, dass die Therapie künftig im allgemeinen Besucherraum durchgeführt werden müsse; genau wie gewöhnliche Beziehungsbesuche, etwa von Familienmitgliedern. Die Privatsphäre hatte sich damit erledigt, denn wir saßen mitten unter anderen Besuchern. Doch immer noch besser als ein gänzliches Verbot.

Ohne das unglaublich großzügige Sponsoring meines alten, zur Zeit der Erstellung dieses Buches leider schon seit Jahren verstorbenen Freundes wäre diese für mich lebenswichtige therapeutische Begleitung über die lange Zeit unbezahlbar gewesen.

Zora Gatti und ich sind mittlerweile längst per du. Sie und ihr Mann haben das Pensionsalter schon lang erreicht und sind für ihren Lebensabend in ein Haus im Kanton Tessin umgezogen. Von dort aus reist Zora immer noch alle zwei Wochen zur Wahrnehmung ihres Termins hierher. Aus meiner kargen AHV kann ich ihr seit dem Tod meines Freundes gerade mal ihre Spesen vergüten.

Dennoch hält sie ihre regelmäßigen Besuche weiterhin aufrecht, um mich zu unterstützen. Aus meiner Sicht eine wahre Heldin des Alltags.

47 – Das Kassationsgericht (CH I)

Sommer 2000 bis Herbst 2001

Mein damaliger Pflichtverteidiger, Dr. Müller, wurde etwa eineinhalb Jahre nach seiner Beschwerdeeingabe ans Kassationsgericht, also im Sommer 2000, durch dieses aus dem Mandat entlassen. Gemäß der Begründung habe er die Beschwerdeeingabe juristisch inkompetent verfasst.

Einen neuen Pflichtverteidiger ernannte das Kassationsgericht auch gleich; einen in einer kleinen Kanzlei im Zürcher Hinterland amtierenden Anwalt namens Kurt Fischbach. Ihm wurde mit gleicher Verfügung eine neue Frist für eine weitere Beschwerdeschrift eingeräumt und mitgeteilt. Bekanntlich war mir Dr. Müller noch in Affoltern am Albis zugeteilt worden, nach der Mandatsabgabe meines ersten Pflichtverteidigers wegen Amtsmüdigkeit. Dr. Müller war, aufgrund meiner Mittellosigkeit, zwar auch von der Justiz bezahlt worden, bekam aber, wie schon erwähnt, zusätzlich eine stattliche Summe aus dem Rest der Hinterlassenschaft meines Vaters und später aus meinem bescheidenen Gefangenenverdienst. Und trotz Gewährung des amtlichen Pflichtmandates hat er diese Gelder vollumfänglich einbehalten.

Natürlich besaß der neue Anwalt zu Beginn keinerlei Aktenkenntnisse und es war völlig unrealistisch, von ihm zu erwarten, dass er sich innerhalb der dreißigtägigen Eingabefrist auch nur ansatzweise in sie erarbeiten könnte. Jedenfalls nicht für das Honorar, das er für seine Eingabe von der Justiz zu erwarten hatte. Und mir fehlten zu jener Zeit längst die Mittel, um jetzt auch noch

Herrn Fischbach, wie schon seinem Vorgänger, zusätzliches Honorar zu entrichten.

Wohl hatte sich bis dahin ein baldiger Entscheid von dort abgezeichnet. Mittlerweile sieben Jahre seit meiner noch während der Auslieferungshaft in Frankreich erfolgten Klage an die EMRK. Doch Geld als Entschädigung erhielt ich erst etwa ein Jahr später und davon mussten zunächst die Bemühungen der französischen EMRK-Anwältin entschädigt werden.[75] Erst dann konnte ich dank der von Frankreich erhaltenen Entschädigung zusätzliche Zahlungen an den neuen Anwalt überweisen lassen.

Nach dem durchs Kassationsgericht erzwungenen Anwaltswechsel dauerte es wieder mehr als ein Jahr, bevor es zu einem Entscheid kam. Der traf im Laufe des Herbstes 2001 ein und bedeutete einen einstweiligen Erfolg. Ein Sieg, erstmals seit Beginn der ganzen Verfahrensgeschichte, die vor mittlerweile knapp elf Jahren begonnen hatte. Das Urteil des Zürcher Obergerichts von Ende 1998 wurde damit aufgehoben und die Sache zur Neubeurteilung zurückgewiesen.

Unter anderem wurde dabei auch angeregt, dass die beiden Geschädigten Ulf und Ben Bachwiese nochmals befragt werden sollten. Inzwischen musste ich jedoch weiterhin in Haft bleiben.

75 Die EMRK zahlt bei Mittellosigkeit grundsätzlich nur einen verschwindend kleinen Anteil der Anwaltskosten.

48 – Die Aussagen der beiden erwachsenen Opfer

März 2000 bis 4. Juli 2003

Nach seinem schon erwähnten Brief an die Zürcher Justiz[76] wurde zunächst Ulf von der inzwischen zur Staatsanwältin beförderten Frau Streber in meinem Verfahren einvernommen.

Bis es dazu kam, verging aber auch wieder eine nervenaufreibend lange Zeit. Erst nachdem das Kassationsgericht die neuerliche Befragung von Ulf und Ben anregte, entsprach man den in der Vergangenheit schon wiederholten Anträgen der Verteidigung doch noch.

Etwa ein Jahr nach dem Kassationsgerichtsentscheid beraumte Frau Streber einen Termin für eine Befragung von Ulf Bachwiese an. Erstmals seit seiner Befragung bei ihr im Herbst 1996. Ulf erschien noch vor der Zeit, wartete dann aber lange vergeblich vor dem Büro der Untersuchungsrichterin. Ich war zusammen mit Herrn Fischbach, meinem Pflichtverteidiger, ebenfalls vorgeladen worden. Ich wartete in einer kleinen Zelle. Nach geraumer Zeit wurde ich plötzlich wieder für den Rücktransport geholt. Mein Anwalt konnte mir noch sagen, dass die Einvernahme abgesagt worden sei, aber nicht warum. Dann schickte Frau Streber Ulf unverrichteter Dinge wieder nach Hause.

Erst später konnte ihr eine Begründung dafür entlockt werden: Sie hätte angeblich die Befragung nicht ohne Beisein des Opferanwalts durchführen können. Dass Ulf allerdings dem schon

76 Siehe Kapitel 45 – Die erwachsenen Geschädigten melden sich zurück.

längst mitgeteilt hatte, er verzichte auf seine Dienste, schien für Frau Streber irrelevant. Dabei war der Opferanwalt ja gerade aufgrund der Anweisung Ulfs nicht zur Einvernahme erschienen. Es ist wohl davon auszugehen, dass er entsprechend Mitteilung an die Staatsanwältin machte. Mir gegenüber erklärte Ulf später, dass er kein Vertrauen in seinen Opferanwalt gehabt habe, weil er ihn dazu gedrängt habe, so wie in Frankreich auszusagen und unbedingt bei seinen belastenden Aussagen zu bleiben. Obwohl Ulf ihm längst anvertraut habe, dass ihm das alles von der Polizei damals vorgesagt worden sei und er einfach »ja« sagen musste.

Zu einem nächsten Termin, etwa zwei Monate später, erschien Ulf nicht. Er habe sich telefonisch aber entschuldigen lassen, weil sein Arbeitgeber ihn an jenem Tag nicht habe gehen lassen wollen. Er wollte seine Arbeitsstelle nicht riskieren. Erneut wurde ich aus der kleinen Zelle, in die ich diesmal schon viel zu früh gebracht worden war, unverrichteter Dinge für den Rücktransport in die Pöschwies geholt. Diesmal war mein Anwalt gar nicht gekommen; er war von Frau Streber über Ulfs Absage vorab informiert worden. Um mich, beziehungsweise die für meinen Transport Verantwortlichen zu informieren, reichte es wohl nicht. Oder sie fand es unnötig. So wurde dann der Termin erneut verschoben, diesmal um weitere circa vier Wochen.

Dann endlich war es so weit. Die Einvernahme Ulfs fand hinter einem großen Einwegspiegel statt; mein Verteidiger und ich waren für ihn nicht sichtbar, während wir unsererseits ihn sehen und hören konnten. Die akustische Verbindung war allerdings sehr schlecht, sodass ich vieles nicht verstand. Es dauerte recht lang und zum Schluss bekam ich noch die Gelegenheit, über Herrn Fischbach und dieser über Frau Streber Zusatzfragen an Ulf stellen zu lassen. Das mir später in Kopie vorgelegte Protokoll ist eindrücklich. Um das zu veranschaulichen, genügt vielleicht der eine Satz, der mir daraus besonders in Erinnerung geblieben ist.

Ulf sagte in seiner Antwort auf die Frage, weshalb er denn heute seine Aussagen ändere: »Ich konnte nicht länger damit leben, dass jemand wegen meiner Falschaussagen unschuldig im Gefängnis sitzt.«

Aus dem Protokoll geht auch hervor, dass er und seine Brüder durch die Polizisten in Paris tatsächlich mit der permanenten Trennung von ihrer Mutter und der Platzierung in einem französischen Kinderheim bedroht worden waren. Auch sei mit der Behauptung von angeblichen medizinischen Beweisen starker Druck aufgebaut worden. Bei den Befragungen in der Schweiz hätte er sich immer noch genötigt gefühlt, genauso auszusagen wie in Paris. Er habe Angst gehabt, denn er wolle nie mehr in ein Gefängnis gesteckt werden.[77]

77 Siehe Fußnote 19 im Kapitel 18 – Paris: Die Verhaftung und das Drama der Kinder.

49 – Rechtshilfegesuch an Frankreich

Circa Frühjahr 2001 bis Herbst 2002

Nachdem meine beiden Stiefsöhne als Erwachsene enthüllt haben, wie die französische und auch die Schweizer Polizei vorgegangen waren, um sie zu Falschaussagen zu bewegen, stellte mein Pflichtverteidiger verschiedene Beweisanträge. Darunter einmal mehr den Antrag auf eine Zeugeneinvernahme meines älteren Stiefsohnes Piet, der in Paris ja dabei gewesen war, und das Gleiche durchgemacht hat wie seine beiden jüngeren Brüder. Somit würde er darüber sicherlich auch etwas zur Wahrheitsfindung beitragen können. Und ich selber hätte mir auch Zeugenaussagen meiner Frau gewünscht. Und von Heidi Pergament und noch weiteren Personen.

Auf all dies ging Frau Streber – längst nicht mehr überraschend – auch jetzt nicht ein. Stattdessen ließ sie ein Rechtshilfegesuch an Frankreich mit dem Antrag stellen, die Polizeibeamten und deren Dolmetscherin zu befragen, die seinerzeit die Kinder verhört hatten. Ihnen sollte die Frage gestellt werden, ob sie seinerzeit illegalen Druck auf die befragten Kinder ausgeübt, beziehungsweise sie zu Falschaussagen genötigt hätten. Das schien auch für meinen Anwalt ein reichlich naives Vorgehen. »Die werden doch einen Teufel tun, dies etwa reumütig zuzugeben!«, war sein Kommentar.

Die Befragungsprotokolle, die fast ein Jahr später aus Paris eintrafen, ergaben erwartungsgemäß kein Geständnis der Beamten und Beamtinnen. Die Betreffenden waren teilweise nicht mehr in der seinerzeit zuständigen Spezialabteilung beschäftigt; einer war überhaupt nicht mehr im Polizeidienst und die Polizeidolmetscherin wohnte inzwischen in einer ganz anderen Gegend von Frankreich.

Sie hat sich gemäß übersetztem Protokoll wie folgt geäußert: »Ich werde nicht gegen meine ehemaligen Kollegen aussagen.« Jedenfalls ein deutlicher Hinweis darauf, dass sie dabei etwas Belastendes über ihre Kollegen zu sagen wüsste, dachte ich. Zumindest mich ließen solche Aussagen, aber auch einige bemerkenswerte Widersprüche aufhorchen, die ich in den diversen Protokollen noch entdeckte. So gaben da zwei der Beamten, die bei einer seinerzeitigen Befragung der Kinder als Team agiert hatten, einander widersprechende Antworten auf dieselben gestellten Fragen.

Für die Untersuchungsrichterin aber war die einzige Schlussfolgerung aus dieser Übung, dass ihre Untersuchungshandlungen »keine Erhärtungen eines durch die Geschädigten behaupteten Drucks seitens der Pariser Polizei« ergeben hätten.

50 – Ein entlastender PPD-Befund – unerwünscht?

Sommer 2002 bis Juli 2003

Im Verlauf des Sommers 2002 erhielt ich, zusammen mit vermutlich allen anderen Verwahrten, eine Einladung von einem Herrn Amrein, einem Psychologen der Forschungsabteilung des PPD.

Die angemeldeten Freiwilligen würden über die kommenden Monate umfassenden Interviews und einer Reihe modernster psychologischer Tests unterzogen. Dabei würde ihr vergangener, gegenwärtiger, aber auch der prognostizierte künftige geistige und psychische Zustand evaluiert werden. Das würde einer nachhaltig in der Psychologie und der forensischen Psychiatrie verwendbaren wissenschaftlichen Studie dienen.

Ich meldete mich zum Vorgespräch an und nachdem ich über Grundsätzliches, wie den Ablauf und die Dauer informiert worden war, gab ich mein Einverständnis. Eine Bedingung stellte ich: Ich wollte am Ende über die mich direkt betreffenden Resultate der Erhebungen möglichst umfassend schriftlich informiert werden. Herr Amrein, der die Erhebungen persönlich leiten würde, sagte mir dies zu.

Über die kommenden fünf Monate fanden nun viele Gespräche und Sitzungen mit Herrn Amrein statt. Ich wurde einer ganzen Reihe aufwendiger und teils auch recht anspruchsvoller Tests unterzogen. Es folgten auch unzählige Stunden Interviews. Natürlich wurden dabei nicht nur die mir vorgeworfenen angeblichen Straftaten sowie frühere erfasst und besprochen, sondern explizit auch meine problematische libidinöse Veranlagung.

Mit zurückhaltender Genugtuung nahm ich dabei Herrn

Amreins Meinung zur Kenntnis, dass er mein Coming-out seinerzeit in den Niederlanden und später auch in der Schweiz nicht nur für mutig, sondern auch lobenswert halte. Was meine damalige Beratungsstelle betraf, konnte er die mangels detaillierter Kenntnis natürlich nicht beurteilen, ebenso wenig, wie er sich eine Meinung bezüglich meines Urteils und meiner Unschuldsbeteuerung leisten konnte oder vielmehr durfte. Er stimmte mir aber zu, dass es nicht nur damals an genügend fachkundiger Hilfe mangelte, sondern weitgehend auch heute noch. Zumindest jene Betroffenen, die (noch) nicht mit dem Gesetz in Konflikt gekommen seien, die aber unter dieser Veranlagung litten, hätten es schwer, wirklich kompetente Hilfe zu finden, oft aber auch den Mut aufzubringen, sich auf solche einzulassen. Der gegenwärtige »Zeitgeist« mache es vielen schwer, das nötige Vertrauen zu finden.

Überhaupt wurde mein bisheriges Leben inklusive der Kindheit thematisiert. Ich gab bereitwillig und offen Auskunft, auch über meine wirklichen Verfehlungen im Jahre 1984 und die daraus erwachsenen Folgen. Insgesamt umfassten diese Erhebungen nicht nur bezüglich des Zeitaufwands, sondern auch in Sachen Ausführlichkeit und Komplexität ein Vielfaches des damals gerichtlich angeordneten Gutachtens von Frau Dr. Berger.

Anfang 2001 erhielt ich dann die schriftlichen Resultate dieser Exploration meiner Person. Wenn ich mich schon darüber freute, dass einmal eine Abmachung vonseiten des PPD eingehalten wurde, so bekam ich beim Lesen noch bedeutend mehr Grund dazu. Aus der Beurteilung seien hier nur ein paar Feststellungen zitiert: »Der Explorand, Beat Meier, 54-jährig, männlich, Schweizer Bürger, (...) weist neben seiner Pädophilie keine Merkmale von Persönlichkeitsstörungen oder Pathologie auf. Er verfügt über hohe Empathie und ein ausgeprägtes Verantwortungsbewusstsein. Er fühlt und handelt altruistisch, ist sehr um Harmonie innerhalb seiner Mitmenschen bemüht und verhält sich freundlich und hilfsbereit. (…).«

Die Befunde von Herrn Amrein waren also insgesamt sehr positiv für mich. Einen negativen Aspekt sah er lediglich in meiner nach seiner Ansicht »zurzeit zu wenig ausgeprägten Bereitschaft, sich nach einer Entlassung um konkrete Verhaltensstrategien zur Vermeidung von Straftaten zu bemühen.«

Eine allfällige Entlassung allerdings war für mich zu dem Zeitpunkt noch jenseits alles Denkbaren. Und die Möglichkeit dazu wurde mir von den Vollzugsbehörden nicht gerade freimütig angeboten. Natürlich bekam mein Anwalt diesen Befund. Und er reichte ihn dem Gericht ein, das ihn dem Oberstaatsanwalt zur Kenntnis schickte.

Es stellte sich heraus, dass die Resultate der umfangreichen Exploration des Herrn Amrein von der Justiz nicht einmal ansatzweise gewürdigt wurden.

Herr Amrein sprach mich bei einer zufälligen späteren Begegnung darauf an. Er zeigte sich ziemlich ungehalten darüber, dass ich seinen Befund der Justiz zugänglich gemacht hatte. Zunächst begriff ich nicht, was daran denn falsch gewesen war. Eine Vereinbarung, dass man den Befund niemandem, auch nicht dem Gericht zeigen dürfe, gab es meines Wissens nicht. Er machte dies auch nicht geltend. Aber er lieferte mir auch keine Erklärung, weshalb er verärgert war.

Je länger ich darüber nachdachte, desto plausibler schien mir eine mögliche Erklärung: Aufgrund meiner Eingabe des Berichts an die Justiz erfuhr vermutlich auch die PPD-Leitung von meiner Teilnahme am Forschungsprojekt. Und sicher auch der Oberstaatsanwalt und damit auch der Vollzugsdienst. Sie alle dürften also Kenntnis erlangt haben von den Resultaten der Interviews und der vielen Tests mit mir. Immerhin gründeten sie, laut Herrn

Amrein, auf den neuesten wissenschaftlichen Erkenntnissen. Es wäre für mich jedenfalls, nach allen bisherigen Erfahrungen, nicht allzu verwunderlich, wenn die mich betreffenden Teile der Forschungsarbeit des Herrn Amrein etwa einem Oberstaatsanwalt Wasser ganz und gar nicht in Bergers verheerendes Gutachten passten, und alle bisherigen Berichte über mich und damit die Grundlagen für das Verwahrungsurteil, stark infrage stellten.

War etwa die PPD-Leitung oder vielleicht die noch mächtigere Vollzugsbehörde oder gar der Oberstaatsanwalt Herrn Amrein deswegen auf den Schlips getreten? Täte mir zwar leid für ihn, aber mehr noch für mich.

51 – Noch so ein »Gutachten« (I)

Circa Januar 2003

Relativ kurz vor dem auf einen Tag im Februar 2003 anberaumten zweiten Obergerichtstermin verfügte Frau Streber, dass eine gewisse Frau Dr. Hornsbach, ihres Zeichens leitende forensische Psychiaterin an einer Zürcher psychiatrischen Klinik, einen Bericht darüber abgeben solle, welche Bedeutung und Wirkung die Therapie mit der externen Psychotherapeutin Frau Gatti für und auf mich inzwischen gezeitigt hätte.

Diese Psychiaterin erhielt hierfür ausschließlich folgende Dokumente als Grundlage für ihre Meinungsbildung zur Einsicht:

- das Urteil des Bezirksgerichts Zürich vom Herbst 1997
- das erste Urteil des Obergerichts Zürich vom Spätherbst 1998
- das Gerichtsgutachten von Frau Dr. Berger vom Winter 1996/97
- und die Therapieberichte von Psychotherapeutin Frau Zora Gatti.

Zudem suchte sie mich in der Strafanstalt Pöschwies auf und stellte mir im allgemeinen Besuchsraum eine Menge Fragen. Eine davon zielte darauf ab, zu erfahren, in welchem Umfeld die Therapiestunden mit Frau Gatti stattfinden würden. Und als ich ihr wahrheitsgemäß antwortete, dass sie, nach Anweisung der Direktion, im allgemeinen Besucherraum stattfänden, fragte sie nach, ob mir das denn so recht sei.

Daraufhin antwortete ich: »Wir haben seinerzeit leider vergeblich beantragt, die Stunden weiterhin in einem privaten Gesprächszimmer abhalten zu dürfen. Für die Therapie wäre Privatsphäre vorteilhaft. Bei gewissen Gesprächsthemen ist man im allgemeinen Besucherraum manchmal in der Redefreiheit eingeschränkt, da hier zuweilen auch Kinder in Hörweite sind.« Das Beispiel hier hervorzuheben, möchte verdeutlichen, mit welch unehrlichen Argumenten Frau Hornsbach später ihre Beurteilungen meiner Person vor Gericht untermauern wird. Vorab reichte sie keinen schriftlichen Bericht über ihre »Expertenmeinung« ein, sondern verlas ihn persönlich anlässlich der Verhandlung vor dem Obergericht.

Eine Entdeckung, die ich inzwischen in der Tageszeitung machte, barg auf jeden Fall alarmierende Aussagen über das Gedankengut dieser Frau. Nicht nur für mich, sondern auch für andere Personen in meinem Umfeld: Frau Dr. Hornsbach agierte offenbar bis vor Kurzem noch als wichtige Exponentin des höchst umstrittenen und allgemein als Psychosekte geltenden »Vereins für psychologische Menschenkenntnisse«, kurz VPM. Und dann war da noch eine weitere, diesmal von meinem Anwalt entdeckte Information: Diese Psychiaterin, angeblich vom psychiatrisch-psychologischen Dienst unabhängig – so die Staatsanwältin Frau Streber – gehörte in Wahrheit einem Supervisoren-Team im PPD an.

52 – Die Polizeilüge aufgedeckt

Circa Februar 2003

Inzwischen erfuhr endlich auch meine Frau davon, dass die seinerzeitigen Behauptungen der Pariser wie auch später der Zürcher Polizei über angebliche medizinische Beweise eine Erfindung der Polizisten waren. Die zu korrigieren sich allerdings die Untersuchungsrichterin, Frau Streber, nie bemühte. Obwohl sie spätestens seit Erhalt des Berichts vom französischen Generalstaatsanwalt über die entlastenden Resultate der gerichtsmedizinischen Untersuchungen an den Kindern Bescheid wusste.

Wie mir Ulf bei einem seiner Besuche mitteilte, habe seine Mutter unlängst Kenntnis von dem, inzwischen schon viele Jahre alten, mich entlastenden Bericht des französischen Generalstaatsanwalts erhalten. Inzwischen waren zudem – endlich! – die eigentlichen Ergebnisse eben dieser gerichtsmedizinischen Pariser Untersuchungen vom 13. Februar 1993 aufgetaucht und ich kam erstmals in den Besitz von Kopien davon. Volle zehn Jahre nach deren Erstellung.

Die Berichte waren jeweils mehrere Seiten lang; Formulare mit standardisierten Vorgaben, speziell angefertigt für Untersuchungen bei Verdacht auf derartige Übergriffe. Sie waren minutiös handschriftlich durch den jeweiligen medizinischen Forensiker ausgefüllt.

Die Kinder waren nebst allerlei biochemischen Tests, Bluttests, Abstrichen und dergleichen auch diversen genitalen, rektalen und intrarektalen(!) Untersuchungen ausgesetzt worden. Die Befunde der Ärzte lassen keinerlei Zweifel mehr daran, dass die wahrlich umfangreichen Untersuchungen der Kinder nicht die geringsten Anzeichen oder auch nur Verdachtsmomente für irgendwelche sexuellen oder anderweitig übergriffigen Fremdeinwirkungen erbracht haben. Was bekanntlich auch die Kinder mittlerweile bezeugt haben.

53 – Das Obergericht (II) – Drohung des Anklägers

Februar bis 4. Juli 2003

Im April 2003 kam es endlich zum zweiten Mal zur Obergerichtsverhandlung in diesem Mammutverfahren.

Mittlerweile waren seit Beginn des Verfahrens im Herbst 1990 zwölfeinhalb Jahre verflossen und ich verbrachte davon schon über zehn in Haft. Das Urteil der ersten Obergerichtsverhandlung ans Kassationsgericht weiterzuziehen, dessen Entscheidung und dann die weiteren, doch recht dürftigen Untersuchungshandlungen durch Frau Streber abzuwarten und schließlich wieder einen neuen Obergerichtstermin zu erhalten, das allein dauerte nicht weniger als viereinhalb Jahre. Mein Anwalt hatte noch vor der Verhandlung schriftlich beim Obergericht die extrem lange Verfahrensdauer gerügt. Und dafür machte Frau Streber jetzt tatsächlich meinen Stiefsohn Ulf verantwortlich. Er sei schließlich zu einem Befragungstermin nicht erschienen. Das war die Erklärung, die sie zur Rüge meines Anwalts abgab.

Bei Gericht waren unter den Anwesenden im Publikum meine externe Therapeutin Zora Gatti, einige Freunde, einer davon aus dem Ausland, zwei oder drei weitere Bekannte und mein damaliger Arbeitschef der Abteilung MA angereist. Dann auch eine Klasse angehender Juristinnen und Juristen und diverse Medienvertreter – darunter, wie nicht anders zu erwarten – auch Viktor Dammann vom »Blick«. Schließlich noch wenige Zuschauer aus der Bevölkerung. Unter die Zuschauer mischten sich Ulf und Ben Bachwiese, meine Stiefsöhne. Sie wollten als Zeugen aussagen.

Auf der Anklagebank saß ich mit meinem Pflichtverteidiger,

hinter mir zwei Polizeibeamte. Und auf der gegenüberliegenden Seite Oberstaatsanwalt Dr. Rolf Wasser.

Gleich zu Beginn der Verhandlung vermerkte das Gericht, die beiden Geschädigten seien anwesend und willens, in diesem Verfahren angehört zu werden. Daher verfüge das Gericht, dass sie den Saal zu verlassen und draußen auf dem Flur zu warten hätten, bis sie das Gericht aufrufe. Ulf und Ben Bachwiese wurden aus dem Saal geleitet. Danach wurde, wie schon vor dem Bezirksgericht zunächst die Anklage verlesen. Nach wie vor wurde ich der »wiederholten sexuellen Handlungen zum Nachteil von Ulf und Ben Bachwiese und der wiederholten sexuellen Nötigung zum Nachteil von Ulf Bachwiese« angeklagt, »begangen zwischen dem 1. Treffen im April 1990 und dem 13. Februar 1993 ...«

Dann wurde die »Gutachterin« – so wurde sie neuerdings bezeichnet – in den Zeugenstand gerufen, um ihren Bericht abzugeben. Frau Dr. Hornsbach kam ans Rednerpult und legte einen Stapel Papiere vor sich auf die Ablage. Sie würdigte mich keines Blickes und begann, sichtlich nervös und angespannt, mit ihrem »Plädoyer«. Jedenfalls machte ihr Gebaren sehr den Anschein, als würde sie eines zu halten versuchen. In der ganzen Zeit, in der sie hinter dem kleinen Rednerpult stand, hielt sie sich krampfhaft daran fest, so sehr, dass ihre Knöchel weiß wie Perlmutt leuchteten. Frau Dr. Hornsbach war vom Gericht lediglich beauftragt worden, ihre Meinung darüber abzugeben, welche Auswirkungen die Therapie von Frau Gatti in den drei vorangegangenen Jahren auf mich gezeitigt hätten. Und sie hatte, wie schon aufgezeigt, eine sehr begrenzte Akteneinsicht. So sah sie auch weder die zwischenzeitlich erfolgten neuen Aussagen der Geschädigten noch deren viele frühere Aussagen aus den Jahren 1990 bis 1993. Alle mich entlastenden Aussagen der angeblich von mir Geschädigten waren ihr vorenthalten worden. Sie kannte auch nicht die

Inhalte der Befragungsprotokolle, die zu meinen Aussagen erstellt worden waren, noch die gerichtsmedizinischen Befunde über die damaligen Kinder Ulf, Ben und Piet. Des Weiteren hat sie keinerlei Tests mit mir durchgeführt und mich lediglich einmal für relativ kurze Zeit aufgesucht.

Ihr »Plädoyer« dauerte dann aber zwei volle Stunden. Neben ihren Ausführungen lasen sich jene der ursprünglichen Gerichtsgutachterin, Frau Dr. Berger fast schon moderat. Meine externe Therapeutin war ja immerhin langjähriges Mitglied renommierter Schweizer Psychotherapeutenverbände, blickte auf jahrzehntelange erfolgreiche Berufserfahrung und eine eigene Praxis zurück, besaß beste Referenzen und war nebenbei über lange Jahre als amtierende Sozialbeauftragte ihrer Wohngemeinde Regensdorf tätig. An ihr aber ließ Frau Dr. Hornsbach kein gutes Haar. Und von mir zeichnete sie das Bild eines höchst gefährlichen Mannes, fand angeblich bei mir eine ganze Reihe von »schweren Persönlichkeitsstörungen, Psychopathie, krankhafter Narzissmus« etc., kurz, ich wäre ein Mensch, den man »selbst dann verwahren müsse, wenn sich herausstellen sollte, dass er die in der Anklage vorgebrachten Taten nicht begangen hat.« Sie gab in ihren Ausführungen eine Vielzahl von hanebüchenen Behauptungen über angebliche Äußerungen von mir ihr gegenüber zum Besten.

Ein besonders krasses Beispiel: »Als ich den Exploranden fragte, was er davon halte, dass die Therapiestunden mit Frau Gatti im allgemeinen Besucherraum stattfinden müssten, sagte er mit Begeisterung in seiner Stimme: ›Das ist gut, denn da sind ja auch Kinder in der Nähe!‹«

Frau Dr. Hornsbach konnte auch für ihre stundenlangen Behauptungen über meinen angeblichen Geisteszustand keinerlei überprüfbare Belege oder wissenschaftlich fundierte Nachweise vorweisen. Vielmehr stellte sie diese und jene Behauptung über mich auf und verwies dann allenfalls auf Literatur, in der solche Fälle allgemein beschrieben wurden, also ohne, dass damit irgendeine Bestätigung dafür gegeben wäre, dass solche Störungen oder Befunde auch tatsächlich auf mich zutreffen mussten.

Im Anschluss an diese Gerichtsverhandlung reichte ich gegen Frau Dr. Hornsbach Strafanzeige wegen falschen Gutachtens ein. Die Anzeige wurde kurzerhand und ohne jegliche Untersuchungshandlungen abgewiesen. Dagegen erhob ich Beschwerde beim Departement für Justiz und Inneres des Kantons Zürich – ebenso erfolglos. Man solle Frau Dr. Hornsbach einfach glauben. Das Gericht tat dies offenbar ohne jede Hinterfragung. Einen Antrag der Verteidigung auf ein Obergutachten hatte es auch diesmal abgelehnt.

Dann war Mittagspause und ich wurde zum Warten in eine Zelle der Polizeikaserne transportiert, wo ich auch ein Mittagessen erhielt. Das konnte ich jedoch nicht anrühren nach dieser Katastrophe davor.

Nach Wiederaufnahme der Verhandlung gegen vierzehn Uhr vermerkte der Vorsitzende Richter, dass er beobachtet habe, wie »die Geschädigten zusammen mit Freunden des Angeklagten im selben Restaurant zu Mittag gegessen« hätten. Die Vermutung sei »daher naheliegend, dass die Geschädigten von dritter Seite beeinflusst wurden.« Dass es sich dabei, wie ich später erfuhr, um das dem Gericht am nächsten liegende Restaurant handelte, worin die Mehrheit der Prozess-Teilnehmer und -Besucher aß, offenbar ja auch der Vorsitzende Richter selbst, wurde nicht erwähnt. Hätten meine Stiefsöhne denn eine solche Behauptung antizipieren können? Sicherlich wären sie dann tunlichst woanders hingegangen. Mein Anwalt aber fand, dass dies aus dem Munde des Richters nicht mehr als eine fadenscheinige Mutmaßung sei.

Nun folgten noch die Plädoyers des Oberstaatsanwalts und

meines Pflichtverteidigers. Ersterer führte wiederum das Argument ins Feld, ich sei schon deshalb zu verwahren, weil ich nicht geständig und daher auch nicht therapiefähig sei. Dann aber behauptete er zu meiner nicht geringen Empörung, es fehle mir auch am Therapiewillen, denn ich hätte mich bisher »stets jeglicher, vom PPD immer wieder angebotenen Therapie verweigert«. Eine besonders infame Lüge![78]

Anschließend wurde der Prozess vertagt. Als ich aus dem Saal geführt wurde, saßen Ulf und Ben noch immer im Flur auf einer Bank. Dort haben sie, die Mittagspause ausgenommen, den ganzen Tag über vergeblich darauf gewartet, angehört zu werden. Der zweite Verhandlungstag wurde erst auf den kommenden vierten Juli angesetzt.

Bis dahin war, nach Absprache mit meinem Pflichtverteidiger, wie schon seinerzeit im Jahre 1998 vor der ersten Obergerichtsverhandlung, mein eigenes Plädoyer vorzubereiten. Es würde wiederum etwa eine gute halbe Stunde dauern, es vorzutragen. Noch mehr als mein seinerzeitiger Pflichtverteidiger war auch Herr Fischbach begeistert davon und fand, ich müsse es dann unbedingt selber vorlesen.

Aus Platzgründen, wie es hieß, wurde die Verhandlung nun in jenen Gebäudetrakt und jenen Saal verlegt, welcher normalerweise das Kassationsgericht beherbergte.

Erneut war die Presse versammelt, auch diesmal natürlich wieder mit dabei: Viktor Dammann vom »Blick«.

Ben war vorgeladen worden. Auf seinen eigenen Wunsch und auf Antrag meines Anwalts als Zeuge. Auf Verfügung des Richters wurde er stattdessen aber ausdrücklich lediglich als »Auskunfts-

78 Siehe hierzu die Kapitel 30 – Keine Psychotherapie (I), 44 – CH: Keine Psychotherapie (II) und 46 – Die externe Psychotherapeutin.

person« einvernommen. Und für die Dauer seiner Befragung wurde die Öffentlichkeit von der Verhandlung ausgeschlossen, die Presse aus dem Saal geschickt. Sowohl der mittlerweile gut zwanzigjährige Ben, noch immer als Geschädigter bezeichnet, wie auch ich durften je eine Person wählen, die wir bei dieser Befragung dabeihaben wollten. Ben war allein gekommen – sein Bruder Ulf war bei der Arbeit; seine mich neuerlich entlastenden Aussagen waren schon bei der Untersuchungsrichterin protokolliert worden. Ich wählte meine externe Psychotherapeutin, Frau Gatti.

Ben wiederholte auf die bohrenden Fragen des Staatsanwalts mehrmals: »Mein Stiefvater hat mir nie etwas angetan. Die ganzen Anschuldigungen sind von diesem Deutschen namens Hubertus Horn gekommen. Der Beat ist mir und meinen Brüdern ein guter Vater gewesen und ich habe ihn seither sehr vermisst. Nichts von alledem, was beim Gericht und auch nichts von dem, was seither in den Zeitungen behauptet worden ist, ist wahr.« Dann schilderte auch er, weshalb es damals in Paris zu den dort protokollierten Beschuldigungen gekommen sei. Er erzählte hier erstmals, wie er in Paris zwischen dem 13. und 17. Februar tagsüber stundenlang allein in einer übelriechenden Polizeizelle eingesperrt worden sei, zusammen mit einem mit Handschellen gefesselten jungen Mann. Er hätte in jenen Tagen stets große Angst gehabt und die Beamten hätten ihm gedroht, dass er nie mehr zu seiner Mutter zurückdürfe, sondern in Frankreich in ein Heim müsse. Er musste dort einfach etwas sagen. Durch all das, was er bei der Polizei durchgemacht habe, fühle er sich geschädigt, nicht von seinem Stiefvater. Er sei seither nicht mehr derselbe wie vor den Tagen bei der Polizei. Früher sei er aufgeweckt und ein fröhlicher Mensch gewesen. Heute bleibe er meist für sich, könne niemandem mehr vertrauen. Er leide noch heute unter den Ereignissen von Paris. Auch wie die Untersuchungsrichterin, Frau Streber, ihm in Affoltern am Albis bei der Befragung praktisch alles vorgesagt habe, erwähnte er. Nachdem die Befragung von Ben Bachwiese vorbei war, wusste ich, dass eine erneute Verurteilung längst vorprogrammiert war. Nicht wegen Bens Aussagen; die entlasteten mich ebenso eindrücklich, wie es jene von Ulf taten.[79]

Es waren die Reaktionen des Richters; die verhießen von Anfang an nichts Gutes. Anlässlich dieser Einvernahme vor Gericht wurde Ben vom Oberstaatsanwalt nicht gerade sanft angefasst; er wischte Bens Aussagen als »unglaubhaft« vom Tisch und drohte ihm gar damit, ihn wegen »Begünstigung des Angeklagten(!)« strafrechtlich zu verfolgen. Was allerdings nie geschah, obwohl Ben trotz dieser Drohung standhaft geblieben war, obwohl sie ihn erschreckt und einmal mehr seelisch verletzt haben dürfte.

Es folgten weitere schlechte Vorzeichen. Der Vorsitzende Richter wischte den Protest meines Anwalts wie gelangweilt vom Tisch. Er schien sich ohnehin schon vor Bens Befragung seine Meinung gebildet zu haben. Endgültig klar wurde dies, als die Zeit gekommen war, mein vorbereitetes Plädoyer zu halten. Schon zu Beginn der Verhandlung hatte ich darauf aufmerksam gemacht. Und da verbot mir der Richter doch tatsächlich das Wort.

Herr Fischbach, mein Anwalt, protestierte zwar vehement, doch es nützte nichts. Nach über zehn Jahren Haft sollte ich also vor Gericht nichts zu meiner eigenen Verteidigung sagen dürfen. Und dies angesichts dessen, dass ich immerhin zu Verwahrung auf unbestimmte Zeit, möglicherweise lebenslang verurteilt werden sollte.

79 Siehe weiter oben das Kapitel 48 – Die Aussagen der beiden erwachsenen Opfer.

Man habe »keine Zeit mehr dafür«, behauptete der Richter. Von diesem Augenblick an wollte ich erstmals mit diesem ganzen Verfahren, überhaupt mit der hiesigen Justiz nichts mehr zu tun haben. Mein Vertrauen war endgültig zerstört. Am liebsten hätte ich den Saal verlassen und hätte es wohl auch getan, wäre ich in meinen Entscheidungen frei gewesen. Ich zeigte schließlich meinen Protest dadurch, dass ich meinen Stuhl drehte und fortan dem Richtergremium den Rücken zuwandte.

Nach den Plädoyers der Parteien folgte die sogenannte Urteilsdiskussion. Die hielt der Vorsitzende Richter gleich solo ab. Er las dazu einfach ein schon im Voraus fertig gedrucktes vielseitiges Dokument vor. Es war aber schon während der ganzen Verhandlung und auch am ersten Verhandlungstag nur der Vorsitzende gewesen, der gesprochen hat.

Wie sich später herausstellte, entsprach diese »Urteilsdiskussion« auf den Buchstaben genau dem Text der später folgenden Urteilsbegründung. Wie das eigentliche Urteil selbst, das sogenannte Urteilsdispositiv, hat auch bei dieser zweiten Runde offenbar gleich vor Verhandlungsbeginn alles fix und fertig gedruckt unter dem Richterpult bereit gelegen. Die ganzen »Verhandlungen« schienen mir jetzt nur noch eine einzige Farce, eine Art »Theater« für die Öffentlichkeit zu sein, um der Formalität Genüge zu tun. Ich wurde zwar nur zu vier Jahren und vier Monaten Zuchthaus verurteilt, jedoch nach wie vor mit Sicherheitsverwahrung auf unbestimmte Zeit.

54 – Die PPD-Therapie- »Abklärung«

Sommer 2003 bis Herbst 2003

Dazu wieder eine Rückblende: Anlässlich der zweiten Obergerichtsverhandlung wurde immerhin festgestellt, dass der PPD zu Unrecht eine Therapie mit dem bloßen Argument verweigert habe, dass ich nicht geständig sei. Damit wurde als Teil des Urteils verfügt, dass der PPD nunmehr doch eine Therapieabklärung mit mir vornehmen müsse.

Ich wurde in der Folge von einem leitenden Psychologen des PPD zu Gesprächen mit ihm aufgefordert – natürlich ausgerechnet von Herrn Nebler. Nun aber hatte ich ein Problem. PPD-Psychologe Nebler hatte bekanntlich, nachdem beim PPD schon einmal solche Therapie-Vorgespräche stattfanden, seinerzeit ohne mein Wissen über mich einen in wesentlichen Belangen unwahren Bericht an die Justiz verfasst.[80]

Da der PPD meinen Antrag auf Aufzeichnungen der Therapiegespräche damals schriftlich in einem weiteren Bericht an die Justiz wie selbstverständlich zurückwies, blieb mir nun die Wahl zwischen einer strikten Ablehnung der angeordneten Gespräche oder die bedingungslose Teilnahme daran. Ohne Absicherung und damit dem Risiko, einem erneuten, die Tatsachen falsch darstellenden Berichts ausgesetzt zu sein. Eine Weigerung hätte mit Sicherheit einen negativen Einfluss auf künftige Überprüfungen der Verwahrung nach sich gezogen, wie auch ein falscher Bericht

80 Siehe Kapitel 46 – Die externe Psychotherapeutin.

Neblers. Eine Wahl zwischen Pest und Cholera. Auch weil mir Herr Fischbach, mein Anwalt, dringend zur Teilnahme an diesen Gesprächen riet, entschied ich mich trotz allem für die Teilnahme. Ich versuchte beim ersten Termin mit dem Psychologen, die vergangenen schlechten Erfahrungen zwar nicht unter den Tisch zu wischen, aber wenigstens meine Bereitschaft zu signalisieren, nicht nachtragend zu sein.

Nebler tat sein Bestes, mich einzulullen und sicher zu wähnen, nannte seinen damaligen Bericht »vielleicht etwas unglücklich formuliert« und schrieb die Tatsache, dass der entgegen den Vereinbarungen einer vorherigen Besprechung mit mir eingereicht worden war, einem »bedauerlichen Versehen« zu. Kann ja passieren.

In den ersten beiden Gesprächssitzungen versuchte ich, die meinem Urteil zugrunde liegenden Umstände und die Vorgeschichte, die Anklage und die mir angelasteten Verbrechen inklusive der ganzen Zeit meines Zusammenlebens mit meinen Stiefsöhnen und deren Mutter ins Gespräch zu bringen. Doch er blockte mich schon gleich zu Beginn ab: »Nein, gerade hierüber wollen wir nicht sprechen.«

»Nein? Aber wieso denn nicht?«

»Weil ...« (Pause, dann): »Weil wir Ihnen damit zeigen wollen, dass wir Ihre Haltung, Sie seien unschuldig, respektieren wollen.«

»Das verstehe ich nun aber nicht. Wenn ich mit Ihnen darüber offen und ohne Einschränkung reden könnte, dann hätten Sie doch eben gerade die Möglichkeit, mit der Zeit alles, besonders auch mich und meine wahre Persönlichkeit besser nachvollziehen zu können. Oder etwa nicht?«

»Darum geht es uns eben nicht. Wir können über andere Dinge reden, den Gefängnisalltag etwa, Ihr früheres Leben, zum Beispiel Ihre berufliche Laufbahn, Ihre Gesundheit und so weiter.«

Über alles durfte in der Folge bei ihm gesprochen werden, nur nicht über den Gegenstand meiner Anklage, nicht über meine Stiefsöhne und Manuela sowie unsere gemeinsamen drei Jahre. Auch nicht über das Gerichtsurteil.

Dennoch versuchte ich es beim nächsten Termin erneut, betonte, dass es mir nach wie vor ein besonderes Anliegen sei, über die Inhalte der Anklage zu sprechen. Er, der PPD-Psychologe, möge mich doch hierzu ohne Tabus befragen, mich jeden Aspekt jener Zeit beleuchten lassen und mich auch jeglichen Tests unterziehen. Es bringe doch nichts, wenn man einfach nur meine Aussage im Raum stehen ließe, dass ich im Sinne der Anklage unschuldig sei.

Nebler aber stoppte mich auch dieses Mal. Und nach nur drei Sitzungen erklärte er die »Vorgespräche« für beendet. Ich wurde dann in eine sogenannte Einstiegsgruppe eingewiesen, eine Gesprächsgruppe, die der Vorbereitung zu späteren Gruppentherapiesitzungen dienen sollte. Die Einstiegsgruppe dauerte etwa drei Monate und endete mit einer Urkunde, welche die erfolgreiche Teilnahme attestierte. Zudem erhielt jeder Teilnehmer einen kurzen Bericht des Gruppenleiters (einem weiteren aus Deutschland stammenden Psychologen des PPD). In meinem Attest wurden mir damals konstruktive und kompetente Teilnahme sowie gute Integration in die Gruppe bescheinigt.

Das änderte sich, wundersam und zu meinem Nachteil, nachdem Herr Nebler später durch das Gericht zu einem Bericht über meine Teilnahme an jener Einstiegsgruppe aufgefordert wurde. Nun las sich der dabei ebenfalls zitierte Bericht des Einstiegsgruppenleiters plötzlich völlig anders. Ich sei bei der Einstiegsgruppe negativ aufgefallen, sei desinteressiert gewesen, hätte meine Aufgaben nicht gemacht …

Bei einem folgenden Gespräch mit einer leitenden Person und zwei weiteren, mir noch unbekannten Fachleuten des PPD machte ich meinem Unverständnis darüber Luft, war doch nichts davon gerechtfertigt, ganz im Gegenteil. Doch man ging nicht darauf ein. Stattdessen wurde mir nahegelegt, ich solle doch klug sein und meine Taten zugeben, und als darauf gleich der die Gruppe leitende Psychologe etwas sagte, war ich ob seiner Worte sprachlos.

Es gäbe, sagte er, auch noch eine andere Möglichkeit bei mir, nämlich etwas, das sie »so-tun-als-ob« nennen würden. Ich sollte demnach in einer Therapie so tun, als ob ich der mir angelasteten Taten schuldig sei. Ob dies denn wirklich ernsthaft gemeint sei, fragte ich nur und schwieg danach. Man entließ mich schließlich mit dem Versprechen, ich würde von ihnen hören. Doch das blieb in der Folge aus.

55 – Das Kassationsgericht (CH II) und das Bundesgericht

Sommer 2003 bis Frühjahr 2006

Es herrscht bei vielen offenbar der Irrglaube, ein Obergerichtsurteil würde bei einem Rekurs sowohl vom Kassationsgericht als auch vom Bundesgericht genauestens geprüft. Dem ist aber nicht so. Es können lediglich mögliche Verfahrensfehler gerügt werden, und über die und nur über die befinden die höheren Instanzen.

Verfahrensfehler wären etwa eine Verweigerung des rechtlichen Gehörs, wenn also beispielsweise durch die Verteidigung eine Zeugenbefragung beantragt und sie verweigert würde. Dabei entscheidet jedoch der Richter, ob er den betreffenden Zeugen oder die Zeugin für relevant hält oder nicht; er kann also durchaus einen solchen Antrag abweisen, ohne dass dies durch eine höhere Instanz als Verweigerung des rechtlichen Gehörs taxiert werden muss. Denn im Zürcher kantonalen Prozessrecht steht sinngemäß: »Der Richter fällt seine Entscheidungen nach eigener innerer Überzeugung; er ist nicht an starre Beweisregeln gebunden.«

So kann nicht das eigentliche Urteil des Richters gerügt werden, da die höheren Instanzen stets davon ausgehen, dass der Richter eben nach eigener innerer Überzeugung geurteilt hat, und dass die auf jeden Fall fair ist und gänzlich unbeeinflusst von Voreingenommenheit, Druck, Abhängigkeiten oder gar persönlichen Interessen.

Die eingereichte staatsrechtliche Beschwerde gegen mein zweites Obergerichtsurteil wurde ein Jahr später vom Kassationsgericht abgewiesen, das Urteil der Vorinstanz mehr oder weniger durchgewunken. Mangelhafte oder teils gänzlich fehlende Aktenverweise zu den vorgebrachten Rügen durch Herrn Fischbach wurden als Begründung ins Feld geführt; es sei »nicht Sache des Kassationsgerichts, selber die Akten nach den Inhalten zu durchforschen, auf welche sich der Verteidiger bei seinen Argumenten beruft«; so las ich in der Urteilsbegründung des Kassationsgerichts.

Ähnlich klang es im Herbst 2005 vonseiten des Bundesgerichtshofs in Lausanne. Damit wurde das zweite Obergerichtsurteil gegen mich rechtskräftig – nach nicht ganz zwölf Jahren Haft oder ziemlich genau fünfzehn Jahre seit Beginn der Strafuntersuchung.

Daraufhin bezahlte ich noch dreitausend Franken an einen auf EMRK-Klagen spezialisierten Schweizer Anwalt für die Beurteilung der Möglichkeit einer solchen Klage gegen das letztinstanzliche Urteil. Eine EMRK-Klage muss innerhalb von sechs Monaten nach Eintritt der Rechtskraft eines letztinstanzlichen Urteils im Lande des ursprünglichen Gerichtsstandes eingereicht werden. Der spätere Bericht dieses EMRK-Anwalts war ernüchternd: Er sähe keine Chance für eine Klagezulassung, da den Schweizer Gerichten in meinem Falle keine wesentlichen formellen Fehler angelastet werden könnten.

Aber damals, in meinem psychisch ziemlich angeschlagenen Zustand und in Erinnerung an die achtjährige Wartezeit im Verfahren gegen Frankreich, zweifelte ich ohnehin daran, einen Entscheid aus Straßburg, dem Sitz der EMRK, überhaupt noch zu erleben.

56 – Mobbing und mehr im Zuchthaus

Ab Spätsommer 1998 bis …?

Hierzu nochmals eine Rückblende: Wenig überraschend war ich nach dem Umzug in den Normalvollzug von Anfang an zur Arbeit in die Montage-Abteilung (MA) eingeteilt worden. Und dort zum Recyclingbetrieb, wo allerlei Elektro- und Elektronikausschuss, Haushaltsgeräte wie Fernseher, Computer etc. in die diversen Bestandteile zerlegt wurden, die wir dann nach Materialgehalt sortierten.

In den ersten Wochen und Monaten kam es da mehrmals zu Tätlichkeiten gegen mich von Mitgefangenen. Es war die Zeit nach meiner ersten Verurteilung durch das Obergericht. Mich kannte im Normalvollzug noch kaum jemand. Außer vom Fernsehen und aus den Zeitungen.

So wurde ich zweimal während der Arbeitszeit durch einen mir unbekannten Insassen ziemlich brutal angegriffen. Dies geschah plötzlich und ohne erkennbaren konkreten Grund. Das zog die Verbringung von uns beiden in je eine Bunkerzelle nach sich. Es wird hier kein Unterschied zwischen Angreifer und Angegriffenem gemacht. Jeder irgendwie an einer Rauferei oder Schlägerei Beteiligte kommt vorerst in den Bunker, auch wenn alle wissen, dass der eine grundlos von hinten angegriffen wurde, selbst jener, der bei einem ausufernden Streit bloß zu schlichten versucht.

Mit der Zeit und dem näheren Kennenlernen von mehr und mehr Insassen legte sich dies. Zwar gab es immer wieder und gibt es auch heute noch welche, mit denen ein vernünftiger kollegialer

Kontakt kaum je möglich ist.[81] Deren Wege kreuzte man aber gelegentlich und traf dann, ob man wollte oder nicht, immer mal auf Mitgefangene, die aus ihren Vorurteilen und ihrer Feindseligkeit keinen Hehl machten. Doch je länger die Zeit voranschritt, desto seltener wurden Versuche von Provokationen oder gar Tätlichkeiten, denn allmählich spürten solche Leute, dass sie für ihren Hass kaum mehr besondere Aufmerksamkeit erregen oder gar Applaus bei anderen Mitgefangenen bewirken konnten – bei der zunehmenden Zahl jener also, die mich mittlerweile gut genug kannten, um sich ihr eigenes Bild von mir zu machen – sofern sie dazu aufgrund ihrer Persönlichkeit in der Lage waren.

Dennoch erntete ich gelegentlich, besonders nach neuen Zeitungsberichten mehr als bloß ablehnende Haltung durch einzelne Insassen. Auch zu Mobbingversuchen kam es hin und wieder. So wurde es zuweilen für eine gewisse Zeit wieder recht unangenehm im Falle eines Neuzugangs nach Freiwerden einer Zelle in meiner Wohngruppe. Etwa von einem durch das Gerede über mich schon beeinflussten Insassen aus einer anderen Gruppe. Es genügte dabei schon die Erwähnung der von der Norm abweichenden Veranlagung, besonders bei Pädophilen.

Etwas anders sah es beim Personal aus. Unter ihnen gab es einen gewissen von Vorurteilen geleiteten Anteil. In der Pöschwies verspürten die Gefangenen bei nicht wenigen Aufsehern eine mit der Zeit nur schwer erträgliche Geringschätzung und Überheblichkeit bis hin zu merklicher Verachtung. Es herrschte hier ein wesentlicher Unterschied zu meinen bisherigen Haftorten vor. Die Atmosphäre diesbezüglich war in der Unter-

81 In der Pöschwies gibt es den sogenannten Gruppenvollzug, bei dem die Gefangenen des Normalvollzugs in acht Wohneinheiten zu 24 Mann verteilt leben. Mit Gefangenen anderer Gruppen haben die Insassen nur eingeschränkt Kontakt, etwa während der Spaziergänge im Haupthof und auf dem Weg von und zur Arbeit.

suchungshaftanstalt in Affoltern am Albis und besonders auch in der Santé von Paris besser.

Auch einige Beamte höheren Rangs waren nicht ausgenommen. Besonders deutlich zu spüren waren diese Unterschiede bekanntlich für Gefangene mit – wahren oder unwahren – Sexualdelikten, bei denen laut Urteil oder bei Anklage Minderjährige als Opfer galten. Abgründe taten sich auf bei dem einen oder anderen, vor allem nach besonders reißerischen Artikeln über einen solchen Gefangenen in der Boulevardpresse. »Kurzen Prozess machen«, »Rübe ab«, »kastrieren«, »für immer wegsperren« und so weiter. Auffallend vielen unter den Verwahrten wurde ein Sexualdelikt angelastet. Oder umgekehrt: Bei Sexualdelikten war die Gefahr einer Verwahrung mit Abstand am größten. Dabei hing dies längst nicht immer von der Schwere der Anklage, sondern sehr viel mehr von der Seriosität, oder der fehlenden Seriosität, des erstellten Gutachtens ab.[82] Gegenüber solchen Gefangenen verbargen viele Aufseher eine oft abgrundtiefe Verachtung nur sehr schlecht.

Ausgesprochen nachsichtig, ja manchmal gar schon kumpelhaft, verhielten sich indes einige darunter ausgerechnet gegenüber gewissen als besonders gewalttätig bekannten Gefangenen.

82 Diverse Langzeitstudien verschiedener Länder (USA, Kanada, Deutschland) zeigen einen katastrophal hohen Anteil von sogenannten false positives* bei Gefährlichkeitsgutachten über Sexualstraftäter auf. Die Studien sprechen von zwischen ca. 75 und ca. 90%. Das bedeutet, dass unter 100 als gefährlich begutachteten und deshalb verwahrten Insassen entsprechender geschlossener Anstalten 75 bis 90 zu Unrecht, also völlig unnötig über ihre Strafe hinaus ihr Leben hinter Gittern verbringen mussten. Und müssen, denn bisher hatten diese Studien, jedenfalls in der Schweiz noch keinerlei Einfluss auf die Leichtfertigkeit, mit der seit Mitte der 90er-Jahre Verwahrungen bzw. geschlossene therapeutische Langzeitwegsperrungen empfohlen werden. Im Gegenteil werden immer mehr solcher extremen Maßnahmen angeordnet.

* false positives heißt hier: fälschlicherweise für gefährlich gehaltene Insassen.

Dazu gehörten etliche, die wegen eines Tötungsdeliktes, bewaffneten Raubes oder anderer mit brutaler Gewalt einhergehender Verbrechen verurteilt wurden. Manche der Gefangenen wurden ihrerseits nie müde, verbal über »Kinderficker« herzufallen und damit bei einigen Aufsehern Sympathie zu finden. Ein klares Zeichen von persönlicher Schwäche, teilweise auch Angst vor den dominanten Erstgenannten.

Ich kann nicht umhin, über ein paar Beispiele von Mobbing bis hin zu eklatanten Rechtsverletzungen aus eigener Erfahrung zu berichten:

Der Empfang im Normalvollzug: Als ich Anfang Dezember 1998 in den Normalvollzug in diese Wohngruppe verlegt wurde, waren die ersten Worte, die der dortige Chefaufseher, ein Herr Padrino, an mich richtete: »Wenn es nach mir gegangen wäre, hätte ich dieses Ding dort nicht bewilligt!« Er zog dabei seine Mundwinkel nach unten und zeigte auf meine elektronische Orgel. Seit meiner U-Haft in Affoltern am Albis besaß ich sie und durfte sie bisher überall in meiner Zelle benutzen. Der Mann sagte nur das, grüßte mich mit keinem Wort und knallte die Zellentür hinter sich grob ins Schloss. Das war am Nachmittag.

Bei meiner Aufnahme in die Wohngruppe war der Frühdienst zuständig gewesen, auch für die Eingangskontrolle meiner Habe. Ich bin und war bei Weitem nicht der einzige Gefangene mit einem bewilligten Musikinstrument, und reguläre Gründe für dessen Wegnahme wären nur die Störung durch damit erzeugten Lärm oder irgendeine Form von Missbrauch des Gerätes. Doch ich benutzte es ohnehin selten und wenn, dann nur mit Kopfhörern.

Besonders dieser Gruppen-Chefaufseher[83] war es dann auch,

83 Herr Padrino wird Jahre später in eine Außenabteilung versetzt und nach relativ kurzer Zeit und nach einem große Wellen schlagenden Vorkommnis

der mir das Leben über elf lange Jahre erschwerte und oft zur wahren psychischen Qual werden ließ. Sein Verhalten mir, aber auch noch dem einen oder anderen weiteren Gefangenen gegenüber war Mobbing in besonders ausgeprägter Form. Und er ermutigte mit seiner Haltung die Kollegen, es ihm gleichzutun. Verschiedene Beschwerdeschriften nach besonders folgenschweren Regelwidrigkeiten durch ihn blieben gänzlich ungehört, auch noch nach mehreren Nachfragen über die jeweils folgenden Monate.[84]

Die Provokation zur Panik: Als ich einmal als einziger Gefangener meiner Wohngruppe mit einer Grippe fiebernd im Bett lag – der Arzt hatte mich deswegen am selben Morgen krankgeschrieben – wurde am Vormittag unvermittelt meine Zellentür aufgeschlossen. Wie so häufig, wenn dies zu ungewohnter Zeit geschah, machten sich tiefsitzende Ängste schon mal durch eine kurze Verkrampfung meines Herzens bemerkbar. Als dann zwei Aufseher hereintraten und die Zellentür sofort wieder hinter sich schlossen, drohten die alten Panikgefühle in mir auszubrechen. Es handelte sich nämlich ausgerechnet um jene beiden Aufseher, die Herren Vetterli und Speer, die sich von allem Anfang an besonders spürbar mit Schikanen mir gegenüber hervorgetan hatten. Beide bekannt als passionierte »Blick«-Leser.

dort offenbar vom Dienst suspendiert – siehe hierzu weiter hinten im Kapitel 64 – Die nur versprochene Halbfreiheit.

84 Ich schrieb sehr selten eine Beschwerde über jemanden vom Aufsichtspersonal. Nur wenn es mit der Zeit unerträglich wurde oder meine Rechte massiv verletzt wurden, und auch dann erst, wenn alles andere nichts half (vergebliche Gesprächsversuche, allenfalls auch Ratsuche bei anderen Mitarbeitern der Anstalt etc.). So dauerte es Jahre, bevor ich erkannte: Es lag vermutlich gar nicht an der Direktion, dass solche Beschwerden unbeantwortet blieben. Vielmehr wanderten sie schon im Büro der Gruppenleitung in den Abfall.

Ich fragte, mit schon erhöhter Atemfrequenz, weshalb sie die Tür hinter sich geschlossen hätten. Dies war mehr als außergewöhnlich und unüblich. Die barsche Antwort: »Los, aufstehen!« Es war schon seltsam, dass die beiden Beamten die Zelle überhaupt gleich betraten – normalerweise mussten sie draußen stehenbleiben und Befehle von dort aus geben. Ganz besonders alarmierend für mich war das Schließen der Zellentür von innen. So als ob sie vor Zeugen geschützt sein wollten. Meine Klaustrophobie war längst ärztlich bescheinigt und allen bekannt.

Ich forderte sie mit kratzender Stimme auf, die Tür wieder zu öffnen, doch die beiden grinsten mich nur böse an und Speer wiederholte den Befehl. Die Panik in mir war nicht mehr zurückzudrängen, vielleicht auch gefördert durch mein Fieber. Ich lag unbekleidet im Bett, fühlte mich dadurch besonders schutzlos einem eventuellen Angriff ausgeliefert. Meine Orgel stand nahe dem Fußende, mit ihren Metallfüßen unters Bett geschoben, sodass das Oberteil mit den Bedienknöpfen und der Klaviatur über einen Teil des Bettes ragte. Schutz würde mir das nicht bieten, vielmehr wäre ich bei einem Angriff dadurch in meiner Bewegungsfreiheit behindert. Ich wusste, dass ich mich niemals auch nur ansatzweise würde zur Wehr setzen dürfen. Ich spürte mein Herz an Hals und Schläfen wie wild pochen. Dann sprang ich unbewusst abrupt auf, die Decke gegen meine Brust gepresst, und stürzte mich mit einem wie von einer Spannfeder ausgelösten Sprung an den beiden vorbei auf den Alarmknopf, der sich neben der Tür bei der Toilette befindet. Ich presste meinen Finger darauf und wich blitzschnell wieder weit zurück. Nicht in mein Bett, sondern bis zum Zellenfenster. So war ich am weitesten von den beiden entfernt.

Die beiden grinsten aber hämisch und noch während meines Zurückweichens zum Fenster gab mir Speer spöttisch den Hinweis, dass dies jetzt niemand hören könne; der Zellenalarm sei tagsüber doch in ihr Büro geschaltet und sie befänden sich ja schließlich beide hier oben. Er schien mich für ziemlich dumm zu halten. Tatsächlich wusste ich dies bisher nicht, denn ich hatte den Alarmknopf erst ein einziges Mal betätigt, des Nachts, als es mir einmal außerordentlich schlecht ergangen war. Offenbar wurde er nur dann in die Zentrale geleitet.

Nun rechnete ich damit, von den beiden attackiert und zusammengeschlagen zu werden. Mein Stuhl befand sich direkt neben mir. Ich ergriff ihn instinktiv, die Wolldecke fiel zu Boden, und hielt ihn schützend vor den nackten Körper, mit dem Rücken zum vergitterten Fenster. Ich glaubte mich der Gewalt der beiden Männer völlig ausgeliefert und wartete in höchster innerer Anspannung auf das vermeintlich Unvermeidliche.

Nach nüchterner Reflexion später hatte ich keine Zweifel, dass die zwei nicht wirklich vorhatten, mich zu verprügeln, wie ich es durch Gefängniswärter seinerzeit in England erlebt hatte, sondern dass sie, wohl wissend von meiner Klaustrophobie, ein panisches Ausrasten oder dergleichen bei mir provozieren wollten. Das war ihnen auch bestens gelungen. Damit hatten sie einen Vorwand, das Einsatzkommando zu rufen. Es waren Beamte des Sicherheitsdienstes, die mich in meiner Zelle regelrecht überfielen.

Sie zerrten mich ohne Vorwarnung vom Fenster weg, wo ich mich bei deren Eintreffen noch befand, inzwischen mit einer Hose bekleidet – für mehr hatte die Zeit nicht gereicht. Der Stuhl stand wieder an seinem üblichen Platz. Sogleich warfen sie mich über meine elektronische Orgel, sie brach und ich krachte mit dem losgerissenen Oberteil aufs Bett. Sie hielten mich in einem harten Würgegriff, bis ich das Bewusstsein verlor. Ich bekam noch mit, dass Aufseher Speer es sich nicht hatte nehmen lassen, mir persönlich Handschellen zu verpassen.

Als ich wieder zu mir kam, lag ich halb nackt unten im Eingangsbereich vor dem Gruppenbüro rücklings auf dem kühlen

Fußboden. Ich merkte, wie mir irgendein fremder, offensichtlich freundlicher Aufseher etwas Weiches als Stütze unter den Kopf schob. Während sich um mich herum bei Stimmengewirr viele uniformierte Beine herumschoben, merkte ich, dass das Bündel unter meinem Hinterkopf meine Anstaltskleidung war. Ich konnte sie mir nun, wenn auch mühsam, überziehen. Da ich mich anfangs noch nicht auf den Beinen halten konnte, wurde ich in einem Rollstuhl zum Arztdienst gefahren. Der Arzt untersuchte mich, kurz bevor ich zum Bunker gebracht, dort wieder nackt ausgezogen und in die kahle Betonzelle gestoßen wurde. Sogleich legte ich mich auf die dünne Schaumstoffmatratze und warf die darauf bereitliegende Decke über mich.

In ihrem Rapport über den Vorfall behaupteten die beiden provokanten Aufseher, ich hätte sie ohne ersichtlichen Grund mit dem Stuhl angegriffen, worauf sie zum Selbstschutz gezwungen gewesen wären, das Sicherheitsteam zu alarmieren.

Es schien allerdings einigen Leuten klar zu sein, dass dies so nicht ganz stimmen konnte. Wie ich später erfuhr, hatten sich der Anstaltsarzt und mein Arbeitschef für mich eingesetzt. Wie genau, ist mir nicht zu Ohren gekommen, doch war ich schon am nächsten Tag wieder aus dem Bunker rausgelassen und in meine Gruppe zurückgeschickt worden. In meiner Zelle fand ich das Chaos vor, das durch den Überfall entstanden war. Und die kaputte elektronische Orgel.

Der verweigerte Zellenwechsel: Es gibt in jeder Wohngruppe der Pöschwies jeweils zwei Zellen mit einem um knapp zwei Quadratmeter größeren Grundriss. Sie sind eigentlich für langjährige Insassen gebaut, die besonders viel an persönlichem Eigentum in der Zelle besitzen. Etliche Male schon wurde während meines langjährigen Aufenthaltes hier eine solche Zelle frei.

Einmal stellte ich an den Gruppenchef den Antrag, in so eine

Zelle umziehen zu dürfen. Ich war damals schon einer der am längsten in der Wohngruppe lebende und auch der zweitälteste Insasse. Und ich besaß die meisten persönlichen Sachen in meiner Zelle, vorwiegend Akten aus meinem noch längst nicht rechtskräftigen, aber schon viele Jahre dauernden Verfahren. Letztlich war ich auch der einzige Insasse dieser Wohngruppe, der die überwiegende Zeit in der Zelle mit Arbeit, mit Lernen oder den Verteidigungsvorbereitungen verbrachte.

Mein Antrag wurde vom Chefaufseher kurzerhand in den Papierkorb geworfen. Und auf meine Nachfrage herrschte er mich an, dass ich das »vergessen« könne. Die freiwerdende Zelle bekam daraufhin ein neu angekommener Insasse, der wegen Drogendelikten einsaß und außer einer Stereoanlage und einer Kaffeemaschine so gut wie nichts an persönlichen Dingen besaß.

Die Entfernung meiner Akten: Ein von Chefaufseher Padrino eines Tages inszeniertes Ereignis wirkte sich für meine Verteidigung nachteilig aus. In einer Strafanstalt mit all ihren Einschränkungen sitzt man in mancher Hinsicht ohnehin am kürzeren Hebel.

Was Padrino da aus heiterem Himmel anordnete, betraf meine sich über die Jahre angehäufte Korrespondenz, die zahlreichen Dokumente meines Verfahrens, sehr viel informative Lektüre und unzählige weitere Akten in meiner Zelle. Eines Tages betrat er meine Zelle und befahl, bis auf einen »überschaubaren Rest« sämtliche Akten aus der Zelle zu schaffen. Sie werden künftig bei meinen übrigen persönlichen Gegenständen im Keller gelagert. Und dies hätte »sofort, jetzt gleich« zu geschehen. Als Vorwand diente »angebliche Feuergefahr«. Nichts war geschehen, was eine solche Maßnahme aktuell plausibel hätte erscheinen lassen, war das alles doch zumeist schon seit Jahren in meiner Zelle, ohne irgendwelche Probleme und stets ordentlich versorgt. Außerdem gab es in dieser Gruppe andere Zellen mit mindestens ebenso viel brennbarem Material – aber deutlich weniger aufgeräumt als meines.

Als ich argumentierte, dass mein Urteil noch längst nicht rechtskräftig und ich somit auf freien Zugriff auf meine Unterlagen angewiesen sei, drohte Padrino sogleich mit meiner Rückversetzung in die Isolation. »Wenn's Ihnen nicht passt, dann kommen Sie in den EP[85] zurück!«

Auch mein Ersuchen um einen Tag mehr Zeit, um wenigstens jene Sachen aussortieren zu können, die für meine Verteidigung unverzichtbar wären, quittierte Padrino lediglich mit einem barschen »Keine Diskussion!« Auch hier hatte ich keine Wahl, als eine Beschwerde an die Direktion einzureichen. Schließlich handelte es sich meiner Ansicht nach um eine willkürliche, vielleicht folgenschwere Einschränkung meiner Möglichkeiten während des laufenden Verfahrens. Auch darauf bekam ich nie eine Antwort und noch nicht einmal eine Empfangsbestätigung von der Anstaltsleitung.

Die veruntreute Post: Derselbe Chefaufseher ging einmal gar so weit, dass er eine von mir erstellte Daten-CD mit vertraulichen Verteidigungsinhalten entwendete. Es waren Aufzeichnungen über mein ganzes bisheriges Verfahren, inklusive vieler digitaler Aktenkopien. Eine sehr umfangreiche PowerPoint-Präsentation führte durch die gesamte Vorgeschichte bis zum aktuellen Stand.

Padrino fischte die CD-R aus einem Stapel Post, der von mir für den Versand aufgegeben worden war. Es war eine besondere Massensendung, die zuvor die zuständige Zensurstelle im Sozialzentrum durchlaufen hatte. Jeder der an über ein Dutzend Empfänger adressierten Hardcover-Umschläge enthielt die

85 EP = der sogenannte Eintrittspavillon, in welchem ein U-Haft-ähnliches Regime herrscht.

gleiche CD-R plus eine gedruckte Version der darin enthaltenen PP-Präsentation und den gleichen Begleitbrief. Alles war explizit geprüft und bewilligt und zum Versand freigegeben worden.

Aber dieser Vorfall schreit geradezu nach einer etwas ausführlicheren Darstellung: Am Tag, nachdem die Sendung den üblichen Weg zur Zensurstelle im Sozialzentrum genommen hatte, kam ich mittags von der Arbeit zurück und bemerkte nach Verlassen der Eingangsschleuse beim Vorbeigehen an der offenen Gruppenbürotür zufällig einen Stapel Hardcover-Umschläge auf dem großen Aufseher-Pult. Ich erkannte sie sofort als die meinen – jene, die ich tags zuvor am Morgen abgegeben hatte. Ich wunderte mich, dass sie noch hier waren. Bei nächster Gelegenheit fragte ich im Büro den diensthabenden Aufseher, ob die Zensur daran vielleicht etwas beanstandet hätte. Er verneinte bloß, ohne weitere Worte. Ich ließ es erst mal dabei bewenden. Am nächsten Tag, zur selben Zeit, lag der Stapel immer noch auf dem Pult.

Ich spürte, da war irgendetwas faul. Vielleicht war doch nicht alles glattgegangen bei der Zensur – zu dem Zeitpunkt gab es für mich keine Gewissheit. Andererseits war der Chefaufseher diese Woche bisher noch nicht im Dienst gewesen; wollten die übrigen Aufseher mit dem Versand dieser Post vielleicht warten, bis er wieder da war? Dann, als ich wegen eines Formulars ins Büro und nahe ans Pult treten musste, fiel mein Blick auf einen weißen Zettel, der an der Seite eines der Hardcover-Kuverts geklebt war. Ich konnte knapp erkennen, was draufstand: »geprüft, i. O.« und die mir bekannte Unterschrift des für mich zuständigen Sozialbetreuers.[86]

Als ich das sah, wusste ich Bescheid. Es lag kein Grund vor,

86 In den Gruppen des Normalvollzugs wird die Zensur vom Sozialdienst vorgenommen. Bei Unsicherheiten landet ein- oder ausgehende Post beim für den jeweiligen Gefangenen zuständigen Betreuer, der die Sachen nötigenfalls gründlicher sichtet. Dieser entscheidet dann über die Freigabe.

die Post zurückzuhalten, auch nicht für den Chefaufseher. Entscheide des Sozialbetreuers sind, jedenfalls wenn Post freizugeben ist, endgültig und stehen im Normalvollzug in der Hierarchie über dem Rang eines Gruppenleiters. Ich fragte also den Aufseher, weshalb meine Post noch nicht versandt worden sei. Es waren seit der Abgabe drei Tage vergangen.

Die Antwort war nicht sehr befriedigend: »Die geht dann schon weg.« Taten sie aber nicht und es folgte das Wochenende. Aber auch am folgenden Montag war sie noch immer da. Nun wurde es mir zu viel. Ich verlangte meine Post zurück. Doch das wollte mir der zu dieser Zeit diensthabende Aufseher Speer glattweg verweigern. »Die bleibt, wo sie ist.«

Nach hilflosen Versuchen, mit Argumenten mein Ziel zu erreichen, platzte mir der Kragen. Mein Blutdruck stieg ins Unermessliche. Ich schrie den Mann an. »Geben Sie mir sofort meine Post!« Ich kam nicht mehr dazu, dies zu bereuen aus Angst vor dem Überfallkommando, denn schon war ein Aufseher des angrenzenden Büros des nächsten Wohnblocks – das durch eine meist offenstehende Tür mit jenem auf unserer Seite verbunden ist – herübergekommen. Nicht etwa, um mich zusammenzustauchen, sondern seinen Kollegen Speer. »Was soll denn das, gib dem doch seine Post!«

Ich erhielt sie, eilte damit in meine Zelle, packte sie in eine Papiertüte und nahm sie mit zur Arbeit. Dort bat ich meinen Arbeitschef um Hilfe. Mit dem konnte ich von jeher sehr gut. Mein Chef guckte sich eine der Sendungen kurz an, griff zum Hörer und sprach dann mit Aufseher Speer im WN-3. Nachdem er sich von ihm bestätigen ließ, dass diese Post von der Zensurstelle längstens zum Versand freigegeben worden war, und nach kurzer, teils heftiger Diskussion legte er auf und schickte mich mit meiner Post gleich zurück in die Gruppe. »Gib den ganzen Stapel dem Speer, er schickt's ab.«

Wir waren seit Längerem per du. Na also, dachte ich nur und beeilte mich. Dort angekommen, zählte ich im Gruppenbüro die Umschläge nochmals durch, während Speer mit versteinerter Miene aus dem Fenster schaute. Dabei fiel mir auf, dass einer der Umschläge leichter und auch weniger dick war. Es war jener, der an Heidi Pergament in Paris adressiert war. Wie alle meine guten Freunde hielt ich auch sie auf dem Laufenden über die Lage und alle anderen wünschten dies auch. Es fehlte darin die CD-R.

Ich sagte zum Aufseher, dass ich mal eben auf die Zelle müsse; vielleicht sei sie dort vor dem Gang zur Arbeit irgendwie aus dem Umschlag gerutscht. Er ließ mich wortlos ziehen. Oben auf der Zelle fand ich die CD nicht und schon bald war ich mir sicher, dass ich es schon am Mittag hätte bemerken müssen, denn auch da hatte ich sie durchgezählt.

Ich eilte zurück nach unten. »Es tut mir leid, ich muss nochmals mit der Tasche zu meinem Arbeitschef (in der ich die Umschläge herumtrug), vielleicht ist die fehlende CD aus Versehen dort liegen geblieben.«

Ich war schon zur Schleuse unterwegs, als mich Speer zurückrief. »Sie brauchen nicht zu gehen, die CD ist nicht dort.«

Speer weiß also, wo sie ist, schoss es mir durch den Kopf. »Wo denn?«

»Der Padrino hat sie.«

Wie bitte …? Seit dem Wochenende war bekannt, dass er im Urlaub war …

Ich gab dann alle Sendungen bis auf die für Heidi in Paris im Gruppenbüro zum Versand. Sie kamen alle an, wie ich bald darauf erfuhr.

Padrino zeigte die entwendete CD anderen Kollegen, nahm sie dann zu sich nach Hause, wo er sie eventuell auch kopierte, und wer weiß, was noch damit anstellte. Nach seinem Urlaub gab er sie erst wieder heraus, nachdem mich einer seiner Arbeitskollegen vertraulich informierte. Ich drohte daraufhin, meinen Anwalt einzuschalten. Auch hierzu blieb eine daraufhin verfasste und an die Direktion adressierte Beschwerde ohne Wirkung. Einmal mehr trotz mehrmaliger Nachfrage.

Die Krücke: Es kam die Zeit, in der meine Beschwerden durch Kniearthrose und Rückenschmerzen eine Intensität erreichten, dass sie ohne Gehhilfe auf Dauer nicht mehr tolerierbar waren.

Der Gefängnisarzt hieß die Benutzung einer solchen für gut. Wie für alles musste ich einen sogenannten Hausbrief schreiben. Für jegliche, oft auch banale Anfragen und Gesuche muss ein solcher ausgefüllt und eingereicht werden. Damit ersuchte ich um die Bewilligung zum Erhalt eines gewöhnlichen Gehstockes von außerhalb. Dabei verwies ich auf die ärztliche Bewilligung.

Eine befreundete Person war bereit, so einen Stock zu besorgen. Ich bat um etwas Billiges, Leichtes; eventuell eine Art »Charlie-Chaplin-Stock«. Jedenfalls einen mit einem Gummiaufsatz unten; auf keinen Fall mit Metallspitze. Ich sollte ihn ja auch im Haus benutzen dürfen. Also am besten einen aus Bambus oder leichtem Holz mit gebogenem Griff. So dürfte das Ding eigentlich auch nicht mit den Sicherheitserfordernissen der Anstalt in Konflikt geraten.

Der Antrag wurde von Aufseher Speer behandelt und abgelehnt. Zu jener Zeit gab es einen weiteren Insassen, einen jungen Mann mit Rückenbeschwerden, der einen Stock besaß und diesen seit Langem offiziell verwenden durfte. Seiner hatte sogar einen mit Metall beschlagenen Knauf am Handgriff. Auch daher war für mich die Ablehnung nicht nachvollziehbar, doch wie immer waren auch jetzt jegliche Gesprächsversuche sinnlos. Es blieb mir letztlich nur die Benutzung einer durch den Arztdienst zur Verfügung gestellten Unterarm-Krücke. Die gab es hier etwa bei einer Fußverstauchung oder einem Bein- oder Fußbruch und dergleichen. Das Teil schien mir recht umständlich und nicht sehr leicht; ich wollte es ja auch bei der Arbeit möglichst immer griffbereit haben und unkompliziert benutzen können. Einen normalen Spazierstock hätte ich auch mal über den Unterarm hängen können, um beide Hände frei zu haben. Der Stützknauf dieser Krücke war überdies aus hartem Kunststoff; am Ende gehalten könnte ein gewalttätiger Mensch damit jemanden durchaus schwer verletzen oder gar zu Tode schlagen. Ich verwendete die Krücke, so gut es halt ging, hielt sie allerdings stets verkehrt herum, also mit der für meine Zwecke unnütz sperrigen Unterarmschale nach hinten gerichtet. So konnte ich den Stock in jeder Lage verwenden, etwa um schmerzfreier aufstehen zu können nach irgendeiner Tätigkeit auf dem Fußboden.

Als mich der Arbeitschef der Körberei so sah und erfuhr, weshalb ich das Ding verkehrt herum nutzte, bot er mir an, das Kunststoff-Oberteil durch ein gebogenes Stück Rattan von passender Stärke zu ersetzen. In der Körberei gab es davon alle möglichen Maße. Als wir das Oberteil der Krücke dann vom metallenen höhenverstellbaren Rohr des Stockes abzogen, zeigten sich Hohlräume, groß genug, um darin jede Menge Drogen oder andere verbotene Dinge zu verstecken. Umso unverständlicher war es auch für den Körbereichef, dass mir die Verwendung eines gewöhnlichen Gehstocks nicht erlaubt worden war.

Im Nu verfügte ich danach über einen Stock mit gebogenem Griff oben, zwar immer noch etwas unhandlicher als ein Chaplin-Stock, aber ohne die Unterarmschale. Später wäre es ein Leichtes, die Krücke wieder in ihren ursprünglichen Zustand zurückzuversetzen.

Als ich damit nach der Arbeit in der Wohngruppe erschien, rief mich Aufseher Speer in sein Büro, zeigte auf den Stock und befahl mir, ihn bei ihm zu lassen. Am nächsten Tag, als ich – wieder ohne

Gehhilfe – bei der Arbeit erschien und der Körbereichef meiner gewahr wurde, fragte er verwundert, wo denn mein Stock geblieben sei. Ich erklärte es ihm. Unverständliches Kopfschütteln seinerseits.

Ein paar Tage später berichtete er mir, er sei tatsächlich in die Direktionsetage zitiert worden. Dort sei er vom Anstaltsdirektor persönlich mit fristloser Entlassung aus dem Staatsdienst bedroht worden, sollte er sich noch einmal einen derartigen »unautorisierten Dienst an einem Gefangenen« anmaßen. Die Krücke sei sofort wieder in ihren ursprünglichen Zustand zurückzuversetzen.

Ich erhielt sie danach zurück. Doch schon beim nächsten Einrücken in der Wohngruppe nahm sie mir Aufseher Speer mit seinem üblichen hämischen Grinsen erneut ab. Erst am nächsten Tag gab er sie mir wieder, offenbar von »oben« dazu beauftragt. Es war ihm anzusehen, dass ihm dies nicht leichtfiel. Viel lieber hätte er wohl einen Strafrapport gegen mich ausgestellt. Nach der reichlich absurden Geschichte kündigte der Körbereichef seine Beamten-Stelle in der Pöschwies von sich aus.

Es dauerte noch Jahre, bis ich, inzwischen endlich in einer anderen Abteilung, einen normalen Gehstock bewilligt bekam.

Das Verbot der Hilfe für den kranken Mitgefangenen: Ein Mitbewohner dieser Wohngruppe – schon fünfundsechzigjährig – erkrankte eines Tages an einer hartnäckigen Grippe. Er war, wie ich, in der Anstaltsgarage eingeteilt und sonst so gut wie nie krank.

Da ich ohnehin täglich zur Zellenöffnungszeit mit ihm auf einen Schwatz zusammensaß, versorgte ich ihn mit Kamillentee, Instant-Suppen und Vitamintabletten. Als Supplements zu den vom Arzt verschriebenen Grippemedikamenten, alles käuflich im Anstaltskiosk.

Tagelang blieb er wegen des hohen Fiebers dem Speisesaal fern. Als an einem Abend ein selten feines Abendessen aufgetragen wurde, klopfte ich kurz vorher an die Bürotür und fragte den gerade diensthabenden Chefaufseher, ob ich meinem kranken Kollegen ausnahmsweise etwas Warmes auf die Zelle bringen dürfe; er hätte schon die ganze Woche fast nichts gegessen und sei noch zu schwach, um selbst in den Speisesaal zu kommen.

Natürlich wusste dies der Chefaufseher[87] auch, denn er muss täglich jeweils bei Essensbeginn die Anwesenheit aller Gefangenen der Wohngruppe überprüfen. Bisher befand es von den Aufsehern noch niemand für nötig, sich deswegen zu sorgen oder dem Mann wenigstens was aufs Zimmer zu bringen. Wäre auch fast einem Wunder gleichgekommen, denn so was tat keiner; jedenfalls in dieser Wohngruppe nicht. Damit maß ich mir scheinbar etwas Ungeheuerliches an. Ich wurde vom Chefaufseher angebellt: »Hurensiech; ihr wisst ganz genau, dass das verboten ist! Immer probiert ihr's wieder! Ab! Verschwinde!« Und damit knallte er mir die Bürotür vor der Nase zu.

Es war das erste und auch letzte Mal gewesen, dass ich mich bei Bemühungen um einen kranken Mitgefangenen an einen »Betreuer« wandte. Mir blieb kaum eine Wahl. In dieser Anstalt gab es immer wieder Situationen, in denen man erfinderisch sein musste. Für fast alles fand man mit der Zeit Mittel und Wege, um sich oder Kollegen in Not helfen zu können.

Die Diät: Solange ich mich zurückerinnern kann, bekomme ich ein bestimmtes Lebensmittel nicht runter: Zwiebeln. Auch mit Karotten habe ich Mühe, sie lösen bei mir, jedenfalls bei mehr als nur ganz kleinen Mengen, Verdauungsbeschwerden und oft auch

87 Das war mittlerweile ein Nachfolger des strafversetzten ehemaligen Chefaufsehers Padrino.

schweren, anhaltenden Durchfall aus, meist mitten in der Nacht. Bei Zwiebeln ist es schon fast eine Allergie. Ich versuche immer, sie zu vermeiden. Bei Eintöpfen etwa oder bei Suppen aus verschiedensten Gemüsen könnte es passieren, dass ich Zwiebeln esse, ohne es zu merken. Darum meide ich solche Gerichte. Es würde sich rächen. In Freiheit hatte ich diese Lebensmittel viel besser meiden können.

In der Pöschwies war dies schwieriger, da man hier keine Auswahl hatte und auch, weil recht häufig und meist auch reichlich Zwiebeln in den Mahlzeiten verarbeitet werden. Sehr oft findet man sie fein gehackt auch in Saucen, in Reis, zuweilen auch in Kartoffeln, mit Fleisch zusammen und sogar in Hamburgern. Karotten waren zu meinem Pech hier auch eine der am häufigsten aufgetischten Gemüsesorten.

Zu Beginn jedes Hafteintritts – sei dies in die Untersuchungshaft oder auch hier in die Pöschwies – informierte ich den Arzt anlässlich der Aufnahmekontrolle auch über meine Unverträglichkeiten. Nach einigen Monaten brachte ich es hier erneut bei einem Arzttermin vor und fragte, ob es eine Möglichkeit gäbe, eine Diät ohne diese beiden Beilagen zu erhalten. Der Arzt konnte mir damals keine Hoffnung auf eine spezielle Diät machen; das würde von der Anstaltsleitung nicht genehmigt. Im Großen und Ganzen erhielten hauptsächlich Muslime, Vegetarier und Zuckerkranke eine spezielle Diät.

Im zehnten Jahr meines Aufenthalts in der Pöschwies, inzwischen angestellt in der anstaltseigenen internen Autowerkstatt, brachte ich das Thema beim Arzt wieder ins Gespräch. Ich nahm trotz täglicher harter Arbeit in zehn Jahren etwa fünfundzwanzig Kilo zu. Viel zu oft gab es fast nur Teigwaren oder Reis. Das hatte gesundheitliche Folgen. Gemüse genoss ich aus den bekannten Gründen viel zu selten.

Es folgten einige Abklärungen sowohl bezüglich der Existenz

einer solchen Unverträglichkeit in der Literatur als auch mit der für die Pöschwies tätigen Ernährungsberaterin. Bis es, nach weiteren Monaten, schließlich zu einer gemeinsamen Sitzung aller, diesmal inklusive Chefkoch kam. Dabei setzte sich vor allem die Ernährungsberaterin dafür ein, dass ich eine entsprechende Diät erhalten sollte.

Zwei Wochen später wurde tatsächlich erstmals ein separates Geschirr für mich geliefert. Fortan sollte ich jeweils Speisen erhalten, die ohne Zugabe von Karotten und vor allem ohne Zwiebeln zubereitet werden. Das aber war ein »Dorn in den Augen« eines Teils der Aufseher. Nachdem es in den ersten Tagen noch wunderbar geklappt hatte, schritten sie zur Tat. Eigenmächtig, ohne mich zu informieren, ließen sie mehrmals anders lautende Bestellungen für mich an die Küche weiterleiten. Meist behaupteten sie, ich würde leichte Kost benötigen. Eine Kost, die besonders häufig Karotten als Gemüsebeilage enthielt und zudem auch in der Menge recht knapp bemessen war.

Vergeblich hatte ich mich darüber gefreut, endlich ohne zeitraubendes Aussortieren von Unverträglichem und ohne wache Nächte mit Magenbeschwerden und Durchfall leben zu können.

Als ob die Absicht der Gruppenaufseher noch nicht deutlich genug gewesen wäre; darauf angesprochen wurde ich vom Chefaufseher regelrecht abgekanzelt: »Ihr schnort immer nur Mist zusammen und meckert ständig über das Essen; so etwas wie eine Zwiebelallergie gibt es gar nicht!«

Mehrmals suchte ich das Gespräch mit dem jeweiligen Aufseher, doch es war sinnlos. Ich hoffte, sie würden ihres Verhaltens irgendwann müde werden und gäben es dann auf.

Aber nun schien sich auch der Küchenchef an solchen Schikanen zu beteiligen. Nicht selten bekam ich das eine oder das andere, auch Karotten und Zwiebeln in meiner Mahlzeit, wenn das normale Menü die noch nicht mal enthielt. Zudem fehlte unverständlicherweise in meinen Portionen öfter das Fleisch, wenn es in der Normalkost welches gab. Dies vor allem bei den seltenen Gelegenheiten, wenn mal ein echtes Stück Schweinefleisch oder dergleichen auf dem Menüplan stand. Es wurde immer deutlicher, dass ich durch gewisse Aufseher beim Koch über die Zeit systematisch angeschwärzt wurde. Er sollte wohl glauben, ich meckere ständig böse über ihn oder dergleichen Tricks. Leider längst nichts Neues mehr in meinem Erfahrungsschatz.

Beim Arzt und bei der Ernährungsberaterin meldete ich mich eines Tages wieder an, schilderte ihnen die Probleme. Er versprach, sich darum zu kümmern. Daraufhin klappte es wieder für eine Weile. Dann fingen die Falschlieferungen wieder an. Es ergab sich einmal, dass ich den Küchenchef persönlich treffen konnte. Ich sprach bei der Gelegenheit auch ihn darauf an. Nach anfänglich ablehnender Haltung schien er zu merken, dass ich durchaus freundlicher und sachlicher Unterhaltung fähig war.

Er bestätigte mir, dass für meine Wohngruppe ursprünglich ein Essen »ohne Zwiebeln und ohne Karotten« vorgesehen sei. Er werde künftig ein Auge darauf haben, meinte er. Allerdings, wenn von einer Gruppenleitung anderslautende Bestellungen kämen, dann könne er nichts machen; daran müsse er sich halten. Für eine Weile klappte es dann einwandfrei.

Dann ging es wieder los. Es dauerte ein weiteres Jahr, bis ich es aufgab. Inzwischen gab es einen neuen Koch. Bei dem, so wurde mir um verschiedene Ecken versichert, enthalte leichte Kost nie Zwiebeln. Ich stellte darauf um und fand mich damit ab, dass ich künftig immer mit etwas Mangel an Grünzeug würde leben müssen. Mich nicht mehr um verborgene Zwiebelbeigabe sorgen zu müssen, war jedenfalls eine Wohltat.

Eine von mir häufig beobachtete Untugend unter einzelnen Aufsehern ist das Ausplaudern von Wissen über einzelne Insassen anderen gegenüber. Eigentlich ist dies ein Straftatbestand, genannt Amtsgeheimnisverletzung. Es braucht dabei nicht viel Fantasie, um sich vorstellen zu können, dass außerhalb der Mauern das Amtsgeheimnis für solche Aufseher kaum viel mehr Bedeutung haben dürfte als hier drinnen.

Mobbing verspürte ein Insasse wie ich jedoch nicht nur am eigenen Leib, es konnte auch bei Beamten untereinander beobachtet werden. Ungeniert wurde etwa am Arbeitsplatz oder auch auf dem Pausenhof unter gewissen Beamten teils recht grob über Kollegen gelästert, die gerade nicht anwesend waren. Nicht so selten geschah dies auch in Anwesenheit und zuweilen gar unter Teilnahme von gewissen tonangebenden Insassen.

Einer der Chauffeure auf den Betriebskleinlastern beispielsweise wurde seit Jahr und Tag immer wieder regelrecht »zur Schnecke« gemacht, wie man so unschön sagt. Und dies durch den Chef eines mit dem Transportwesen assoziierten Betriebes, vor den Ohren der dort arbeitenden Insassen.

Das Budget für die Gefangenenverpflegung – seinerzeit um die acht Franken pro Tag und Mann – wurde mit der Zeit um gut ein Drittel reduziert, und der Arbeitsverdienst, verteilt über dieselbe Zeitspanne, generell um zehn Prozent. Dazu kamen schlechtere Einzelbewertungen, also lineare Herabsetzung jedes einzelnen persönlichen Leistungsfaktors (Fleiß, Produktivität, Sauberkeit, Pünktlichkeit etc.), unabhängig davon, ob sich beim einzelnen Gefangenen etwas geändert hatte oder nicht. Was sich dann zusätzlich in geringerer Arbeitsentschädigung auswirkte. Man konnte keineswegs behaupten, die Portionen seien zu klein und die Insassen müssten Hunger leiden. Die Einsparungen merkte man aber schon. Gab es vor einigen Jahren noch zwei gekochte Eier pro Insassen und Woche, so war es bald nur noch eins. Erhielt man früher zu Ostern am Abend – nebst Brot, Butter und Marmelade – noch drei gefärbte Eier und ein kleines Streugewürz dazu, so wurde ein Jahr später letzteres weggelassen, dann gab's nur noch zwei gekochte Eier und an Ostern im Folgejahr dann gerade mal noch eins pro Gefangenen. Und irgendwann kein Osterei mehr und stattdessen ein daumengroßes Schokoladenosterhäschen.

Als Fleisch wurden nicht nur deutlich kostengünstigere und in ihrem Nährwert reduzierte Varianten geboten, die Stücke wurden auch noch kleiner, als sie es ohnehin immer schon waren. Manchmal war auch die Hauptbeilage weniger als knapp bemessen: Circa einhundert Gramm Rösti brachten eindeutig keine Sättigung für einen Gefangenen, der den ganzen Vormittag vielleicht schon Schwerstarbeit, etwa in der Schlosserei, hinter sich hatte. Diese typisch schweizerische Speise gab's hier einmal etwa alle drei oder mehr Monate – pro Gefangenen meistens nur noch ein fabrikgefertigter kleiner Fladen. Während gemeinsamer Mahlzeiten suchten sich einige der Aufseher aus den Essensbehältern ungeniert die schönsten Stücke raus und bemaßen auch die, für uns zuweilen recht klein portionierten, Gemüsebeilagen für sich ungeniert großzügig. Sie wären darauf nicht angewiesen gewesen und konnten sich zum Volksküchenpreis in der Beamtenkantine an reichlichen und ansprechenden Speisen erfreuen.

»Steinpilzsuppe, Kalbsmedaillon an Morchel Sauce, Pommes Croquettes, Gemüsebouquet, Kopfsalat, Tiramisu«; ein Beispiel aus dem für die Gefangenen in gewissen Betrieben sichtbar ausgehängten Speiseplänen der Personalkantine.

Die für den Eigenbedarf der Insassen gezahlte Arbeitsentschädigung deckte bei vielen kaum das maximal ausbezahlte Taschengeld von zweihundertfünfzig Franken im Monat, unter anderem für Hygieneartikel, Briefmarken, Schreibutensilien. Und für die Mehrheit unter uns Rauchwaren, die seit der letzten Taschengelderhöhung vor mittlerweile bald zwanzig Jahren um mehr als das Doppelte teurer geworden waren. Aber auch für Verpflegungssupplements, wie etwa Instant-Suppen, Früchte, Vitamine oder Gemüse. Das musste sich mancher Gefangener bei Bedarf vom kargen Taschengeld besorgen. Gemüse bedeutete oft nur Gurken und/oder Tomaten. Ansonsten gab es kaum Auswahl und dann fast nur in Dosen.

Nach einigen Beschwerden und Protesten hatten sich immerhin die Gemüseanteile bei den Mahlzeiten wieder gebessert. Über die Qualität der Zubereitung möchte ich mich einer allzu abschätzigen Wertung enthalten. Bedauerlich war, dass aufgrund der strukturellen Vorgaben die Mahlzeiten meistens Stunden vor der Verteilung auf die Gruppen gekocht wurden, teils sogar schon am Vortag. Nicht selten blieb das Essen lange in Wärmeschränken, wo es hin und wieder fast bis zur Ungenießbarkeit verdorrte. Oder es kamen tags zuvor gebackene und schon portionierte Pizzastücke am nächsten Abend direkt aus dem Kühlraum und ausgetrocknet zu den Gruppen. Es gäbe noch viele Beispiele.

Dennoch liegen Welten zwischen der Verpflegung hier in der Pöschwies und der, die es in der Haftanstalt »La Santé« (»die Gesundheit») in Paris gab. Ein eingespartes Joghurt oder Ei pro Insassen und Jahr oder auch pro Woche dürfte die Staatskasse nicht merklich fetter, gleichzeitig aber die Insassen auch kaum dürrer machen.

Bedenkt man alle diese Einsparungen an Essen und Kioskkaufkraft für den Gefangenen, dann sieht man den verschwenderischen Umgang mit Staatseigentum durch gewisse Teile des Personals in der Pöschwies allerdings besonders kritisch.

Früh schon war mir aufgefallen, um wieder nur ein Beispiel zu nennen, wie in der Küche offenbar die Kartoffeln jeweils so lang durch die Abreibe-Schälmaschine geschleudert wurden, bis an ihnen garantiert kein einziges »Auge« und kein Fleck oder Hautrestchen mehr zurückbleibt. Kein Nachrüsten, wie praktisch. Dies trotz mehr als genügend Insassen als Küchengehilfen (jedenfalls mehr als zwanzig). Wirklich verantwortlich dafür waren wohl die Küchenvorgesetzten. Für die Bequemlichkeit wurden drei Viertel der verwertbaren Kartoffel aus der Abreibemaschine in die Kanalisation gespült. Das sah man den Kartoffeln auf dem Teller an. Und man merkte es auch daran, dass die Menge pro Gefangenem entsprechend schrumpfte gegenüber früher, als in der Küche noch von Hand geschält und nachgerüstet worden war.

Und ich wage – auch aufgrund jahrelanger eigener Beobachtungen – zu behaupten, dass hier nicht selten von einigen Angestellten und Aufsehern mehr als nur gelegentliche minimale Gefälligkeiten zulasten des Staatseigentums an der Tagesordnung waren. Viel eher müsste man da von einem Auswuchs an Diebstahl und sogenannter Korruption sprechen. Da war in gewissen Bereichen hemmungslose Selbstbedienung aus Vorräten manchmal eher die Regel als seltene Ausnahmen.

In der Küche verschwanden laut vertraulichen Informationen unter anderem halbe Käselaibe von einigen Kilogramm. Während der sechs Jahre, in denen ich in der Anstaltsgarage arbeitete, könnte ich durchaus von einer regelrechten Selbstbedienungsmentalität zulasten des Staates schreiben, bei der es auch um weit mehr ging als bloß um das Klauen von Käse.

57 – Arbeit und Weiterbildung im Zuchthaus

Ab Spätsommer 1998 bis …?

Wie schon erwähnt, wurde mit jedem Neuankömmling gemäß Reglement ein Abklärungsgespräch geführt. Dabei wurde auch geklärt, welchem Gewerbebetrieb er zugeteilt werden sollte. Auch darüber, dass mit gewissen Gefangenen ein solches Gespräch nie stattfand, hatte ich schon berichtet.[88]

Es gab viele Gefangene, die im Laufe der Jahre bei mir über Ähnliches klagten: Sie wurden ohne Abklärung von Anfang an in einen der Betriebe abgeschoben, wo die unangenehmsten Arbeiten verrichtet wurden. In der Montage-Abteilung (MA), beim Recyceln von Elektronikschrott etwa, war man kaum geschützt vor dem mit Schadstoffen geschwängerten Feinstaub. Auf lange Sicht dürfte so eine Tätigkeit erheblich gesundheitsschädigend sein.

Mein Beispiel und andere mir bekannte verdeutlichen es: Man bezweckte damit nicht immer das Erziehen von arbeitsscheuen Individuen. Nicht selten fanden solche willkürlichen Entscheide aufgrund eigener Vorurteile statt, und befriedigten zuweilen die Lust an der Unterdrückung von Schwächeren. Manch betroffener Gefangener ohne ganz besonders nützliche Fähigkeiten blieb für eine Verbesserung oder Veränderung daher chancenlos. Besonders Menschen mit meiner Veranlagung – und davon gab es in der Pöschwies nicht wenige – mussten weit überdurchschnittlichen Einsatz leisten, um weiterzukommen.

88 Siehe Kapitel 41 – Ins Zuchthaus.

Ein klassischer »Abstellgleis-Betrieb« war die MA. Doch ich hatte Glück. Der Arbeitschef benötigte für seine diversen anderen Unterabteilungen des Betriebes bald jemanden mit guten PC-Kenntnissen. Nach nur einigen Wochen im Recycling nahm er mich zu sich, setzte mich an einen PC und zeigte mir, was er von mir wollte.

Rasch hatte ich mich eingearbeitet. Es gab sehr viel zu tun. Für mehr Effizienz auf lange Sicht begann ich zunehmend Arbeitsgänge zu automatisieren. Zum Beispiel war es absurd, dass bislang jeder Kundendatensatz bei jedem Folgeschreiben, sei dies Kostenvoranschlag, Lieferschein, Rechnung etc., immer wieder neu abgetippt wurde. Wozu gab es schließlich einen PC?

Dank meiner PC-Kenntnisse schaffte ich mit der Zeit ein umfassendes automatisiertes Administrationsprogramm auf MS-Office-Basis. Es war auch verknüpft mit den Lagerbestandslisten, und jedes durch die Mechaniker verwendete Ersatzteil wurde, nach Eintrag in den Kunden-Arbeitsrapport, automatisch vom Lagerbestand abgebucht. Ich wurde zur wichtigsten Stütze des Leiters in diesem Betrieb.

In seinen Werkräumen arbeiteten Gefangene auch für weitere MA-Bereiche: Im größten davon wurden funkgesteuerte, teils elektrisch, teils benzingetriebene Spielzeugautos, staubsackfreie Staubsauger, Walkmans und Haushaltsgeräte repariert. Alles Aufträge von Schweizer Vertretungen einer jeweiligen Weltmarke. Für drei von denen erledigte ich fast die gesamte Administration selbstständig. Dies umfasste sogar die Beantwortung von gewissen Telefonaten etwa aus der Westschweiz, wenn die Anrufenden des Deutschen nicht mächtig waren. Das Personal in dieser Abteilung sprach weder Französisch noch Italienisch.

So geschah es öfter, dass wegen eines eingesandten Spielzeugautos ein Kind am anderen Ende war. Dass ich wegen angeblicher schwerer Sexualverbrechen an Kindern verurteilt worden war und mich im Büro der Aufsicht am Telefon ausgerechnet mit fremden Kindern unterhielt, war fürs Personal hier kein Problem. Man kannte mich längst gut genug und war entsprechend sorglos deswegen. Gleiches galt für meine pflichtgemäßen Beantwortungen von Briefen, dieses Ressort betreffend. Sie waren nicht selten von Kindern geschrieben worden. Außer zu Beginn wollte mein Chef keine meiner ausgehenden geschäftlichen Briefe kontrollieren.

Alle freuten sich mit mir, wenn nach Erhalt des von uns in Garantie reparierten Spielzeugs ein von Kinderhand geschriebenes Dankesbriefchen mit einer Zeichnung eintraf. Sogar die ankommenden Pakete mit Reparaturaufträgen der jeweiligen Branchen öffnete ich für den Betrieb selbstständig, nahm die Aufträge auf und verteilte sie an die Mitgefangenen, welche die Reparaturarbeiten ausführten. Ich betreute das umfangreiche Lager, verpackte und frankierte die fertigen Aufträge ohne jede spezielle Kontrolle. Für eine Strafanstalt war das doch sehr viel Vertrauen, das ich selbstverständlich nie missbrauchte. Auch dann nicht, wenn mich mal Kollegen mit Angeboten ködern wollten, dies oder das oder sonst was auf diesem Weg für sie als »Reparaturauftrag« hereinschicken zu lassen.

Etwa sieben Jahre nach meinem Eintritt wurde das Recycling in der MA beendet. Es war zwar mit der Zeit ein Ventilator in eines der Fenster eingebaut worden, doch das genügte bei Weitem nicht. Vermutlich hatte es eine Kontrolle durch die SUVA gegeben.[89]

Die Buchbinderei und die diversen Industrieabteilungen gehörten auch in die Kategorie der »Abstellgleis-Betriebe«; wesentlich sauberere, aber vorwiegend eintönige Arbeit. Wie

89 Schweizerische Unfallversicherungsanstalt.

etwa das zigtausendfache Kleben von Mäppchen oder Falten von Prospekten. Und in den Industrie-Betrieben das ebenso endlose Zusammenschrauben von Stromsteckern und dergleichen mehr.

Am meisten Probleme bereiteten mir jene Aufseher, die aus ihren Vorurteilen mir und gewissen anderen Gefangenen gegenüber kaum einen Hehl machten.

Mein Computer war da ein beliebtes Angriffsziel. Während die meisten Insassen einen PC für kaum mehr als für Spiele[90] verwendeten, erweiterte und verbesserte ich die Administrativprogramme für die diversen Unterabteilungen in meinem Arbeitsbetrieb. Während der Arbeit kam ich kaum dazu; da waren meine PC-Tools fast dauernd in Betrieb. So kopierte ich mit Einverständnis des Chefs jeden Abend alle auf Disketten und arbeitete oft bis spät in die Nacht in meiner Zelle daran.

Nach Arbeitsschluss gingen alle Gefangenen auf ihrem Weg zu den Wohngruppen an der Küche vorbei. Dort konnte es vorkommen, dass sich einige Aufseher außer Sicht hielten und unter den Vorbeigehenden diesen und jenen rauspickten zwecks Routinekontrolle. Man wurde dabei in den Eingangsbereich der Küche geholt, musste sich ausziehen und die Aufseher suchten Kleidung und etwaige Tragetaschen nach verbotenem Werkzeug aus den Betrieben oder auch sonstigem ab.

Über die Monate wurde ich auch mehrmals kontrolliert. Jedes Mal hatte ich die besagten Disketten bei mir. Doch man wusste meist schon Bescheid über die Zustimmung meines Chefs.

90 In der Pöschwies machten unter Gefangenen dazumal überwiegend Gewaltspiele die Runde. Solche Spiele waren nach Hausordnung zwar verboten, wurden jedoch so gut wie nie geahndet, obwohl das Waffengetöse und das Gebrüll daraus bei offenen Zellentüren oft genug im halben Haus zu hören waren.

Andernfalls wurde er einfach kurz über Funk gefragt. Aber wehe, wenn mal einer von den mir feindselig gesinnten Aufsehern unter den Kontrolleuren war. »Keine Diskussion, Sie wissen genau, dass das verboten ist.«

Und schon gab es einen Rapport gegen mich. Es folgte daraus zwar keine Disziplinarstrafe, ich wurde aber doch wieder einmal mit einem »musste-rapportiert-werden-wegen-Eintrag« im Gefangenendossier verewigt. Und damit war es aus mit der freiwilligen Heimarbeit für meine Arbeitschefs.

Die Direktion, wohl aufgeschreckt durch wer weiß welch apokalyptische Gefährlichkeitswarnungen aus dem Munde jener Aufseher, unterband dies künftig. Seither konzentrierten sich die mir »ungnädig« gesinnten Aufseher meiner Wohngruppe zunehmend auf meinen Computer. Es wurden mir mehrmals gewaltige Steine in den Weg gelegt.

Beispielsweise indem mein PC immer mal wieder »zwecks Kontrolle« eingezogen wurde, was dann aber gleich mehrere Wochen dauerte. Beim Nachsehen im PC nach Rückgabe musste ich dann konsterniert feststellen, dass das System nur zweimal hochgefahren und dabei einzig ein paar Dateien in der Verteidigungskorrespondenz geöffnet worden waren. Allerdings lange genug, um sie lesen zu können. Da zwar die genauen Tage und Zeiten dieser »zwecks PC-Kontrollen« erfolgten Zugriffe bekannt waren, nicht aber, wer dahintersteckte, konnte ich dagegen nichts unternehmen.

Auch wenn ich meinen Computer mal außerhalb zur Reparatur schicken musste und er zwei Tagen später wieder an der Anstaltspforte abgeliefert worden war, ließ man mich fast einen ganzen Monat warten, bevor ich ihn zurückbekam. Aus solchen »Kontrollen« resultierten öfter auch Disziplinierungen – nicht immer, aber meistens völlig zu Unrecht.

Nach fünf Jahren Tätigkeit in der MA konnte ich 2004 in die Autowerkstatt der Strafanstalt wechseln.

Dort werden nicht nur die betriebseigenen Fahrzeuge wie die Autos für Urlaubsbegleitung, Direktionsfahrzeuge und Kleinlaster gewartet, sondern auch Autos von Angestellten und deren Familien und oft auch von deren Bekannten.

Dies bedeutete eine große Verbesserung für mich, denn die Garage zählt zu den begehrtesten Arbeitsbetrieben der Pöschwies. Mit maximalem Insassenpersonalbestand von vier Mann. Ein Privileg schon deshalb, da sich die Garage direkt bei der Außenmauer des Gefängnisses befindet, im niedrigsten Sicherheitsbereich.

Die Handhabung der diversen von mir erstellten Programme für die MA-Ressorts waren von mir benutzerfreundlich konzipiert worden, mit eingeblendeten Erklärungen und Schritt-für-Schritt-Anweisungen, um in kürzester Zeit einen Nachfolger einarbeiten zu können. Für spätere Unsicherheiten gab es für jede Funktion abrufbare, alles erklärende Hilfedateien. Ein einziges Mal musste ich in den Monaten nach meinem Arbeitsplatzwechsel zur Behebung eines Problems in die MA gerufen werden. Das von mir erstellte Programm für die Administration der Staubsauger-Reparaturen wurde noch fünf weitere Jahre durch die Leitung der MA genutzt, bevor die englischen Auftraggeber auf dem Computer der MA ein anderes Programm installierten, eines mit Online-Verbindung zu ihrem Hauptquartier. Die Modellauto-Servicestelle dagegen wurde kurze Zeit nach meinem Übertritt in die Garage aufgegeben.

Anstoß für meinen Wechsel in die Garage gab ein aus Deutschland stammender Mitgefangener. Er war in meiner Gruppe und wir plauderten öfter miteinander. Er beanspruchte auch häufig meine Hilfe, vor allem für Berichte an seine Therapeuten, für detaillierte Urlaubspläne und entsprechende Gesuche. Dieser

Mann war seit Jahr und Tag in der Garage beschäftigt. Als dort eine Stelle frei wurde, wünschte er sich mich als künftigen Arbeitskollegen. Mein Hintergrund als Berufschauffeur qualifizierte mich dafür und ich fühlte mich natürlich angezogen von der interessanteren Arbeit und der dort allgemein etwas weniger spürbaren Gefängnisatmosphäre. Den Ausschlag gab indes die gute Referenz meines bisherigen Arbeitschefs neben dem guten persönlichen Verhältnis des Mitgefangenen mit dem Garagenchef. Eine Voraussetzung für die Aufnahme, also gewissermaßen ein »Eintrittsticket« dorthin, war die Bereitschaft, eine Auto-Servicelehre zu absolvieren. Ich verfügte aus meinem Berufsleben als Chauffeur und Fernfahrer schon über einige Vorkenntnisse und war nicht besonders auf eine solche Lehre erpicht gewesen, denn immerhin war ich mittlerweile achtundfünfzig Jahre alt. Doch ich willigte ein. Die Lehre begann aber nie für mich. Obwohl ich zu Beginn meines neuen Jobs dafür einen schon begonnenen Italienischkurs abbrechen musste, weil der am selben Abend wie die Berufsschule stattfand.

Zwei andere in der Garage beschäftigte Gefangene waren schon mitten in der Lehre und bestanden später auch die Abschlussprüfung gut. Aber so oft ich auch nachfragte, stets hatte der Arbeitschef gerade »keine Zeit« oder wollte sich »nächste Woche darum kümmern«.

Glücklicherweise arbeitete damals noch ein zweiter Vorgesetzter in der Garage, der meinen Einsatzwillen und auch meine Erfahrungen nutzte, sodass ich dennoch oft interessante und verantwortungsvolle Arbeiten erledigen durfte. Meine Arbeitsmoral und Zuverlässigkeit und auch mein Hintergrund als Berufschauffeur in allen Sparten führten bald dazu, dass ich Fahrzeuge umstellen durfte. Beispielsweise von der einen Werkstatt in die andere, auf die Hebebühnen, den Bremsprüfstand oder in den Waschraum. Auch Kundenautos wurden nunmehr von mir vom

Parkplatz in die Garage und umgekehrt gebracht.[91] Ebenfalls die anstaltseigenen Lkw: einen Achtzehntonner und zwei Dreieinhalbtonner, einer davon ein Sattelschlepper mit einachsigem Auflieger.

Bislang durfte keiner der Insassen irgendein Fahrzeug bewegen, nicht mal schiebend; es musste jedes Mal der Chef gerufen werden. Und der schien wirklich dauernd überfordert. Jedenfalls mit der Administration. Sein Büro quoll über vor Papierbergen. Irgendwann bot ich ihm an, für die Abläufe und die Administration der Garage und für deren Lagerverwaltung entsprechende Programme zu entwickeln – wie ich dies schon in der Abteilung MA tat.

Darüber wäre er schon froh, meinte er und ließ mich zunächst gewähren, genau wie damals der MA-Chef. Auch hierbei war ich auf meinen eigenen Computer und Freizeitarbeit in meiner Zelle angewiesen.

Der Garagenchef konsultierte die Anstaltsleitung und erreichte, dass ich wieder Disketten zwecks Abendarbeit auf die Zelle mitnehmen durfte. Sicherheitshalber schrieb er sie jeweils auf einen Laufzettel.[92]

Das ging über längere Zeit ohne Probleme. Dank der bei der Entwicklungsarbeit für die MA erlangten Erfahrungen benötigte ich diesmal weniger Zeit, obwohl die Anforderungen hier höher waren. Kundenstamm, Arbeits- und Lagervolumen und -diversität waren weitaus umfangreicher. Der Lagerbestand mit seinen circa dreitausend Produkten, Ersatz- und Gebrauchsteilen, wies

91 Nicht nur die beiden Autowerkstätten und der Waschraum, sondern auch der erwähnte Kundenfahrzeugparkplatz befinden sich innerhalb der Mauern.

92 Laufzettel benötigen Gefangene, die innerhalb der Anstalt von A nach B gehen. Beim gemeinsamen Weg zu und von der Arbeit braucht es diese aber normalerweise nicht.

ohne Maschinen, Geräte und Werkzeuge einen sechsstelligen Geldwert aus. Es dauerte einige Monate und das Ganze stand und konnte genutzt werden.

Oder hätte genutzt werden können. Denn jetzt schienen gewisse Kreise hier endgültig willens, solche Tätigkeiten ein für alle Mal zu unterbinden. Erneut wurde mir mein PC weggenommen und wieder dauerte es sehr lange, bevor ich ihn zurückerhielt. Obwohl mir nichts Verbotenes vorgeworfen werden konnte, untersagte man mir dann, Arbeiten für die Garage in meiner Zelle vorzunehmen. Das Mitführen von Datenträgern irgendwohin wurde mir künftig definitiv verboten. Eine Anordnung, die man in einer Strafanstalt nachvollziehen könnte, aber sie traf damals einzig auf mich zu. In der MA und in anderen Betrieben am Computer arbeitende Insassen waren davon nach wie vor nicht betroffen. Zudem wurde mein Arbeitschef offenbar angewiesen, mich nicht mehr mit administrativen Arbeiten zu beschäftigen und die von mir entwickelten Programme auch nicht mehr zu nutzen; zumindest handelte er künftig entsprechend.

Dennoch »durfte« ich u. a. jährlich selbstständig das Inventar aufnehmen. Eine große Verantwortung. Im Lauf der vorangegangenen Monate hatte ich den Chef mehrfach auf Unstimmigkeiten aufmerksam gemacht. Dank der computergestützten, mittels Diagrammen überwachten Verwaltung aller Lagerbestände, der Fahrzeugdaten mit Kilometerständen und Tankfüllungen anhand der Fahrtenbücher und der Treibstoffquittungen, traten erhebliche Auffälligkeiten zutage. Unter anderem verschwanden Halogen-Scheinwerferbirnen, gleich ganze Zehnerpackungen. Oder teuerste Spezialsprays im Dutzend. Und Betriebsfahrzeuge bezogen mehrmals ganze Tankfüllungen innerhalb einer Zeitspanne, in der sie in Wahrheit kaum benutzt, lediglich ein paar wenige Kilometer gefahren waren. Für jedes Fahrzeug stand eine separate Benzin-, beziehungsweise Diesel-Kreditkarte zur Verfügung und es zählte auch zu meinen Aufgaben, die monatlichen Abrechnungen der Treibstofffirma zu überprüfen. Es gab zudem »Gratis«-Service da und dort, Betrug bei offiziellen Abgasprüfungen und anderes mehr. Hatte etwa meine akkurate Verwaltungsarbeit zu viele Ungereimtheiten aufgedeckt? War das der Grund für den neuerlichen PC-Stopp?

Eines Tages bestiegen zwei Insassen, die seit einigen Wochen neu in der Garage arbeiteten, ein sich in Reparatur befindliches schweres Motorrad. Damit fuhren sie dann im Wechsel ausgelassen und grölend kreuz und quer über das große Areal vor der Garage, gaben über die Platzlänge Vollgas und bremsten kurz vor dem Ende wieder schleudernd ab, wendeten und wiederholten das Ganze in die andere Richtung. Der Spuk dauerte höchstens fünf Minuten, aber der Lärm der auf höchste Drehzahlen aufheulenden Maschine war wohl in der ganzen Anstalt und bis in die Teppichetage hörbar.

Das brachte, auf Befehl des Anstaltsdirektors, das sofortige Ende jeglichen Verstellens von Fahrzeugen für in der Garage beschäftigte Insassen. Faktisch ja vor allem für mich, obschon ich mit dem Rowdytum der beiden nicht das Geringste zu tun hatte.

Für diese Kollegen hingegen hatte ihr Tun keine Folgen. Sie wurden noch nicht einmal besonders gerügt. Beide waren sie übrigens noch kaum in der Anstalt eingezogen, als sie schon in die Garage eingeteilt wurden. Der eine war wegen schwerer Körperverletzung verurteilt, ein ziemlich bulliger Mann aus Süditalien. Der zweite, ein offensichtlich dicker Freund des anderen, war aus dem Kosovo. Die Privilegien, die vor allem der Italiener zumindest in der Zeit seiner Anstellung in der Garage genoss, waren geradezu unheimlich. Unter Hinweis auf seine fachlichen Fähigkeiten als Ferrari-Mechaniker überließ ihm der Garagenchef praktisch eine Art Parallelführung des Betriebs. Alles, was der Insasse verlangte, wurde sofort und vom Chef bestellt. Er fragte auch nicht mal um Erlaubnis, bevor er sich in ein Auto setzte und damit »zur Probefahrt« losfuhr. Hin und her über den großen und lang gezogenen geteerten Platz zwischen Garage und angeschlossener Zentralheizungsanlage auf der einen und den diversen Industrieabteilungen auf der gegenüberliegenden Seite. Und während das Büro des Chefs normalerweise für uns Insassen tabu war, ließ er, wenn er mal zur Verwaltung musste oder sonst wohin, den Süditaliener dort auf dem Chefsessel Platz nehmen und das Auftragsbuch studieren und telefonieren.

Der Mann wurde nur wenige Monate später zunächst in den Arrest gebracht und dann in eine andere Anstalt versetzt. Dies wegen eines von ihm organisierten, groß angelegten Schmuggels von größeren Mengen an Drogen und weiteren verbotenen Dingen in die Anstalt. Das führte auch zur Freistellung des zweiten Garagen-Vorgesetzten.

Wie es dazu kam, ist auch eine Erzählung wert: Der italienische Insasse war nach einem Drittel seiner Strafe, die er zum großen Teil schon in U-Haft abgesessen hatte, urlaubsberechtigt. Als Urlaubsbegleitung bot sich ihm der zweite Werkmeister der Garage an. So wurde eines der Dienstfahrzeuge für den Urlaub zur Verfügung gestellt. Der hauseigene Ford Transit Minibus war offenbar zuvor heimlich von dem Italiener so vorbereitet worden, dass im Urlaub das Verstauen der Ware in Sekundenschnelle möglich sein würde. Die Innenverkleidung im hinteren Passagierteil war gelöst worden und nur vermeintlich weiterhin fest vernietet. So waren die dahinter liegenden Hohlräume leicht zugänglich. Gefahren wurde das Fahrzeug während des Urlaubs vom erwähnten Vorgesetzten der Garage. Als Ausrede für die Benutzung des Minibusses hatte der Italiener für diesen Urlaub ein gemeinsames Mittagessen mit seinen nicht wenigen Familienangehörigen geplant – mit dem Argument, dass dort alle bequem

Platz fänden. Während der Fahrt dann stopften seine Cousins oder Brüder oder wer auch immer, auf der hintersten Sitzbank, vermutlich gedeckt von den breiten Rücken von Mamma, Papa und Oma, den Hohlraum hinten mit Drogen und weiteren verbotenen Sachen voll.

Bei der Rückkehr am Abend und Einfahrt durch die Fahrzeugschleuse kam ein Drogenhund zum Einsatz und das war's dann. Der Insasse hatte allein gehandelt. Von uns anderen in der Garage arbeitenden Gefangenen schien keiner etwas geahnt zu haben. Wobei bezüglich des Kumpels aus dem Kosovo vielleicht Zweifel angebracht gewesen wären.

Der Vorgesetzte, der ihn im Urlaub begleitete, wurde etwa zwei Jahre später nach Abschluss der Untersuchungen von jeglicher Schuld freigesprochen, kehrte aber nicht mehr in die Anstalt zurück. Dass er den Schmuggel kaum hätte verhindern können und vor allem, dass er davon wohl auch nichts ahnte, darüber bestanden für mich keine Zweifel. Nur etwa ein Jahr später, so die Buschtrommeln hier, soll eben dieser Insasse wegen guter Führung vorzeitig entlassen worden sein.

Ein gutes Klima und entsprechend freundlicher Umgang herrschten bei diversen Kursen, die ich hier in den ersten Jahren besuchte. Das Angebot ist relativ groß und umfasst neben diversen Sprach- und anderen Kursen auch solche für die Computeranwendung. Von denen absolvierte ich, dank der hervorragenden Kursleitung, erfolgreich beide hier verfügbaren Anwenderkurse: SIZ (Schweizer-Informatik-Zertifikat) und ECDL (European Computer Drivers-Licence).

Zudem erlangte ich in den Englischkursen erst ein Advanced-Certificate und konnte anschließend auch noch das Cambridge-Proficiency-Diplom mit jeweils sehr guter beziehungsweise guter Schlussnote erlangen.

Der Computer-Lehrer konnte für mich und zu seiner Entlastung schließlich noch das scheinbar sonst Unmögliche realisieren: Ich durfte einen Sommer lang einen Nachhilfe-Workshop für Absolventen des nächsten SIZ-Kurses leiten. Gänzlich selbstständig und ohne Aufsicht. Später amtierte ich an der Seite des Lehrers als Assistent bei den Anfängerkursen. Beides war von mir auf freiwilliger Basis und ohne Gegenleistung angeboten worden.

58 – Das Grümpelturnier

Frühjahr 2000 bis Frühjahr 2006

Anfang 2000 wurde ich von der Leitung der »Schule und Freizeit« gefragt, ob ich Lust hätte, das (damals noch) jährliche Grümpelturnier[93] zu organisieren und zu leiten. Derjenige, der das bisher machte, kam frei.

Ich sagte zu und entwickelte hierfür in der Zelle auf meinem PC ein spezielles Programm. Es wurde dann beim Sportevent eingesetzt. Mir wurde sogar ein Laptop zur Verfügung gestellt, natürlich nur unter den Augen der Aufseher. Erfahrungsgemäß war es bei bisherigen derartigen Anlässen öfter schon zu wüsten Szenen und gar Schlägereien gekommen. Unstimmigkeiten bei den Berechnungen für die Punktevergabe erhitzten schnell mal die Gemüter.

Es wurden an zwei Tagen von zwölf Mannschaften á sechs Mann plus zwei Ersatzspielern über fünf Dutzend Spiele von jeweils zweimal zehn Minuten (Vor- und K.-o.-Runde) beziehungsweise zweimal fünfzehn Minuten (Finalspiele) ausgetragen. Ein damit bisher manchmal etwas überfordertes Organisationskomitee lebte da schon mal gefährlich.

Mein Programm sollte Abhilfe schaffen. Es berechnete anhand der Resultate in der Vorrunde und später die Ränge, erkannte gegebenenfalls, wo es bei Punkte- und Tordifferenzgleichstand zu einem Penaltyschießen kommen musste, reihte die bestplat-

93 Laien-Fußballturnier mit vereinfachten Regeln; Mannschaften, Spielfeld und Tore sind kleiner und die jeweilige Spieldauer ist verkürzt.

zierten Dritten fürs Weiterkommen in die K.-o.-Runde ein und so weiter. Es mussten nur noch die Resultate eingetippt werden. Auch die Listen für die nächsten Runden und für die Finalspiele erstellten sich anhand der Punkteverteilung von selbst, man brauchte sie nur noch auszudrucken, überall zu verteilen und an den vielen dafür vorgesehenen Stellen im Areal aufzuhängen.

In den sechs Jahren, während derer ich diesen jährlichen Anlass vorbereitete und leitete, blieben Keilereien und andere unschöne Vorkommnisse fast gänzlich aus. Dazu trug sicherlich auch bei, dass ich ab dem zweiten Jahr das Einrichten einer Lautsprecheranlage durchsetzen konnte. Damit konnten mögliche Unruhen mit Durchsagen beruhigt und der ganze Verlauf der Spiele mit Musik untermalt werden. Es war eine schöne Abwechslung, sogar ein bisschen Feststimmung für alle.

Mehrere Wochen lang war ich im Vorfeld allabendlich bis spät in die Nacht fürs bevorstehende Grümpelturnier an der Arbeit. Auch zwischen den Spieltagen und hinterher gab es noch viel zu tun. Außer allen Wohngruppenleitungen und den Spielern mussten beziehungsweise wollten auch sämtliche weitere Abteilungen und Betriebe der Anstalt bis hin zur Direktion informiert sein. Mit Küche und Bäckerei zum Beispiel mussten Absprachen und Abstimmungen ausgehandelt werden für die Spielzeiten der Spieler aus deren Wohngruppe, damit die Köche an diesen Tagen zu den kritischen Zeiten nicht ohne Leute blieben. Mit Orientierungskopien sämtlicher Formulare, Spielregeln, Listen, Anweisungen und Plänen wollten alle bedient werden. Dann mit den Spielplänen, den Zwischen- und Endresultaten und mit der Rangliste. Alles erstellte ich, druckte es aus und verteilte es überall. Es war jedes Jahr ein äußerst forderndes Großprojekt für einen Mann.

Als mir dann aber 2006 einmal mehr durch Padrino, den Leiter meiner Wohngruppe, ohne konkreten Anlass mein PC wieder für längere Zeit weggenommen wurde und mir dann gleich, diesmal definitiv, verboten wurde, weiter für Anstaltsbetriebe Computerarbeiten zu erledigen, lehnte ich ab diesem Zeitpunkt die freiwillige Tätigkeit ab.[94]

Erneut war die Untersuchung nicht nur ergebnislos, sondern offensichtlich wieder eine reine Schikane. Das bewies meine Überprüfung des MS-Windows-Verlaufs und der diversen Logdateien, aus denen hervorging, dass das Betriebssystem nur einmal für sehr kurze Zeit überhaupt hochgefahren worden war. Die Tatsache, dass ich vonseiten der Anstaltsleitung für meine Einsätze beim Grümpelturnier kaum Anerkennung bekam, blieb bei mir auch nicht ganz ohne Wirkung. Für meine wochenlange Quasi-Fronarbeit erhielt ich, wie auch die Assistenten, lediglich einen Zehnfranken-Gutschein für den Anstaltskiosk. Also gleich viel wie etwa der Mann, der an den zwei Spieltagen lediglich den Torstand auf eine Anzeigetafel schreiben musste. Diese Gutscheine entrichtete der Leiter »Schule und Freizeit« aus seinem Budget. Alle erhielten wir übrigens zudem zwei Sandwichs pro Spieltag. Auf die war ich besonders angewiesen, denn ich brauchte die Mittagszeiten, um alles für die Spiele des Nachmittags vorzubereiten, und war deshalb vom Mittagessen dispensiert. Die Anerkennung durch die Spieler und Zuschauer – jedenfalls der meisten unter ihnen – war mir im Grunde ja genug und immerhin bekam ich vom Leiter »Schule und Freizeit« jeweils noch eine teure Ersatzkartusche für meinen Laserdrucker bezahlt, als Entschädigung für den verbrauchten Toner nebst Papier und nicht gerade wenig anderem eigenen Material. Ich war also nicht wirklich auf Anerkennung durch die Direktion angewiesen.

Aber ich fühlte mich einfach zermürbt durch die ständigen

94 Siehe Kapitel 57 – Arbeit und Weiterbildung im Zuchthaus.

Schikanen, vor allem die sogenannten »PC-Kontrollen«, die nur als Ausrede dienten, mich für ungewiss lange Zeit meines wichtigsten Zellengeräts zu berauben. Ich hatte es satt, dass bei alledem die Anstaltsleitung stets wegzusehen schien, auch dann, wenn ich mal mit einer formellen Beschwerde durchzudringen versuchte. Ich mochte einfach nicht mehr freiwillig meine Freizeit opfern, oft ganze Nächte lang durcharbeiten, wenn ich zum Dank nur immer weiter gemobbt wurde. Ich ging ja mit offenen Augen und Ohren herum und wusste längst genau, dass derlei bei mir (und dem einen oder anderen weiteren missliebigen Gefangenen) sehr viel häufiger geschah und auch sehr viel länger dauerte als üblich.

Im Jahr 2007 fiel also das Grümpelturnier mangels anderer geeigneter Organisatoren erstmals aus. Als der Zuständige der Abteilung Schule und Freizeit mich das Jahr darauf doch wieder anfragte und dann mehrmals nachhakte, bot ich schließlich an, die Spiele unter der Bedingung wieder zu organisieren, dass ich hierzu vorab einen schriftlichen Auftrag vom Direktor bekäme. Der blieb dann, wenig überraschend, aus und auch sonst hörte ich daraufhin nichts mehr. So gab es die Spiele auch 2009 nicht mehr und seither ist dieses Vergnügen Geschichte. Es fand sich vermutlich auch niemand mehr, der es organisieren und betreiben mochte oder konnte – obwohl ich dem Leiter »Schule und Freizeit« mein dafür selbsterstelltes Programm ohne Weiteres zur Verfügung stellte.

59 – Ein runder Tisch

2006

Ein knappes Jahr nach dem Bundesgerichtsentscheid und dadurch der Rechtskraft des Obergerichtsurteils, also im Verlaufe des Jahres 2006, wurde ich überraschend zu einem Besuch gerufen.

Eine mir dem Namen nach bisher unbekannte Person erwartete mich im allgemeinen Besucherraum. Mitten unter weiteren Besuchern, Familienmitgliedern oder Freund:innen von Gefangenen stellte sich mir der Mann als Zuständiger für Straf- und Maßnahmenvollzug vor. Also jemand von einer der Justizdirektion des Kantons Zürich unterstehenden Behörde. Die ist dafür zuständig, wie, wo, und unter welchen Bedingungen jemand seine Strafe zu verbüßen hat, ob und ab wann Vollzugslockerungen gewährt werden. Gleiches gilt für Gefangene in einer geschlossenen Maßnahme, das heißt in einer Form von Verwahrung, mit oder ohne Therapie, auf unbestimmte Zeit.

Bis dahin hatte ich noch nicht mal von der Existenz eines solchen für mich zuständigen Vollzugsbeamten gewusst. Ich fragte mich seit dem ersten Obergerichtsurteil im Jahre 1998 stets, weshalb denn wohl die gesetzlich für Sicherheitsverwahrte vorgeschriebene jährliche Überprüfung für mich nicht zu gelten schien. Schließlich war doch damals schon kurz darauf meine Strafe gänzlich verbüßt. Ich saß also seither als Sicherheitsverwahrter in der Strafanstalt (was allerdings bezüglich der Behandlung keinerlei Erleichterung darstellte).[95]

95 Siehe im Kapitel 56 – Mobbing und mehr im Zuchthaus.

Der Beamte begrüßte mich freundlich, wenn auch etwas reserviert, bat mich, Platz zu nehmen, und beugte sich über einen Notizblock. Wir saßen zwischen zwei voll mit Besuchern und Insassen besetzten Tischen. Der Mann vom Amt stellte mir zu Beginn die obligate Frage nach meinem Befinden: »Wie geht's Ihnen, Herr Meier?« Die Befragung dauerte höchstens fünfzehn Minuten und schien nicht mehr zu sein als eine reine Formalität. »Haben Sie im vergangenen Jahr an irgendeiner Therapie oder einem Kurs teilgenommen?«

»Äh, nein, weil …«

Der Mann hörte nicht mehr hin, machte seine Notizen. Es folgten noch ein paar Höflichkeitsfragen und das war's. Der dann folgende Bericht bestätigte meine schon anlässlich der Befragung gehegte Vermutung.

Ohne die geringsten Bezüge auf meine Aussagen wurde »festgestellt«, dass »seit dem letzten Gutachten« (der Bericht der Frau Dr. Hornsbach vor dem Obergericht war in den Akten längst zu einem »vollwertigen Gutachten« geworden) »keine Änderungen in der der Verwahrung zugrunde liegenden Gemeingefährlichkeit eingetreten« seien. Die Verwahrung sei daher, gemäß den »nun schon in zwei unabhängigen Gutachten geäußerten Empfehlungen fortzuführen«. Vollzugslockerungen wie Urlaub, Versetzung in eine offene Anstalt oder dergleichen müssten zunächst dem Amt für Straf- und Maßnahmenvollzug zur Genehmigung vorgelegt werden. Standardsätze, die in fast jedem Bericht stehen, wie nach der Lektüre jener von anderen Verwahrten deutlich wird.

Irgendwann danach wurde intern ein sogenannter »Runder Tisch«, eine Vollzugskoordinationssitzung abgehalten (VKS). Mit dabei war wiederum jemand vom Vollzugsdienst. Außerdem nahmen noch teil: Ein Vertreter vom PPD, einer der Aufseher meiner Wohngruppe, mein Arbeitschef und der für mich zuständige Sozialarbeiter der Strafanstalt. Ich wurde bei den Besprechungen nicht zugelassen. Kurz vor Schluss durfte ich dazustoßen, das Ergebnis hören und Fragen stellen.

Wie erwartet, ergab sich nichts weiter als die unverminderte Fortführung meiner Sicherheitsverwahrung, und das von mir zum Schluss Vorgebrachte hatte keinerlei Einfluss darauf – kaum etwas fand auch nur Einzug ins Protokoll der Sitzung.

Vermutlich war vor meinem Hinzustoßen zur Sitzung so einiges Unzutreffendes über mich behauptet worden. Ganz besonders durch den Aufseher meiner Wohngruppe. Neben dem Sozialdienstzuständigen war der einzig wahre Fürsprecher mein Arbeitschef.

60 – Sekretär für den Verdingkinder-Verein

Ab April 1994 und ab Sommer 2004 bis Frühjahr 2007

Eine meiner Handlungen im Bemühen um Aufarbeitung meiner Kindheitstraumata war das Kontaktieren einer mir bekannten Redakteurin des Schweizer Fernsehens gewesen. Die Rede ist hier vom Jahr 1994 oder 1995, jedenfalls einige Zeit nach der niederschmetternden Nachricht vom Tod meines Vaters und anlässlich des Niederschreibens meiner Kindheitserinnerungen.

Als ehemaliges Heim- und Verdingkind suchte ich auch auf diesem Weg nach Beistand. Dazu gehörte auch jene Zeit, an die ich mich nicht erinnern kann, also die allerersten Jahre meiner Kindheit. Ich konnte bei den Versuchen, über meine Geburts- und Heimatgemeinden etwas über meine frühste Kindheit und die Geschehnisse rund um meine Eltern zu erfahren, keine Erfolge erzielen. Ich erhoffte mir etwas von der erwähnten Redakteurin, wissend, dass solchen Leuten am ehesten gewisse Türen geöffnet werden. Dieser Kontakt brachte mich zwar nicht weiter, ließ mir aber immerhin wieder einmal bewusst werden, dass ich mit meinem Kindheitsschicksal bei Weitem nicht allein war.

Das motivierte mich zu weiteren Briefen, auch Leserbriefen an diverse Medien, wann immer da von einem ähnlichen Kindheitsschicksal berichtet wurde. Selten wurde ein solcher Leserbrief abgedruckt; zur Anregung einer öffentlichen Diskussion oder auch nur zu einer zwischen mir und einer Person des öffentlichen Interesses reichte das alles nicht.

Erst Anfang 2004 brachte dieselbe Redakteurin des Ersten Schweizer Fernsehens anlässlich einer Reportage das Thema der ehemaligen Schweizer Verdingkinder ins Rampenlicht. Ein Fernsehfilm eines früheren »Blick«-Journalisten, selbst ehemaliges Verdingkind, der kurz zuvor ausgestrahlt worden war, hatte eine Flut von Leserbriefen an die SF1-Redaktion zur Folge.

Die erwähnte Redakteurin sammelte diese Briefe und beantwortete sie. Eine Reportage darüber erhöhte dann die Zahl der Reaktionen nochmals stark. Daraufhin meldeten sich unter anderem drei Frauen zu Wort, die einen Verein für Verdingkinder gründen wollten. Darüber wurde ebenfalls ein Beitrag gebracht. Hunderte von Leserbriefen Betroffener gingen ein. Alle Absender erhielten sodann die Anschrift des Trios, und die meisten von ihnen meldeten sich beim Trio.

Auch ich war seit dem ausgestrahlten Film unter den Briefeschreibern ans Fernsehen. Und ich schrieb in der Folge auch an die drei Frauen und berichtete in Kürze über meine eigene Kindheit, aber auch über meine Sicherheitsverwahrung und deren Hintergründe. Im Wesentlichen bot ich meine Hilfe bei der Vereinsgründung und den weiteren anfallenden Arbeiten an, mit dem Argument, dass ich ein versierter und diplomierter PC-Anwender sei, in meiner Situation viel freie Zeit habe und neben meinem eigenen Interesse am Erfolg eines solchen Vereins auch froh wäre, in meiner Zelle endlich mal wieder eine für die Allgemeinheit nützliche Arbeit leisten zu können.

Zwei der Frauen aus dem neu geformten Gründungskomitee besuchten mich, wir lernten uns kennen und mein Hilfsangebot wurde dankend angenommen.

Als Erstes schrieb ich auf deren Bitte einen Serienbrief, unter Beilage eines druckfertigen Inserates, an etwa hundert Zeitungen landesweit, auch an Radio- und Fernsehsender. Darin bat ich im Namen des Komitees um die unentgeltliche Veröffentlichung eines Aufrufs an interessierte ehemalige Verdingkinder, sich beim Komitee für die Teilnahme an einer Gründungsversammlung zu melden.

Ermutigt von dieser Entwicklung gab ich schließlich meinen autobiografischen Roman[96] im Eigenverlag heraus, druckte zunächst gut einhundert Exemplare selbst in meiner Zelle, schnitt die Seiten zu und band die Bücher mit einem kleinen Thermobindegerät. Später ließ ich einhundert weitere Stück auswärts drucken, meldete das Buch im internationalen Verzeichnis deutschsprachiger Bücher an und erstand dafür eine ISBN-Nummer (ISBN: 978-3-033-00900-4).

Es entstand der Verein »Verdingkinder suchen ihre Spur«[97] mit etwa zweihundert Anfangsmitgliedern und einem fünfköpfigen Vorstand.

Nicht zuletzt auch, weil im gewählten Vorstand niemand genügend PC-Anwenderkenntnisse besaß, wurde ich zum Vereinssekretär ernannt. Natürlich konnten die Ernennung und auch jeder künftige Austausch nur in absentia erfolgen. Abgesehen von wenigen möglichen Telefonaten mit der Präsidentin sowie dem einen oder anderen weiteren Vorstandsmitglied und Besuchen einmal im Monat war nur Briefverkehr via die Gefängniszensur möglich. Von meinem Gefangenenverdienst hatte ich schon im Vorfeld etwas Geld für die Vereinsgründung gespendet und allmählich wuchs das zu einigen hundert Franken an Beiträgen von mir an.

Ich entwarf als eine der ersten Arbeiten mehrere Versionen für ein Vereinslogo, woraus das definitive Logo durch den Vorstand ausgewählt und künftig verwendet wurde. Es stellte symbolisierte Kinderfußspuren hinter liegengelassenen Arbeitsstiefeln dar.

Ich verwaltete sämtliche Adressen für den Verein und alle Briefe an Mitglieder oder nach außen entstanden fortan – jeweils nach Vorgaben der Vorstandsmitglieder und hauptsächlich der

96 Siehe weiter oben zum Schluss des Kapitels 24 – Vaters Tod.
97 Später geändert in: »Verdingkinder und Heimkinder suchen ihre Spur«.

Präsidentin – in meiner Zelle der Strafanstalt. Dies umfasste nicht nur Mitgliedermitteilungen und Schreiben an Behörden, sondern auch Spendenbriefe an insgesamt Hunderte von Institutionen, Firmen und Einzelpersonen, Entwurf, Erstellung und Versand von Mitgliedschaftsanmeldeformularen, Einladungsschreiben und Anmeldebögen für Gruppentreffen und größere soziale Zusammenkünfte, Medienmitteilungen etc.

Zur Vereinfachung und Rationalisierung dieser Arbeiten, wie auch zum Zwecke der sicheren Verwaltung aller Vereinsdaten, entwickelte ich ein maßgeschneidertes PC-Programm auf MS-EXCEL-Basis. Auch regte ich mit der Zeit ein Vereinsbulletin an, das ich ebenfalls entwarf und als Heftchen im A5-Format erstellte. Wir nannten es *Verdi-Bulletin* (Verdi als Abkürzung des Wortes Verdingkind); es umfasste, je nach Aufkommen, zwischen sechzehn und zweiunddreißig Seiten. Neben den Beiträgen des Vorstandes und zuweilen auch von Mitgliedern enthielt es Artikel, Statistiken und etwas Poesie aus meiner Feder.

Der Verein schien anfangs erfolgversprechend, Neumitglieder meldeten sich in den ersten beiden Jahren noch recht zahlreich an. Aber dann kam es zum Streit zwischen der Präsidentin und zunächst einem Vorstandsmitglied, dem sich dann noch zwei oder drei andere Mitglieder anschlossen. Bei der Gründung standen wenige geeignete Kandidatinnen und Kandidaten zur Auswahl, da viele ehemalige Verding- und Heimkinder nur eine sehr begrenzte Schulbildung genossen hatten und andere noch heute im Alter mit oft schwerwiegenden Traumata zu kämpfen haben. So wollten sich manche für den Vorstand aufstellen lassen, die das nötige Rüstzeug dafür nicht annähernd mitbrachten, um den Anforderungen gerecht werden zu können.

Unter den rebellischen Vorstandsmitgliedern war allen voran eine Frau, die sich anscheinend von so einer Position endlich den Einfluss erhoffte, den sie als Kind dereinst schmerzlich vermisst hatte. Sie und die eine oder andere ihrer Kolleginnen wurden alsbald von der Realität im Alltag eines Vereinsvorstandsmitgliedes eingeholt und waren entsprechend enttäuscht.

Gerade in einem solchen Verein brauchte es eine dicke Haut, auch um mit irrationalen Anfeindungen von Mitgliedern fertig zu werden, für die etwa die Bemühungen des Vorstands zu wenig oder zu wenig schnell erfolgreich erschienen. Oder die einfach nur ihrem, ein Leben lang aufgestauten Frust den Falschen gegenüber Luft machten. Die in den Vorstand gedrängten und aufgenommenen Menschen erhofften sich offensichtlich Anerkennung und Dank. Dabei wurden sie in ihren neuen Rollen ihren Aufgaben nicht gerecht und wurden durch unsensible bis manchmal gar skandalöse Reaktionen seitens gewisser Behörden und Institutionen gekränkt. Sie schrieben unautorisierte, rufschädigende Briefe im Namen des Vereins. Ganz besonders die zuerst erwähnte Frau ließ ihre Wut in erster Linie an der Präsidentin aus. Um dafür plausible Gründe vorgeben zu können, beschuldigte sie diese zunächst des Missbrauchs von Vereinsmitteln. Als das nicht belegt werden konnte, griff sie deren Entscheidung, einen »verurteilten Kinderschänders« als Vereinssekretär einzustellen, an. Es sei ein Skandal, dass ein solcher aus dem Zuchthaus heraus Briefe für den Verein schreibe; da sei doch ein Missbrauch der Vereins- und Mitgliederdaten gewiss. Vergessen schienen ihre bis noch vor Kurzem mir in die Haft geschriebenen Solidaritätsbekundungen, Durchhalteparolen und überschwänglichen Dankesworte für meine Arbeit im Verein.

Als der Verein zwei Jahre nach der Gründung aufgrund von Bewerbungsunterlagen, die ich ausgearbeitet hatte, einen mit fünfzehntausend Franken dotierten Preis für die beste Schweizer Selbsthilfeorganisation gewann – gestiftet durch eine große Versicherungsanstalt – vermochte auch dies die erzürnte Frau nicht zu besänftigen. Vielmehr behauptete sie dann, die

Präsidentin habe dieses Geld in die eigene Tasche gesteckt oder für meine Unterstützung verwendet.

Natürlich konnte jeder Franken der Vereinsauslagen belegt werden. So beanspruchte ich vom Verein lediglich einen Teil meiner Auslagen an Schreib- und Druckmaterial, Porto und dergleichen, verlangte natürlich nichts für meine Arbeit und trug auch im Sinne von Spenden zusätzlich etwas bei.

Die Revisoren überprüften schließlich die jeweiligen Jahresrechnungen und segneten sie anstandslos ab. Doch alles fruchtete nichts, die Anfeindungen wurden nur immer irrationaler und heftiger. Die Präsidentin war selber kein Verdingkind, aber Opfer eines gewalttätigen Vaters, der seinerseits als Verdingkind aufgewachsen war. Sie war stets in höchstem Maß für die Sache engagiert und verdiente zweifelsohne nichts von alledem, womit sie von diesen Frauen beschuldigt wurde – ganz im Gegenteil. Sie mochte vielleicht selber manchmal etwas gar empört auf solche Angriffe von innen reagiert haben. Doch unter der Verantwortungslast und den oft sehr enttäuschenden bis gar beleidigenden Reaktionen unser aller Anliegen gegenüber war das verständlich. Es rechtfertigte keinesfalls derart böswillige und undankbare Anfeindungen.

Es kam zu ersten Austritten. Viele Mitglieder, aufgehetzt durch die falschen Anschuldigungen, schlossen sich an. Mit Hilfe des Skandalblattes »Blick« erreichten die Hetzer gegen die Präsidentin eine breite öffentliche Diffamierung des Vereins, inklusive meiner Person. Die Präsidentin und die restlichen Vorstandsmitglieder traten anlässlich der nächsten Generalversammlung im Frühjahr 2007 unter diesen Umständen nicht mehr an. Die einzigen sich für Ersatzwahlen anbietenden Personen stammten aus dem Umfeld der mit der Präsidentin verfeindeten ehemaligen Vorstandsmitglieder. Sie wurden allesamt bei der Mitgliederversammlung mit überwältigender Mehrheit abgelehnt.

Der Verein musste, mangels verfügbaren beziehungsweise akzeptierten Vorstandskandidaten, aufgelöst werden. Ein Zivilprozess, den eine der mit der Präsidentin verfeindete Person anstrengte, endete mit einem Freispruch der angeklagten Präsidentin und des Vereins, mit einer Schadenersatzverfügung zu deren Gunsten. Sie wird, nicht überraschend, bis zum heutigen Tag nicht beglichen werden.

61 – Und immer wieder im »BLICK«

Herbst 2006 bis circa Frühjahr 2008

Noch vor der Generalversammlung 2007, bei welcher der Verein aufgelöst wurde, platzte im Herbst 2006 wieder mal eine »Bombe«: Eines der mit der Vereinspräsidentin verfeindeten ehemaligen Vorstandsmitglieder tat sich mit dem »Blick«-Reporter Dammann zusammen – oder vielleicht war es auch umgekehrt. Dabei erfuhr der unter anderem, dass eine bekannte Person des politischen Kaders Gönnermitglied des Verdingkindervereins war. Und besonders hellhörig wurde der Reporter, als er erfuhr, wer als Sekretär des Vereins agierte. Ich eben, seit vielen Jahren sein Lieblingsdiffamierungsopfer.

Mit einer großen doppelseitigen Skandalstory wurde erneut öffentlich gegen mich gehetzt. Die Schlagzeile lautete diesmal: *AUSGERECHNET KINDERSCHÄNDER ARBEITET FÜR VERDINGKINDER!* Darunter, wie zum Beweis, ein großes Bild von kleinen Kindern in Arbeitsschürzen auf einem Acker. Unmittelbar daneben prangte mein unzensiertes und mit vollem Namen versehenes Konterfei. Das war bei Dammann-Hetzstorys gegen mich schon immer so. Im selben Artikel entrüstete sich die erwähnte Politikerin in einem Interview über diesen unglaublichen Skandal, ließ ihrer Abscheu über mich freien Lauf und verkündete öffentlich ihren sofortigen Austritt aus dem Verein. Sie wusste zwar längst Bescheid – von meiner Vereinstätigkeit, meinem Aufenthaltsort, meinem Urteil, inklusive vieler Insiderkenntnisse über fragwürdige Vorkommnisse in meinem Strafverfahren. Aber viele »Blick«-Leser sind eben auch Wähler.

Der Chefredakteur persönlich empörte sich in einem Kommentar und sah eine erneute, ungeahnt schmerzliche Traumatisierung aller Verdingkinder durch diesen verurteilten Kinderschänder.

In einem Folgeartikel wurde daraufhin mein unlängst veröffentlichter autobiografischer Roman »vorgestellt«: Ein »Schundwerk, worin der schlimmste Kinderschänder der Schweiz seine Taten verharmlost«, so in etwa der Tenor dieser Lügenstory. »Blick« konnte demnach mein Buch kaum gelesen, ja wohl nicht mal aufgeschlagen haben, denn darin berichte ich einzig über die ersten zwölf Jahre meiner Kindheit. Gar nichts über mein Erwachsenenleben. Andererseits erwähnt »Blick« mit keinem Wort die mir und unzähligen anderen angetanen grausamen Misshandlungen durch Erzieher und ehrwürdige Brüder in solchen Heimen, von denen ich ausführlich schreibe. Aus Sicht Betroffener wie mir war dies von Seiten des Autors des Artikels keine Verharmlosung, es war eine absichtliche Entwürdigung von uns Misshandlungsopfern.

Unser Anwalt strengte eine Beschwerde an den Schweizer Presserat an. Die Artikel verletzten meine Persönlichkeit in schwerwiegender Weise. So treffe unter anderem die Titulierung »schlimmster Kinderschänder der Schweiz« in keiner Weise zu. Die Qualifizierung meines autobiografischen Romans als eine Verharmlosung der Straftaten, die mir zur Last gelegt wurden, sei völlig tatsachenfremd.

Diese und alle weiteren Rügen wurden indes – etwa ein Jahr später – durch den Presserat pauschal abgewiesen, der ganze Artikel als vereinbar mit dem Presserecht und als schutzwürdig im Sinne des Grundrechts der Meinungsfreiheit beurteilt. Kosten zu Lasten der Beschwerdeführer.

Wäre es etwa zu viel verlangt gewesen, wenn »Blick« mein Buch erst gelesen hätte, bevor sie es verurteilte?

Für mich blieb – von den diversen, dank des Vereins neu gewonnenen Freunden abgesehen – nach einer zunächst großen Unannehmlichkeit ein kleiner Trost: Die Anschuldigungen der feindseligen ehemaligen Vorstandsfrau waren von ihr auch an die Vollzugsbehörden im Sinne einer Strafanzeige gerichtet worden. Der Chefjurist der kantonalen Justizdirektion traf Anordnungen für die Pöschwies:

Eines Tages befahl die Vollzugsbehörde eine großangelegte Zellenkontrolle bei mir. Ich wurde dabei bis auf die Haut gefilzt, was nicht das erste Mal geschah, und meine Zelle wurde minutiös durchsucht und dabei fast geleert. Man ließ mir den gemieteten Fernseher, meine Kaffeemaschine, die Ersatz-Anstaltskleider und einen Notizblock. Dann durchforsteten die Aufseher in den kommenden Wochen mein gesamtes Material, drehten buchstäblich jedes Blatt Papier um und verschonten auch meine Anwaltspost nicht. Und selbstverständlich wurde mir einmal mehr mein Computer wieder für Wochen weggenommen. Dabei wurden selbstredend keinerlei Anzeichen für irgendeine Art Missbrauch von Vereinsmitgliederdaten gefunden.

Herr Kessler, der für mich zuständige Sozialarbeiter, der auch für die Zensur meiner ein- und ausgehenden Post verantwortlich war, informierte den Chefjuristen über das Ergebnis der Großkontrolle und über meine Arbeit für den Verein. Alles war ja über seinen Schreibtisch gegangen.

Schließlich verfasste der Chefjurist der Justizdirektion seinen Bericht. In einem Brief schrieb er danach der streitsüchtigen Frau, dass ich statt Anfeindungen, Lob und Anerkennung für meine jahrelange freiwillige Arbeit verdient hätte.

So wurde daraus letztlich für mich, ausnahmsweise, doch noch eine wohltuende Aktion. Und das ausnahmsweise sogar dank der Justiz.

Teil V

Achterbahn der Gefühle

62 – Das Freebeat-Komitee

Ab 2006

Im Jahr 2006 wurde das Komitee »Freebeat« gegründet. Dazu entschlossen sich, zusammen mit meiner externen Psychotherapeutin, diverse Freunde, auch solche aus meiner Tätigkeit für den »Verdingkinderverein«.

Das Ziel war und ist laut den Gründern meine Freiheit. Hierzu sollte ein möglichst renommierter Rechtsanwalt für eine Mandatsübernahme gewonnen werden. Die Mittel dazu sollten teils durch Spendenaufruf, teils durch periodische Beiträge von Komitee-Mitgliedern oder weiteren Gönnern beschafft werden.

Eröffnet wurde das Konto durch die Spende eines Mannes, den ich dank des Verdingkindervereins kennenlernen durfte. Er war als Junge im selben Heim gewesen wie ich. Er und seine ebenso liebenswürdige Frau wollten mir, im Falle einer Entlassung, gar Aufnahme in ihre Wohnung anbieten.

Einen weiteren finanziellen Beitrag stellte der verbliebene Rest des Geldes dar, der aus der Wiedergutmachungszahlung durch die Republik Frankreich (aufgrund meiner einstigen Menschenrechtsklage) bei mir eingegangen war. Das waren noch etwa fünftausend Franken. Für die Spendenaktion entstand eine Broschüre, die das Ziel von »Freebeat« erklärte und eine Zusammenfassung über den bisherigen Verlauf des Verfahrens sowie dessen Hintergründe enthielt.

Ein Konto wurde eingerichtet. Die Spendenaktion brachte eine stattliche Summe zusammen. Pikanterweise flossen davon auch rund eintausend Franken aus der Stiftung »Humanitas« der

Familie Ringier, Gründerin des gleichnamigen Verlagshauses. Zum Ringier-Verlag zählt bekanntlich auch die Boulevardzeitung »Blick« (Was, wenn ein gewisser Journalist namens Viktor Dammann das erfuhr?).

Etliche hilfsbereite Menschen zahlen seither immer wieder einen kleineren oder größeren Betrag auf das Konto des Komitees ein. Dazu zählen und zählten allen voran meine ehemaligen Nachbarn, das Ehepaar Unterhaus mit regelmäßigen Spenden.

Zora Gatti leitet das Komitee, bestehend aus ihrem Ehemann, dem gemeinsamen Sohn sowie ihren teilweise hochbetagten Geschwistern und weiteren ihr nahestehenden Personen. Sie trägt zudem mit unzähligen, oft für sie auch kostspieligen Beiträgen in Form von Besorgungen und Organisationen bei.

Die stark reduzierten Kosten ihrer Therapiestunden mit mir, aus Rücksicht auf meine Verhältnisse, bezahlte wie erwähnt viele Jahre lang mein alter Freund aus den Bergen. Er ist zu meiner tiefen Trauer inzwischen verstorben. Wir waren seit über dreißig Jahren befreundet. Dasselbe trifft übrigens auch auf etliche noch lebende gute Freunde zu. Verstorben sind über die Jahre auch noch andere, ebenfalls sehr hilfsbereite und mir ans Herz gewachsene Menschen. Wie etwa ein pensionierter ehemaliger Verwahrter, der von seiner kargen Rente immer wieder etwas für das Komitee abzweigte, und eine Nonne, die einen guten Teil ihres Taschengeldes dafür opferte. All diese beispielhaften Menschen sind leider von uns gegangen, ohne dass es mir und ihnen vergönnt war, einander noch in Freiheit umarmen zu können.

Unweigerlich, stets beim Gedenken an all diese guten Menschen, taucht in mir die Frage auf, wie viele weitere Gefangene in diesem Zuchthaus und in ähnlichen hierzulande es vielleicht auch nicht verdienen, da zu sein, wo sie sind, die dabei vielleicht nie das Glück haben oder hatten, solche Wohltäter kennenzulernen.

Ein Rechtsanwalt war vom Freebeat-Komitee bald gefunden. Es handelte sich um einen angehenden Rechtsprofessor namens Dr. Goldstein, der uns empfohlen worden war. Da er sich neu, aus Basel kommend, in Zürich niederließe, hätte er auf jeden Fall freie Kapazität und wäre sicherlich an einem ersten Erfolg in seinem neuen Wirkungskreis interessiert, hieß es. Aufgrund seines umfassenden Studiums dürfte er auch die nötige Kompetenz mitbringen, war man sich sicher. Der Anwalt erhielt eine erste Akontozahlung von fünftausend Franken. Später bekam er nochmals zehntausend Franken. Nachdem er Kopien der wichtigsten Akten zugesandt bekam, stellte er uns in einem Brief einen »so gut wie sicheren Erfolg und nach meiner Freilassung eine hohe Entschädigungszahlung durch den Kanton Zürich« in Aussicht.

Dann tat Dr. Goldstein fast ein Jahr lang nichts. Wann immer ich ihn anrief, vertröstete er mich auf den folgenden Monat; ich solle dann wieder anrufen, bis dahin hätte er sicher erste Neuigkeiten zu vermelden. Nach dieser langen, gänzlich tatenlos verstrichenen Zeit legte er plötzlich das Mandat nieder. Daraufhin sandte er dem Komitee eine Rechnung für seine Aufwendungen. Demnach sollten wir ihm noch weitere fünftausend Franken überweisen; seine Rechnungen lauteten also auf insgesamt über zwanzigtausend Franken.

Fassungslos verlangten wir daraufhin eine detaillierte Aufstellung seiner Aufwendungen. Sie folgte nach nochmaliger Aufforderung. Darin schlug nicht nur Dr. Goldsteins einziger Besuch, den er mir zu Beginn gewährte, mit einem Mehrfachen des tatsächlichen Zeitaufwandes zu Buche, sondern auch sämtliche Telefonate waren weit überteuert aufgeführt. Beispielsweise verrechnete er für ein Telefonat von mir an ihn, das in Wahrheit acht Minuten dauerte, ganze fünfundvierzig zum Stundentarif von dreihundert Franken. Ich erhielt von der Strafanstalt die Bestätigung seiner damaligen tatsächlichen Besuchszeit von lediglich zwei Stunden am Vormittag (nicht ganztägig, wie er in seiner Rechnung behauptete) und einen Auszug über meine gesamten Telefonate mit dem Anwalt. Solche Beweise verdeutlichten, dass der Anwalt zu Unrecht so viel Honorar verrechnete. Seit seiner Mandatsübernahme hatte er, neben dem einen Besuch und den diversen Telefonaten mit mir, einen einzigen zweiseitigen Brief in der Sache geschrieben. Darin prognostizierte er uns den zu erwartenden großen Erfolg.

Wir schrieben mit Hilfe eines anderen Anwalts eine Beschwerde an die Anwaltskammer, unter Beilage sämtlicher Belege. Die brauchte etwa zwei Jahre und etliche Nachfragen, um zu einer Beurteilung zu kommen. Darin hießen die Referenten fünfzehntausend Franken auf der Rechnung Dr. Goldsteins für gut – genau jenen Betrag, den er von uns seinerzeit schon in zwei Vorschusszahlungen erhalten hatte. Welch ein Zufall. Gerügt wurde ein Teil seiner Abrechnung; der unrealistisch lange angebliche Aufwand für den Besuch und die zu hoch verrechneten Telefonkosten. Den Hauptteil seiner Rechnung, sein Aktenstudium, wurde nicht beanstandet. In Wahrheit schien Dr. Goldstein nach meinen Feststellungen anlässlich der diversen Telefonate noch über so gut wie keine Aktenkenntnisse zu verfügen.

Selbstredend hatten wir dann noch die Rechnung über zweitausend Franken des von uns engagierten Anwalts zu begleichen. Erstaunlich eigentlich, wenn man bedenkt, dass hierfür mehrere Anwälte insgesamt sehr viel mehr gearbeitet hatten: Umfassende Analyse der Goldstein-Rechnung, Verfassen einer ausführlichen Eingabe an die Anwaltskammer, mehrere Nachfragen über zwei Jahre hinweg, dann der ganze Arbeitsaufwand des Gremiums der Anwaltskammer, jene des juristischen Sekretärs und so weiter.

Anfang 2007 konnten wir dank eindeutig zuverlässigerer Empfehlungen einen auf dem Platz Zürich wohlbekannten

Anwalt, der auf Vollzugsfragen, insbesondere auf Maßnahmen spezialisiert war, Lic. iur. Samuel Wasser (nicht verwandt mit Oberstaatsanwalt Dr. Rolf Wasser), beauftragen.

Über die Jahre kostete dessen Arbeit dann zwar auch wieder über fünfundzwanzigtausend Franken, doch war davon gewiss jeder Franken wohlverdient, auch wenn er beileibe nicht die Erfolge erreichen konnte, die er und wir uns erhofft hatten. Eine durch ihn eingereichte Beschwerde, etwa an den Presserat, gegen erneute hanebüchene Verleumdungen meiner Person in Blättern der »Blick«-Gruppe wurde mit schwerlich nachvollziehbaren, fast schon lächerlichen Begründungen abgewiesen.

63 – Das verweigerte Stimmrecht

Ab 6. Juni 1996 bis Herbst 2011

Zu diesem Kapitel nochmals eine Rückblende bis ins Jahr 1996: Nachdem ich am 6. Juni 1996 aus der Pariser Haft in die Schweiz überstellt wurde, meldete ich mich sogleich schriftlich bei der Schweizer Botschaft in Paris ab und schrieb einen Brief an die Gemeindekanzlei von Affoltern am Albis.

Darin ersuchte ich um meine Anmeldung als Einwohner und damit auch um Aufnahme ins Stimmregister. In der Gemeinde befand sich das Untersuchungsgefängnis (später wurde daraus eine Strafanstalt), in dem ich damals inhaftiert war. Die dortige Behörde antwortete erst Wochen später auf einen zweiten Brief von mir. Darin erteilte sie mir eine Absage. Als Gefangener in einem Untersuchungsgefängnis sei ich nicht zur Anmeldung in der Gemeinde berechtigt. Ich solle mich an meinen letzten Schweizer Wohnort vor dem Verlassen der Schweiz wenden.

Dahin schrieb ich unverzüglich, erhielt jedoch ebenfalls eine Absage. Ich müsse mich an meine Heimatgemeinde wenden. Doch auch von dort erhielt ich nach meinem entsprechenden Brief eine Absage; die Heimatgemeinde sei nicht für mich zuständig, ich müsse mich an die Gemeinde meines Aufenthalts wenden, also an Affoltern am Albis …

Es folgten viele weitere vergebliche Bemühungen, bei denen ich immer wieder von einer Gemeinde an die andere, von einer kantonalen Oberinstanz an die andere verwiesen wurde. Mehrmals verhandelte ich vergeblich mit den Staatskanzleien der beiden Kantone Aargau (meinem Heimatkanton) und Zürich.

Zwischendurch gab ich meine Bemühungen auf, da sich der erste Gerichtstermin näherte, und ich hoffte, freigesprochen zu werden. Auch danach blieb für mich diese Hoffnung noch sehr lange Zeit intakt, weil das Urteil nicht rechtskräftig war. Und als nach dem verheerenden Obergerichtsurteil der Rekurs ans Kassationsgericht erfolgreich endete, schien sich natürlich meine Hoffnung auf Freispruch für längere Zeit zu bestätigen. Dies erst recht, da meine inzwischen erwachsenen Stiefsöhne erklärten, mich seinerzeit aufgrund massiven Drucks durch die Polizei zu Unrecht belastet zu haben.

Da konnte ich zu keinem Zeitpunkt ahnen, wie viel Zeit noch verstreichen würde bis zu einem endgültigen Urteil. Erst nachdem ich 2003 ein zweites Mal vor dem Obergericht verurteilt worden war und somit schon viel eher damit rechnen musste, für viele weitere Jahre inhaftiert zu bleiben, erneuerte ich meine Bemühungen um mein mir als mündigem Schweizer Bürger verfassungsmäßig garantiertes Stimm- und Wahlrecht.[98]

Es ging um zwei Artikel im Zivilgesetzbuch: Artikel 26 ZGB, der besagt, dass der Aufenthalt (u. a.) in einer Haftanstalt keinen Wohnsitz begründet, worauf sich jeweils die Gemeinde des Untersuchungsgefängnisses, respektive der Strafanstalt berief. Und Artikel 24 ZGB, auf den ich mich berief. Nach diesem gilt bei einem Schweizer Bürger, bei welchem ein im Ausland begründeter Wohnsitz aufgegeben wurde und noch kein neuer Wohnsitz in der Schweiz besteht, der Aufenthaltsort als Wohnsitz.

Meiner Ansicht nach traf letzteres Gesetz geradezu klassisch auf meine Situation zu. Schließlich hatte ich doch, durch meine Überstellung in die Schweiz und meine formelle Abmeldung

98 Stimmberechtigt sind nach dem Schweizer Zivilgesetz auch Untersuchungs- Straf- und Maßnahmegefangene. Das gilt auch für Entmündigte (heute Verbeiständigte) – was ich indes nach meiner Kindheit und Jugend nie war.

beim Schweizer Konsulat in Paris, meinen bisherigen begründeten Wohnsitz im Ausland aufgegeben. Und dies, nachdem ich dort etwa dreieinhalb Jahre ebenso formell angemeldet gewesen war und dabei wenigstens teilweise mein Stimmrecht als Auslandschweizer wahrnehmen konnte. Bekanntlich verfügte ich über keinen neuen Wohnsitz in der Schweiz. Alles genau gemäß dem Wortlaut von Artikel 24. Somit benötigte ich nach meiner Auslegung dieses Gesetzes auch gar keinen begründeten Wohnsitz, um mich bei der Gemeinde der Strafanstalt anmelden zu können und für ein Stimmrecht registrieren zu lassen. Es reichte demnach der schlichte Aufenthaltsort. Und niemand würde bestreiten können, dass ich mich hier in der Haftanstalt aufhielt oder genauer: hier aufgehalten wurde. Und daher galt meiner Ansicht nach dieser Aufenthaltsort in meinem Falle eben als mein aktueller Wohnsitz.

Ich wandte mich schließlich mit einem Rekurs an den Zürcher Kantonsrat, nachdem mir davor zum letzten Mal die Aufnahme ins Stimmregister der Gemeinde Regensdorf verweigert wurde, und daraufhin mein damaliger Rekurs an die Behörden des Bezirkshauptortes abgewiesen worden war. Daraufhin geschah – nichts. Jahrelang nichts.

Mehrmals erkundigte ich mich bei verschiedenen Stellen, bekam dabei zur Antwort, dass beim Kantonsrat nicht unbedingt mit einer Behandlung meines Anliegens gerechnet werden könne und wenn, dafür eine sehr lange Wartezeit nichts Außergewöhnliches wäre.

Irgendwann schrieb ich dem Kantonsrat einen eingeschriebenen Brief und fragte, ob es üblich sei, dass eine Beschwerde während mehr als fünf Jahren ohne die geringste Antwort bliebe. Einen Monat später, es war wieder einmal kurz vor Weihnachten, erhielt ich tatsächlich eine Antwort. Meine Beschwerde sei aus Zuständigkeitsgründen an die Justizdirektion weitergeleitet worden. Ich bekäme von dort einen Bescheid. Eineinhalb Monate danach wurde mir in einem Brief von dort die umgehende Behandlung meines Anliegens angekündigt. Doch es geschah wieder lange Zeit nichts.[99]

Besonders frustrierend für mich war in all den Jahren, dass in meinem Haftumfeld viele Schweizer zwar regelmäßig ihre Stimm- und Wahlunterlagen erhielten, sie jedoch mehrheitlich ungeöffnet in den Abfall warfen. Schweizer, die nicht von einem zuvor im Ausland aufgegebenen Wohnsitz in ihre Heimat zurückgekehrt waren, sondern bis zu ihrer Inhaftierung hier in der Schweiz gewohnt hatten. Es war für mich schwer verständlich, weshalb bei denen Artikel 26 ZGB kein Hindernis darstellte, nach welchem der Aufenthalt u. a. in einer Strafanstalt keinen Wohnsitz begründet, während eben dieser Artikel für mich unüberwindbar schien.

Es blieb mir nur die Möglichkeit, im Laufe der Haftjahre bei diesem und jenem Inhaber eines Schweizer Passes meinen Einfluss insofern geltend zu machen, dass die Betreffenden die Abstimmungsunterlagen doch öffneten, sich dann von mir den Inhalt erklären und zuweilen auch beim Ausfüllen der Stimmzettel und des Stimmrechtsausweises beraten ließen. Da dies hier in der Schweiz geschieht, würde ich dies nun als »indirekt-direkte« Demokratie bezeichnen.[100]

99 Nachtrag: Am 12.05.2010 erhielt ich den Entscheid des Kantonsrats: Rekurs abgewiesen. Nach sorgfältiger Lektüre des Protokollauszugs fand ich aber den Hinweis, dass Regensdorf, also die Gemeinde der Pöschwies, mich eben doch ins Stimmrecht aufnehmen hätte müssen. Die Argumente der Ablehnung konnte ich nicht nachvollziehen und reichte dagegen Beschwerde beim Verwaltungsgericht ein. Wochenende inklusive!

100 Später hatte ich offiziell meinen Wohnsitz in der Gemeinde Regensdorf, zu der auch die Pöschwies gehört. Erst 2012, nach meiner Pensionierung realisierte sich dies, weil es zum Erhalt einer Prämienvergünstigung gesetzlich zwingend einen zivilrechtlichen Wohnort braucht. Erst dies zwang schließ-

64 – Die nur versprochene Halbfreiheit

2006

An einem Tag im Laufe des Jahres 2006 rief mich mein mir zugeteilter Sozialarbeiter, Herr Kessler, zu sich. Er war mir 2001 als Ersatz zugeteilt worden, nachdem die hier zuständige, von Vorurteilen behaftete Sozialarbeiterin entlassen worden war.[101]

Herr Kessler hatte, als ich auf Aufforderung sein Büro im Sozialzentrum der Anstalt betrat, eine für mich sehr erfreuliche Nachricht. Er eröffnete mir, dass er sich in letzter Zeit schon mehrmals mit dem Gefängnisdirektor und auch mit dem für mich zuständigen Beamten des Sonderdienstes der Vollzugsbehörden[102] über mich ausgetauscht habe.

Die Direktion und der Sonderdienstzuständige seien inzwischen doch auch zum Schluss gekommen, dass ich eigentlich »gar nicht hierher gehöre«. Für mich sei das »Setting einer geschlossenen Strafanstalt mit höchstem Sicherheitsstandard« nicht notwendig. Man schätze mich erstens nicht als fluchtgefährdet ein und sei zweitens der Meinung, dass bei mir auch kaum eine

lich Regensdorf zum Einlenken. Mit der Auszahlung der Altersvorsorgeleistungen (AHV) von gut 800 Franken monatlich bin ich seither für die Krankenkassenprämien selbst verantwortlich, – bei der ein Anspruch auf diese Prämienvergünstigung besteht – für Franchise und Selbstbehalt sowie für die weiteren, von der Kasse nicht gedeckten Gesundheitskosten.

101 Siehe Kapitel 41 – Ins Zuchthaus und 42 – Das Obergericht (I) - Fiese Tricks des Anklägers.

102 Letzterer war nicht mehr derselbe wie bei der bisher einzigen jährlichen Überprüfung, sondern etwa der dritte seither – doch das erfuhr ich später.

»Gemeingefährlichkeit« bestünde. Kurz, man sei nun dazu bereit, der Fachkommission meine Versetzung in eine offene Anstalt zu empfehlen.

Also, das war doch jetzt gewiss ein wohldurchdachter Entschluss. Dazu hatte man sich ja lange genug Zeit gelassen. Meine Hoffnung drohte sich ins Euphorische zu steigern; vorübergehend vergessen waren meine festen Entschlüsse der Vergangenheit, keine Versprechungen mehr für bare Münze zu nehmen. Und schon gar nichts mehr blindlings zu glauben. Allzu euphorisch, so stellte sich bald heraus, klammerte ich mich nun an diesen neuen Hoffnungsstrohhalm.

Es dauerte nur wenige Tage, bis die Enttäuschung mit aller Härte zuschlug.

Die Zeitung »Blick« brachte just zu dieser Zeit wieder einmal eine Sensationsstory, wenn auch nicht über mich. »Ein gemeingefährlicher Vergewaltiger aus der Strafanstalt Pöschwies«, so war da zu lesen – habe »im Hafturlaub eine bei einem Escort-Service tätige Frau sexuell zu vergewaltigen versucht«. Der Mann, ein gewisser A. G., soll davor angeblich vom Anstaltsarzt sogar das Potenzmittel Viagra verschrieben bekommen haben. »Blick« schrie »Skandal!«, schrieb genüsslich von »*Vergewaltigung durch einen Verwahrten im Urlaub*« und empörte sich lautstark über eine angebliche »Abgabe von Viagra zuvor durch den Anstaltsarzt«.

Andere Medien folgten. Und der kantonale Justizdirektor beeilte sich gehorsam, Sofortmaßnahmen per Erlass in die Wege zu leiten. Dies führte dazu, dass jeder Verwahrte, der schon Hafterleichterungen genoss – das waren allerdings nur etwa fünf von circa sechzig im ganzen Kanton – die Erleichterungen per sofort wieder einbüßte. Keiner der fünf Betroffenen verstieß in irgendeiner Weise gegen Auflagen, und sie konnten natürlich auch nichts für die angeblichen Verfehlungen eines anderen Häftlings im Urlaub. Auch ich konnte da nichts für. Nichtsdestotrotz wurde mir daraufhin unmissverständlich gesagt, dass ich jetzt die Aussicht auf Versetzung in eine offene Anstalt »halt für die nächsten paar Jahre wieder vergessen« müsse.

Kollektivstrafen sind innerhalb von Strafanstalten an der Tagesordnung, sicher jedenfalls in der Pöschwies.

Und bald sah ich A. G. gelegentlich wieder, nachdem er aufgrund der »Blick«-Story wieder in den geschlossenen Vollzug zurückversetzt wurde. Ich kannte ihn hier in der Pöschwies schon seit Jahren. Ein sanfter Riese, so empfand ich ihn eigentlich. Hünenhaft und stark äußerlich, aber innen weich und einfühlsam. Wer ihn näher kannte, hätte gewiss Mühe, ihm eine Vergewaltigung zuzutrauen.

So war es kaum überraschend, als ich mit der Zeit aus den Schilderungen A. G.s vernahm, was da so alles im Zusammenhang mit diesen angeblichen Urlaubsverfehlungen wirklich geschehen war und was nicht: Chefaufseher Padrino war zu der Zeit schon seit einigen Monaten in der offenen Außenabteilung der Pöschwies (Haus Lägern) tätig. Wie man munkelte, sei er dorthin, zurückgestuft zu einem gewöhnlichen Aufseher, wegen der sich häufenden Amtsanmaßungen strafversetzt worden. Genau dorthin war Insasse A. G. kurze Zeit danach verlegt worden. Padrino soll sich heimlich seines privaten Handys bemächtigt haben. Dortige Insassen durften es jeweils im Urlaub benutzen, mussten es danach aber wieder abgeben bis zum nächsten Urlaub. Auf dem Handy fand Padrino die Nummer des erwähnten Escort-Dienstes.

Von amtlicher Stelle war A. G. die Nutzung des Escort-Dienstes ausdrücklich bewilligt worden, und zwar durch die Anstaltsdirektion. Padrino sei dies ein Dorn im Auge gewesen, wie der betreffende Insasse mir erzählte. Vielleicht wähnte der sich moralisch im Recht, dem Ganzen einen Riegel vorzuschieben. Jedoch wäre dies, wenn überhaupt, ohnehin in die Kompetenz ganz anderer Personen und Instanzen gefallen. Auf jeden Fall soll Aufseher Padrino A. G.s Zelle durchforstet haben, während der auswärts bei der Arbeit war. Er habe aus seinen darin aufbewahrten Verteidigungsakten belastende Dokumente seines (längst abgeschlossenen) Verfahrens kopiert und die Kopien per Mail an den Escort-Service gesandt. Was jedenfalls nicht nur seine Kompetenzen weit überschritt, sondern auch ein Verstoß gegen das Amtsgeheimnis war, wenn das stimmte. Nach meinen Erfahrungen mit diesem früheren Chefaufseher meiner Abteilung ist das für mich durchaus glaubhaft.[103]

Padrino rief dann beim besagten Service auf A. G.s Handy an. Dabei wählte er nicht etwa die Geschäftsnummer, sondern die ebenfalls gespeicherte Nummer jener Dame, mit der sich A. G. in seinen Urlauben vergnügte. Padrino soll diese Dame dabei über den aktuellen Gefängnisaufenthalt des betreffenden Gefangenen sowie über Details aus seiner ursprünglichen Anklage informiert haben. Ein weiterer eklatanter Verstoß gegen das Gesetz, wenn Padrino dies tatsächlich getan hat.

Als sich A. G. dann in seinem nächsten Urlaub erneut mit der Dame traf, kam es aufgrund der vorangegangenen, für die Frau schockierenden Enthüllungen durch Chefaufseher Padrino zu einer hitzigen Diskussion zwischen ihr und A. G. Als dann plötzlich ein Polizeiauto auf einem Parkplatz neben dem Wagen besagter Dame anhielt, in welchem die beiden auf dem Rücksitz saßen, geriet A. G. in Panik, konnte die Tür nicht öffnen, schlug mit dem Ellbogen die Scheibe ein und hechtete aus dem Auto. Vermutlich habe die Frau schon vor dem Treffen die Kindersicherung eingestellt.

103 Siehe im Kapitel 56 – Mobbing und mehr im Zuchthaus, unter »Die veruntreute Post«.

Auf der anschließenden Flucht zu Fuß wurde er von den beiden Beamten eingeholt und festgenommen. Er habe damit rechnen müssen, dass die Frau etwas gegen ihn im Schilde führte. Sie habe aus dem plötzlichen Wissen über seine Vorgeschichte keinen Hehl gemacht. Sein Fluchtversuch vor der Polizei sei eine Panikreaktion gewesen. Soweit jedenfalls die Version, wie sie mir A. G. schilderte.

Wieder einmal schienen die diesbezüglichen, gleich mehrfachen Skandalstorys im »Blick« verzerrt und übertrieben gewesen zu sein. Denn etwa drei Jahre später, als es gegen A. G. wegen der Geschichte zu einer Gerichtsverhandlung kam, entpuppte sich die ganze seinerzeitige Aufregung als ein sprichwörtlicher Berg, der eine Maus gebar. Die schwerwiegende Anklage wegen versuchter Vergewaltigung war schon davor fallengelassen worden. Offenbar kam die Escort-Dame nach den Enthüllungen des Aufsehers Padrino auf die unsägliche Idee, eine Vergewaltigung zu behaupten. Vielleicht in der Hoffnung auf eine satte Opferentschädigung. Jedenfalls blieb an A. G. nur eine Verurteilung wegen Sachbeschädigung (Autofenster) und Widerstand gegen die Staatsgewalt (versuchte Flucht) hängen. Trotzdem musste A. G. weiter im geschlossenen Verwahrungsvollzug bleiben.[104]

Und auch die Zurückstufungen beziehungsweise Rückversetzungen vieler durch die öffentliche Medienhetze damals Betroffene, mich eingeschlossen, blieben weiterhin bestehen, ohne dass sich dies auch nur einer von uns selbst eingebrockt hätte. Die Geschichte mit dem angeblich vom Anstaltsarzt verschriebenen Viagra entpuppte sich nach übereinstimmenden Informationen als Falschmeldung.

104 Nachtrag: A. G. verstarb wenige Jahre danach an Leukämie. Im letzten Moment hatte man ihn zum Sterben noch ins Spital gefahren. Seine Ehefrau erfuhr davon zu spät, um sich noch von ihm verabschieden zu können.

65 – Die Gesetzesrevision

Ab 1. Januar 2007

Am 1. Januar 2007 traten die neuen revidierten Strafgesetze in Kraft. Hauptsächliche Änderungen erfuhren die Gesetze über Straftaten gegen die sexuelle Integrität sowie die verschiedenen Verwahrungsartikel.

Bisher kamen für eine Sicherheitsverwahrung hauptsächlich die Artikel 42 (Gemeingefährlichkeit aufgrund notorischer Wiederholungstaten) und 43.1.2 (Gemeingefährlichkeit aufgrund eines abnormen Geisteszustandes – jener Artikel, zu dem ich verurteilt wurde) zum Zuge. An ihre Stelle traten neu die Artikel 59 (geschlossener Maßnahmenvollzug, also sogenannte kleine Verwahrung mit begleitender Therapie für maximal fünf Jahre, unbegrenzt oft verlängerbar um weitere fünf Jahre) und 64 (unbefristete, gewöhnliche Verwahrung ohne Therapie). Eine ambulante Maßnahme, also Therapie vollzugsbegleitend oder in Freiheit, wurde bisher unter dem alten Artikel 43.1.1 verhängt; neu trat an dessen Stelle Artikel 63. Damit galt automatisch auch mein letztinstanzliches Urteil als nicht mehr rechtskräftig.

Zu den wohl wesentlichsten Neuerungen im Wortlaut der beiden neuen Verwahrungsartikel gehören die darin vorgesehenen Überprüfungsintervalle. Der 64er enthält eine Klausel, nach der diese Form der Verwahrung, nach anfänglich zwei Jahren, jedes Jahr einer Überprüfung unterzogen werden muss (beim alten Artikel 43.1.2 war von Anfang an eine jährliche vorgesehen). Bekanntlich fand in meinem Falle erst ein einziges Mal, nämlich 2006 eine solche Überprüfung statt.[105]

Das Parlament erließ mit dem Beschluss über die revidierten Strafgesetze eine Übergangsfrist von einem Jahr. Bis Ende des laufenden Jahres nach Inkrafttreten der neuen Gesetze müssten sämtliche nach den alten Verwahrungsartikeln einsitzende Gefangene durch das jeweils zuständige Gericht einem speziellen Vollzugsüberprüfungsverfahren unterzogen, und erneut auf Kompatibilität der ursprünglichen Verurteilung mit den neuen Gesetzesparagraphen überprüft und entsprechend neu abgeurteilt werden.

Inzwischen fand die Volksabstimmung über die lebenslange Sicherheitsverwahrung extrem gefährlicher Gewalt- und Sexualstraftäter statt, und sie war mit einem deutlichen positiven Ergebnis ausgegangen.

Für Verwahrte begann eine bis heute andauernde Verunsicherung hinsichtlich ihres künftigen Status'. Dies wahrscheinlich nicht nur in der Pöschwies, in der allerdings weit mehr Verwahrte einsaßen als sonst irgendwo in der Schweiz. Mal hieß es: Die neue Verwahrungsart würde auch rückwirkend für bereits unter dem alten Artikel 42 oder 43 Verurteilte gelten, mal wieder: Dies gelte nur für nach der Annahme der Initiative verurteilte Straftäter. Dass fast gleichzeitig die seit Jahrzehnten vorbereitete Revision der entsprechenden Strafgesetze in Kraft trat, vollendete für viele die allgemeine Unsicherheit und Verwirrung.

Nach Ablauf der Übergangsfrist war erst ein verschwindend kleiner Teil aller nach altem StGB Verwahrten überprüft. Nach zwei Jahren war es etwas mehr als die Hälfte und nach drei Jahren

105 Siehe im Kapitel 59 – Ein runder Tisch.

war ich noch einer von vielleicht einem Dutzend, bei dem das Urteil dieser Überprüfung immer noch ausstand.

Ich konnte bis heute noch keine nachvollziehbare, verständliche und schon gar keine verbindliche Erklärung zur Frage erlangen, nach welchem gültigen Gesetz ein Verwahrter nach Ablauf der einjährigen Übergangsfrist ohne erfolgtes Überprüfungsurteil eigentlich noch in Haft behalten werde. Nach meiner Lesart der betreffenden Artikel der Menschenrechtskonvention, an welche die Schweiz vertraglich gebunden ist, kann ein Mensch nur aufgrund eines gerichtlichen Urteils und aufgrund eines gültigen Gesetzes in Haft gehalten werden.

Um die gesetzliche Übergangsfrist zu überziehen, bräuchte es meiner Meinung nach eine entsprechende neue Gesetzesgrundlage, etwa eine Verlängerung der Übergangsfrist um eine bestimmte Zeitspanne. Hielt man sich nicht an solche Gesetze, so meine Sicht, dann hätte das Parlament über eine Übergangsfrist schon von Anfang an gar nicht befinden müssen. Weder ich noch andere mir bekannte Betroffene wurden über die juristischen Grundlagen der Haft nach der Übergangsfrist bis zu einem Gerichtsurteil aufgeklärt.

66 – Noch so ein »Gutachten« (II)

Herbst 2007

Der Überprüfungsprozess hinsichtlich der Anwendbarkeit der neuen Verwahrungsartikel begann in meinem Falle mit einem neuen Gutachten-Auftrag.

Überzeugend begründete Anwalt Samuel Wasser einen entsprechenden Antrag. Zuständig war die III. Kammer des Zürcher Obergerichts, jene, vor der ich nach ein- und derselben Anklage schon zweimal verurteilt worden war.

Der Richter Dr. Tobler, der mich im Herbst 1997 als Bezirksrichter zwar erstinstanzlich verurteilt, jedoch keine Verwahrung ausgesprochen hatte, war in der Zwischenzeit zum Oberrichter avanciert. Er präsidierte jetzt die III. Strafkammer, das für meine strafgesetzrevisionsbedingte Verwahrungsüberprüfung zuständige Gericht.

Eine bedeutungsvolle Wendung, deren Auswirkung ich aber noch nicht abschätzen konnte.

Im Herbst 2007 lag das neue Gutachten vor. Erhoben und verfasst durch einen Gerichtspsychiater namens Schneebeli. Er besuchte mich dazu dreimal in der Strafanstalt und ließ sich von mir meinen ganzen Lebenslauf berichten. Zwar händigte ich ihm diesen auch schriftlich aus, doch er wollte von mir, Stunde um Stunde, Frage auf Frage, jeden Abschnitt meines Lebens hören und schrieb dabei alles auf unzähligen Seiten Notizpapier umständlich in Normalschrift nieder.

Das erinnerte mehr als an eine gerichtspsychologische Exploration an ein polizeiliches Verhör, bei dem immer wieder minutenlange Pausen erfolgen müssen, um dem Fragensteller Zeit zum Niederschreiben des Gesagten zu lassen. Irgendwelche Tests wurden keine erhoben und vieles blieb aus, dessen Thematisierung ich eher erwartet hätte.

In seinem Gutachten bestätigte Herr Schneebeli dann weitgehend die Befunde der Vorgängerin Frau Dr. Berger. Er attestierte mir kaum veränderte Persönlichkeitsstörungen und hohe Rückfallgefahr. Er hielt zwar künftig begleitete Urlaube für verantwortbar, empfahl jedoch die Weiterführung der Verwahrung, allerdings unter dem neuen Artikel 59, also mit haftbegleitender, deliktzentrierter Milieutherapie, durchzuführen durch den PPD. Er hatte auch Berichte vom PPD-Psychologen Herrn Nebler fast komplett abgeschrieben und in das Gutachten übernommen.

Als ich das Gutachten durch meinen Anwalt erhielt und las, stellte ich fest: Dieser Psychologe hat sich erneut zu Verdrehungen der Tatsachen hinreißen lassen. Mehr noch: sogar zur Erfindung schlechter Verhaltensweisen meinerseits anlässlich der Gespräche.

Als besonders dreist empfand ich einen ganz bestimmten Absatz im Schneebeli-Gutachten, offenbar herauskopiert aus einem weiteren Nebler-Bericht. Ein Bericht, über den ich, entgegen seinen damaligen Beteuerungen, wieder nicht im Voraus informiert worden war. Diesmal erfuhr ich von seiner Existenz sogar erst Jahre später aus diesen Zitaten im Schneebeli-Gutachten.

Demnach schrieb PPD-Psychologe Nebler: Herr Meier wollte oder konnte sich nicht dazu überwinden, über sein Verhältnis zu seinen Stiefsöhnen, den Opfern seiner Straftaten, zu sprechen, dies, obwohl ihm signalisiert worden war, dass man seine Unschuldsbeteuerungen respektiere. Er blieb in dieser Hinsicht stets verschlossen und zugeknöpft. Ins Gegenteil verdrehte Behauptungen von dem, was ich damals diesbezüglich wirklich bei ihm angestrebt hatte.[106]

Weiter fand ich in dem Gutachten aus dem Nebler-Bericht Behauptungen, wie, dass ich mich während der Sitzungen ihm gegenüber sehr schwierig und aggressiv verhalten habe. Als aggressiv hatte mich meiner Erinnerung nach noch nie jemand eingestuft. Was solche falschen und erst noch heimlichen Behauptungen durch für die Justiz tätige Fachpersonen erst richtig schlimm und folgenschwer macht, ist die Tatsache, dass sich Überprüfungsbehörden das wie Rosinen aus den Berichten herauspicken, um es prominent für die Begründungen ihrer ablehnenden Entscheide zu verwenden. Und das immer wieder von Neuem. Das trifft gewiss nicht nur auf mich zu, sondern auch auf Mitgefangene.

Nach Kenntnisnahme des neuerlichen Berichts hatte ich allen, auch meinen Freunden gegenüber, deutlich gemacht, dass ich mich unter keinen Umständen jemals wieder zu Gesprächen mit einem Mitglied des PPD bereit erklären würde, zumindest nicht in dieser Zusammensetzung. Die Bedingungen, unter denen ich allenfalls zurückkommen könnte, waren von mir schon früher dargelegt worden.

Eine Aussage Dr. Schneebelis irritierte mich auch sehr: Er schrieb, dass ihm über mein soziales Umfeld nichts bekannt sei, und attestierte mir sogar Unfähigkeit zu dauerhaften Beziehungen. Obwohl ich ihm eine Liste aller meiner Briefkontakte, regelmäßigen Besucher, Unterstützer (»freebeat«-Komitee und andere), Freunde und weiteren Bekanntschaften vorgelegt hatte. Komplett mit deren Adressen und Angaben zu Dauer und Art der Beziehung sowie weiteren wissenswerten Details in jedem

106 Siehe im Kapitel 54 – Die PPD-Therapie- »Abklärung«.

Einzelfall. Immerhin sind darunter auch Menschen wie etwa Nachbarn meines und meiner Familie ehemaligen Wohnortes. Mit mehreren der angegebenen Personen verbindet mich eine Jahrzehnte andauernde Freundschaft.

Gerade dadurch, dass keinerlei Aufzeichnungen existieren, keine schriftlichen Protokolle, die man am Ende von Sitzungen gegenlesen könnte, entstehen häufig schwerwiegende Probleme, die vermieden werden könnten. Ein Gefangener ist dann in einer gänzlich hilflosen Lage, wenn in der Folge in Berichten aus Therapiesitzungen etwas über ihn behauptet wird – inklusive Aussagen von ihm, die er aber gar nicht oder nicht so getätigt oder gemeint hatte. Er kann nichts beweisen und muss entnervt zur Kenntnis nehmen, wie das künftig von Entscheidungsträgern in Gefährlichkeitsprognosen gegen ihn verwendet wird. Dasselbe gilt, potenziell noch folgenschwerer, für gerichtspsychiatrische Gutachten.

67 – Die Überprüfung – Obergericht (III)

Frühjahr 2008

Es kam der Tag, an dem ich die Strafanstalt wieder einmal für einen Gerichtstermin verließ. Und an dem ich nach der üblichen Prozedur in den Kellerräumen der Ein- und Austrittsabteilung seit langer Zeit wieder Zivilkleider trug.

Zora Gatti hatte vorgesorgt und eine neue Hose und ein neues Hemd für mich eingekauft. Einmal mehr wurde ich mit gefesselten Händen zum Kastenwagen der Polizei in der Tiefgarage gebracht. Die Fesseln trug ich bei Transporten nur noch vor meinem Körper und auf Fußfesseln wurde verzichtet. Dank eines Arztattests wegen der alten Handgelenksverletzung, der Kniearthrose und der Rückenleiden. Ich schwor mir, optimistisch oder vielleicht auch fatalistisch, dass dies das letzte Mal sein würde. Den Transport in der düsteren, fensterlosen Stahlkammer zu ertragen, würde wieder schwer sein.

Die Überprüfungsverhandlung vor dem Obergericht Zürich begann pünktlich. Weil das altehrwürdige Obergerichtsgebäude sich gerade in Renovation oder neuem Innenausbau befand, wurde die Verhandlung in einem Provisorium irgendwo anders in der Stadt abgehalten.

Vorsitzender war immer noch Oberrichter Dr. Tobler, der mich seinerzeit erstinstanzlich 1997 zwar verurteilte, aber nicht verwahrte, woraufhin ich sechs Jahre später anlässlich des zweiten, in Rechtskraft erwachsenen Obergerichtsurteils, durch einen anderen Richter doch noch zu Verwahrung verdonnert wurde.

Links und rechts vom Richter saßen eine ziemlich teilnahmslose Beisitzerin und ein ebensolcher Beisitzer. Weiter waren im Saal anwesend: Oberstaatsanwalt Dr. Rolf Wasser, mein Verteidiger, wieder einige Freunde von mir, diverse Reporter, darunter mein treuer Feind Viktor Dammann vom »Blick« und ein paar Zuschauer. Und ich.

Oberrichter Tobler befragte mich zur Person, wonach die beiden Wassers ihre Plädoyers hielten. Zuerst kam der Oberstaatsanwalt dran. Er hielt sich eher kurz und verlangte meine weitere Sicherheitsverwahrung auf unbestimmte Zeit. Nicht überraschend hob er jetzt besonders hervor, dass »der Täter Beat Meier sich, gemäß Berichten der Verantwortlichen des PPD, unbeeindruckt von deren unermüdlichen Bemühungen nach wie vor stur, hartnäckig und uneinsichtig weigert, über seine Deliktgeschichte zu reden.« PPD- »Therapieabklärer« Nebler hatte ganze Arbeit geleistet.

Verteidiger Samuel Wasser wandte erheblich mehr Zeit auf. Er zerpflückte das Gutachten Schneebeli sprichwörtlich nach Strich und Faden und begründete in überzeugender Weise, weshalb es von Vorurteilen gezeichnet und sogar schlichtweg inkompetent in seinen Erhebungsmethoden und Schlussfolgerungen sei. Zur Erhärtung bediente sich mein Anwalt diverser Verweise auf allgemein anerkannte wissenschaftliche Veröffentlichungen. Und er holte von einer als Koryphäe anerkannten Persönlichkeit der Psychoanalyse, Professor Nedopil in München, eine Beurteilung des Gutachtens Schneebeli ein. Die Kritik daran im Bericht des Professors war eindrücklich. Mein Anwalt forderte die Verfügung eines Obergutachtens.

Die Verhandlung wurde ohne Beschluss beendet, das Urteil vertagt. Der Richter wünschte mir am Ende »viel Kraft, die nun leider noch bevorstehende Haftzeit durchzustehen«.

68 – Erstmals ein seriöses Gutachten

Sommer 2008

Schon wenige Wochen später folgte die Verfügung des Obergerichts: Die Anträge meines Anwalts wurden vollumfänglich gutgeheißen, die mittlerweile eingegangenen Einwände des Oberstaatsanwalts hingegen abgewiesen.

Ein Obergutachten, in Auftrag gegeben bei Dr. König, einer der in der Schweiz besonders renommierten, alteingesessenen Gerichtsgutachter – ein zugewanderter Deutscher.

Es wurde allerdings Mai 2009, bis Dr. König seine Arbeit aufnehmen und mich besuchen konnte. Er war bis dahin krankheitsbedingt unabkömmlich gewesen. Dr. König begrüßte mich in einem der Anwaltszimmer des Besuchsgebäudes. Nachdem er mich gleich umfassend über die formellen Aspekte seines Auftrages sowie über dessen Abwicklung informierte, stellte auch er mir die berühmte erste Frage: »Herr Meier, wie geht es Ihnen?«

Ich antwortete ihm ruhig, für mich selber überraschend, aber klar und bestimmt: »Herr Dr. König; es geht mir nicht gut. Meine physische Gesundheit verschlechtert sich. Psychisch leide ich nach wie vor erheblich unter der täglichen langen Einsperrung in meiner Zelle. Ich kann mir nach bald siebzehn Jahren nicht mehr vorstellen, noch lang so weiterleben zu können. Ich fürchte, dass mir vor allem der Zustand meines kranken Herzens über kurz oder lang eine Entscheidung abnehmen wird, jene Entscheidung, die zu fällen ich mir seit Jahren bisher nicht zugestehen wollte.«

Die drei Sitzungen, von denen jede einen ganzen Nachmittag füllte, waren intensiv, verliefen aber in guter Atmosphäre. Die Aktenkenntnis Dr. Königs war, besonders angesichts des gewaltigen Umfanges derselben, höchst beeindruckend. Nicht einmal mein jetziger Anwalt kennt sie so umfassend, wobei dieser sich natürlich in seinen bisherigen Handlungen auf die jeweils maßgeblichen Vollzugsakten beschränken konnte. Niemand – speziell die bisherigen Gutacher:innen – konnte bisher mit auch nur einer annähernden Aktenkenntnis aufwarten. Es sei denn, gewisse »Mitspieler« in diesem ganzen Verfahren hätten bewusst wesentliche Teile daraus ignoriert.

Dr. Königs Gutachten war schon wenige Wochen später fertiggestellt. Zur Kenntnis erhielt ich es vom Gericht etwa zwei Monate danach.

Das Gutachten würde hinsichtlich der psychologischen Beurteilungen, wäre es nicht klar mit meinem Namen versehen, von einer unbedarften Drittperson niemals für eine Bewertung desselben Menschen gehalten werden wie der, über den sich die früheren Gutachten ausließen.

Es widersprach sämtlichen mir in den früheren Gutachten zugeschriebenen Störungen, Charakterdefiziten und kommt zu einem ganz anderen Menschenbild.

Dr. König empfahl unmissverständlich meine Entlassung aus der Verwahrung. Allenfalls könne er sich vorstellen, dass dies mit der Anordnung einer ambulanten Therapie in Freiheit gemäß dem neuen Artikel 63 verbunden werde. Eine Anordnung einer Therapie im geschlossenen Maßnahmenvollzug lehne er strikt ab. Eine derartige Milieutherapie brauche es nicht, sie wäre für mich unnötig und sinnlos. Mit dem Hinweis darauf, dass eine Entlassung aus der Verwahrung Sachentscheid des Gerichts sei, führte er weiter aus: »Für den Fall, dass das Obergericht dennoch auf die Weiterführung der Verwahrung (gemäß dem neuen Artikel 64) entscheiden würde, wird empfohlen, diese jedenfalls nicht in einer geschlossenen Strafanstalt, sondern durch private Unterbringung bei Freunden aus dem großen und tragfähigen sozialen Umfeld des Exploranden oder allenfalls in einem gut geführten Männerheim zu vollziehen.«

Hinsichtlich der Straftaten gemäß Urteil weist der Gutachter mehrmals darauf hin, dass er bei seinen Schlussfolgerungen bezüglich Legalprognose »von der Schuldhypothese des Exploranden« ausgehe. Beim Lesen gewann ich dabei den Eindruck, dass er sich im vorliegenden Fall die Unschuldshypothese zumindest vorstellen konnte. Zur Erinnerung: Frau Dr. Hornsbach war seinerzeit explizit der Ansicht gewesen, ich sei selbst dann zu verwahren, wenn ich bezüglich der mir angelasteten Straftaten unschuldig sei.[107]

»Prix Courage« für den Mann, der weder einen Oberstaatsanwalt noch Viktor Dammann fürchtete!

107 Siehe im Kapitel 51 – Noch so ein »Gutachten« (I).

69 – In die endgültige Versenkung?

Januar 2010

Nun erhielt ich das Gerichtsurteil über die Verwahrungsüberprüfung.

Wir befanden uns mittlerweile im vierten Jahr seit Beginn der einjährigen Übergangsfrist zur Überprüfung der Anwendbarkeit der neuen Verwahrungsartikel. Ich wurde nach neuem Gesetz weiterhin verwahrt. Neuerlich verurteilt zu Artikel 64. Eigentlich gleichbedeutend mit Haft bis zum Tod, wenn einer nicht geständig ist – so jedenfalls empfand ich es.

Dass das Obergericht im Rahmen der außerordentlichen Verwahrungsüberprüfung nicht selbst über eine Entlassung aus der Verwahrung befinden konnte, erklärte es umfassend: Es besitze dazu schlicht nicht die legale Kompetenz. Dies sei ausschließlich Sache der Vollzugsbehörde, zusammen mit der – seit dem Mordfall im Hafturlaub Zollikerberg Mitte der Neunzigerjahre eingeführten – »Fachkommission für gemeingefährliche Straftäter«.

Kurzum, die Mächte, die mich hinter Gitter gebracht hatten, würden immer wieder einen Weg finden, jegliche Veränderung für mich zu vereiteln. Ich konnte einfach nicht vergessen, was mir Oberstaatsanwalt Wasser seinerzeit angedroht hatte. Ich schlug seine Drohung in den Wind und das war schließlich erst zwölf, noch längst keine zwanzig Jahre her.[108]

108 Drohung des StA.: »Wenn Sie gegen das Urteil weiterziehen, dann sorge ich dafür, dass Sie in 20 Jahren noch im Gefängnis sind.« Siehe Kapitel 42 – Das Obergericht (I) – Fiese Tricks des Anklägers.

Aber in den letzten zehn Monaten setzte ich, aufgrund des sensationellen Obergutachtens von Dr. König, doch große Hoffnung auf diesen Artikel 63, der für mich eine mehr oder weniger sofortige Entlassung aus dem Zuchthaus (mit ambulanter Betreuung) zur Folge gehabt hätte.

Die Argumentation des Gerichts, weshalb es so nicht urteilen konnte, ist vielleicht einleuchtend, aber ebenso skandalös: Unter Artikel 63 lebt man in Freiheit, mit gewissen Einschränkungen durch besondere Auflagen. Die grundlegende Auflage jedenfalls ist, sich der ambulanten Therapie zu unterziehen, um die es sich bei Artikel 63 handelt, also pünktlich zu den Sitzungen zu erscheinen. Und sich natürlich auch an andere Weisungen zu halten. Tut einer das nicht, so droht eine Sanktion. Die bestünde in der Rückversetzung in die Strafanstalt, wo der Rest der ursprünglich im Gerichtsurteil verhängten Strafe verbüßt werden müsste.

Und das war der Haken: Normalerweise wird bei Anordnung einer solchen Maßnahme die eigentliche Haftstrafe zugunsten dieser Maßnahme ausgesetzt. Das heißt, wenn die Maßnahme erfolglos bleibt oder aufgrund mangelnder Kooperation durch den Verurteilten nicht ordnungsgemäß durchgeführt werden kann, so droht die Rückversetzung in die Haft zum Absitzen der Strafe oder der Reststrafe.

Meine gut vierjährige Strafe, zu der ich verurteilt worden war, war längst verbüßt; bis zu diesem Zeitpunkt sogar schon etwa vierfach. Für solche Fälle sah Artikel 63 keine Alternative vor. Es war bei der Ausarbeitung dieses Gesetzes eben nicht mit einem derartigen Fall gerechnet worden. Dass jemand, der nebst einer Haftstrafe zu einer solchen Maßnahme verurteilt wird, zur Zeit des letztinstanzlichen Urteils schon weit mehr als die gesamte Strafe verbüßt hat, das überstieg wohl seinerzeit die Vorstellungskraft der Gesetzgeber.

Ich wurde letztlich dafür bestraft, dass aufgrund des extrem überlangen Verfahrens die Haftzeit meines Strafurteils schon längst um ein Mehrfaches überschritten war.

Nein, natürlich konnte das Obergericht unter diesen Umständen keinen 63er aussprechen, denn ich hätte mich, nach Ansicht der Vollzugsbehörden, keinen Deut um die Auflagen kümmern können, und sie wäre dagegen machtlos gewesen – so jedenfalls deren Theorie. Hätte das Obergericht nichtsdestotrotz eine ambulante Maßnahme angeordnet, so wäre ein Weiterzug dieses Urteils durch den Oberstaatsanwalt vorprogrammiert gewesen, und ich würde weiter auf unbestimmte Zeit in der Pöschwies bleiben. Denn höchstwahrscheinlich hätte dies eine aufschiebende Wirkung für das Urteil. Und in der Zeit würde jeder Antrag auf Vollzugsöffnungen blockiert sein.

Da mein Anwalt, in Absprache mit mir, aus mir heute entgangenen Gründen auf eine Beschwerde beim Bundesgericht gegen das Obergerichtsurteil verzichtete (die Oberstaatsanwaltschaft ebenfalls), wurde mein Urteil nach Ablauf der Beschwerdefrist wieder rechtskräftig.

Ich schwankte zwischen einem gewissen Restoptimismus und Verzweiflung. Ich war auf jeden Fall gänzlich auf Gedeih und Verderb den Vollzugsbehörden ausgeliefert. Mein Optimismus stützte sich einerseits auf das Gutachten und andererseits auf die beschwichtigenden Erklärungen meines Anwalts. Ebenso auf gewisse Hinweise im jüngsten Obergerichtsurteil, die als »Wink mit dem Zaunpfahl« an die Vollzugsbehörden, meine Entlassung aus der Verwahrung zu prüfen, interpretiert werden konnten.

Die Depression überfiel mich immer wieder, sobald ich mir die seinerzeitige Drohung des Oberstaatsanwalts in Erinnerung rief. War nicht seine Kollegin und Vorgängerin in meinem Verfahren, die damalige Untersuchungsrichterin und heutige

Staatsanwältin Frau Streber, auch Teil dieser Fachkommission? Ja, sie war es (nicht viel später erfuhr ich, dass sie sogar zu deren Präsidentin wurde). Und sie müsste noch nicht einmal in den Ausstand treten, wenn mein Fall vorgelegt würde. Denn laut der Bestimmungen müssen nur Fachkräfte wie Psychiater, Psychologen oder Sozialbetreuer in den Ausstand treten, wenn sie in einem zu prüfenden Fall den Gefangenen selbst betreut haben. Nicht aber juristische Mitglieder der Fachkommission. Selbst wenn, in derlei »Ausstände« mochte ich wenig vertrauen.

Ich ahnte längst: Da lief hinter den Kulissen viel mehr, als man meinte. Mehr wohl sogar als anlässlich der eigentlichen Sitzungen. Alles wurde im Voraus unter der Hand abgesprochen, nichts dem Zufall überlassen. Formelle Verfahren waren Farcen – Punkt.

Und die Verzweiflung brach erst recht über mich herein, als bald nach Erhalt des Urteils in den Boulevardmedien erneut eine Hetzstory über mich veröffentlicht wurde. Es war klar, dass das Urteil öffentlich bekannt gemacht werden musste. Dass »Blick« dabei – wenn auch diesmal nicht in der Papier-, sondern in seiner Online-Ausgabe – wieder besonders gehässig, unsachlich, tendenziös, verletzend und auch falsch berichtete, war zu erwarten gewesen. Doch in diesem Moment schien es mir geradezu fatal.

Wenn bereits mehrere Male Berichte über einen anderen Verwahrten eine erste geplante Hafterleichterung für mich vermasselten,[109] wie viel sicherer würde dies bei mich selbst betreffenden Berichten wohl passieren?

109 Siehe im Kapitel 64 – Die nur versprochene Halbfreiheit.

70 – Eine Vollzugskoordinationssitzung

20. April bis Herbst 2010

Dann überstürzten sich die Ereignisse. Wenige Wochen nach Erhalt des Obergerichtsurteils zur Verwahrungsüberprüfung besuchte mich ein Mann namens Vetsch, wie es schien, der neu für mich zuständige Beamte der Abteilung Sonderdienst des Amtes für Justizvollzug.

Herr Vetsch führte – in Anwesenheit meines Anwalts – eine Anhörung mit mir durch. Eine Stenotypistin assistierte ihm dabei. Die Art und Weise, wie er mir die Pläne darlegte, die er bezüglich meiner Zukunft hatte, schien im Tonfall und in der Wortwahl nun überraschend wenig von einer vagen, äußerst unsicheren Theorie zu bergen. Eher klang es nach einer schon beschlossenen Sache und auf meine zögerlichen Nachfragen erhielt ich fast so etwas wie ein Versprechen.

Er sagte, dass man in Absprache mit Herrn Kessler (dem Sozialarbeiter) und der Direktion der Strafanstalt, sowie nach mehreren Telefonaten zwischen Herrn Rechtsanwalt Wasser und ihm, zum Schluss gekommen sei, dass ich in der Pöschwies fehl am Platz sei und daher in eine offene Anstalt versetzt werden solle. Da bei mir zum heutigen Zeitpunkt nicht von einer Fluchtgefahr und auch nicht von einer hohen Rückfallgefahr ausgegangen werden müsse, würden, zusammen mit einer Versetzung, auch Urlaube für mich bei der Fachkommission beantragt werden. Und für solche bräuchte ich, dank meines großen stützenden sozialen Umfelds mit guten, stabilen Beziehungen, dann auch keine Begleitung durch Beamte. Zudem würde mein Umfeld auch hinsichtlich der Prävention von Rückfällen eine positive Wirkung auf mich haben.

Herr Wasser, mein Anwalt – so formulierte ich es später gegenüber meiner externen Psychotherapeutin –, kämpfte dabei wie ein Löwe für noch eine wesentlich weitergehende Empfehlung an die Fachkommission: Er wollte in diesem Antrag, unter Hinweis auf die eindeutigen Empfehlungen des letzten Gutachters, Dr. König, auch gleich eine Empfehlung für die bedingte Entlassung aus der Verwahrung eingebaut wissen.

Doch dagegen sträubte sich Herr Vetsch beharrlich. Man brauche »im Interesse der Sicherheit« noch für eine gewisse Zeit diesen »Zwischenschritt« eines Aufenthaltes in einer offenen Einrichtung.

Für einen Antrag durch den Sonderdienst an die Fachkommission auf Vollzugsöffnungsschritte war formell zunächst eine Vollzugskoordinationssitzung notwendig. Dabei wurden jene Beamte angehört, die mit dem betreffenden Gefangenen in der Haft in mehr oder weniger ständigem Kontakt standen.

Bei einer solchen Vollzugskoordinationssitzung, kurz VKS, sind jeweils folgende Personen anwesend:

- einer der vier Aufseher aus der Wohngruppe des Gefangenen
- der Arbeitschef des Gewerbes, dem der Gefangene zugeteilt ist
- der oder die für den Gefangenen zuständige Sozialarbeiter:in
- eventuell der für das Urlaubswesen zuständige Beamte der Pöschwies
- der für den Gefangenen zuständige Beamte des Sonderdienstes (allenfalls mit einer Sekretärin)
- gegebenenfalls ein PPD-Therapeut des Gefangenen (fiel bei mir weg)
- Nur kurz vor Schluss wird der betreffende Gefangene herein-

gerufen und ihm der von der Runde gefasste Entschluss mitgeteilt; es wird dann Gelegenheit geboten, Fragen zu stellen. Anwälte von Gefangenen sind zu solchen Sitzungen normalerweise nicht vorgesehen.

Nur wenige Tage nach der erwähnten Anhörung durch Herrn Vetsch, am 20. April 2010, fand eine VKS über mich statt – die zweite bisher.[110]

Daran nahmen folgende Personen teil: der momentan in meiner Wohngruppe diensthabende Aufseher; Garagenchef Herr Benziger; Sozialarbeiter Herr Kessler; Herr Vetsch (mit einer Sekretärin) und, ein Novum bei mir, der zuständige Beamte des Urlaubswesens.

Ich wurde wie üblich etwa eine Viertelstunde vor Schluss gerufen und hörte dann den Beschluss genau so, wie er mir von Herrn Vetsch schon Tage zuvor dargelegt worden war. Einzige Präzisierung dabei betraf die Reihenfolge: Ich sollte sehr bald in eine offene Anstalt versetzt und dann von dort aus mehr oder weniger gleich erstmals einen Urlaub beziehen können.

Wieder wenige Tage später erhielt ich zwei Dokumente: einen Vollzugsplan und die Kopie des Antrags des Sonderdienstes an die Fachkommission gemäß dem Beschluss der vorangegangenen VKS.

Die Fachkommission tagte am 17. Mai 2010. Das Resultat würde erst im Laufe des Monats Juni bekanntgegeben werden, wie es hieß. Doch das sei durchaus üblich und normal. Der erwähnte Vollzugsplan war der erste, den ich je erhielt.

Meines Wissens gibt es den normalerweise irgendwann nach

110 Siehe Kapitel 59 – Ein runder Tisch.

Haftantritt; ich erhielt ihn, wie es den Anschein hatte, kurz vor meinem Austritt, jedenfalls aus der Strafanstalt Pöschwies. Aber der vor mir liegende Vollzugsplan hatte es in sich.

Mit einigem Erstaunen las ich darin unter anderem, dass:
- ich im Rahmen der Vollzugsmöglichkeiten meinen Defiziten und Ressourcen entsprechend angemessene Fähigkeiten erworben, erhalten beziehungsweise erweitert hätte, um im Falle einer Entlassung straffrei zu leben oder aber das Leben im offenen Vollzug sinnvoll zu gestalten.
- ich mich mit eigenen Anteilen, die zum Delikt führten, auseinandergesetzt hätte, auf Signale, die auf eine erneute Tatbegehung hinweisen, sensibilisiert und mir entsprechende notwendige Handlungskompetenzen und -alternativen angeeignet hätte, um eine erneute Tatbegehung zu vermeiden.
- auf Grund individueller Ressourcen (…) zurzeit kein weiterer speziell rückfallpräventiver/deliktspezifischer Interventionsbedarf angezeigt sei.
- ich Reue und Einsicht in mein Fehlverhalten und die schädlichen Folgen meiner Tat zeige, Anlass, Hergang und mögliche Verhaltensänderungen aufgearbeitet hätte und allfällige Verpflichtungen im Rahmen des Möglichen geleistet hätte.
- ich eine Form der Reue gegenüber dem Opfer gezeigt hätte.

Ich setzte das alles im Wesentlichen in Bezug zu meinen sexuellen Übergriffen im Sommer 1984 mit dem damals vierzehnjährigen David Freemann. Dann las ich weiter:

Unter »Allgemeine Voraussetzungen«: Hinsichtlich der nächsten anstehenden Vollzugsstufe liegt keine ungünstige Prognose für die Bewährung in Bezug auf die Fluchtgefahr sowie einer allfälligen neuerlichen Deliktbegehung vor.

Die allgemeinen Zielsetzungen sind stufengerecht erfüllt.

Unter »Individuelles Vollzugsziel/Voraussetzung«: Die in diesem Vollzugsziel festgelegten stufengerechten individuellen Vollzugsziele und die individuellen Anforderungen (…) sind erfüllt.

Ich wusste zwar nicht, von welchen Vollzugsstufen und stufengerechten Vollzugszielen genau die Rede war, aber ich war auf jeden Fall angenehm überrascht und selbstverständlich mit allem einverstanden.

Nun aber, im Juni 2010 geschah folgendes: Trotz obiger versicherter »günstiger Prognose für die Bewährung in Bezug auf die Fluchtgefahr sowie einer allfälligen neuerlichen Deliktbegehung« und so weiter, trotz alledem: Die danach obligatorisch angerufene Ostschweizer »Fachkommission für die Beurteilung der Gefährlichkeit schwerer Gewalttäter« schmetterte in ihrer Empfehlung in der Folge *alles* ab!

Vollzugsbehörde und Justizdirektion folgten diesen »Empfehlungen« wortgetreu in ihren Beschlüssen.

Kein Übertritt in Halbfreiheit, keine unbegleiteten Urlaube und schon gar keine Entlassung. Noch nicht einmal durch Sicherheitspersonal begleitete Ausgänge. Nach knapp zwanzig Jahren ohne die geringsten Haftlockerungen nichts dergleichen.

Die erwähnte Fachkommission war dabei präsidiert worden von niemand anderem als Frau Streber, meiner damaligen Untersuchungsrichterin, einst noch Bezirks- inzwischen bekanntlich längst Staatsanwältin. Sie schien einmal mehr bekommen zu haben, was sie für mich wollte: Die Todesstrafe auf Raten. Dieselbe Person des Amtes für Justizvollzug sprach dann bezüglich meiner Freunde und guten Bekannten draußen plötzlich auch von einem »Netzwerk«. Außerdem sei die Gefahr groß, dass diese Personen mir, im Falle meiner bedingten Entlassung, sogar bei begleitetem Ausgang zur Flucht verhelfen könnten. Mein soziales Beziehungsumfeld würde mich und meine Sicherheitsbegleiter demnach wohl irgendwo abpassen, Letztere außer Gefecht setzen, mich in eine Limousine mit verdunkelten Scheiben zerren und mit quietschenden Reifen davonfahren?

Nicht meine Worte, sondern die sarkastische Bemerkung meines Anwalts in seinem Begleitbrief. Natürlich rekurrierte der Anwalt an die Justizdirektion als Vorgesetzte des Vollzugsdienstes. Das pflegt praktisch als Standard stets die Entscheide ihrer Unterabteilungen zu stützen, beziehungsweise alle Rekurse dagegen abzuschmettern. Erst dann wäre der nächste Instanzenschritt, der einer kantonalen Beschwerde ans Verwaltungsgericht, offen. Dort bestünden eher Chancen auf Erfolg, hörte ich meinen Anwalt optimistisch sagen, wie früher schon bei so mancher dieser Gelegenheiten.

Auch diese »Chancen« zerschlugen sich. Dass ich nicht geständig sei und so weiter, das war gebetsmühlenartig auch bei dieser Instanz das Hauptargument für meine angebliche Gefährlichkeit. Und überhaupt bestehe bei mir erhöhte Wiederholungs- und Fluchtgefahr. Denn das große Netzwerk an teilweise gleichgesinnten Freunden und Bekannten außerhalb der Anstalt sei ein zusätzlicher Risikofaktor für Rückfälligkeit, da diese mich in meiner Meinung, ich sei im Sinne der Anklage unschuldig, noch bestärken würden. Und dass meine beiden als Geschädigte geführten Stiefsöhne – sie selbst sehen sich indes als Geschädigte aus dieser Mammut-Strafverfolgung und deren Folgen – mich über so viele Jahre regelmäßig in der JVA Pöschwies besuchten; auch das unterstreiche meine Uneinsichtigkeit.

Das war nun nicht etwa, nach aller Ernsthaftigkeit bislang, ein schlechter Witz; das wurde tatsächlich so mit in die Begründungen für eine weitere Fortführung der Verwahrung geschrieben.

Nämlich in der unlängst wieder abgelehnten jüngsten sogenannten Verwahrungsüberprüfung. Es war einmal mehr ein simpler Vollzugsbehördenbeschluss ohne eigentliche Überprüfungshandlungen.

71 – Ich will leben

Frühling 2018 …

Im Verlauf des bisherigen Berichts schrieb ich über viele polizeiliche, juristische, behördliche, politische Willkürlichkeiten, Vorurteile, Ungleichbehandlungen, Mobbing, Lügen und Schikanen bis hin zu Amtsmissbräuchen, Verletzungen meiner Verteidigungsrechte, des Amtsgeheimnisses, Missachtungen des Fairness-Gebots, der Verhältnismäßigkeit, das Recht auf Unversehrtheit und auf Freiheit und andere Menschenrechte.

Und nicht zuletzt beklagte ich hier einen Boulevard-Journalismus, der an Schamlosigkeit und Menschenverachtung kaum zu überbieten war und das aufgezählte Unrecht sowohl eigennützig ausbeutete als auch aktiv unterstützte. Über all dies berichtete ich anhand nicht weniger, hauptsächlich gegen meine Familie und mich gerichtete Beispiele. Es hätten schon nur mich und meine Familie betreffend viel zahlreichere Einzelberichte sein können. Ich könnte aber gleich mehrere Bände füllen, wollte ich dazu auch über die zahlreichen empörenden Vorkommnisse berichten, die über all die Jahre so viele meiner mitgefangenen Kameraden belasteten, die sie psychisch und nicht selten auch physisch verletzten, krank machten und manche sogar das Leben kostete. Vorkommnisse, die ich aus eigenen Beobachtungen bezeugen kann oder aus deren mündlichen Zeugnissen und aus der Lektüre ihrer Akten erfuhr.[111]

111 Vorgesehen, sofern es meine Kraft und Gesundheit erlauben, ist ein Band mit dem Titel »Kurzgeschichten aus dem Knast«.

Was ich hier diesbezüglich schrieb, ist nur die sprichwörtliche Spitze des Eisbergs.

Neben dem allgegenwärtigen Drang nach Freiheit ist das Bestreben, auf dem ungewissen Weg bis zu irgendeiner Form der Erlösung, ein wenigstens halbwegs erträgliches Dasein fristen zu können. Es braucht auch eine gewisse innere Stärke dazu. Die war und ist bei mir längst nicht immer so ausgeprägt, wie ich es mir gewünscht hätte und weiterhin wünsche. Soweit vorhanden, war und ist sie hauptsächlich genährt durch mein Wissen von der Unwahrheit der Anschuldigungen gegen mich und dem daraus resultierenden Fehlurteil.

Ich habe hier und anderswo viele Kollegen kennengelernt, deren innere Stärke ich bewunderte und bewundere. Es gibt darunter auch welche mit ähnlicher Anklage beziehungsweise ähnlicher Verurteilung wie ich. Und unter ihnen auch solche, die über viele Jahre bis heute ihre Unschuld beteuern. Meiner Überzeugung nach gewiss nicht alle zu Unrecht.

Bei alledem aber wage ich nicht zu mutmaßen, wo ich vielleicht längst gelandet wäre oder wie viel schlimmer es mir ergangen wäre, ohne die unglaublich treue und unerschütterliche, im Grunde heroische Unterstützung all meiner Freunde und Bekannten, angesichts des übermächtigen Gegenwindes durch die öffentlichen Diffamierungen meiner Person.

Entmutigung, Desillusionierung bis hin zu gänzlichem Verlust an Vertrauen in jegliche Obrigkeit drohen sich bei vielen verwahrten Gefangenen, ob mit oder ohne therapeutische Behandlung, über die Jahre immer wieder einzunisten.

Ich wollte zwar die Hoffnung nie ganz aufgeben, wollte weiterleben. Aber es gab oft, unsäglich oft, Zeiten, da konnte ich mir nicht mehr vorstellen, dies noch lang zu verkraften.

So ergeht es nicht nur mir, sondern – mit dem anhaltenden Sicherheitswahn, der zunehmenden Verwahrungslust – immer mehr Menschen in ähnlicher Lage. Man fühlt förmlich die Kraft aus einem entfliehen, glaubt, irgendwann zu wissen: Nun kann man schlicht und einfach keine weiteren Enttäuschungen mehr wegstecken. Was, wenn man eines Tages bei einer neuerlichen niederschmetternden Nachricht auf irgendeine, womöglich schlimme Weise den Verstand verlieren würde? Was, wenn man irgendwann innerlich zerbricht? Es sind für jeden Entmutigten schreckliche Vorstellungen!

Bislang bewahrte ich mir im Leben, was immer mir auch widerfuhr, stets einen grundsätzlichen Respekt gegenüber meinen Mitmenschen. Auch hier in der Haft und auch gegenüber jenen Beamten, welche mich bewusst zu quälen versuchten. Respekt für sie als Menschen. Selbst wenn ich mal meine Nerven verlor, mich lautstark über eine Ungerechtigkeit beklagte oder in empörtem Ton einem Aufseher sein verletzendes Verhalten vorwarf; nie aber beschimpfte oder beleidigte ich jemanden dabei mit erniedrigenden Titulierungen, und schon gar nicht wäre ich jemals gewalttätig geworden. Das war keine Option für mich und das ist auch gut so.

Währenddessen schienen und scheinen rationale Hoffnungen auf ein Ende der Unfreiheit noch zu Lebzeiten immer geringer zu werden. Wie oft schon fürchtete ich, über kurz oder lang könnte es passieren, dass ich in einer Kurzschlussreaktion das Handtuch werfe, aufgebe. Die Vorstellung, irgendwann nur noch dahinzuvegetieren, ist derart beängstigend, dass sich mir der Gedanke aufdrängen will, mir lieber etwas anzutun, meinem Leben lieber ein Ende zu setzen, bevor sich mein Wille verabschiedet und damit die Kraft dazu.

Mag sein, dass meine schlechte Gesundheit das für mich erledigt. Es gab Zeiten, da häuften sich meine Herz- und Kreislaufbeschwerden, Atemnot, kurzzeitige Lähmungserscheinungen.

Seit vielen Jahren arbeitete ich deshalb auf Anweisung des

Anstaltsarztes nur noch halbtags. Auch gehe ich wegen meiner quälenden Rückenschmerzen und meiner Kniearthrose seither an einem Stock beziehungsweise einer Krücke.[112]

Zusammen mit der Freiheit fehlt mir am meisten der Kontakt zur Natur. Ich liebe die Natur. Sie spendete mir in Freiheit immer wieder neue Kraft. Doch deren Kraft wirkt nun mal nicht ewig. Wenn man anhaltend über Jahre, Jahrzehnte gar, kaum mehr Kontakt mit ihr hat, leiden Körper und Seele zunehmend darunter.

Und heute? Ich erinnere mich öfter an die Worte des Oberrichters Tobler, damals zum Schluss der Überprüfungsverhandlung, als er mir am Ende »viel Kraft, die nun leider bevorstehende Haftzeit noch durchzustehen« wünschte. Diese Worte von einem Richter waren ein Novum für mich. Und ich würde sie, wie damals, wohl heute noch immer dankbar als Zeichen von Mitgefühl eines Richters würdigen, wenn wir heute nicht mehr als ein Dutzend Jahre weiter in der Zukunft wären. Und ich heute, im Jahre 2018, nicht noch immer unverändert mit diesem Durchstehen kämpfen müsste.

Wenn ich schon immer, meist instinktiv, vor dem Wunder des Lebens höchsten Respekt verspürte, dann rückt dies inzwischen immer mehr in mein alltägliches Bewusstsein. Längst schon habe ich erkannt: Der Mensch sieht sich oder fühlt sich so viel schwächer, als er in Wahrheit ist.

Glaubte ich nicht anfangs, Ende des Winters 1993, bald schon nach meiner Verhaftung in Paris, dass ich dies niemals auch nur ein Jahr aushalten würde? Und siehe da, obwohl ich mich nie an den Freiheitsentzug gewöhnen konnte, noch wollte und niemals gewöhnen will – auch heute, mehr als ein Vierteljahrhundert

112 Siehe im Kapitel 56 – Mobbing und mehr im Zuchthaus, unter »Die Krücke«.

später schlägt mein Herz weiter kräftig und ich kann und will überleben. Mit dem Ziel, dereinst auch wieder einmal zu leben.

Irgendwann, irgendwo sind mir schon mal diese weisen Worte vor Augen gekommen:

»Die wahre Stärke eines Rechtsstaates misst sich daran, wie er mit den *Schwächsten* im Lande umgeht.«

Mein Vorschlag einer Adaption für den Sonderfall Humanitärer Rechtsstaat Schweiz:

»Die wahre Stärke eines Rechtsstaates misst sich daran, wie er mit *seinen eigenen Schwächen* umgeht.«

Natürlich nicht als Ersatz fürs Erstgenannte; das behält immer seine Gültigkeit. Aber vielleicht als Ermutigung zur Einsicht und damit zur (Ver-)Besserung. Und, wie der Strafrechtler und Rechtsphilosoph Professor Reinhard Merkel einst in der Sendung »Sternstunde Philosophie« auf TV SRF 1 zum Thema »Verbrechen, Schuld und Strafe« meinte: »Lasst uns in unserer Moralität ein bisschen bescheidener sein.«

Vorschau: Abgeschoben in die »Altersabteilung«

2010 bis …

Vorerst endet die Geschichte meiner über fünfundzwanzigjährigen Justiz-Odyssee an dieser Stelle.

Wenn es meine Gesundheit zulässt, dann dürfte in absehbarer Zeit eine Fortsetzung in Druck gehen. Sie wird über die Jahre ab 2010 berichten, bis (mindestens) zum aktuellen Jahr, dem Jahr 2018. Sie wird berichten, dass ich in die Altersabteilung der JVA Pöschwies versetzt wurde, wo bei Weitem nicht nur alte Gefangene hausen.

Die Abteilung hieß damals noch ASP – Abteilung für Suchtkranke und Pensionäre. Sie wird 2013 umbenannt in AGE – Alter und Gesundheit. Es scheint sich allgemein einzubürgern, zumindest im Kanton Zürich, dass Probleme auf gar einfache Weise gelöst werden.

Das Zuchthaus heißt schon länger Strafanstalt. Es wird schließlich heutzutage niemand mehr gezüchtigt. Dabei werden aber immer noch Strafen verhängt: Disziplinarmaßnahmen bis hin zu maximal 21 Tagen Bunkereinschluss, Isolation und Entzug aller Zellengegenstände, die den Aufenthalt erträglicher machen, empfindliche Bußen von zwanzig bis zu zweihundert Franken zulasten des kargen Taschengeldes, Verbote, einander in auch noch so kleinen Nöten zu helfen, und auch immer mal wieder kleinere seelische Grausamkeiten, wie entwürdigende Alltagserniedrigungen, die in der Summe auch zermürben und krank machen können.

Und weil Maßnahmengefangene wie Verwahrte, nach Menschenrecht nicht in einer Strafanstalt leben dürften, heißt sie seit einigen Jahren nun nicht mehr Strafanstalt, sondern Justizvollzugsanstalt (JVA).

Geändert hat sich seither tatsächlich einiges: Der Alltag für die Gefangenen wurde seit Jahren sukzessive verschärft. Noch weniger Selbstständigkeit in den kleinen Dingen, noch weniger Arbeitsentgelt, noch niedrigeres Pro-Kopf-Verpflegungsbudget. Und schon längst kaum mehr merkliche Resozialisierungsanreize – eher das Gegenteil. Also doch eine Strafanstalt? Eine strengere, äußerst repressive noch dazu. Oder gleich wieder: Ein Zuchthaus, das heute nicht mehr so bezeichnet wird.

Ich gründete im ersten Jahr in der Noch-ASP angesichts der Ohnmacht nicht nur bei mir eine Interessengemeinschaft (IG »Fair-wahrt?«). Sie wurde zum Verein und gewann zunehmend Unterstützung von Fachkräften.

Und dann, eines Tages, gänzlich zufällig und unerwartet: Ein neuer Unschuldsbeweis tauchte auf. Eine Revision – ein Wiederaufnahmeverfahren wurde in die Wege geleitet.

Zum jetzigen Zeitpunkt ist es noch nicht abschließend entschieden, auch wenn die Zürcher Justiz sich bisher sehr schwertat damit.

Ergänzungen

Ende Oktober 2022

Der von einem Amtsarzt festgestellte neue Unschuldsbeweis hätte, wenn es zu einem Wiederaufnahmeverfahren gekommen wäre, die ursprüngliche Anklage mit an Sicherheit grenzender Wahrscheinlichkeit in sich zusammenfallen lassen müssen. Doch das durch meinen Anwalt damit angerufene Gericht (das gleiche, welches mich im Juli 2003 verurteilt und verwahrt hatte) wies den Antrag despektierlich ab. Es hatte die Relevanz des Beweises angezweifelt und gleichzeitig den Antrag auf dessen amtliche forensische Prüfung und Beurteilung glattweg verweigert. Wie wohl fast immer in solchen Fällen winkte in der Folge das Bundesgericht das so durch.

Eine Klage ans EGMR in Straßburg gegen die Schweiz wurde deswegen gar nicht erst angenommen. Wegen diverser Formfehler in der Eingabe seitens des von meinem damaligen Anwalt hierzu engagierten Kollegen, der als EMRK-Spezialist galt.

Inzwischen ist in meiner Sache eine neue Klage am EGMR anhängig. Diese wurde nun, ein Jahr nach Einreichung, geprüft und für formell korrekt befunden. Auf ein Urteil kann man ab Einreichung, nach dem Stand der Dinge, in etwa sechs Jahren hoffen.

Seit fast 30 Jahren bin ich nun ununterbrochen, also ohne jegliche Ausgänge, Urlaube etc., ob begleitet oder nicht, in Haft. Also ohne jede Möglichkeit, meine Ungefährlichkeit zu beweisen. Genau sind es … jetzt (um 14:27 Uhr am 20.10.2022):

10.841 Tage. Oder *260.192 Stunden*, *21 Minuten* UND *47 Sekunden* (Ich hatte schon längst ein kleines Programm erstellt, das mir dies bei Bedarf genau anzeigt).

Verwahrt seit Ablauf der Grundstrafe von etwas mehr als 4 Jahren. Da dies alles – unvereinbar mit dem hiesigen Strafgesetzbuch – in Strafanstalten geschieht, habe ich meine Strafe inzwischen schon deutlich mehr als sechseinhalbfach abgesessen. In Strafhaft. Wie wohl die große Mehrheit aller verwahrten Menschen hierzulande.

Es seien »in letzter Zeit« Diskussionen unter Fachleuten und vereinzelt auch Zuständigen der Vollzugsbehörden in Gang, hört man dieser Tage. Gespräche darüber, ob Verwahrten, die ihre Strafe längst verbüßt haben, vielleicht doch mehr Freiheiten innerhalb von Mauern und Stacheldrahtzäunen gewährt werden sollten als gewöhnlichen Strafgefangenen. »Mehr Besuche, mehr Telefonate, kontrollierter Internetzugang …«. Man mag sich fragen, weshalb etwas überhaupt noch diskutiert werden muss, das doch bis dato schon seit 17 Jahren geltendes »neues« Recht nach dem damals revidierten Strafgesetzbuch ist? Was behördlicherseits bislang dennoch großmehrheitlich missachtet wurde. Sollte da nicht, statt noch länger darüber zu diskutieren, vielmehr unverzüglich gehandelt werden? Denn diese »letzte Zeit« dauert meines Wissens schon etwa gleich lang an wie das neue Gesetz gilt. Schon damals hörte ich persönlich gleiches u. a. aus dem Mund des damaligen Direktors der JVA Pöschwies anlässlich einer Audienz bei ihm. Ich meine ja nur, falls Gesetze tatsächlich auch für Beamte und Behördenvertreter gelten sollten.

Die IG »Fair-wahrt?« wurde Ende 2021 eingestellt, weil wir trotz größter Anstrengungen und unzähliger Aktionen nie auch nur das Geringste erreichen konnten. Es wurde sonnenklar, dass das

Ganze der Justiz und deren Verwaltungsbehörden im Endeffekt lediglich als Feigenblatt für deren in Wahrheit desinteressiertes Nichtstun diente.

Seit zweieinhalb Jahren lebe ich in der Abteilung »60plus« in Lenzburg. Das Gebäude ist als Untersuchungsgefängnis konzipiert. In diesem Teil davon haben wir Gefangene ein paar Annehmlichkeiten. Wir können z. B. bei Bedarf in einer Küche selber etwas kochen, was wir bei der MIGROS jeweils vierzehntäglich per Formular bestellen können. Davon sind der eine oder andere hier besonders angetan, auch ich, steht es um meine Gesundheit, gerade auch was meinen Verdauungsapparat angeht, doch nicht zum Besten – die Spitalbesuche häufen sich langsam.

Man halte mir bitte die Daumen, dass ich noch eine längere Fortsetzung schreiben kann. Oder noch lieber, dass diese wegen meiner Freilassung nicht mehr allzu umfangreich sein muss. Gerne würde ich ja nicht nur die Publikation dieses Buches und deren eventuelle Auswirkungen, sondern wenigstens auch das Urteil aus Straßburg noch erleben.

Herzlichen Dank auch dafür.
Ihr Beat Meier

Anhänge

Die Frage nach den Ursachen der Pädophilie

Über die Ursachen der Pädophilie beziehungsweise deren Qualifizierung herrscht nach wie vor große Uneinigkeit in der Wissenschaft.

Ist sie genetisch bedingt, vielleicht vererbte Prädisposition? Ist es eine der verschiedenen, dem Menschen überall und seit eh und je eigenen Veranlagungen? Oder sind Umwelteinflüsse dafür verantwortlich, wie traumatische erste sexuelle Erlebnisse? Meinungen wie: »Kriegt es ein Junge mit einem Schwulen zu tun, so riskiert er, später selbst sexuell pervers zu werden« oder: »Er wurde selbst als Kind von einem Pädophilen verführt« und andere vermeintliche Weisheiten halten sich bei vielen auch heute noch hartnäckig. Ist es krankhafte Perversion? Oder ist es schlichtweg ein tiefsitzender Hang zu Eigensucht, Machtsucht, Bosheit schlechthin?

Ein gemeinsames Gen wurde meines Wissens bisher nicht identifiziert und, hinsichtlich der Theorie der Vererbung der Pädophilie, scheinen nur Einzelfälle von gleicher Prädisposition im Familienstammbaum bekannt zu sein. Aber auch äußerliche Einflüsse sind als Grundursache bisher nicht nachgewiesen worden; zwar berichten einzelne Betroffene von selbst erfahrener sexueller Ausbeutung, als sie noch Kinder waren, doch hört man zuweilen Gleiches auch etwa von Vergewaltigern von Frauen, durch entsprechende Straftaten aufgefallenen sadistisch Veranlagten, Exhibitionisten und Voyeuren. Überhaupt sind die Lebensläufe von bekannten Pädophilen viel zu unterschiedlich und es gibt auch keine verlässlichen Studien, die irgendeine in den Lebensläufen von Betroffenen verbreitete Gemeinsamkeit aufzeigen könnte. Man kann also argumentieren, dass es für keine dieser Varianten bislang wirklich gesicherte Erkenntnisse gibt.

Fast alle Studien heutzutage konzentrieren sich auf Pädophile, die einer Straftat beschuldigt und verurteilt wurden. Unbescholtene sind schlicht nicht aufzutreiben, da in der seit Jahrzehnten sich für solche Menschen verschlechternden Stimmung kaum einer wagt, die Veranlagung offen zuzugeben.

Daran ändert auch die Tatsache nichts, dass die WHO heute die Pädophilie als eine Form von Krankheit einstuft – sie könne nicht geheilt werden, also sperrt man die Betreffenden weg. Das hat sicherlich auch damit zu tun, dass heute – viel mehr als früher – zunehmend jeglicher sexueller Übergriff auf Kinder als pädophiler Akt qualifiziert wird (meist ohne wissenschaftlich fundierte Beweise dafür, ob der Täter auch wirklich pädophil veranlagt ist). Andererseits kann man durchaus ins Feld führen, dass die Pädophilie in sämtlichen menschlichen Gesellschaften weltweit vorhanden ist. Und dass sie zudem schon seit Menschengedenken und gemäß allen Überlieferungen stets mehr oder weniger gleich verbreitet war. Auch, dass sie überdies, je nach Weltgegend und Zeitepoche, teilweise diametral unterschiedlich beurteilt wurde und wird. Und schließlich, dass aufgrund solcher Eckwerte ein derartiges Phänomen eigentlich nicht per se als »Krankheit« bezeichnet werden dürfte. Wenn dies heute getan wird, dann ein Stück weit auch wegen des Zeitgeistes, der viel mit Moral und Feindbild zu tun hat. Sonst wäre es ja schon seit Menschengedenken als Krankheit angesehen worden.

Dabei sind sich immer noch nur relativ wenige bewusst, dass bei Weitem nicht alle Pädophilen – sogar nur eine vergleichsweise kleine Minderheit so Veranlagter – sich jemals einem Kind in sexueller Absicht nähert oder Kindern überhaupt irgendwelchen Schaden zufügt. Und man vergisst dabei gerne auch, dass die überwiegend große Mehrzahl aller wie auch immer gearteten

Übergriffe auf Kinder nicht durch Pädophile, sondern durch Menschen mit einer allgemein als »normal« akzeptierten Veranlagung verübt wird (in Wikipedia laut Studien zwischen achtzig und achtundachtzig Prozent der Fälle). Bekanntlich vergreifen sich beispielsweise sehr viele durch und durch heterosexuell veranlagte Väter an ihren oder auch an fremden Kindern, benutzen das Kind als Ersatzobjekt zu ihrer Befriedigung. Ganz zu schweigen von den fast schon epidemischen physischen und psychischen Gewaltanwendungen gegen Kinder. Wie auch bei vielen der tatsächlich pädosexuell übergriffigen Pädophilen, dürfte es sich auch bei hetero- (oder homo-)sexuell veranlagten, gegen Kinder übergriffigen Tätern vorwiegend um Menschen handeln, die unter besonderen Persönlichkeitsstörungen leiden oder bei denen andere Ursachen für solches Handeln zugrunde liegen.

Was also ist Pädophilie und wie soll man sie qualifizieren? Wozu auch immer man sich hierbei entscheidet, man sollte eines bedenken – und das gilt nicht nur für die Wissenschaft, für Behörden, Politiker oder andere Menschen im Rampenlicht. Dies gilt für jeden Einzelnen und ganz besonders auch für die Medien: Bevor man Pädophilie verurteilt und dann nach anscheinend einfachen oder gar radikalen Lösungen ruft, sollte man sich zunächst fragen, was man über das Phänomen wirklich weiß, ob man die jeweiligen Ereignisse und Probleme überhaupt der richtigen Ursache (und der richtigen Täterschaft!) zuordnet und vor allem, ob die verlangten Lösungen wirklich zum gewünschten Ziel führen. Und man sollte bedenken, dass ein solches Problem – so oder so – mit Hass und versuchter Unterdrückung nicht gelöst werden kann. Ganz im Gegenteil. Man sollte zu der Erkenntnis gelangen, dass sich das Problem durch unreflektierte Reaktionen bis hin zur veritablen Hexenjagd mit der Zeit nur verschlimmert. Denn nicht zuletzt sind es diese Untugenden, welche solche

Menschen (die sich ihre Veranlagung ganz und gar nicht aussuchen konnten) psychisch krank machen.

Damit wäre ein erster Schritt hin zu einer Lösung wenigstens im Ansatz eingeleitet: In ihrer psychischen Entwicklung entsprechend gefährdete und (allzu häufig erst dadurch) für Kinder potenziell gefährliche Menschen – Pädophile und eben auch Nicht-Pädophile – würden sich eher trauen, professionelle Hilfe zu suchen oder sich zumindest einer professionellen Beratungsstelle anzuvertrauen.

Es geht hauptsächlich und vordringlich um etwas, dem solche unreflektierten Reaktionen wenig dienlich sind oder die es gar ungewollt sabotieren: Es geht um einen wirkungsvollen Schutz von Kindern.

Aktuell 2022 aus der JVA Lenzburg, Abt. »60plus«: Beat Meier

Beat Meier, geboren 1946 in der Schweiz, aufgewachsen bei Pflegeeltern, in Heimen und als Verdingbube, immer wieder schwer misshandelt, rudimentäre Grundschulbildung, weitgehend Autodidakt in allem, was er macht. Ende der 1960er-Jahre fährt er zeitweise zur See, arbeitet danach einige Jahre in den USA u. a. als Privatchauffeur diverser Berühmtheiten, kurzer Arbeitsaufenthalt in Israel, ab Beginn der 70er-Jahre in Europa, Afrika und dem Nahen Osten als Fernfahrer und Reisebusfahrer in Europa tätig, gegen Ende des Jahrzehnts in Australien, dort ebenfalls diverse Tätigkeiten. Ab 1983 wieder in Europa.

In dieser Autobiografie begleiten wir Beat Meier auf seiner Lebensreise, beginnend Mitte der 1980er-Jahre und sehen, wie aus dem umtriebigen Abenteurer und Selfmademan ein seit nunmehr 30 Jahren Weggeschlossener, Inhaftierter, Sicherheitsverwahrter geworden ist.

Mein Dank

Meiner verehrten Herzensmutti danke ich, einer weisen betagten Dame, durch Lähmung unglücklich und leidend ans Bett gefesselt, einer Frau, die ich nie mehr missen möchte, noch jemals vergessen werde. Ich danke ihr dafür, dass sie sich mir als Ersatz für jene Frau angeboten hat, die meine Mutter war, und die richtig kennenzulernen mir nie vergönnt war. Ich danke ihr für die Kraft, die sie mir damit spendet, um meine Kindheitstraumata leichter erträglich werden zu lassen. Und wir danken ihr für ihre unschätzbaren Beiträge zu unser aller Bemühungen für Gerechtigkeit.

Meinem verstorbenen Vater danke ich dafür, dass er mich in der insgesamt viel zu kurzen Zeit, in der ich bei ihm sein konnte, auf ein Leben mit Liebe, Nächstenliebe, der Liebe zur Natur und mit Friedfertigkeit vorbereitet hat.

Meinen geliebten Stiefsöhnen danke ich dafür, dass sie, trotz allen Leids und Unrechts, das ihnen widerfahren ist und trotz allen Widerstands, als erwachsene Männer den Mut und die Kraft zur Wahrheit wiedergefunden haben und dafür, dass ich für sie weiterhin ein liebender Vater sein darf.

Besonders danke ich auch der, zuweilen bis zur Erschöpfung engagierten, starken und beherzten externen Psychotherapeutin, die für das Gute, woran sie in ihrem Innersten glaubt, sich selbst bis heute mutig den reißenden Strömen der Ignoranz und des blinden Hasses entgegenzustellen bereit ist.

Jenen in meinem Verfahren tätigen Anwälten danke ich, die sich entschlossen für mich eingesetzt haben und weiter einsetzen.

Ich danke einem besonderen persönlichen Freund, der mich auch im fortgeschrittenen Alter mit viel Herzblut und Engagement unterstützt. Ein Mensch mit einem beispielhaften Gerechtigkeitssinn und Großmut im Kampf gegen Unrecht.

Ich danke dem einstigen Heimkind, das einen der gleichen schrecklichen Orte überlebte wie ich, einen dieser Orte, die sich zu Unrecht Kinderheim nannten, während sie doch nichts weiter als Orte des Schreckens für uns waren. Diesem Freund und seiner tüchtigen und liebenswürdigen Ehefrau danke ich, dass sie mich seit so vielen Jahren jeden Monat im Gefängnis besuchen, mich immer wieder mit Gaben beschenken und dabei auch noch an meine inhaftierten Leidensgenossen denken.

So vielen anderen danke ich ebenfalls: allen meinen treuen Freunden und den lieben Menschen nah und fern für ihre Unterstützung, ihren Halt, ihre Hilfe und ihre Spenden für Anwaltskosten, ihre Besuche und ihre unzähligen Briefe. Es sind unter anderem Verwandte und Bekannte der externen Psychotherapeutin, Musikantinnen, ein ehemaliges Verdingkind, eine Berufsberaterin, Kämpfer für Minderheiten, Nonnen, Theologen, Buchautoren, ehemalige Verwahrte, eine ehemalige Lkw-Chauffeurin, Sekundarlehrer:innen und eine Primarlehrerin, wie auch ein Skipper auf Schweizer Seen und auf Hochsee. Sie leben und lebten über die Schweiz verteilt, in Süddeutschland, in der norddeutschen Tiefebene und in Hamburg, England, Holland, Frankreich, Österreich …

Und ich danke jenen Menschen, die inzwischen von uns gegangen sind, nachdem auch sie sich bis zuletzt für mich eingesetzt hatten, mich ebenso unbeirrt, unermüdlich und couragiert begleiteten und mithalfen, meinen Glauben an das Gute in den Mitmenschen nie zu verlieren.

Mein Dank geht auch an die Mitgefangenen, welche mich mehrheitlich wohltuend respektieren, mich akzeptieren, wie ich bin und mehrheitlich freundlichen Umgang mit mir pflegen.

Besonders dankbar bin ich einem gebildeten Leidensgenossen, selbst im fortgeschrittenen Alter und einstiger Universitätsabsolvent, der über die Zeit der letzten Monate sehr häufig seine Freizeit bei mir in der Zelle verbrachte und nicht unwesentlich mit wertvollen Tipps und Anregungen zu einer möglichst gelungenen Fertigstellung dieses Buches beigetragen hat.

Danke ganz besonders auch an die Wiener Lektorin, welche mein Manuskript zu einem sehr sozialen Tarif in erfreulich kurzer Zeit mehr als nur kompetent überarbeitete.

Und last but not least: I thank you sincerely, my dear friend in England, for having long forgiven me my wrongdoing back then, when you were fourteen. Thank you so much for your expressions of love and friendship, still today after all these years!

Beat

Die Namen der Personen

Junger Freund David Freemann, der Feriengast aus England, *Jahrgang 1970*

Tim und Jerome Dumetier, der kleine Franko-Amerikaner und sein Vater

Stiefsohn Ulf, der zweitjüngste Bachwiese-Sohn, »Hauptgeschädigter«

Stiefsohn Ben, der jüngste Bachwiese-Sohn, »Zweitgeschädigter«

Stiefsohn Piet, der Älteste mit uns lebende Bachwiese-Sohn

Manuela Bachwiese, die Mutter der Kinder, meine Ehefrau

Töchterchen Tina, das nach der Heirat geborene Kind von fremdem Vater

Bachwiese-Sohn Silvio, der erwachsene zweitälteste Sohn meiner Ehefrau

Bachwiese-Sohn Johann, der erwachsene älteste Sohn meiner Ehefrau

Nachbar Richard Unterhaus, der freundliche Nachbar, Sekundarlehrer

Nachbar Dr. Oberburg, der feindliche Nachbar, Bankdirektor und Gemeinderat

Chefpsychiater Dr. Weissenstein, der Experte, der meine Tätigkeiten beurteilte

Heidi Pergament, die poliogelähmte Schweizerin in Paris

Untersuchungsrichter Dr. Haber, der Bezirksanwalt, zuständig bis 1991

Untersuchungsrichterin Streber, die Bezirksanwältin und später Staatsanwältin

Oberstaatsanwalt Dr. Rolf Wasser, der mit den unsauberen Methoden

Richter Dr. Tobler, der Vorsitzende am Bezirksgericht, später am Obergericht

Ehemaliger Hilfesuchender Viktor Klotz, der mit meinen Stiefsöhnen rückfällig wurde

Psychotherapeutin Zora Gatti, die externe Psychotherapeutin

Psychotherapeut Guiseppe Gatti, ihr Ehemann, ebenfalls Psychotherapeut

Gutachter Professor Bourgonne, der Gutachter für das Pariser Gerichtsgutachten

Gutachterin Dr. Berger, die Gerichtsgutachterin für das erste Schweizer »Gutachten«

Expertin Dr. Hornsbach, die Expertin, die die externe Psychotherapeutin evaluieren sollte

Gutachter Schneebeli, der Gerichtsgutachter für das zweite Schweizer »Gutachten«

Obergutachter Dr. König, der Gerichtsgutachter für das Obergutachten

PPD-Psychologe Nebler, der unehrliche Psychologe des PPD

PPD-Psychologe Amrein, der PPD-Psychologe mit dem sehr guten Befund

Anwalt Dr. Adliger, der amtsmüde erste Pflichtverteidiger

Anwalt Dr. Müller, der vom Gericht geschasste zweite Pflichtverteidiger

Anwalt Kurt Fischbach, der gerichtsernannte dritte Pflichtverteidiger

Anwalt Dr. Goldstein, der Wucher-Anwalt, untätig, für teures Geld

Anwalt Samuel Wasser, der später vom »freebeat«-Komitee engagierte Anwalt

Vollzugsbeamter Vetsch, ein »Zuständiger« vom Sonderdienst des Justizvollzugs
Sozialarbeiter Kessler, der bis Mitte 2010 zuständige Sozialarbeiter im Zuchthaus
Garagenchef Benziger, mein Arbeitschef bis Mitte 2010 im Zuchthaus
Arbeitschef Pedro, mein Arbeitschef zu Beginn in der Zuchthaus-Abt. ASP
Arbeitschef Salzgeber, mein Arbeitschef seither in der Zuchthaus-Abt. ASP
Chefaufseher Padrino, ein früherer Gruppen-Chefaufseher im Zuchthaus
Aufseher Speer, ein früherer Gruppenaufseher im Zuchthaus
Aufseher Vetterli, ein früherer Gruppenaufseher im Zuchthaus
Falscher »Freund« Hubertus Horn, der gewissenlose deutsche Urheber der Anschuldigungen
Horn-»Freund« Arthur Schönmann, der junge Mann aus Hamburg, ein weiteres Horn-Opfer
Beat Meier, der verwahrte Autor dieser Geschichte

Geschädigt wurden meine Stiefsöhne auf jeden Fall, direkt und indirekt betroffen von all dem Übel. Zeitweise waren sie schieren seelischen Grausamkeiten ausgesetzt, die sie über die lange Untersuchungs- und die ganze Verfahrenszeit und lange darüber hinaus nicht zuletzt von jenen erleiden mussten, deren Aufgabe es doch auch gewesen wäre, sie davor zu schützen.

Einige Eckdaten
(nach Erinnerung)

01.04.1990	Kennenlernen der Familie Bachwiese
16.10.1990	Erste »Blick«-Story, erste Befragungen der Kinder
Dezember 1990	Weitere Befragungen der Kinder (Kanton Obwalden)
April 1991	Weitere Befragungen der Kinder (Kanton Aargau)
Sommer 1991	Weitere Befragungen der Kinder (Dresden)
November 1991	Diverse weitere Befragungen der Kinder (Kanton Aargau), U-Haft
20.10.1992	Gerichtsverhandlung gegen Intrigant Horn, Befragung der Kinder
13.02.1993	Verhaftung in Paris, medizinische Untersuchungen der Kinder
14.–17.02.1993	Tägliche »peinliche Befragungen« der Kinder, Lügen der Polizei
17.02.1993	Erzwungene erstmalige »Bestätigungen« der Anschuldigungen
Februar 1993	Befragung Ulfs durch Zürcher Polizei – Pariser Druck wiederholt
Februar 1994	Verfahrenseinstellung in Frankreich
07.06.1996	Überstellung in die Schweiz, Polizeihaft
Herbst 1996	Suggestive Kinder-Befragungen durch Untersuchungsrichterin
1996/1997	Erstellung des Gerichtsgutachtens
Frühling 1997	Anklageerhebung
Sommer 1997	Schundbuch »Grünkram«, massive Medienkampagne

September 1997	Bezirksgerichtsurteil: 5 Jahre und 10 Monate, ohne Verwahrung
November 1998	Obergerichtsurteil: gleiche Strafe, mit Verwahrung
März 2000	Ulf meldet sich, nimmt die belastenden Aussagen zurück
Herbst 2001	Kassationsgericht weist das Obergerichtsurteil zurück
Frühling 2002	Zeugenaussagen Ulfs vor der Untersuchungsrichterin
Anfang 2003	Ben nimmt belastende Aussagen zurück, will vor Gericht aussagen
04.07.2003	2. Obergerichtsurteil: 4 Jahre und 4 Monate, plus Verwahrung
Herbst 2004	Abweisung der Kassationsgerichtsbeschwerde
Herbst 2005	Abweisung der Bundesgerichtsbeschwerde, Urteil rechtskräftig
Frühling 2006	Gründung des Komitees »Freebeat«
01.01.2007	Gesetzesrevision in Kraft, Verwahrung nicht mehr rechtskräftig
Oktober 2009	Überprüfungsverhandlung am Obergericht – Rückweisung
April–Mai 2010	Erstellung eines Obergutachtens, widerspricht den bisherigen
Herbst 2010	Überprüfungsgerichtsurteil, Verwahrung nach neuem Recht
20.04.2010	Vollzugskoordinationssitzung
25.04.2010	Empfehlung offene Anstalt, Urlaube in Sicht!
17.05.2010	Abweisung sämtlicher Haftlockerungen durch Fachkommission
2010	Verlegung in die Abteilung für Drogensüchtige und Pensionäre